위키리크스

Original title: Staatsfeind Wikileaks by Marcel Rosenbach / Holger Stark
Copyright ⓒ 2011 by Deutsche Verlags-Anstalt,
a division of Verlagsgruppe Random House GmbH, München, Germany

All rights reserved.
No part of this book may be used or reproduced in any manner
whatever without written permission except in the case of brief quotations
embodied in critical articles or reviews.

Korean Translation Copyright ⓒ 2011 by BOOK21
Korean edition is published by arrangement with Verlagsgruppe Random House GmbH
though BC Agency, Seoul

이 책의 한국어판 저작권은 BC에이전시를 통한 Verlagsgruppe Random House GmbH와의
독점 계약으로 (주)북이십일에 있습니다.
저작권법에 의해 한국 내에서 보호를 받는 저작물이므로 무단전재와 복제를 금합니다.

위키리크스
권력에 속지 않을 권리
WikiLeaks

마르셀 로젠바흐 · 홀거 슈타르크 지음 | 박규호 옮김

:: 프롤로그

우리가 만난 줄리언 어산지

이 책은 현재 세계에서 가장 중요한 정치운동가의 이야기다. 줄리언 어산지(Julian Assange)는 자신의 조직 위키리크스와 함께 강대국들의 정부에 도전하고 있다. 그는 미 국무부 외교전문 25만 1000건을 세상에 공개함으로써 글로벌 사회의 시선을 국제정치의 무대 뒤편으로 이끌어주었다. 이는 위키리크스가 지난 7개월 동안 공개한 '부수적 살인(Collateral Murder)' 비디오, 아프가니스탄과 이라크의 전쟁일지에 뒤이은 네 번째 폭로였다. 대중이 세계 최강국의 군사적·외교적 내부 실상을 이처럼 가까이서 들여다볼 수 있었던 적은 이제껏 단 한 번도 없었다.

어산지에게, 그러나 또한 미국에게도 2010년은 불꽃같은 한 해였다. 시간이 갈수록 폭로는 더욱 빛을 발하며 장관을 연출하더니 결국 세계 각국 정부의 숨을 멈추게 만드는 '광란의 피날레(Finale furioso)'로 연말을 장식했다. 이 같은 상황의 전개를 바로 곁에서 지켜볼 수 있었던 것은 우리에게 더없는 행운이었다.

우리는 2010년 7월 런던에서 처음으로 줄리언 어산지를 만났다. 그는 얼굴이 창백하고 피로해 보였으며, 면도도 하지 않았고 옷은 며칠 동안 똑같은 차림이었다. 하지만 우리는 곧 그것이 그의 평소 상태라는 걸 알 수 있었다. 배낭과 여행가방 하나, 이것이 끊임없이 이동하며 살아가기 위해서 그에게 필요한 전부였다. 그가 아직 남들의 눈에 띄지 않고 런던 거리를 활보할 수 있었던 2010년 여름에 이미 역사의 바람은 깃발을 펄럭이며 그의 주변으로 불어오고 있었다. 이때부터 그는 정치권의 팝스타 자리에 올라 각종 잡지의 표지를 장식하기 시작했다. 그의 얼굴이 새겨진 마스크가 등장하고, 페이스북 팬그룹이 결성되고, 이런저런 관련 시위들이 벌어졌다. 어산지는 여론을 양극으로 분열시키며 사랑과 미움의 대상이 되었다. 그는 철저히 자신의 사명에 헌신했고 남들과는 물론 자기 자신과도 결코 타협하지 않았다.

줄리언 어산지는 컴퓨터의 귀재다. 그는 몇 시간이고 시간 가는 줄 모른 채 자신의 300달러짜리 컴퓨터의 키보드를 두드리며 또 하나의 세계 속으로 빠져든다. 그 안에서 그는 현대 정보기술을 이용하여 스스로 '정당한 개혁'이라고 부르는 일을 지원한다. 그곳은 진정한 그의 세계다. 그가 자신과 해커 친구들을 '국제 전복자들(International Subversive)'이라고 부르기 시작한 십대 시절부터 줄곧 그의 세계였다. 하지만 컴퓨터 속어로 IRL(In Real Life)이라고 부르는, 단지 0과 1로만 소통이 이루어지지 않는 실제 삶에서 이 수학자의 행농은 조심성이나 신중함 따위와는 거리가 멀었다. 그는 무모하고 단도직입적이며, 상대가 자신과 비슷한 지적 수준에서 대화할 능력이 없다고 느낄 때 거침없이 상처를 준다. 그런데 문제는 그가 그렇게 느낄 때가 많다는 것이다. 그는 측징에 따라 146에서 180 정도의 아이큐가 나오는데, 이는 보통을 훨씬 웃도는 수준이다. 반면 개인적 관계를 맺는 능력은 별로 신통치 못해서 거처를 옮길 때마다 실망과 고통을 남겼다. 이렇게 애착관계에 특히 어려움을 느끼는 사람이 하필이면 두 여성과의 부정한 스캔들로 기소된 것은 단순히 우연으로만 보기 힘들다. 누구보다도 사적인 관심과 공적인 관심 사이의 경계를 허물고자 한 사람이 바로 어산지 자신이다. 그렇지 않다면 이 사건은 그가 스스로 두 여인과 해결해야 하거나 재판관의 도움을 구해야 하는 지극히 개인적인 일에 머물렀을 것이다. 하지만 어산지는 급진적인 인물이다. 그는 정치적으로든 개인적으로든 이런 경계를 보통 사람들과는 다르게 정의한다. 그의 생각과 행동은 대부분의 다른 사람들보다 훨씬 더 극단으로 치닫는다.

어산지에게는 비전과 카리스마가 있다. 어산지는 사람들에게 호감을 불러일으키고, 그들을 열광시키고 추종자로 만드는 재능이 있다. 이 점은 다른 많은 문제점들을 보완하기에 충분할 정도로 강력한 흡인력을 발휘한다. 그의 비상한 카리스마는 분열과 대립을 불러일으키는 가운데서도 대중을 사로잡는 매력을 발산하는 정치가들을 연상시킨다. 이는 커다란 성공을 약속하는 재능임에 틀림없다. 우리는 어산지에게 호감을 가질 수도 있다. 그러나 그의 작업을 평가하고 성과를 인정하는 것은 이와 별개의 일이다.

우리는 위키리크스를 두 가지 방식으로 평가한다. 그것은 분명히 비상하고 특출한 아이디어이지만 또한 디지털 혁명의 논리적 귀결이기도 하다. 비밀 폭로 플랫폼의 콘셉트는 새로운 게 아니며 다양한 형태의 선구자들이 있다. 그러나 민주적 공공성과 최선의 제보자 보호를 위한 인터넷의 가능성을 어산지와 그의 협력자들만큼 일관되게 실행에 옮기며 국제적 명성을 쌓은 사람들은 일찍이 없었다. 위키리크스가 저널리즘을 완전히 대체하지는 않겠지만 그것을 변화시킬 수는 있다. 이 인터넷 플랫폼은 원본 자료들을 수집하여 공개한다는 측면에서는 문서보관소와 비슷하다. 하지만 사건을 탐색하고, 단서를 추적하고, 최대한 많은 관련자들과 인터뷰하고, 독자들에게 맥락과 분석을 제공한다는 점에서 위키리크스는 우리가 일차적으로 이해하듯이 실제로 저널리즘 역할을 수행한다. 우리는 원본 자료들이 언제나 사건의 진실만을 담고 있다고 생각하지 않는다. 하지만 이 조직이 지금까지 발표한 자료들은 저널리즘의 작업이 훌륭하게 이루어지기 위한 소중하고 부분적으로 유일무이한 재료들임에 틀림없다.

우리는 이미 여러 해 전부터 위키리크스 조직의 역사를 추적해왔다. 처음에는 경쟁 상대로서 관찰을 시작했다. 탐사보도 저널리즘(investigative journalism)의 핵심 분야에 새 경쟁자가 나타났다고 생각했다. 위키리크스 사이트와 그 운영자들에게 좀 더 진지하게 주목할 필요가 있다는 것은 스위스 은행그룹 율리우스 베어(Julius Baer)의 원본 자료들을 위키리크스가 인터넷에 올리고 은행 측이 이를 불법으로 고발한 2008년에 들어서 분명해졌다. 2009년에 우리는 위키리크스가 독일연방정보국 에른스트 우를라우 국장과 교환한 편지들을 읽어보았다. 그것은 위키리크스보다 연방성보국에 훨씬 더 낭혹스러운 내용이었다. 우리는 그때 처음으로 위키리크스의 독일 대변인 다니엘 돔샤이트-베르크(Daniel Domscheit-Berg, 2010년 10월 사퇴)와 접촉했으며, 그 이후 줄곧 만남을 유지하고 있다.

위키리크스의 스토리는 또한 우정과 실망과 배신으로 점철된 것이다. 이야기의 무대는 해커와 핵티비스트(hacktivst, 해커와 액티비스트의 합성어—옮긴이)들의 매혹적인 비주류 문화다. 그들이 추구하는 자유이념과 사회윤리는 줄리언 어산지의 비전이 성장하는 밑바탕을 이룬다. 위키리크스의 정보원 브래들리 매닝(Bradley Manning)을 FBI에 팔아넘긴 아드리안 라모(Adrian Lamo)도 같은 문화에서 성장한 해커였다. 우리는 변호사 데이비드 쿰스(David Coombs)를 비롯한 매닝의 여러 주변 인물들뿐만 아니라 라모와도 이야기를 나누었다. 라모와 매닝을 조사하면서 우리는 그들이 그렇게 행동한 이유를 조금은 이해할 수 있었다.

이 책은 줄리언 어산지의 전기가 아니다. 하지만 위키리크스에 관심이 있다면 무엇보다도 어산지를 알 필요가 있다. 우리는 어산지와 그의 중요한 동반자들을 지난 반년 동안 자세히 관찰했다. 런던과 베를린에서 직접 만나기도 했고, 어산지 일당과 시공을 초월해서 가장 빨리 접촉할 수 있는 장소인 컴퓨터에서 온라인으로 많은 대화를 나누었다.

어산지는 고작 두세 번 정도의 만남으로 정확히 이해할 수 있는 인물이 아니다. 그는 정치가들처럼 좀처럼 속내를 들여다볼 수 없는 얼굴을 하고 있다. 그를 만나본 사람들의 공통적인 생각이다. 그는 사생활에 대해 말하고 싶어 하지 않는다. 그래서 항상 사생활 함구를 만남의 전제조건으로 내걸지만, 그렇다고 그가 대화를 나눌 때 철저하게 사생활 이야기를 배제하는 스타일은 아니다. 적어도 어느 부분에서는 전혀 그렇지 않다.

우리는 어산지와 나눈 대화 내용을 그의 삶을 거쳐 간 사람들을 통해서 최대한 검증하려고 노력했다. 이 책을 작업하는 몇 달 동안 우리는 위키리크스에서 현재 활동 중이거나 예전에 활동한 주요 관계자들을 영국, 독일, 호주, 아일랜드, 미국 등지에서 최소한 10명 이상 만나서 이야기를 나누었다. 그중에는 어산지를 긍정적으로 평하는 사람도 있었고 부정적으로 말하는 사람도 있었다. 우리는 어산지와 그 주변 인물들뿐만 아니라 영국의 〈가디언〉이나 미국의 〈뉴욕타임스〉와도 접촉을 유지하면서 〈슈피겔〉이 이라크전과 아프가니스탄의 전쟁일지, 그 밖에 수많은 외교전문들을 출간할 수 있도록 도왔다. 이 시기에 우리는 어산지와 많은 이야기를 나눴는데, 서로 의견이 다른 점도 많았기 때문에 자주 논쟁이 벌어지곤 했다. 우리는 그의 음모론이나 저널리즘의 폐해에 대한 시각을 받아들이지 않았으며, 위키리크스가 좀 더 민주적인 구조로 가는 것이 바람직하다고 생각했다. 하지만 우리는 사람들이 흔히 말하는 것과 상당히 다른 줄리언 어산지의 면모를 경험할 수 있었다. 그는 결코 오만하거나 비열한 사람이 아니었으며 공격적이지도 않았다. 그는 비범한 아이디어를 지닌 비범한 대화 상대자였다.

차례

프롤로그 :: 우리가 만난 줄리언 어산지 _ 4

1장_ 위키리크스, 국가의 적인가
이들은 축복인가 저주인가? _ 15

2장_ 오즈의 마법사: 줄리언 어산지
불안정하고 흥미진진한 히피의 삶 _ 33
자유분방한 무정부주의 컴퓨터광 _ 58

3장_ 어산지와 다섯 친구들: 위키리크스의 탄생
wikileaks.org의 데뷔 _ 73
세상이 위키리크스의 존재를 알게 되다 _ 91
적과 명예를 함께 얻다 _ 99
위키리크스는 정치적인가? _ 121

4장_ 결전의 시작: 긴장이 고조된 2010년
펜타곤의 은폐된 살인 _ 135
미국 역사상 최대의 배신 _ 158

5장_ 복수의 전선에서 벌어지는 전쟁
아프가니스탄 전쟁일지 _ 185
폭로의 후폭풍 _ 207

6장_ 시험대 위의 위키리크스
섹스, 음모 그리고 내부 분열 _ 225
이라크전쟁과 위키리크스의 부활 _ 251

7장_ 미 국무부, 타깃이 되다
우리는 정부를 공개한다 _ 273

8장_ 제국의 반격
표현의 자유를 쟁취하기 위한 투쟁 _ 313

9장_ 팽팽한 긴장
대중매체, 정치 그리고 위키리크스 _ 345

에필로그 :: 위키리크스와 민주주의의 미래 _ 369
감사의 글 _ 377
주석 _ 382

1장

위키리크스
국가의 적인가

WikiLeaks

이들은 축복인가 저주인가?

"권력자들의 수프에 침 뱉는 게 전 좋아요."

_ 줄리언 어산지

2010년 12월 6일 저녁, 줄리언 어산지는 간신히 몇 시간 틈을 냈다. 하지만 바쁘게 쫓기는 와중에서도 그는 유머를 잃지 않았다. 우리는 채팅을 약속했었다. 그는 런던의 컴퓨터 앞에 앉아서 그의 변호사가 런던 경시청과 벌이는 협상 결과를 기다리는 중이었다. 그는 곧 경찰에 체포되어 스웨덴으로 송환될 처지다.

"그들은 무슨 이유로 체포 명령이 떨어졌는지조차 밝히기를 거부한 채 저를 체포하려고 합니다. 이건 정말 말도 안 되는 일입니다."

어산지는 상황이 좋지 않다며 이렇게 말했다.

"그들은 저를 기어이 독방에 처넣으려는 것 같아요. 아니면 아예 미국에서 체포 명령이 내려질 수도 있고요."

어산지는 동영상 하나를 링크하여 보냈다. 마우스 커서가 쌍둥이 빌딩으로 날아가자 수많은 자료들이 밖으로 쏟아져 내리면서 그 위에 '위키리크스'라는 글자가 새겨졌다. 어산지가 최근에 25만 건의 기밀 자료를 공개한 사건을 "외교의 9·11 테러"라고 표현한 이탈리아 외무장관 프랑코 프라티니를 비꼬는 영상이다.

두 번째 링크는 식스트(Sixt) 렌터카 광고를 풍자한 것이다. 검정색 양복에 빨간 넥타이를 맨 백색 금발의 어산지가 등장하는 포스터에는 이런 문구가 적혀 있다. "추적 망상? 저렴한 도주 차량은 식스트에 얼마든지 있거든!" 어산지의 유머는 늘 이런 식이다. 뾰족하게 날이 서고 도전적이며 겁이 없다.

그러나 그에게는 현재 타고 도망갈 차가 없다. 내일 아침이면 줄리언 어산지는 체포될 것이다. 그리고 이것은 유례없이 떠들썩했던 한 해의 정점을 찍는 사건이 될 것이다.

2010년 여름 위키리크스는 요란하게 국제정치 무대 전면에 등장했다. 7월 26일 밤 그들은 미군의 아프간전쟁 기밀문서 7만 6000건이 실린 자료집을 인터넷에 공개했다. 여기에는 인명살상 명령 기록, 정보기관의 정세 평가, 암울한 내부 상황 등이 담겨 있다. 위키리크스의 폭로는 단 몇 분 만에 전 세계 매체들의 1면 톱기사가 되었다. 마치 국가와 시간대의 경계가 모두 사라지고 국제정치를 움직이는 단 하나의 글로벌 의제와 글로벌 시각만이 존재하는 듯한 기묘한 순간이었다. 폭로는 아프간전쟁의 양측 모두에게 커다란 충격을 주었다. 정보 공개 직후 미 국방부장관 로버트 게이츠는 기자회견을 열고 이를 '무책임한' 행위라고 비난했다. 탈레반의 한 대변인은 그들의 조직이 이미 폭로 자료를 토대로 미국 스파이들에 대한 색출에 들어갔다고 발표했다. 모든 관련 기사와 보고서에는 위키리크스가 누구 혹은 무엇이며, 그 배후에 정확히 누가 숨어 있는지를 놓고 각종 추측과 의혹이 난무했다.

이 의문에 대한 답은 전 세계의 모든 정부와 정권에 큰 우려를 자아내기에 충분했다. 다국적기업과 각종 교파들, 그리고 다른 모든 폐쇄적인 조직들의 입장도 마찬가지였다. 그 대답은 또 위키리크스를 경쟁자이자 동시에 기회로 보는 기성 매체들에게도 고민거리를 제공했다. 하지만 정치 프로세스의 투명성과 책임 있는 자들에 대한 통제를 무엇보다도 중요하게 여기는 풀뿌리민주주의와 참여민주주의의 시각에서 보면 이는 기대와 희망을 주는 사건이었다. 이처럼 위키리크스는 전례를 찾아볼 수 없는 방식으로 풍요로움과 동시에 위협을 가져왔다.

위키리크스의 등장은 권력의 문제점을 지적하는 새로운 정치주체의 출현을 의미했다. 다음 대선에서 어느 정당이 대통령을 배출하느냐 혹은 어떤 정치제도가 관철되느냐와 같은 문제가 아니다. 위키리크스는 정보권력의 소유를 문제 삼았다. 지금까지는 정부와 대기업이 어떤 정보가 얼마 동안이나 비밀에 부쳐져야 할 것인지를 결정했다. 기밀유지 기간에 관한 법률도 있다. 미국이나 독일 같은 나라에는 또 정보자유법이 있어서 이를 근거로 기자들은 국가가 비밀에 부친 문서의 열람을 요청할 수 있다. 다만 이 과정은 오랜 시간이 소요되며 또 자주 거부당한다.

위키리크스는 각국 정부들로부터 정치적 통제권을 빼앗으려는 의도는 없지만, 정보에 대한 국가의 일방적 통제에는 단호히 반대한다. 무엇이 비밀에 부쳐져야 하는가를 함께 결정하겠다는 새로운 정치수체가 갑자기 출현한 것이다.

아무것도 계속 비밀에 부쳐질 수 없으며 모든 것이 대중에게 공개될 수 있다는 사실을 아는 것만으로도 우리는 충분히 더 나은 세상을 만들어낼 수 있다. 적어도 위키리크스 사람들은 그렇게 확신한다. 권력자들이 시민들에 의해 통제된다면 더 나은 정치가 출현할 수 있다. 이를 가능케 하는 것이 바로 인터넷이다. 인터넷은 시민들의 정치 참여를 가로막는 장벽을 낮추기 때문이다. 이것이 2.0 버전의 견제와 균형(Checks and Balances) 이념이다. 몇 가지 문제점이 있기는 하지만 원칙은 매우 간단하고 또 효과적이다.

이 접근 방식에는 칸트와 같은 철학자들이 성숙하고 깨인 시민들과 영구적 세계평화를 요구하던 계몽주의 시대의 요소들과 파리, 베를린, 버클리의 거리에서 "민중에게 권력을(Power to the People)"이라고 외치던 68학생운동의 자유주의적 특징들이 결합되어 있다. 1980년대에 등장한 해커들의 행동윤리도 이 정치이념에 강한 영향을 미쳤다. 그들은 인터넷이 제공하는 새로운 기술적 가능성을 통해 성숙된 시민의식의 성장에 기여하고자 했다.

시민사회에 의한 권력 감시와 권력에 대한 저항이 뒤섞인 요구와 생각들을 줄리언 어산지는 하나의 완결된 세계상으로 빚어서 위키리크스의 설립 이념으로 삼았다. "사람들은 정부의 진짜 계획과 행동 방식을 알 때만 그 지지 여부를 제대로 결정할 수 있다. 역사적으로 가장 생존 능력이 강한 형태의 열린 정부는 공개와 폭로의 자유를 보호하는 정부였다. 이 같은 보호가 없는 곳에서 그것을 가능케 하는 것이 우리의 사명이 될 것이다."[1] 어산지는 위키리크스가 "민중의 정보국으로서 세계 최강의 정보기관이 될 것"²이라고 호언장담했다.

　예로부터 정보를 둘러싼 싸움은 항상 권력투쟁이었다. 현대의 모든 국가는 자국의 기밀을 지키고 보호하기 위해 막대한 비용을 들인다. 각국 정부는 막후에서 외교를 펼치고 군대는 적에게 자신의 능력을 최대한 감춘다. 베를린의 정치학자 헤르프리트 뮌클러 같은 국가론자들은 이를 현대적 영토국가의 기본적 구성 원리로 본다. 현대적 영토국가의 성공은 정치기밀의 독점에 성공한 결과로도 이해할 수 있다.³ 세계의 거의 모든 국가들은 이를 위해 막대한 규모의 정보기관을 운영하여 한편으로는 자국의 기밀을 지키고, 다른 한편으로는 타국의 기밀을 확보하려 애쓴다. 국가기밀의 유출에 대해 거의 모든 국가에서 강력한 형벌로 대응하고 심지어는 사형까지도 불사하는 이유가 바로 여기에 있다.

　이런 원칙이 미국만큼 철저히 지켜지는 나라도 없다. 〈워싱턴포스트〉는 9·11 테러 이후 기밀유지 문화가 폭발적으로 확산되는 현상에 관한 주목할 만한 기사를 내놓았다.⁴ 미국 정부는 정보활동을 위해 매년 750억 달러를 지출하는데, 이는 오스트리아 전체 국가예산의 절반이 넘는 액수다. 〈워싱턴포스트〉 기자 다나 프리스트와 윌리엄 아킨의 추정치에 따르면 현재 약 85만 명의 미국인들이 기밀 보유자로 분류되고 있다고 한다. 미국 전역에는 정부가 기밀문서들을 처리하고 보관하는 장소가 1만여 곳이나 된다. 미국이 국내외 첩보활동을 통해 얻는 정보들의 경우 매년 5만 건 정도가 정보국 보고서의 형태로 수집되며, 모두 상이한 등급의 기밀문서로 분류되어 보관된다. 지구상에서 가장 강력한 이 국가는 오늘날 더 이상 전체를 파악할 수조차 없는 기밀의 정글을 운영하고 있으며, 이로부터 역시 통제가 거의 불가능한 활동들이 우후죽순처럼 생겨나고 있다.

그렇기 때문에 미국 정부로서는 위키리크스의 존재 자체가 커다란 위협이 아닐 수 없다. 아프가니스탄과 이라크의 기밀 전쟁일지를 빼돌린 행위는 미국 정부가 지금까지 전혀 위협적으로 여기지 않았던 영역에서 날아온 강력한 펀치였다. 역사적으로 미국에게 위협이란 러시아 정보국이 기밀 정보를 빼돌리거나 탈레반의 수중에 치명적인 스팅거 미사일이 들어가는 따위의 사건이었다. 그런데 그것이 자기편의 내부자라면? 그것도 미군 병사가 웬 인터넷 사이트에 내부 정보를 넘기는 바람에 누구나 언제든지 그것을 볼 수 있게 되었다면? 이것은 새로운 전선에서 벌어지는 새로운 전투였다. 미국이 전혀 대비하지 못한 새로운 형태의 비대칭 위협이었다. 더 많은 투명성을 확보하려 애쓰는 이 새로운 적에게 필요한 것은 고작 USB 메모리나 CD-RW, 인터넷이 전부다. 군대나 정보국의 시각에서 보자면 악몽과도 같은 시나리오가 펼쳐지고 있는 것이다.

위키리크스에서 폭로한 자료들은 "현재 진행 중인 정부 활동에 대한 정보를 제공하는 역사적 지식의 보물상자"이며, 그 뚜껑을 연 것은 "비극"이라고 마이클 헤이든은 말한다.[5] 헤이든은 막강한 국가안보국(NSA)의 국장을 거쳐 미 중앙정보국(CIA) 국장으로도 재직했다.

그런데 헤이든의 이 말은 아프간전쟁과 관련된 자료에만 해당하는 것이었다. 이때 미국은 충격과 분노로 몸을 떨었지만 구체적인 대응조치를 취하지는 않았다. 위키리크스는 곧이어 이라크전 관련 미군 전쟁

기밀 39만 건을 추가로 폭로했고, 그 다음에는 막대한 양의 미 국무부 외교전문까지 공개했다. 역사가들과 다른 나라 정부들에게 이 외교문건들은 어마어마한 보물들이 담긴 파라오의 무덤과도 같았지만, 보안과 에티켓을 무엇보다 중요시하는 외교가에게는 상상조차 하기 싫은 끔찍한 사고였다.

군과 외교는 미국의 국제정치를 떠받치는 두 기둥이다. 그런데 두 번의 큰 전쟁이 연속해서 웃음거리가 되고 조롱당하고 까발려졌다. 전쟁이 진행 중인 상황에서 군대의 작전 내용은 애국주의를 특별히 강조하는 미국으로서는 그 어떤 것보다도 중요하고 신성한 정부 내부 기밀일 것이다. 게다가 미 국무부의 내부 커뮤니케이션이 전 세계에 공개되었다. 권력의 통제를 위해 행동에 나선 위키리크스는 이제 그 자신이 권력의 강력한 수단이 되었다. 줄리언 어산지와 그의 조직은 국제정치를 변화시키고 있다. 더 나은 방향으로의 변화인지, 더 나쁜 방향으로의 변화인지는 아직 두고 볼 일이다.

미국은 공식적으로 위키리크스를 국가의 안전을 위협하는 적으로 선언했다. 중국, 북한, 짐바브웨, 베트남, 태국 같은 나라들은 일찌감치 인터넷의 이 내부고발자 사이트를 국가에 대한 위협으로 규정한 바 있다. 미국은 이제 그들의 예를 따르고 있다. 정부에서 일하는 모든 근로자들은 관련 인터넷 주소의 사용이 금지되었으며, 심지어 국회도서관에서도 백악관의 지시로 위키리크스 사이트에 대한 접속이 차단되었다. 적어도 표현의 자유에 있어서 미국은 이제 중국과 비슷한 수준으로 전락했다. 누가 상상이나 했겠는가?

위키리크스의 프로젝트에 대한 미국 우파들의 극심한 증오는 정보가 공개될 때마다 그들이 보이는 날 선 반응에서도 잘 드러난다. 티파티 운동(Tea Party Movement, 미국의 보수주의 운동)의 토론 사이트 '우익뉴스(Right Wing News)'는 '공개적인 경고'와 함께 어산지 머리에 직접 총알을 박아 넣어서라도 "CIA는 어산지를 죽여야 한다"고 말했다. 공화당의 유력한 차기 대선후보로 꼽히는 세라 페일린은 어산지를 오사마 빈 라덴과 똑같은 국가의 적으로 간주하며 강력한 조치를 취할 것을 촉구했다. 또 공화당 소속 전 주지사 마이크 허커비는 폭로자들에게 사형을 내릴 것을 요구했고, 미치 맥코넬 공화당 상원 원내대표는 "그자를 하이테크 테러리스트로 생각한다"고 밝혔다.

조지 부시 전 대통령의 연설문 작성자였던 마크 티센은 한 걸음 더 나아가서 구체적인 대응전략을 제안했다. 티센은 〈워싱턴포스트〉에 쓴 기고문에서 위키리크스를 "국가안보에 관한 기밀 정보들을 빼돌려서 미국의 적들에게 최대한 퍼뜨리는 것을 자신의 존재 이유로 삼는 범죄집단"[6]이라고 표현하면서 '미국의 국가안보에 대한 명백하고 강력한 위협'으로 보았다.

티센은 전쟁보고서의 공개를 테러리즘을 지원하는 스파이 활동으로 평가했다. 따라서 그런 웹사이트는 당장 '폐쇄시켜서 더 이상의 정보공개를 막아야' 하며, 사이트 운영자들은 강력하게 처벌받아야 한다고 했다. 그는 이를 위해 미국 정부가 선택할 수 있는 방안은 여러 가지라고 말했다. 가장 좋은 방안은 미국 정부가 세계 각국 정부와 공식적으로 협조하는 것이지만 이것이 여의치 않으면 단독으로라도 행동에 나서야 하며, 필요한 경우 정보기관이나 군대를 동원하는 것도 마다해서는 안 된다고 했다.

부시 정부에서 일했던 티센은 이 작전의 적임자로 미국 최강의 전설적인 정보기관인 NSA를 추천했다. 동부해안의 포트미드(Fort Meade)에 본부를 둔 NSA는 군과 긴밀히 협력하며 전 세계의 인터넷과 위성통신을 실시간으로 감시하고 있다. 2009년에 버락 오바마 미국 대통령은 '미국 사이버사령부(US Cyber Command)'를 새로 창설하여 인터넷에서 벌어지는 디지털전쟁을 지휘하는 군사령부로 삼았다. "어산지의 체포가 그들 집단에 강한 타격을 주기는 하겠지만 그를 제거하는 것으로는 충분치 못하다"고 티센은 말한다. "우리는 기밀 자료들도 되찾고 그가 비밀 정보들을 빼돌리기 위해 세운 조직을 완전히 붕괴시켜야 한다."

티센은 〈워싱턴포스트〉 칼럼에서 위키리크스에 대한 사이버 공격을 촉구했는데, 얼마 뒤 실제로 그와 같은 일이 벌어졌다.

티센과 티파티 지지자들은 평소에도 과격한 주장을 즐기는 사람들이지만 최근에는 미국 사회의 평범한 중산층에서도 위키리크스에 대한 비판이 대두되고 있다. 민주적인 오바마 정부의 반응에서도 다소 격앙된 감정이 묻어난다. 오바마 정부의 국방부장관 로버트 게이츠는 위키리크스의 폭로가 '극적인 결과'를 초래할 수 있다고 경고했으며, 합참의장 마이클 멀린은 줄리언 어산지의 두 손에 이미 젊은 미군 병사나 아프가니스탄 가족의 피가 묻었을지도 모른다고 말했다.[7] FBI는 2010년 여름 1차 폭로가 있은 직후에 이미 어산지와 그 협력자들을 상대로 '방첩법(Espionage Act)'의 적용 가능성을 검토하기 시작했으며, 민주당의 다이앤 페인스타인 상원의원도 이를 거들고 있다. '방첩법'은 1917년에 처음 제정되어 지금은 거의 사용되지 않고 있다.

제1차 세계대전 참전 당시 우드로 윌슨 대통령 정부에서 통과된 이

법은 국내 전선에서의 군 활동을 보호하기 위한 목적으로 제정된 것으로 미국 군대의 작전 수행에 지장을 초래할 수 있는 정보 유출에 대한 처벌 조항을 담고 있다. 하지만 해당 법조항은 곧 애국과 군대 보호를 빌미로 반대자들의 입에 재갈을 물리는 수단으로 변질되었다. 당시 사회당의 대선후보였던 유진 뎁스는 징병을 공개적으로 반대했다는 이유로 몇 년간 감옥 신세를 져야 했다. 또 작가 E. E. 커밍스는 전쟁이 났다고 무조건 독일인들을 미워할 수는 없다고 말한 것 때문에 몇 개월간 강제로 병영생활을 해야 했다. 이 법을 근거로 900명 이상의 사람들이 최고 20년까지 금고형에 처해졌는데, 그중에는 유명한 유대인 무정부주의자 에마 골드만도 있었다. 처벌이 지나치다고 느낀 윌슨 대통령이 나중에 형량을 대부분 축소하기는 했지만, 아무튼 이 법은 아직까지도 폐기되지 않고 명맥을 꿋꿋이 유지하고 있다. 제2차 세계대전 때는 보수주의 전도사 찰스 커글린이 발행하는 잡지 〈사회정의(Social Justice)〉가 이 법에 의해 금지되기도 했다.

그렇다면 위키리크스의 폭로는 일종의 스파이 사건인가? 워싱턴에서는 위키리크스를 미국에서 존경받는 '내부고발자' 모델의 디지털 버전으로 인정하기를 점점 더 꺼리고 있다. 그동안 익명의 내부고발자들은 권력의 남용과 부패를 경고하며 계몽을 촉진시키고 민주주의를 강화하는 데 기여해왔다. 그런데 워싱턴 정치 엘리트들은 위키리크스를 오히려 외국 스파이의 최근 버전으로서 위험한 적으로 간주하려 하고 있다.

위키리크스가 이번에 공개한 군과 외교의 기밀 정보들은 과거에는 주로 러시아 정보기관에 의해 위협당하던 것들이다. 동서 냉전시대의 스파이전쟁에서 미국의 주적은 단연 KGB였다. 모스크바의 정보장교들은 워싱턴의 국가기밀을 최대한 많이 입수하려고 온갖 노력을 다 기울였다. 그것은 미국 버지니아 주 랭글리에 본부를 둔 CIA도 마찬가지였으며 지금도 그렇다. 이런 첩보전쟁의 중심에 위치한 것이 바로 군과 외교이며, 위키리크스도 이 두 분야를 집중적으로 공략하고 있다.

지금까지 발생한 최악의 스파이 사건으로는 31년간이나 CIA에서 근무하면서 주로 러시아 관련 기밀 정보들의 분석을 담당했던 올드리치 에임스(Aldrich Ames)의 이중간첩 행위를 꼽을 수 있다. 1985년 4월 에임스는 은밀히 워싱턴 주재 소련 대사관을 방문하여 정보제공 의사를 밝힌다. 곧 그는 모스크바 최고의 스파이가 되어 CIA 정보원 명단, CIA 작전 계획, 내부의 상황 평가, 미국 정보기관들의 기술적 능력 같은 기밀 정보들을 빼돌렸다. 에임스는 비밀 우체통을 통해 수백 건의 기밀 서류들을 KGB의 고위 간부들에게 제공했고, KGB는 그 답례로 돈과 함께 새로운 임무가 담긴 봉투를 보냈다. FBI에 따르면 에임스의 배신으로 10명 정도의 CIA 정보원이 목숨을 잃었고, 100여 건 이상의 비밀 작전이 발각되었을 것으로 추정된다.

CIA와 FBI가 몇 년에 걸쳐 정보가 새는 지점을 추적한 끝에 1993년 초에 드디어 에임스가 용의선상에 포착되었다. 에임스는 알링턴에 CIA에서 지급하는 보수에 비해 너무 값비싼 주택을 소유하고 있었고 최고급 스포츠카를 몰고 다녔다. 1994년 2월 말 수사관들은 가택수색을 통해 증거물들을 찾아냈고, 같은 해 4월 에임스에게는 무기징역형이 선고되었다. 현재 그는 펜실베이니아의 연방구치소에 수감 중이다.

현재 모스크바의 해외 담당 정보기관 명칭은 SWR이다. 이 SWR도 여전히 워싱턴에서 새 스파이들을 포섭하려고 애쓰고 있다. 하지만 가장 최근에 밝혀진 활동 결과는 에임스에 비견될 만한 것이라기보다는 할리우드의 슬랩스틱 코미디에 더 가까운 수준이다. 2010년 여름 FBI는 빨간 머리의 러시아 여성 안나 채프먼에 연루된 러시아 스파이 용의자 12명을 체포했다. 그들 중에는 10년 이상 위장 신분증을 가지고 미국의 외교정책에 관한 내부 정보들을 수집해온 인물도 있었다. 채프먼은 페이스북을 통해 거리낌 없이 자신의 사생활에 대해 수다를 떠는 매력적인 젊은 여성이다. 그녀는 현대적 러시아 스파이의 대표적인 인물로 떠올랐지만 유감스럽게도 그녀의 활동은 그다지 성공적이지 못했다. 만약 그녀가 미 국무부의 중요한 기밀 정보들을 러시아로 빼돌리는 데 성공했다면 모스크바 최고의 스파이 자리에도 올랐을 것이다.

위키리크스에 전쟁에 관한 기밀보고서와 국무부의 외교전문을 제공했다는 혐의로 체포된 미군 병사 브래들리 매닝은 미국 정부에는 안나 채프먼과 그의 스파이 친구들을 모두 합친 것보다 훨씬 더 위험한 존재다. 매닝이 실형을 선고받는다면 그를 제2의 에임스로 불러야 마땅할 것이다. 그는 이라크전쟁이나 아프간전쟁과 관련된 군사기밀과 미 국무부의 외교전문이 저장되어 있는, 외부와 완벽하게 차단된 미국 정부 컴퓨터 네트워크에 접근했다. 매닝은 이를 위해 워싱턴까지 갈 필요조차 없었다. 전 세계 아무 데서나 미군 부대에 들어가서 미국 정부의 인트라넷에 연결된 컴퓨터에 접근할 수만 있다면 충분했다.

인터넷 시대만큼 첩보활동이 쉬운 적은 일찍이 없었다. 어떤 정부 공무원이 양심의 이유로 위키리크스에 연락을 취하고 기밀 자료가 담긴 파일을 온라인으로 전송하면 끝이다. 현대적 네트워크 덕택에 그가 어디에 있든 장소는 더 이상 중요하지 않다. 문제는 그가 어떤 정보에 어떻게 접근할 수 있는가 하는 것이다. 그런데 2010년 미국 정부의 기밀문서에 접근할 수 있었던 미국 시민의 수는 250만 명에 육박한다. 다시 말해 250만 명의 잠재적 스파이들이 있는 셈이다.

미군은 위키리크스라는 현상에서 비롯된 위험을 일찍부터 감지했지만 그에 상응하는 조치를 구체적으로 취하지는 않았다. 2007년 4월 위키리크스에서 미군이 이라크와 아프가니스탄 전쟁에서 사용한 군비 목록을 공개하고 나서 군사령부는 방첩센터에 연락하여 위키리크스가 도대체 무엇인지 분석해달라고 요청했다. 왜냐하면 폭로된 목록이 '너무 풍부한 정보를 담고 있어서' 이라크 저항 세력과 외국 정보기관들이 이를 통해 미군의 약점을 파악할 수 있을 정도였기 때문이다.

이 요청이 얼마나 긴급하고 중요한 것이었는지는 위키리크스의 뒤이은 폭로를 통해 더욱 명확히 드러났다. 2007년 11월 위키리크스는 이라크 저항 세력과 미군 사이에 벌어진 팔루자 전투에 관한 기밀분석 자료를 공개했다. 이 자료는 '페리튼'이라는 코드명을 가진 한 병사가 보낸 것'이라고 했다. 2008년 3월 군 소속 정보분석가 마이클 호바스는 32쪽 분량의 보고서에서 위키리크스의 '외국 정보기관, 저항 세력, 테러단체 등과의 관련 여부'를 분석했다.[8] 호바스는 이 집단이 군대의 보호, 역첩보 활동, 비밀 작전과 정보의 안전 등 여러 가지 측면에서 미군에 잠재적 위협이 될 것이라고 경고했다. 호바스는 위키리크스가 군대의 현역 또는 퇴역 내부자를 정보원으로 확보하는 데 성공한다면 상상조차 하기 싫은 일이 벌어질 수 있다고 보았다. 그는 군대에서 그런 일이 실제로 일어나리라는 주장이 '극도로 미심쩍은' 것이지만 "국방부나 다른 미국 기관의 직원이나 스파이가 기밀 정보를 위키리크스에 전달할 가능성은 배제할 수 없다"고 경고했다. 그의 경고는 곧 사실이 되었다.

방첩센터의 분석은 위키리크스의 약점도 언급하고 있다. 바로 신뢰다. 위키리크스가 자기 정보원의 익명성을 절대적으로 보호할 거라는 믿음은 이 조직을 지탱하는 핵심인 동시에 가장 효과적인 공격 지점이다. 정보원의 신상을 파악하여 상응하는 징계나 형사처벌을 내리는 것은 이런 믿음에 금이 가게 하거나 아예 파괴할 수 있으며, 사람들로 하여금 위키리크스 사이트를 멀리하게 만들 수 있다. 호바스는 심지어 위키리크스의 컴퓨터에 직접 침투하는 방안도 제안했다.

이것은 위키리크스의 신뢰를 떨어뜨리려는 최초의 시도였지만 아무런 결실도 거두지 못했다.

호바스의 분석은 다른 많은 비밀문서들이 그랬듯 정부의 책상 서랍 속으로 사라졌다. 만약 위키리크스에게 아프가니스탄과 이라크의 전쟁일지를 전달한 정보원이 친절하게 호바스의 분석보고서도 함께 보내지 않았더라면 이 자료는 이미 오래전에 잊혔을 것이다. 줄리언 어산지에게 이 문서는 미국 정부를 또다시 멋지게 조롱할 기회를 주었다. 어산지는 2010년 3월에 그것을 의기양양하게 공개하면서 짧은 논평을 덧붙였다. "벌써 2년 이상 지났지만 위키리크스의 정보원이 단 한 사람도 발각되지 않았으니 이 계획은 별로 효과가 없었던 것 같다."9

어산지는 스스로 즐겨 부르는 대로 '위키리크스의 편집장'일 뿐만 아니라 모든 관련 사안에 대해 최종 결정을 내리는 결정자다. 그는 또 적들의 공개적인 표적이 되어 모든 반응을 그에게로 집중시키는 역할도 맡았다. 조지 부시 정부의 참모 중 한 사람이었던 칼 로브가 보기에 위키리크스의 이 최고책임자는 '당장 체포해서 법정에 세워 그가 저지른 짓을 처벌받게 해야 하는 범죄자'다.10 전 CIA 국장 헤이든은 어산지에게서 '투명성의 절대적 가치를 신봉하는 사이비 낭만주의자의 면모'가 보인다면서 그의 행위를 자기 자신을 증명하려고 애쓰는 개인의 신경증적 충동과 연결시켰다.11

어산지는 통신기업 노텔(Nortel)의 컴퓨터 네트워크를 해킹해서 유명해진 스타 해커 출신으로 어머니와 함께 호주 전역을 떠돌며 생활하던 인물이다. 어린 시절에는 한동안 호주 해안의 낭만적인 섬에서 살며 국가나 교회 등 모든 권위로부터 동떨어진 생활을 영위하기도 했다. 하지만 이제 그는 유명인이 되어 어디를 가든 알아보는 사람들이 있고 팝스타처럼 그를 추종하는 팬들도 거느리고 있다. 구글 창에 그의 이름을 처넣으면 무려 1억 6900만 개의 검색 결과가 뜬다. 어산지는 인터넷의 '해방전사'12로 추앙받으며 자주 할리우드 영화 〈매트릭스〉의 '네오'와 비교되곤 한다.13 그는 또 비판적인 영화감독 마이클 무어와 비교되기도 하고 인터넷상에서 모반 세력을 규합하는 디지털 체게바라로 불리기도 한다. 이 중 어떤 이미지든 그에게 불쾌할 것은 없어 보인다.

2010년 9월 말 영국의 〈뉴스테이트맨(New Stateman)〉은 그를 '세계의 주요 인물 50인' 중 한 사람으로 선정했다.14 여기서 그는 힐러리 클린턴을 제치고 버락 오바마, 앙겔라 메르켈, 스티브 잡스에 이어 23위에 올랐다. 미국 〈타임〉의 독자들이 뽑은 '올해의 인물'에서는 2위인 페이스북의 최고경영자 마크 주커버그를 큰 차이로 따돌리고 1위에 선정되기도 했다. 주커버그는 위키리크스에 대해 공개적으로 이렇게 말했다. "위키리크스 스토리는 정말 환상적이다. 나는 그들의 이야기가 아직 한참 더 이어지리라고 믿는다."[15]

모스크바의 크렘린 궁에서는 미국의 외교전문이 공개된 뒤에 어산지를 노벨평화상감으로 치켜세웠다. 얼마 전에 퇴임한 브라질의 룰라 다 실바 대통령은 어산지와의 '연대'를 촉구했고, 에콰도르 정부는 그에게 피난처를 제공하겠다고 밝혔다.

그의 비판자들은(이들 역시 결코 적지 않다) 그에게서 007시리즈의 전형적인 악당을 발견한다. 그에 따르면 어산지는 '신이나 된 듯이' 행동하는 '냉혹하고 지능적인 인터넷 해적'이다.[16] 그는 '절대권력자의 망상이 점점 더 심해지고'[17] 있으며, '전도된 오웰의 세계에 대한 꿈'을 실현시키려 애쓰는 인물이다.[18] 독일 카오스컴퓨터클럽(Chaos Computer Club, CCC)의 프랑크 리거같이 어산지에게 우호적인 사람들조차도 '점점 그로테스크해지는 개인숭배'의 분위기에 대해서는 비판적이다.[19]

어산지는 적어도 당분간은 권력자들과 동등한 눈높이에서 활동할 것이다. 홀로 권력에 맞서는 고독한 싸움, 이것이 그가 스스로에게 부과한 역할이다. 2010년 여름 런던에서 우리와 만나 자신의 비전에 대해 인터뷰할 때 어산지는 "권력자들의 수프에 침 뱉는 게 전 좋아요"라며 활짝 웃었다. "이 일은 정말 재미있어요."[20]

2장

오즈의 마법사

줄리언 어산지

불안정하고 흥미진진한
히피의 삶

"귀하의 시스템은 제가 장악했습니다.
한바탕 즐겁게 놀고 갑니다."

_ 줄리언 어산지가 자신이 해킹한 통신회사 노텔의 컴퓨터 시스템 관리자에게 남긴 메시지

줄리언 어산지는 어린 시절을 열대우림의 낙원에서 보냈다. 마그네틱 아일랜드(Magnetic Island)는 호주 대륙에서 불과 몇 킬로미터밖에 떨어지지 않은 남태평양 그레이트배리어리프(Great Barrier Reef)의 가장자리에 자리 잡은 작은 섬이다. 타운즈빌에서 배를 타고 접근하면서 보면 총면적이 52제곱킬로미터에 불과한 이 섬은 유칼립투스와 맹그로브로 이루어진 숲과 울퉁불퉁한 바위들밖에 보이지 않는다. 섬의 이름도 이 바위들에서 유래했다. 남태평양 항해에 처음 나선 영국인 탐험가 제임스 쿡이 1770년에 인데버호를 타고 호주 동부해안을 따라 항해할 때, 웬 섬 앞에서 갑자기 그의 계기들이 이상한 짓을 하기 시작했다. 쿡 선장은 이것이 섬의 바위들이 자력을 띠고 있기 때문이라고 생각했다.

쿡 선장의 추측은 나중에 사실이 아닌 것으로 밝혀졌지만 섬의 이름과 이야기는 그대로 남았다. 이 영국인 탐험가는 그 뒤로도 항해를 계속하여 마침내 산호초로 둘러싸인 그레이트배리어리프를 통과하는 뱃길을 발견한다. 이 뱃길은 지금도 '쿡의 항로'로 불리고 있는데, 쿡 선장의 탐험은 이 섬에서는 모든 아이들이 다 아는 이야기다.

1971년 가을 타운즈빌 항구에서 젖먹이를 품에 안은 한 젊은 엄마가 배에 오른다. 배는 승객들을 20분 만에 섬에 내려놓았다. 이 짧은 항해는 그곳에 정착할 작정인 젊은 여인에게 새로운 삶의 출발을 의미했다. 그녀는 섬 남단 피크닉베이(Picnic Bay)에 있는 작은 집을 주당 12호주달러에 구했다. 초록색 콘크리트 바닥에다 나무로 벽을 댄 작은 오두막이었지만 그것은 새로운 시작이었다.

젊은 엄마의 이름은 크리스틴 어산지다. 그녀는 예술가적 기질을 지닌 반항아였다. 어릴 때부터 줄곧 그랬다. 한번은 말 다니는 길을 없애려는 시의 결정에 항의하기 위해 어린 나이에 자기 조랑말을 타고 홀로 시청 앞에서 데모를 하기도 했다. 열일곱 살 때는 교과서를 모두 불태우고 직접 그린 그림들을 팔아 그 돈으로 오토바이를 샀다. 교양 있는 시민적 삶을 추구하는 부모의 집을 벗어나 시드니로 떠나기 위해서였다.[1] 시드니에서 그녀는 그림을 그려 팔고 다른 화가들의 모델을 서기도 하면서 근근이 생계를 이어갔다. 줄리언의 아버지와는 베트남전 반전 데모에서 만났다. 오토바이를 좋아하는 잘생긴 남자였는데, 두 사람의 사랑은 오래가지 않았다. 남자는 결혼을 원했지만 그녀가 이를 바라지 않아 결국 관계가 깨지고 말았다.

크리스틴 어산지는 전형적인 68세대 여성이다. 열대의 섬에서 그녀는 모든 인습을 거부하는 삶을 살았다. 늘 비키니 차림으로 지내고, 온종일 아름다운 해안에 머물며 자연과 조화롭게 일치된 가운데 아이를 키우려 했다. "원주민이 되자(Going native)"는 모토를 내건 이런 대안적 생활방식은 당시에 큰 인기를 끌었다. 바다는 온통 산호초로 뒤덮여 있고 숲에는 코알라와 캥거루, 각종 희귀조류들이 뛰노는 목가적인 열대의 낙원. 이것은 히피들이 하루 종일 해변에서 요가를 하고 예쁜 카우리 조개로 목걸이와 팔찌를 만들며 지낼 수 있었던 비결이기도 했다.

1971년 성탄절에는 강력한 열대성 폭풍 앨시아가 섬을 휩쓸었다. 하지만 이때도 젊은 엄마와 아기는 운이 좋았다. 거센 폭풍에 수많은 집들이 무너지고 심지어 산호초까지 큰 타격을 입었지만 어산지 가족의 작은 집은 무사했다.

그들은 얼마 지나지 않아 다시 평범한 삶으로 복귀했지만 작은 섬은 이후로도 계속해서 두 사람의 안식처 역할을 한다. 어산지가 두 살 때 크리스틴은 시드니에서 한 연극배우 겸 연출가를 만났고, 이번에는 결혼할 마음도 먹었다. 두 사람은 아이를 데리고 온 나라를 유랑하며 연극을 공연했다. 크리스틴은 아들을 돌보는 일 외에도 무대의상, 소품, 분장을 도맡아야 했다. 격동의 1970년대를 살아가는 거칠고 고된 예술가적 삶이었다.

어산지가 다섯 살이 되었을 때 크리스틴과 그녀의 남편은 마그네틱 아일랜드의 말굽해안 뒤편에 있는 파인애플 농장으로 이사했다. 젊은 가족은 마체테(machete, 남아메리카에서 주로 사탕수수를 벨 때 쓰는 무거운 칼—옮긴이)로 수풀을 잔뜩 쳐내고서야 간신히 집에 들어갈 수 있었다. 하지만 그곳에는 섬의 각종 불청객들이 득실거렸다. 천장에는 털이 북슬북슬한 유대류들이 돌아다니며 아이 엄마의 신경을 자극했는데 그중에는 위험한 녀석들도 적지 않았다. 크리스틴 어산지는 거의 40년 만에 다시 섬을 찾았을 때도 당시의 상황을 정확히 기억했다. 그녀는 독사를 거실에서 두 번, 물탱크와 아이 침대에서 각각 한 번씩 총으로 쏴 죽여야 했다.² 늘 떠돌아다니는 혼란스러운 생활이었지만 줄리언은 이런 어린 시절과 의붓아버지를 좋게 기억했다. "제 어린 시절은 톰 소여의 생활과 비슷했어요. 제 말이 있었고, 뗏목을 만들어 타고 낚시를 하고, 폐광이나 터널 속을 기어 다니며 신나게 놀았으니까요."³ 당시에 함께 놀던 친구들은 어산지의 자유분방한 집안 분위기를 똑똑히 기억하고 있었다. 그들은 어산지의 가족을 '히피'라고 표현했다. "그 집은 아주 달랐어요. 늘 뭔가 흥미진진한 일이 벌어졌죠."⁴

다른 해안으로 이사한 뒤에는 운이 나빴다. 화재가 나서 집이 몽땅 불타버린 것이다. 크리스틴이 독사를 죽이려고 집에 보관해둔 탄약이 불 속에서 터지면서 화재는 마치 불꽃놀이처럼 요란해졌다. 주변에 사는 사람들은 화재 현장으로 달려와서 신나게 터지는 불꽃들을 지켜보았다. 하지만 아무도 소방서에 전화하거나 도와주지 않았다. 그들은 히피 가족이 그다지 달갑지 않았던 것이다. "우리는 별로 환영받지 못했다"고 어산지는 말했다.⁵

몇 년 뒤 어산지가 여덟 살이 되었을 때 그의 엄마와 연극배우 남자의 관계가 깨졌다. 그녀는 곧 다시 새 파트너를 찾았다. 이번에는 음악가였다. 그와의 사이에서는 아이도 낳았다. 줄리언에게는 이제 동생이 생겼고, 이와 함께 그의 유년기는 암울한 두 번째 시기로 접어든다.

　새로운 부부관계가 악화되는 데는 그리 오랜 시간이 걸리지 않았다. 줄리언에게 새아빠는 아주 위험하고 '난폭한 사이코패스'이자 지독한 거짓말쟁이였다. 사내는 실제로 가짜 신분증들을 가지고서 여러 사람 행세를 했다. 다시 부부싸움이 벌어지고 이런 상태로 생활이 계속될 수 없다는 게 분명해지자 줄리언 동생의 양육권을 놓고 새로운 갈등이 생겨났다. 어느 날 더 이상 견딜 수가 없었던 그의 어머니는 큰아들에게 "우리 이제 떠나자"고 말한다. 이로써 줄리언의 어린 시절 두 번째 유랑이 시작되었다. 이번에는 순회공연이 아니라 엄마가 두 아이를 데리고 호주 대륙을 가로지르는 도주여행이었다. 그들은 때때로 가짜 이름으로 여행하며 생활했고 어디에 머물든 늘 음악가 사내에 대한 공포에 떨어야 했다.

　그 남자가 자주 사용한 이름 중 하나는 '해밀턴'이었다. 당시 호주에는 앤 해밀턴 번이라는 여성교주가 이끄는 사이비 종파가 유명했다. 스스로 '신의 자녀들'이라고 부르는 이 종파의 신도들은 시간이 지나면 '패밀리'의 일원이 된다. 어산지는 그의 의붓아버지와 여교주가 친척관계일 거라고 의심한다. 앤 해밀턴 번은 자신을 예수의 재림으로 여기는데, 그녀가 거주하는 멜버른 교외의 단데농국립공원에는 수백 명의 추종자들이 모여서 함께 생활하고 있었다. 완벽한 가족을 이룬다는 목표를 위해 그녀는 미심쩍고 불법적인 방법으로 적어도 14명 이상의 아이들을 거두어 자신의 이름을 주었다. 아이들은 대부분 밝은 금발로 염색했으며 모두 똑같은 옷을 입어야 했다. 생활은 아주 엄격해서 밤에 실수로 오줌이라도 쌌다가는 무서운 벌을 받아야 했다. 격리와 식사 금지 같은 자신의 훈육조치들을 철저히 시행하기 위해 교주는 추종자들 중에서 선발된 '이모'라고 불리는 여자들을 투입했다. 그녀의 추종자들 중에는 의사나 고학력자들도 많았으며 관청에도 끈이 닿아 있는 듯했다. 불시에 단속을 실시하면 귀신같이 사전에 이를 감지하고 아이들을 작은 다락방에 숨긴 것을 보면 말이다. 은밀하게 진행되는 입교식에서는 열세 살짜리 아이들에게도 LSD 같은 강력한 합성약물을 거리낌 없이 먹였다. 이런 끔찍한 짓들은 1987년 결국 경찰에 의해 막을 내렸다. 2009년 1월 〈헤럴드선(Harald Sun)〉과 가진 인터뷰에서 해밀턴 번은 자신에게 쏟아진 비난들을 모두 거짓이라며 부인했다.

어산지가 11살 때부터 16살 때까지 계속된 불안정한 삶을 그의 어머니가 버텨낼 수 있었던 힘은 바로 이 사이비 종교에 대한 공포에서 나왔다고 말할 수 있다. 줄리언 어산지의 의붓아버지가 실제로 앤 해밀턴 번과 얼마나 가까운 관계인지는 확실치 않다. 하지만 그가 크리스틴과 줄리언을 끈질기게 뒤쫓았던 것은 분명한 사실이다. "우리는 말 그대로 추적자의 사냥을 피해 도망쳐 다녀야 했다"고 어산지는 말한다.[6]

어산지의 가족이 주소 이전을 했는데도 번번이 찾아낸 것을 보면 해밀턴은 정말 관청에 끈이 있는 듯했다. 결국 크리스틴은 공식적으로 사회보장번호를 바꾸고 한동안 가명을 사용해야 했다. 추적은 어산지가 16살이 되었을 때 비로소 멈춘다. 해밀턴은 멜버른 동쪽 근교 펀트리걸리(Ferntree Gully)에서 어산지의 가족을 다시 찾아냈다. 그가 찾아왔을 때 문을 열어준 것은 그사이 키가 180센티미터가 넘게 성장한 어산지였다. 두 사람 사이에 곧 말다툼이 벌어졌고, 어산지는 "꺼져버려!"

라고 소리치며 그를 쫓아버렸다고 한다. 실제로 그가 그렇게 했는지는 모르겠지만 아무튼 그때 이후로 해밀턴은 정말로 다시는 그들 앞에 나타나지 않았다.[7]

이렇게 도망 다니며 살아가는 생활 속에서 제대로 정규교육을 받거나 친구관계를 유지한다는 것은 생각하기 힘든 일이다. 어산지는 자신이 모두 37번 학교를 옮겼다고 말한다. 한동안은 집에서 어머니로부터 교육을 받으며 모자란 부분은 원격교육을 통해 보충하기도 했다. 어머니의 교육은 그녀의 반권위주의적 교육이상에 충실한 것이었다. 크리스틴은 자신의 아이들이 학교에서 권위에 무조건 복종하는 태도를 몸에 익힐까봐 두려워했다.[8] 지금에 와서 볼 때 그녀의 교육 노선은 매우 성공적이었다고 말할 수 있다.

어산지의 성장기는 확실히 낭만적인 특징을 띤다. 하지만 그와 오래 이야기를 나누어보면 그 시기에 어두운 순간들도 적지 않았음을 느낄 수 있다. 특히 고정적인 유대관계와 장소를 미련 없이 포기해야 했던 당시에 몸에 밴 습관은 지금까지도 그의 행동을 지배하는 원칙으로 작용하고 있다.

어린 시절 어산지는 책 읽는 재미에 빠져 공공도서관에 틀어박혀서 살다시피 했다. 그러다 1980년대 중반에 집 근처 전자상가에서 최신기술과 만나게 된다. 어산지를 매료시킨 베이지색의 볼품없는 상자는 일명 브레드박스로 불리는 코모도어(Commodore)64였다. 코모도어64는 당시 청소년 세대에게는 최초의 '홈컴퓨터'였다. 그때는 PC를 그렇게 불렀다. 이 '홈컴퓨터'는 1990년대 초까지 모두 2000만 대 이상이 팔린 조히트 상품이나. 요즘 스마트폰 메모리보다도 훨씬 용량이 작은

64킬로바이트 메모리가 장착된 이 상자를 대부분의 아이들은 주로 게임기로 사용했다. C64 게임의 고전이랄 수 있는 '팩맨(Pac Man)'이나 '동키콩(Donkey Kong)' 같은 게임 프로그램들은 국제적으로 각광받는 학교 교환 품목이 되었다. 처음에는 테이프 드라이브를 이용해서 일반 카세트테이프에 게임을 복사했는데 얼마 지나지 않아 말랑말랑하고 잘 휘는 검정색 플로피디스크가 등장한다.

줄리언도 곧 컴퓨터에 열광했고 점점 더 많은 시간을 전자상가에서 보냈다. 그는 눈 깜짝할 사이에 프로그래밍 언어 베이식(Basic)을 익혀서 간단한 프로그램을 직접 만들고 전문적인 소프트웨어도 해독할 정도가 되었다. 크리스틴이 아이의 관심을 알아차리고 350달러를 들여 컴퓨터를 사주었을 때 줄리언의 나이는 열세 살이었다. 그 대신 아이는 사랑하는 말 '틸리'를 팔아야 했다. 그는 '틸리'가 발굽으로 걷어차는 바람에 팔뼈가 부러졌던 일을 지금도 생생히 기억하고 있다. 그때 입은 상처가 아직도 가끔씩 욱신거린다고 한다.

이 첫 컴퓨터는 소심한 성격의 십대 소년 줄리언 어산지에게 새로운 열정을 불러일으켰다. 그는 밤낮을 가리지 않고 자판을 두드려댔고 곧 최초의 성공 체험을 하게 된다. 또래의 아이들이 몇 시간씩 컴퓨터 앞을 떠나지 못하며 기를 쓰고 몰두하던 각 레벨의 최고점수 따기 놀이는 줄리언에게 그다지 흥미를 주지 못했다. 오히려 그는 게임 프로그래머들이 잘난 체하며 일종의 개인적 영역 표시로서 프로그램 코드 속 어딘가에 숨겨놓은 비밀 메시지를 찾아내는 일에 더 관심이 많았다. 그러다가 프로그램의 허점을 찾아내면 아예 최고점수 자체를 조작할 수도 있었다. 프로그램 보안을 뚫는 소위 '크래킹(cracking)'은 일부 청소년들에게 일종의 스포츠가 되었고, 어산지는 그 매력에 점점 더 깊이 빠져들었다. 그것은 차츰 컴퓨터 언더그라운드(Computer Underground)라는 새로운 비주류 문화로 자리 잡았다.

열여섯 살 생일 때 줄리언은 그와 그의 컴퓨터를 고립된 골방에서 해방시키며 온 세상과 연결시켜 줄 새로운 장치인 모뎀을 생일선물로 원했다. 1987년에는 아직 브라우저 프로그램으로 간단히 웹서핑을 할 수 있는 월드와이드웹(World Wide Web) 같은 대중적 인터넷망이 없었다. 당시에 자기 홈컴퓨터를 가지고 온라인으로 다른 사람들과 커뮤니케이션을 할 수 있는 사람은 전 세계를 통틀어 얼마 되지 않았다. 웹서핑은 아직 원거리 데이터 전송이라고 불리며 음향결합기 같은 석기시대 수준의 모뎀 장치를 통해 이루어지고 있었다. 전화 수화기에서 들리는 소음을 매개로 데이터를 주고받는 이 데이터 전송 장치는 요즘 기준으로 보면 거의 코미디다. 이 '음향결합기'를 이용해서 마침내 연결망 구성에 성공했을 때 줄리언은 외부에서 신호가 하나 도착할 때마다 손뼉을 치며 기뻐했다. 이런 식으로 외부와 소통하는 것은 쉴 새 없이 삑삑거리는 소음을 들어야 하는 피곤하고 지루한 작업이었다. 하지만 새 장난감은 그동안 혼자서 모든 걸 시도하며 익혀야 했던 줄리언의 컴퓨터 지식을 순식간에 비약적으로 발전시킨다. 1년 만에 줄리언의 메일 박스는 요즘의 소셜네트워크에 비견할 만큼 활발한 풍경들을 만들어내고 있었다.

초기에 호주에서 인기가 높았던 커뮤니케이션 포럼 중에 '퍼시픽아일랜드(Pacific Island)'라는 그룹이 있었는데, 그곳에는 컴퓨터광들이 그들의 컴퓨터와 새로 나온 프로그램의 이런저런 문제점들에 대해서 의견을 주고받을 수 있는 다양한 하위 커뮤니티들이 있었다.[9] 줄리언은 그중 한 곳에 가입하여 열심히 활동했다. 이때부터 그는 더 이상 홀로 컴퓨터 앞에서 시간을 보내지 않고 사람들과 교류하며 지낼 수 있게 되었다.

조용하고 얌전한 소년에게 이 새로운 공간은 아주 이상적인 세계였다. 컴퓨터를 켜고 모뎀의 삐 소리가 들리는 순간 그는 모든 일상에서 벗어났다. 새로 사귄 대부분의 친구들처럼 그도 디지털 이중생활을 위해 가명을 사용했다. 줄리언은 자신을 '매드 프로페서(Mad Professor)'라고 불렀다. 이것은 잘난 척하기를 좋아하는 그에게 학교 친구들이 붙여준 별명이었다.[10] 학생 때부터 어산지는 머리가 명석했는데 이는 정기적으로 실시된 지능검사 결과에서도 잘 나타난다. 또래 아이들의 평균 지능이 100인 데 비해 그의 지능은 늘 146에서 180 사이로 나왔다.[11] 어산지는 당시의 IQ 검사가 '아이들의 자신감을 키워주기 위한 것'으로 그 결과를 신뢰할 수 없으며, 물음들도 '너무 단순하다'고 말한다.[12] 그럼에도 불구하고 그의 학교 친구들과 교사들은 모두 '매드 프로페서'가 비상한 재능을 지닌 아이라는 것을 알아차리고 있었다.

'퍼시픽아일랜드'나 다른 포럼들에서 활동하면서 줄리언은 자신의 진짜 이름이 무엇이고, 어디 출신이며, 왜 남들 앞에서 자기 가족 얘기를 꺼리는지 아무에게도 설명할 필요가 없었다. 여기서는 그가 스스로 털어놓지 않는 한 아무도 그가 지금 그의 어머니와 함께 잠시 몸을 위탁한 여성복지시설에서 로그인했으며, 늘 새로운 안식처를 찾아 떠돌며 생활한다는 사실을 알아차리지 못했다. 토론 포럼들은 곧 줄리언의 불안한 삶에 안정을 주는 피난처로 자리 잡았다. 여기서는 아버지의 직업이 무엇인지, 아버지가 있기는 한지, 가족에게 돈이 많은지 따위는 하나도 문제가 되지 않았다. 여기서는 새로운 컴퓨터 트릭이나 기술에 대해서만 인정이라는 사회적 화폐가 부여되었다. 컴퓨터를 가장 훌륭하게 다룰 줄 아는 사람은 모두의 존경을 받았다. '매드 프로페서'는 몇 달 만에 이미 놀라운 솜씨를 발휘하며 두각을 나타내기 시작했다. 그는 곧 '퍼시픽아일랜드' 서버에도 간단히 침입할 수 있을 정도가 되었지만 여기에 만족하지 않았다. 그는 더 많은 것을 원했다. 그리고 몇 달 뒤 십대의 줄리언은 단순한 '스크립트 키디(Script Kiddie)'의 문턱을 넘어 마침내 해킹의 위험한 세계로 나아간다.

그의 천재적인 해킹 능력은 그가 초기에 시드니의 국영 통신사가 운영하는 컴퓨터 시스템 '미네르바'에 침입했을 때부터 이미 잘 드러난다. 그곳의 대형 중앙컴퓨터 세 대는 그 분야에서 이름을 날리기를 원하는 모든 해커들이 군침을 흘리는 목표였다. 1997년에 발표된 책 《언더그라운드(Underground)》(이 책을 만드는 작업에는 어산지도 깊이 관여했다)에서 호주 출신의 여성작가 쉴렛 드레이퍼스(Suelette Dreyfus)는 '멘닥스(Mendax)'라는 이름의 해커가 생애 처음으로 대형 해킹 사건을 일으킬 당시의 상황을 자세히 묘사하고 있다.[13] 이 가명의 배후 인물이 바로 이 책의 제작에 직접 관여한 어산지라는 사실은 물론 독자들에게는 공개되지 않았다. 책에 등장하는 다른 해커들도 모두 가명으로 처리했다. 멘닥스는 어산지가 공공도서관에 틀어박혀 지내던 시절에 읽은 고대 로마의 시인 호라티우스의 시구 'splendide mendax(고귀한 거짓말쟁이)'에서 사용한 것이다.

멘닥스, 즉 줄리언은 당시에 이미 상당히 저음이었던 자신의 어른스러운 목소리를 이용하여 미네르바의 패스워드에 접근을 시도한다. 그는 통신사 사무실 분위기를 연상시키는 직원들의 웅성거림이나 자판기 두드리는 소리 같은 배경소음을 카세트테이프에 녹음한 뒤 '미네르바'를 사용하는 기업들에 전화를 걸었다. 멘닥스는 자신을 통신사 직원이라고 소개하면서 미네르바의 하드디스크 중 하나가 다운되어 문제가 발생했다고 말했다. 그는 깜짝 놀라는 상대에게 회사의 자료들이 날아가지 않았는지 급히 조사해보아야 하니 컴퓨터 패스워드를 알려달라고 요구했다. 몇 번의 시도가 실패로 돌아간 뒤 마침내 멘닥스는 한 회사의 순진한 담당자로부터 미네르바의 접속코드를 알아내는 데 성공한다.[14] 그는 이제 시스템 안으로 들어갈 수 있었다. 비단 '미네르바' 시스템만이 아니라 호주 엘리트 해커들의 비밀 조직 안으로 들어가게 된 것이다.

'미네르바'는 멘닥스에게 하나의 디딤돌에 불과했다. 그것은 해커들의 흥미진진한 세계로 들어가는 입장권이었다. 시드니의 이 대형 컴퓨터를 통해서 그는 군대, 은행, 증권거래소 등 전 세계의 극도로 민감한 전산 시스템들과 연결된 거대한 컴퓨터 네트워크에 접속할 수 있게 된다.

일이 본격적으로 진행되자 멘닥스는 두 명의 해커 친구들과 함께 '국제 전복자들'이라는 해커 갱단을 결성한다. 그는 자신들의 시스템 공략 작업을 한결 수월하게 만들어주는 'Sycophant'라는 해킹 프로그램도 직접 만든다. 그들은 이 프로그램을 대학 컴퓨터에 설치한 뒤 거기서 목표물을 공략했다. 이런 방식으로 어린 해커 삼총사는 하룻밤 사이에 10만 건의 자료를 훔쳐내기도 했다. 그들의 희생자 목록을 보면 미 공군과 해군의 방위사령부, 록히드마틴과 로렌스리버모어 국립연구소 같은 미국 방위산업체와 관련 연구기관 등 그 면면이 아주 화려할 뿐만 아니라 목표 선택의 분명한 선호도 발견할 수 있다. 당시에 이미 어산지와 그의 해커 동료들은 미국의 군산복합체에 각별한 관심을 가지고 있었다.

멘닥스의 최고 역작으로는 1991년 미국 국방부 내부 전산망 해킹을 꼽을 수 있다. 이때 그는 단지 국방부 내부 전산망에 침투하는 데 그치지 않고 그곳에 은밀한 통로를 설치하는 것까지 성공한다. '블랙도어'라고 불리는 이 비밀 통로를 통해서 그는 아무 때나 들키지 않고 마음대로 내부 전산망을 드나들며 전 세계의 민감한 주요 컴퓨터들에 접속할 수 있었다. 이제 스무 살의 청년으로 성장한 멘닥스는 마치 예전에 공공도서관에서 그랬듯이 군대 네트워크 안에 틀어박혀 살았다.

어산지는 지금까지도 자신의 해커 이력을 자세히 밝히는 데 소극적이다. 그가 멘닥스라는 사실은 이제 공공연한 비밀이 되었는데도 아직 한 번도 공식적으로 이를 인정하지 않았다. 《언더그라운드》 제작 작업에 참여한 모든 인물들이 서로 약속한 익명성 유지의 약속을 깨고 싶지 않다고 그는 말한다.[15] 하지만 또 한편으로 그는 컴퓨터 언더그라운드에서 거둔 자신의 초기 성과들을 자랑스러워하는 마음도 있다. 호주의 한 TV 프로그램에서 그는 "우리는 미군의 전산망을 감시하는 최고의 보안 장치를 뚫고 들어가 2년이 넘게 그것을 완전히 통제한 적도 있다"고 자랑하기도 했다.[16]

그 시절에 터진 가장 큰 해킹 사건은 미항공우주국(NASA)에 대한 공격이다. NASA는 1989년 무인탐사선 갈릴레오를 우주왕복선 아틀란

티스호에 실어 우주공간으로 쏘아 올렸다. 목성 탐사를 위해 제작된 이 탐사선에는 핵물질 이산화플루토늄이 각각 11킬로그램씩 담긴 발전기 두 대가 설치되어 있었다. 7인의 우주비행사를 태운 챌린저호가 발사 직후 공중에서 폭발하는 역사상 최악의 유인우주선 참사가 벌어진 지 3년밖에 지나지 않은 시점이었다. 막대한 양의 방사능 물질을 실은 새 우주왕복선이 플로리다 상공에서 다시 폭발할지도 모른다는 우려 때문에 이 발사 계획은 이미 오래전부터 많은 반대에 부딪히고 있었다.

카운트다운을 이틀 앞두고 컴퓨터를 작동시켰을 때 NASA 직원들은 곧 무언가가 잘못되었음을 느꼈다. 평소처럼 환영의 배너 메시지 대신 "WANK(Worms Against Nuclear Killers)! Your Systems has been officially Wanked"라는 이상한 문구가 떴기 때문이다. 핵 살인자들에 맞서기 위해 컴퓨터 웜을 시스템에 깔았다는 메시지였다. 곧이어 화면에는 "너희는 온 인류의 평화를 말하면서 전쟁을 준비한다"라는 문장도 떴다. 역사상 처음으로 정치적 동기에서 유포된 이 컴퓨터 웜으로 인해 최소한 250대 이상의 NASA 컴퓨터가 다운되었다. 그럼에도 불구하고 우주왕복선은 계획된 시간에 정확히 발사될 수 있었다. 하지만 웜 유포자는 포기하지 않았다.

탐사선 갈릴레오가 이미 우주왕복선에서 분리되어 목성을 향한 오랜 여정을 시작했을 때 NASA에 대한 2차 웜 공격이 이루어졌다. 이번에는 패스워드를 마음대로 변경시켜서 직원들의 시스템 접속을 차단하는 지독한 악성 버전의 웜이었다. NASA의 전산망 보안 담당자 롭 텐카티와 동료 직원들이 새 침입자에 맞서 기술적인 싸움을 벌이는 동안 FBI의 컴퓨터 팀 수사관들은 웜 유포자 추적에 나섰다.17 단서는 프랑스에서 발견되었다. 그곳에서 수사관들은 NASA 공격 사건이 있기 2주일 전에 이미 웜이 사용된 흔적이 있는 컴퓨터를 찾아냈다. 그렇다면 NASA를 공격한 'WANK 웜'은 원래 프랑스 해커들이 만들어서 대서양 너머로 보낸 것일까?

그러나 FBI와 공동수사에 나선 프랑스 국가정보원에서 문제의 컴퓨터를 분석한 뒤에 내린 결론은 달랐다. 프랑스의 컴퓨터는 원격조정된 것이 분명하며 공격의 중심지는 지구 반대편에 있는 호주로 확인된다는 것이었다.18 NASA 직원들 가운데 음악에 관심이 많은 사람이 있었다면 진즉에 이를 알아차릴 수도 있었을 것이다. 두 번째 웜의 개발자는 웜에 'Oilz'라는 파일명을 붙였는데, 모니터에 뜬 "너희는 온 인류의 평화를 말하면서 전쟁을 준비한다"는 메시지는 한때 큰 인기를 끌었던 호주의 록밴드 '미드나잇오일(Midnight Oil)'의 노래 'Blossoms and Blood'에 나오는 가사의 한 구절이었던 것이다.

탐사선 갈릴레오의 발사에 반대하기 위한 이 컴퓨터 저항 운동(평가에 따르면 이로 인해 약 50만 달러 이상의 손실이 발생했다)의 장본인이 누구인지는 아직도 명확히 밝혀지지 않았다. 어산지에게 직접 물어보니 웃으며 멜버른 해커계의 사람들이라고만 대답했다. 그도 함께 작업한 호주 컴퓨터 언더그라운드의 표준서 《언더그라운드》도 이 정치적 해킹 사건의 배후 인물을 밝히는 데는 그다지 도움이 되지 않는다. 이 책에 기술된 해킹 공격들 중에서 비록 가명일망정 그 장본인이 명확히 언급되지 않은 경우는 이 사건이 유일하다.

그 대신 책에는 각 장마다 '미드나잇오일'의 곡들이 인용되어 있다.

2장_오즈의 마법사: 줄리언 어산지 **47**

멜버른 시절 친구들의 말에 따르면 어산지는 어릴 때부터 이 록밴드를 좋아했다고 한다. 밴드의 보컬 피터 가렛은 일찍부터 적극적인 정치운동가로 나서서 미국을 강력히 비판하며 핵무기의 감축을 주장했다. 하지만 나중에 피터 가렛은 처음의 정치 노선과는 다른 호주노동당에 들어가서 국회의원과 장관에 오름으로써 많은 팬들의 비난을 샀다.

어산지가 제작한 전자판 《언더그라운드》의 표제는 원판에서와 똑같은 'WANK' 서체로 되어 있다. 이 책에 따르면 어산지는 직접 디지털 공격에 가담하지 않았어도 그 배후에 누가 있는지는 분명히 알고 있는 것으로 보인다. 그들은 물론 그가 잘 아는 인물임에 틀림없을 것이다. "우리는 젊고 순수했으며 어떤 범죄적 동기에서 그랬던 것은 아닙니다." 호주 방송국 SBS와의 인터뷰에서 한 이 말은 이제까지 어산지가 그의 해커 활동과 관련해서 언급한 가장 솔직한 발언이다. "우리는 호기심이 많았고, 그것을 하나의 도전으로 여겼습니다. 우리는 반핵운동을 하고 있었으니까요. 그리고 우리는 아무것도 파괴하지 않았습니다."19

NASA에 대한 웜 공격을 지금까지도 아무도 명확히 밝히려 들지 않는 이유에 대해서는 1980년대 말에 있었던 호주 해커 커뮤니티에 대한 형사고발의 압박 때문이라고 대답한다. 멘닥스, 즉 줄리언 어산지 역시 그런 압박을 피부로 생생히 느낄 수 있었다. 하지만 보안을 뚫고 침입은 해도 아무것도 파괴하지 않는다는 해커의 윤리의식은 다분히 낭만적이다. 국가와 기업의 시각에서 보면 C64 컴퓨터에서 강력한 성능의 아미가(Amiga)500으로 갈아탄 컴퓨터광들은 대단히 위협적인 존재가 아닐 수 없다. 호주 연방경찰은 1980년대 말부터 독자적인 팀을 꾸려 컴퓨터 범죄에 대응했다. 켄 데이 경사와 동료 경찰관들은 점점 더

기승을 부리는 멜버른 안팎의 활동들을 철저히 조사하기 시작했다.

당시에는 여러 대학들의 전산망 외에도 특히 왕립멜버른기술연구소가 해커들의 집중적인 공격 목표였다. 그곳에는 '미네르바'처럼 눈에 띄지 않게 다른 목표들을 공격하기에 아주 좋은 플랫폼이 있었기 때문이다. 수사관들은 이 연구소의 컴퓨터 관리자에게 연락하여 시스템 보안의 허점을 당장 개선하지 말도록 요청했다. 호주 텔레콤과 협력하여 해킹으로 의심되는 접속들을 거꾸로 추적하기 위해서였다. 이런 노력은 1990년 10월 마침내 결실을 거둔다. 경찰은 '국제 전복자들'의 조직원 세 사람 중 둘의 신원을 파악하고 그중 한 사람의 전화를 도청했다. 마침내 세 번째 인물인 멘닥스의 단서도 포착되었다. 이때부터 멜버른의 3인이 하는 모든 해킹 활동은 경찰이 관전하는 가운데 이루어진다. 경찰은 더 많은 증거를 수집하기 위해 이 십대들에게 무려 열두 달이라는 긴 시간을 할애했다.

어산지에게 그해는 여러모로 좋지 않았다. 사생활에서도 모든 일은 심각한 위기로 치달았다. 가택수색이 임박했음을 눈치챈 열일곱 살의 소년은 서둘러 어머니의 집을 떠났다. 실제로 며칠 뒤에 가택수색이 실시되었다. 어머니의 집을 나온 어산지는 장학재단 프로그램에서 사귄 여자친구와 함께 무단 점거자들 무리에 합류했고, 열여덟 살 생일 직후에 그녀와 비공식적인 결혼식을 올린다. 하지만 그것은 너무 때이르고 성급한 결정이었다. 어산지보다 한 살 어린 열일곱 살의 새 신부는 그해에 사내아이를 출산했고, 그들은 그녀의 부모 근처로 거처를 옮긴다. 십대 부부에게 그들의 상황과 갓 태어난 아기는 감당하기 벅찬 부담이었다. 같은 해 가을 어산지의 아내는 집안과 남편의 영혼에

카오스만을 남긴 채 아들과 함께 떠나버렸다. 마치 어산지의 어린 시절이 그대로 반복되는 것 같았다. 하지만 그것은 결코 어산지가 바랐던 삶이 아니었다.

그 무렵 어산지는 다시 통신사 노텔의 컴퓨터 안을 돌아다니고 있었다. 그곳의 시스템 관리자가 그의 존재를 눈치챘음을 안 어산지는 조심성 없이 다음과 같은 메시지까지 보냈다. "귀하의 시스템은 제가 장악했습니다. 한바탕 즐겁게 놀고 갑니다. 우리는 아무런 해도 끼치지 않았습니다. 오히려 몇 가지를 개선시켰습니다. 그러니 연방경찰은 개입시키지 말아주시기를 부탁드립니다." 어산지와 두 해커 친구들의 이런 만용은 켄 데이 경사와 동료 경찰관들에게 그들이 간절히 원하던 증거자료를 제공해주었다.

어산지는 당시 머리를 말갈기처럼 길게 기르고 긴 트렌치코트에 선글라스를 낀 제 나름의 아나키스트 스타일로 다녔다.

그에게는 컴퓨터 외에 또 다른 취미도 있었다. 그는 벌을 키우며 직접 꿀을 수확해서 먹었는데, 벌집은 그가 가상공간에서 훔쳐온 패스워드, 접속파일, 비보안 모뎀들의 전화번호 같은 보물들이 저장된 디스켓을 보관하는 금고로 쓰였다.

1991년 10월 29일 어산지는 집에 혼자 앉아서 조지 잭슨의 옥중편지 《고독한 형제(Soledad Brother)》를 읽고 있었다. 바로 며칠 전에 아내와 아이가 떠났기 때문에 그렇지 않아도 울적한 그의 마음을 더욱 부채질하는 책이었다. 밤 11시 30분쯤 누군가 현관문을 두드렸을 때 그의 컴퓨터 책상 위에는 디스켓들이 어지럽게 흩어져 있었고 작동 중인 컴퓨터의 모니터에는 지난번 해킹에서 훔쳐온 데이터들이 그대로 떠 있는 상태였다. 방문객은 호주 연방경찰의 켄 데이 경사였다. 그는 어산지에게 이렇게 인사했다. "자네는 틀림없이 나를 기다리고 있었을 거야."[20]

실제로 '국제 전복자들'은 이미 국가의 해커 추적자들이 자신들을 바짝 뒤쫓고 있는 줄 알고 있었다. 그들은 심지어 수사관들의 메일도 일부 해킹했다. "그는 우리가 자신을 추격하고 있으며 곧 들이닥칠 거라는 사실을 알고 있었습니다. 하지만 우리는 그보다 한 걸음 앞서 나갔죠"라고 데이 경사는 말했다.[21] 어산지는 발신자 번호 인식 장치를 미처 계산하지 못했다. 불법을 저지른 스무 살 청년에게 국가권력의 방문은 몹시 당혹스러울 수밖에 없었고, 3시간이 넘게 걸린 가택수색에서 경찰은 수많은 증거물들을 확보했다.

어산지는 묵비권을 행사했고, 검거 직후 의사의 진료를 받았다. 그는 정신병원으로 보내졌다. 한 번도 규칙적인 생활을 해본 적이 없고 거의 매일 밤을 컴퓨터 앞에서 보내온 청년에게는 병원의 엄격한 생활 규칙은 너무나 힘겨운 것이었다. 퇴원이 허락되자 그는 곧바로 어머니의 집으로 찾아갔다. 하지만 그곳에서도 그는 며칠을 버티지 못했다. 어산지는 멜버른 주변 단데농국립공원을 밤낮으로 배회하며 지냈다. 잠은 광활한 셰르브루크 숲 속 아무 데서나 잤다. 1992년은 그의 삶에서 최악의 해였다고 어산지는 말한다. 반년 동안 한 번도 컴퓨터 자판을 두드리지 못했는데 이때 그는 마치 마약중독자처럼 금단현상에 시달려야 했다고 한다.

어산지는 서서히 제정신을 차렸다. 더디게 진행되는 소송은 그의 상황을 더욱 힘들게 만들었다. 검찰이 그를 기소하기까지 3년이나 걸렸다. 1994년이 되어서야 어산지와 동료 해커 두 명은 우편으로 공식 기소장을 받았다. 그에 따르면 멘닥스, 즉 줄리언 어산지는 모두 29건의 컴퓨터 범죄행위로 고발되었는데, 재판이 시작된 1995년에는 여기에 두 건이 더 추가되었다.

1995년 5월 5일에 열린 1차 공판에서 제프 체틀 검사는 당시에는 아직 새로운 현상이었던 해킹과 십대 청소년들의 컴퓨터 기술이 얼마나 놀라운 수준인지를 재판부에 설명하려고 애썼다. "컴퓨터를 잘 다룰 줄 알면 자기 방에서도 전화를 이용해서 다른 사람의 컴퓨터에 마음대로 들어갈 수 있습니다."[22] 그는 어산지가 모뎀을 통해 외부의 컴퓨터에 '불법적으로 접근'했으며 특수한 프로그램을 이용하여 비밀 패스워드들을 '대량으로' 훔쳐냈다고 말했다. 어산지에게는 또 타인의 자료들을 마음대로 변경시키고 다른 해커들에게 해킹 기술을 전해준 죄목도 추가되었다. 체틀 검사는 어산지가 호주국립대학, 왕립멜버른기술연구소, 노텔텔레콤 등의 컴퓨터 시스템 내부를 마치 '전지전능한 신'처럼 돌아다녔다고 말했다.

검찰이 많은 양의 증거물을 제시하자 다른 두 해커들은 순순히 죄를 인정한 반면 어산지는 끝까지 저항할 생각이었다. 하지만 어산지의 방어전략은 그와 함께 기소된 두 동료 중 한 사람인 제임스 조지프 카터가 재판 직전에 검찰 증인으로 나서서 어산지에게 불리한 증언을 함으로써 실패로 돌아갔다. 이로써 어산지는 아내를 잃은 데다 아들의 양육권을 놓고 고통스러운 싸움을 벌여야 하는 처지가 되었다. 그는 모든 컴퓨터 장비를 경찰에 압수당했고 그때까지 제일 친했던 친구 중 한 사람으로부터 철저하게 배신당했다.

어산지는 일찍부터 세상의 주목을 받는 상징적인 싸움에 대해 남다른 감각을 지니고 있었다. 그는 자신의 사건을 호주 헌법재판소로 가져가 역사적인 기록으로서 선례를 남기는 사건으로 만들려고 했다. 하지만 헌법재판소는 해커 문제에 대한 심의를 거절했다. 1996년 12월 5일 멜버른지방법원은 로스 판사의 주재 하에 어산지에 대한 판결을 내렸다.

법정에는 어산지의 어머니도, 켄 데이 경사도 모습을 나타내지 않았다. 로스 판사는 그 사이 스물다섯 살의 청년으로 성장한 어산지에게 25건의 혐의에 대해 유죄를 선고하고 2100호주달러의 벌금을 부과했다. 이는 재판부가 다른 두 명의 '국제 전복자들'에게 내린 형량의 범위 내에 머무는 판결이었다. 앞서 있었던 두 판결이 비교적 가벼웠던 것은 어산지에게 무척 다행한 일이었다. 법정에서 판사는 어산지의 행위를 금고형에 해당하는 범죄로 여기고 있는 듯한 언급을 자주 했기 때문이다.

"줄리언 어산지와 다른 두 해커들에게 그것은 에고(Ego)의 문제였다"라고 데이 경사는 말한다. "그들은 전혀 새로운 일에 도전하는 중이었고, 그 분야에서 자신들이 최고임을 증명하고 싶었던 것이다."[23] 어산지 자신은 지금도 이런 '십대 시절의 활동을 자랑스럽게' 여기며, 당시의 해커 경험이 '자신의 지정학적 인식을 상당 부분 형성해주었다'고 말한다.[24] 자기 방에 앉아서도 국제정치에 직접 개입할 수 있는 가능성은 실제로 그에게 몹시 교육적인 경험이었을 것이다. "적어도 이런 식으로 우리는 우리를 몹시 분노하게 만드는 일들에 대해 몇 가지 작은 저항을 시도할 수 있었습니다."[25]

실제로 당시에 어산지는 자신의 해커 기술을 이용해서 돈을 벌 생각이 없었다. 마찬가지로 그는 당시에 막 생겨나서 많은 초짜 해커들을 경제사범으로 만들던 신용카드 사기수법 따위에는 관심이 없었다. 그의 흥미를 끈 것은 무대 뒤에서 벌어지는 일들을 들여다볼 수 있는 가능성이었다. 평범한 시민들에게는 공개되지 않는 정보들은 그에게 특별한 상을 의미했고, '기밀'로 명시된 자료와 문서들은 그가 가장 좋아하는 먹잇감이었다. "그 안에서 세계는 아무런 해석도 거치지 않은 실제 모습을 드러냅니다. 마치 선명한 사진을 들여다보는 것 같죠."[26]

해킹 소송 외에도 어산지가 국가를 상대로 벌이는 싸움은 또 있었다. 바로 아들 문제였다. 어산지와 그의 어머니는 아이가 엄마와 그녀의 새 배우자 곁에서 별로 좋은 대접을 받지 못하고 있으며, 심지어 위험에 처해 있다고 믿었다. 그래서 그들은 아이에 대한 아버지의 단독 양육권을 얻어내려 했지만, 두 사람의 소망은 아이 엄마와 당국으로부터 모두 퇴짜를 맞았다. 이 결정에 아무런 이의도 제기할 수 없음을 확인한 두 사람은 그들이 가장 잘할 수 있는 일을 하기 시작했다. 그들의 뜻을 관철시키기 위한 로비 활동에 들어간 것이다.

어산지는 자신의 어머니와 또 한 사람의 여성 동조자와 함께 아동보호를 위한 부모들 모임 '픽업(Picup)'을 결성했다. 인터뷰에서 크리스틴은 여러 차례의 아동학대 흔적이 발견되었지만 당국에서는 이를 제대로 조사하지 않았다고 비난하면서[27] "직접 겪어보지 않은 사람은 사법당국이 이 영역에서 얼마나 불공정한지 상상할 수도 없다"[28]고 잘라 말했다. 이 싸움에서 어산지와 크리스틴은 게릴라전술도 마다하지 않았다. 담당자와의 대화는 공개적으로 또는 은밀하게 녹취되었다. 그들 가족과 가까이 지냈던 한 여성은 크리스틴과 어산지가 당시에 관계당국 내부에 많은 정보원들을 확보하고 있었던 것으로 기억했다. 이 방법은 줄리언 어산지에게 차츰 하나의 원칙으로 자리 잡았다. 직권남용의 증거를 잡기 위해 그들은 사회복지사들을 상대로 내부자 정보의 '유출(leak)'을 촉구하는 전단지를 만들어 배포했다. 위키리크스의 초기 형태라고 할 수 있는 활동이었다. 물론 이것은 전적으로 개인적인 이해관계를 위한 활동이었다는 차이가 있지만 말이다.

인습에 얽매이지 않은 참신한 발상으로 제국적 시스템의 부당함에 맞서 싸우는 고독한 전사로서 줄리언 어산지의 이미지는 여러 해 뒤에 다시 등장한다. 하지만 그의 상대는 이제 더 이상 멜버른의 가정법원이나 행정법원이 아니라 세계 최강대국이었다.

멜버른에서 어산지는 성공의 가능성을 경험했고 '기밀유출'의 원리가 작동하는 방식을 배웠다. 그는 내부 문건을 은밀히 건네받아 공무원들과 똑같은 눈높이에서 행동했다. 그의 단체를 '테러집단'으로 인식하는 관계 기관들에 그는 위험한 적이었다. 10여 년 뒤 어산지는 똑같은 말을 워싱턴의 보수파 정치인들의 입을 통해서 다시 듣게 된다.

1999년까지 30차례 이상의 심리와 불복이 이어진 끝에 마침내 어산지와 아이 엄마는 둘 사이의 자녀에 대한 정기적인 방문권에 합의했다. 크리스틴은 이 싸움이 해킹 소송보다 어산지에게 훨씬 더 힘들고 괴로운 것이었다고 말한다. 그녀는 그가 이 싸움으로 고질적인 외상 후 스트레스 증상도 얻었다고 믿고 있다. 〈뉴요커〉와의 인터뷰에서 그녀는 아들의 갈색 머리가 갑자기 백색 금발로 바뀐 것도 그 무렵이었다고 말했다.[29] 이에 대한 어산지 자신의 말은 조금 다르다. 그는 머리가 느닷없이 하얗게 세기 시작한 것은 열다섯 살 때의 일이라고 했다. 한창 학교에 다니고 있을 때 갑자기 머리가 온통 하얗게 세면서 50대처럼 보였는데 그는 이를 섹시하게 느꼈다고 말했다.[30]

그는 그것이 수업시간에 했던 음극선 실험 때 실수로 다량의 방사선에 노출된 탓일 거라고 주장했다. 게다가 가벼운 뇌막염 증세도 나타나서 여러 차례 뇌영상촬영도 받아야 했다고 한다. 하지만 이 모든 주장은 그의 추측에 불과하다.

이 무렵 그의 주변에서는 많은 컴퓨터 아방가르드들을 놀라게 만든 혁명적인 사건이 벌어졌다. 1990년대 초부터 자신들의 컴퓨터를 네트워크로 서로 연결시키는 컴퓨터 유저 동호회들이 우후죽순처럼 생겨나기 시작했다. 어산지는 이런 발전이 갖는 힘과 재미를 자신이 일찌감치 인식했으며 호주의 인터넷 확산에도 기여했다고 말한다.[31] 실제로 그는 1990년에 설립되어 1993년에 이미 온라인 서비스를 제공한 서버비아(suburbia.net)의 운영자 중 한 사람으로 활동했다. 서버비아는 현재까지도 호주에서 가장 큰 무료 인터넷 서비스 공급자로서 '비영리'의 기본 이념을 충실히 고수하고 있다. 1990년대에 어산지는 그곳에서 예전의 별명인 '매드 프로페서'를 연상시키는 '프로프(Proff)'라는 이름으로 관리자로서 활동했다. 그는 여러 개의 메일링리스트를 운영하면서 수없이 많은 글을 작성했는데 대부분은 컴퓨터 보안과 관련된 내용들이었다.

'프로프'는 특히 '사이퍼펑크스(Cypherpunks)'라는 전설적인 메일링 그룹에서 활발한 활동을 펼쳤다. 1992년에 만들어진 이 메일링그룹에서는 최고 전성기인 1996년부터 1999년까지 모두 1400명이 넘는 유저들이 활동했다. 어산지처럼 메일링을 신청한 사람들은 이 기간 동안 하루 평균 30건의 기사를 받아 보았다. '사이퍼펑크스'에 가입하는 회원들 중에는 해커와 IT 보안업계 종사자들이 특히 많았다. 그들은 암호화 기술의 유포에 적극적이었고 개인 유저들에게 이를 제한하려는 국가의 모든 시도에 저항했다. "전자시대의 개방사회에서 사생활 보호는 절대적으로 필요하다"는 것이 1993년에 작성된 사이퍼펑크 선언의 첫 번째 명제였다. 이때만 해도 어산지와 그의 사이퍼펑크 친구들은 그들의 이념이 곧 휘말리게 될 싸움과 그들이 상대할 적이 얼마나 강력한지 전혀 알지 못했다. 그들의 적은 바로 미합중국이었다.

자유분방한
무정부주의 컴퓨터광

"작은 문제를 한번 일으켜봅시다(Let's make a little trouble)"
_ 어산지가 쓴 암호화 프로그램의 안내문에서

해커집단과 강대국들 사이의 싸움은 1990년대에 들어 더욱 심해졌다. 위키리크스와 미국 정부의 갈등을 제대로 이해하려면 로키산맥 자락에 자리 잡은 작은 대학도시 볼더로 시선을 돌려볼 필요가 있다. 볼더는 컴퓨터 테크놀로지 연구로 유명하다. 1990년대 중반에 그곳에는 필 짐머만이라는 남자가 살고 있었다. 턱수염을 기르고 두꺼운 안경을 낀 짐머만은 유리창이 하나도 없는 자신의 사무실을 찾아오는 방문객들을 항상 단정한 양복 차림으로 친절하게 맞아주었다.[32] 겉모습만 보아서는 매일같이 밤새도록 자판을 두드려대는 컴퓨터광의 이미지를 발견하기 힘들지만 그는 전 세계 해커들을 열광시킨 사건의 주인공이다. 'Pretty Good Privacy(PGP)'라는 파일명의 이메일 암호화 프로그램이 바로 이 개방적이고 친절한 남자의 작품인데, 그의 프로그램은 실제로 사생활 보호에 탁월한 성능을 발휘한다. 미 국방부 소속의 막강한 정보기관 NSA도 PGP의 코드를 열지 못했다. 미국 정부로서는 당혹스러운 일이 아닐 수 없었다. 이로써 PGP의 존재는 어산지와 같은 자유분방한 무정부주의적 컴퓨터광들과 미국 정부 간의 글로벌 힘겨루기 양상으로 발전했다.

당시의 빌 클린턴 행정부는 사이버 공간에 그들의 힘이 미칠 수 없는 디지털 영역이 존재한다는 사실을 받아들이기 힘들었다. 워싱턴은 국가에 코드가 알려지지 않은 이메일 암호화를 법으로 금하고 긴급히 암호제작 소프트웨어의 해외 반출을 금지하는 조치를 내렸다. PGP의 확산을 막기 위해서였다. 하지만 짐머만은 영리한 사람이었으며, 무엇보다도 전 세계 해커단체들의 지원을 받을 수 있었다. PGP는 누구나 따라서 만들 수 있도록 프로그래밍된 일명 오픈소스 소프트웨어(Open Source Software)이기 때문에 프로그램 코드를 그냥 종이에 적어서 유럽으로 보내면 그곳에서 간단히 다시 소프트웨어로 제작할 수 있었다. 이런 식으로 PGP에 대한 해외 반출 금지령은 무력화되었고 다양한 유럽 버전들도 생겨났다. 이 사건으로 짐머만은 제국과 힘을 겨루어 그들의 계획을 좌절시킨 저항의 전사이자 영웅으로 떠올랐다.

어산지는 이 사건을 정확히 추적했다. 그는 이를 '암호전쟁'으로 규정하고 짐머만을 지원하는 일에 많은 시간을 들였다. 미국 정부가 암호를 무기처럼 취급하면서 국가가 언제든지 열어볼 수 있는 허술한 암호들만 허용하려는 태도에 분노했기 때문이다. 다른 한편으로 그는 이 싸움의 위력에 강한 인상을 받았다. 짐머만이 미국 정부의 일부 관료들을

'몹시 화나게 만들었다는 점'에 주목하면서 미국 정부가 PGP의 확산 경로를 대단히 정교하게 추적할 것이라고 경고했다. 어산지는 짐머만에 대한 수사가 1996년에 중단된 것을 큰 승리로 받아들였다. PGP는 곧 전 세계로 확산되었고 현재까지도 이메일 보안의 표준기술로 사용되고 있다. 위키리크스도 보안에 이 기술을 이용했다. 이로써 골리앗을 물리친 다윗의 새로운 디지털 버전이 탄생했다. 어산지는 이런 이야기를 사랑한다. 호주 방송사 ABC가 암호화에 관한 라디오 방송을 제작할 때 그는 일종의 공동제작자로서 참여하여 도움을 주었고, 사이퍼펑크 친구들에게도 지원을 요청하여 컴퓨터 암호의 세계에서 벌어지는 수많은 크고 작은 에피소드들을 방송을 위해 수집해주었다.

어산지가 짐머만에게 이렇게 강한 연대감을 가질 수 있었던 것은 그 자신이 이런 사건의 희생자가 될 수도 있다는 생각 때문이었다. 실제로 그도 당시에 하드디스크와 전산 자료들을 암호화하는 'Rubberhose(고무호스)'라는 이름의 소프트웨어를 만들고 있었다. 몇 명의 친구들과 멜버른에서 자동차로 서너 시간 떨어진 바닷가에 있는 집에서 함께 묵으면서, 아침에는 수영도 하며 지내고 밤에는 교대로 일하며 프로그램을 제작했다. 교대로 일하는 작업 방침은 어느 날 저녁 식사 시간에 이루어진 팀 미팅에서 각자가 원하는 만큼, 그리고 할 수 있는 만큼 오래 일하는 방식으로 바뀐다. 이 그룹에는 어산지가 《언더그라운드》 작업 때 사귄 랠프 웨인먼과 쉴렛 드레이퍼스도 있었다. 1997년에 '러버호스' 1차 버전이 발표되었다.

베타 버전의 프로그램이 나온 뒤 어산지는 일부 활동가들이 경찰의 추격을 받거나 체포된 상황에서 '러버호스' 프로그램이 도움이 될 수 있는지 여부에 대해 몇몇 컴퓨터광들과 토론을 벌였다. 확실하고 안전한 암호가 다른 조직 구성원들을 경찰의 추격에서 보호해줄 수 있을까?33 '러버호스'는 여러 개의 키를 사용하여 데이터의 일부를 숨기기 때문에 혹독한 취조와 고문을 통해 결정적인 암호해독 코드가 밝혀지는 일은 없으리라는 것이 그들이 내린 결론이었다. 대단히 선구적인 성과였다. 이 기술이 일반에 확산되는 것은 좀 더 나중의 일이다.

토론은 대단히 진지하고 심각하게 이루어졌다. 어산지는 컴퓨터 소프트웨어뿐만 아니라 출입문과 창문, 경보기와 동작 탐지기 같은 보안 시스템에도 많은 신경을 썼다. 마치 새로운 전복 활동이라도 모의하는 듯한 분위기였다. 무료로 제공되는 이 프로그램에 쉴렛 드레이퍼스와 어산지는 "작은 문제를 한번 일으켜봅시다"라는 슬로건을 붙였다. 개발팀이 '러버호스' 프로그램을 만든 목적은 권력자들에게 "약간의 골칫거리를 만들어내고자 하는 활동가들을 보호하기 위해서"라고 했다. "그러니 겁먹지 말고 마음껏 일을 저지르고 문제를 일으켜라!" 그들은 이 프로그램 개발을 인권운동의 일환으로 여겼다. 프로그램은 개인에게는 무료로 제공되었고, 기업과 국가조직은 공식적인 사용 허가를 신청해야 사용할 수 있었다. 곧 미국의 한 기업으로부터 연락이 왔다. NASA가 있는 메릴랜드 주 포트미드 근교에 있는 회사였다. 호주의 프로그래머들은 배후에 틀림없이 정보기관이 있을 거라고 믿었다. 아무튼 그들의 프로그램이 미국 정부조직의 관심을 끌기에도 충분할 만큼 훌륭한 것임은 분명했다.

이미 언급한 '러버호스'의 슬로건은 어산지 자신에게도 적용될 수 있었다. 다만 그것이 '작은 문제'가 아니라 '큰 문제'라는 점만 다를 뿐이었다. 그는 무언가 큰 건을 계획하고 있었다. 이 무렵에는 아직 모색하는 중이었지만 10년쯤 뒤 어산지는 자신이 찾던 것을 실제로 발견하게 된다. 바로 위키리크스다. 그가 이 프로젝트를 얼마나 일찍부터 구상하고 있었는지는 1996년에 작성된 이메일이 잘 보여준다. 여기서 그는 처음으로 'leaks', 즉 정보 유출의 아이디어를 언급한다.[34] 하지만 당시만 해도 그것은 여러 구상들 중 하나로 아직 아무런 구체적인 윤곽도 잡히지 않은 불분명한 생각에 지나지 않았다.

'러버호스' 시절의 어산지는 전형적인 '핵티비스트'였다. 핵티비스트는 정치운동가(Activist)와 해커(Hacker)가 혼합된 개념이다. 어산지는 사이언톨로지에 대한 반대운동에 적극적으로 참여하면서 특유의 독설로 이렇게 주장했다. "이 종파에 대한 반대 투쟁은 단순히 돈 많은 미치광이 집단에 대한 인터넷 투쟁 이상의 의미를 갖는다. 이것은 인터넷과 표현의 자유의 억압에 관한 문제다. 이것은 약자와 선량한 자들에 적대적인 지적소유권 및 강자들과 부자들에 관한 문제다. 오늘 사이언톨로지가 내세우는 규범들은 내일의 압제자들이 사용할 무기가 될 것이다." 1996년 3월 16일 멜버른의 러셀 가에서 사이언톨로지에 반대하는 대규모 집회가 열렸을 때 어산지는 전단지를 돌리며 행인들의 참가를 독려하고 인터뷰를 하는 등 시위에 적극적으로 참여했다.

같은 시기에 사이언톨로지는 인터넷에 뜬 모든 비판들을 깨끗이 청소하려고 시도하고 있었다. 반대자들의 머리 위로 가택조사와 형사고발의 풍랑이 휘몰아쳤다. 인터넷 토론 포럼 'alt.religion.scientology'에서는 사이언톨로지 교인들과 비판자들 사이에 거친 설전이 벌어져 급

기야 사이언톨로지 측이 사이트를 폐쇄하기에 이른다. 네덜란드의 인터넷 서비스 공급자 XS4ALL은 이와 관련하여 당국의 조사를 받았고, 핀란드의 한 서비스 공급자는 사이언톨로지에 비판적인 유저들의 아이디를 공개하라는 요구도 받았다. 결국 그 사이트는 법률적 압박으로 운영을 중단해야 했다. 사이언톨로지 교인들은 자신들의 영성단체를 비판적으로 묘사한 한 서적도 시장에서 몰아내고자 했다. 이 시도는 한동안 효과를 발휘해서 소기의 성과를 거두는 듯이 보였다. 어산지는 이를 크게 걱정하여 관련 토론들에 적극적으로 참여하고, '서버비아'에 있는 자신의 인터넷 서버에 많은 관련 정보와 글들을 띄우는 방식으로 문제의 책을 지원했다. 사이언톨로지는 이에 고발을 위협했고, 어산지는 사설탐정으로부터 감시당하는 느낌에 시달려야 했다.[35]

사이언톨로지는 어산지가 전체주의자라는 악평을 퍼뜨렸다. 하지만 전체주의는 어산지가 가장 마음속 깊이 거부하는 것이다. 그는 이메일에 서명할 때 항상 《나니아 연대기》의 작가 C. S 루이스의 글을 인용한다. 루이스는 모든 압제자들 중 가장 나쁜 축은 희생자들의 안녕을 위해 그렇게 한다고 말하는 자들이라며, "도덕적 속물들의 지배를 받느니 차라리 강도 같은 제후들의 통치 하에 사는 편이 더 낫다"고 말했다.

그 무렵 이 젊은 해커의 관심은 오직 디지털밖에 없었다. 한번은 어산지가 자신의 서버비아 친구들과 함께 멜버른 근교에서 '전자파티'를 연 적이 있다. 1996년 부활절 주말의 일이다. 그런데 파티장의 뮤직박스에서는 뜻밖에도 재즈와 리듬앤블루스가 흘러나왔다. 테크노뮤직과 하드록은 파티 손님들이 편하게 대화를 나누고 '해킹'에 몰두하는 것을 방해한다는 게 어산지의 설명이었다. 어산지와 친구들은 아파트를 빌려서 15대의 컴퓨터를 설치하고 ISDN으로 인터넷에 연결했다. 파티 초대장에는 "우린 오늘 밤 여러분들이 아무런 방해도 받지 않고 오직 컴퓨터 자판에만 몰두할 수 있게 해주려 합니다"라는 말이 적혀 있었다. 식사는 10달러였고 음료는 무료로 제공되었다. 2층에는 동성애자들을 위한 '게이바'도 마련되었다.

파티에서 놀고 즐기는 것은 어산지의 강점이 아니다. 그는 송년 마지막 날 밤도 대부분 컴퓨터 앞에 앉아서 보낸다. 1990년대에 테크노 바람이 전 세계를 휩쓸 때도 그는 클래식이나 조용한 발라드를 즐겨 들었다. 가끔씩 주말에 친구들과 함께 멜버른 시내의 작은 클럽에 들르기도 하지만 테크노나 하드록에 맞추어 춤을 추는 것은 질색이었다. 한번은 한밤중에 집으로 돌아가는 길에 어산지가 갑자기 미친 듯이 괴성을 지르며 과장되게 고스록 가수 흉내를 내서 사람들을 웃긴 적도 있다.

어산지는 자기보다 머리가 나쁘다고 생각되는 사람들에게 몹시 까칠하고 단호하게 대하는 버릇이 있다. 그런데 그의 비상한 아이큐로 볼 때 이것은 거의 모든 사람들에게 해당되는 일이다. 그가 포럼이나 뉴스레터에 쓴 글들은 대부분 간단명료하고 유용하며 재기가 넘친다. 1995년 한 지인이 자기 집에서 열리는 생일파티에 그를 초대하면서, 여러 세대가 거주하는 다세대주택이기 때문에 이웃을 고려해서 시끄럽게 웃고 떠드는 것은 밤 10시까지로 제한한다고 한 적이 있었다. 그러자 어산지는 단 한 줄로 이렇게 답했다. "그건 파티가 아니라 함께 모여 도시락 까먹는 거군."

그가 경멸하는 사람들의 목록은 아주 길다. 사이퍼펑크에서 벌어진 토론에서 그가 생각하기에 객관성이 떨어지는 논리를 펴는 어떤 해커에게 어산지는 노골적으로 "이봐요, 님은 멍청이에요."36라고 질책했다. 또 어떤 사람이 토론에서 새 컴퓨터 프로그램에 대해 감탄을 쏟아내자 그는 그 프로그램이 전부터 있던 것이라고 바로잡으며 이렇게 말했다. "내 생각에 님은 입을 열기 전에 먼저 검색부터 하는 습관을 들여야겠어요."37 미국 인권단체 '전자프런티어재단(Electronic Frontier Foundation, EFF)'의 방향 설정을 놓고서 벌어진 논쟁에서는 "당신들의 아마추어적 정치 견해가 우리에게 정말 쓸모가 있을까요?"라고 의문을 제기하기도 했다.38

1996년은 위키리크스에게 중요한 해다. 적어도 간접적으로는 그렇다. 크립톰(cryptome.org)이라는 웹사이트의 온라인 서비스가 그해 6월부터 시작되었는데, 존 영(John Young)이라는 이름의 대머리 뉴요커가 운영하는 이 웹사이트는 바로 어산지가 큰 관심을 가진 영역을 다루고 있었다. 영은 자기 손에 걸리는 모든 비밀문서들을 웹사이트에 공개하고 있었다. 어산지는 멀리서 감탄의 눈길로 웹사이트 '크립톰'의 발전을 지켜보았다.

미국은 어산지의 정치비평에서 중심을 차지한다. 단지 암호화 기술에 대한 그들의 엄격한 대응 방침 때문만은 아니다. 커피 프랜차이즈 스타벅스와 그들의 제3세계 비즈니스 방식에 대해 공개 논쟁이 벌어졌을 때, 어산지는 스타벅스 기업을 날카롭게 비판하면서 거대 고용주들과 근로자들의 관계가 '끔찍하게 비대칭적'이라는 사실은 굳이 '노벨상 수상자가 아니어도 충분히 알 수 있다'고 말했다. 그는 또 글로벌 대기업과 부유한 나라들은 제3세계에 독재체제가 수립되어 '우리가 당연

2장_ 오즈의 마법사: 줄리언 어산지 **65**

하게 여기는 집회의 자유와 표현의 자유 같은 정치적 기본권이 억압받는' 데 기여하고 있다고 지적했다.[39] 여러 사람들에게 보내는 이메일에서는 전 미국 대통령 리처드 닉슨의 다음과 같은 말을 인용하기도 했다. "미국이 멈출 거라고 생각하는가? 세계 최대의 쇼핑몰은 누가 건설했는데?"[40] 젊은 어산지가 그토록 혐오해 마지않는 단순한 지성과 미국식 문화제국주의의 결합을 잘 표현하는 말이다.

나중에 위키리크스 설립에도 어느 정도 기여를 하게 되는 어산지의 친구들 몇몇은 1990년대 후반기에 멜버른의 시민센터에서 활동하던 사람들이다. 멜버른 중심가에 있는 지은 지 100년이 넘는 커다란 5층짜리 시민센터 건물에는 약 60여 개의 사회·정치 그룹들이 거주하고 있었다. 이 시민센터는 공익단체에 값싼 공간을 제공하자는 생각에서 만들어진 것이었다. 어산지도 그가 가장 잘할 수 있는 컴퓨터 지식을 활용하여 시민센터에 기여했다. 그는 시민센터에서 활동하는 여러 정치 그룹들의 인터넷 사이트에서 웹마스터로 봉사했고, 시민센터를 운영하는 재단에 도메인을 확보해주었다. 하지만 그는 시민센터 활동에서 리더로 나설 생각은 없었다.

당시 멜버른에는 전직 해커들과 활동적인 프로그래머들로 이루어진 온라인 커뮤니티가 있었는데, 이곳의 회원들은 모두 컴퓨터 기술에 능통하고 정치 참여에 관심이 많은 사람들이었다. 일종의 느슨한 친목단체인 이 커뮤니티에서는 자주 대중매체들의 역할에 대한 토론이 벌어지곤 했는데, 언론이 정부와 공공기관의 감시라는 그들의 과제를 제대로 수행하지 못한다는 데 모두들 공감했다. 그들은 '정보 유출'의 아이디어에 대해서도 집중적인 토론을 벌였다. 이 모임은 어산지에게 위키리크스 구상에 대한 사람들의 반응을 점검하는 일종의 공명실 같은 역할을 했다.

하지만 1998년 10월 무렵의 호주는 어산지의 아이디어를 실천하기에 너무 비좁은 공간이었다. 다시 새 출발을 할 때가 되었다. 그해 가을은 어산지의 유랑생활에 새 장이 열리는 시간이었다. 이때부터 그는 상당히 오랜 기간 전 세계를 떠도는 삶을 살아가게 된다. 친구나 동조자 혹은 인터넷에서 사귄 사람들의 소파가 그의 주된 잠자리였다. 때로는 며칠 밤만 신세를 졌고 어떤 때는 반년 이상 머물기도 했다. 어산지는 끊임없이 흐르는 비트와 바이트처럼 온 세상을 떠돌았다. 언뜻 아무런 목표도, 정처도 없어 보이는 그의 여정은 그러나 항상 계획에 따라 움직이고 있었다. 이 2.0 버전의 신유목민에게 가장 중요한 여행 장비는 잭울프스킨 배낭이 아니라 노트북이었다. 여행을 시작하기에 앞서 그는 자신과 만나서 '맥주나 보드카를 마시고 시베리아 불곰 스테이크나, 아니면 간단한 스낵이라도' 함께할 생각이 있는 사람은 메일을 보내달라고 '사이퍼펑크스'의 메일링 그룹에 알리기도 했다. 이번 여행은 단순히 모험적 요소 외에 실용적 측면도 있었다. 몇몇 나라의 프로그래머들은 그에게 채무가 있었다. 그의 프로그램을 사용했기 때문이다. 하지만 그들에게는 대부분 돈을 지불할 능력이 없기 때문에 어산지는 그들을 찾아가서 숙식을 제공받는 형태로 채무를 변제받고자 했다.

어산지는 그가 "지구상에서 가장 살 만한 도시"라고 부르는 멜버른을 떠나 먼저 샌프란시스코로 가서 일주일 정도 머물렀다. 그곳의 캘리포니아 문화는 그에게 상당히 낯선 것이었다. 그가 찾아간 인터넷 활동가들은 실리콘밸리 주식에 돈을 투자하고, 자신이 수집한 총기들을 자랑스럽게 보여주었다. 그중 한 프로그래머는 인터넷 브라우저 넷스케이프의 창시자였다. 그는 큰돈을 벌어 나이트클럽을 운영하고 있었다.

어산지는 미국 서부해안을 떠나 런던, 프랑크푸르트, 베를린을 차례로 방문했다. 베를린에서 그는 카오스컴퓨터클럽(CCC)의 사람들과 사귀었고, 나중에는 베를린 마리엔슈트라세에 있는 CCC 사무실에서 몇 주일을 머물기도 했다. 그가 스프링이 가라앉은 낡은 소파에서 잠을 청하는 동안에도 그곳의 해커들은 옆에서 쉴 새 없이 자판을 두드려댔다. 그는 계속해서 러시아로 가려고 했지만 '운터덴린덴(Unter den Linden)' 거리에 있는 러시아 대사관에서는 아무도 비자를 내주려 하지 않았다. 결국 그는 아는 사람에게 줄을 대서 호주의 대형 설탕기업 대표 자격으로 사업 비자를 발급받는다.[41]

어산지는 동쪽 방향으로 계속 여행하며 폴란드, 슬로베니아, 핀란드, 러시아를 차례로 방문했다. 러시아에서는 상트페테르부르크에 도착한 뒤 모스크바로 가 그곳에서 5일을 머문 다음 시베리아 횡단열차를 탔다. 그리고 이르쿠츠크와 울란바토르를 거쳐 베이징에 도착한다. 여행을 시작한 지 5주가 채 안 되었을 때다. 러시아와 중국을 두루 여행하며 어산지는 나중에 그에게 도움을 주는 친구들을 여러 명 사귀게 된다.

호주로 다시 돌아왔을 때 세계는 빠르게 변하고 있었다. 2001년 9월 11일의 공격은 온 세상을 충격에 빠뜨리며 글로벌 지정학적 관계를 뒤바꾸어 놓았고, 인터넷은 생활의 모든 영역을 엄습했다. 어산지는 새로운 인물, 새로운 아이디어, 풍부한 에너지로 무장한 글로벌 네트워크를 사용하기 시작했다. 하지만 아직 위키리크스는 탄생하지 않았다. 그는 여전히 고전적 방식의 로비 작업을 통해 1.0 버전의 정치활동을 펼쳤다. 이번에도 주요 타깃은 미국과 테러에 대응하는 그들의 미심쩍은 방식이었다.

당시의 호주 국방부장관 로버트 힐은 말레이시아 방문길에 '책임 있는 행동 규범을 지킬 의사가 없는 자들'에게 대응하기 위해 필요한 '특별 조치들'을 공식적으로 옹호하고 나섰다.⁴² 2002년 5월 힐은 테러리즘에 대한 성공적인 투쟁을 위해 어느 정도의 인권 제약이 불가피할 수 있다고 말했다.

말레이시아는 미국과 마찬가지로 2001년 9월 11일 사건 뒤에 테러 용의자들을 법원의 동의 없이 체포 구금할 수 있는 권한을 정부에 부여하는 특별법을 공포했다. 62명의 알카에다 용의자들이 이 특별법에 근거하여 감옥으로 보내졌다. 말레이시아의 야당과 시민단체들은 그들 중 알카에다와 전혀 무관한 정부 비판자들이 끼어 있다며 정부가 특별법을 악용한다고 비난했다. 말레이시아에 대한 이 같은 비난에 대해 힐은 말레이시아 정부에 조언하는 것은 자신의 일이 아니라고 대답했다. 이에 말레이시아 인권협회의 사무총장은 국제지원단체들에 도움을 요청하게 되는데, 그들 중에는 줄리언 어산지도 있었다.

어산지는 호주 상원위원 여러 명에게 정보기관의 보고서를 첨부한 편지를 보내서 힐 국방부 장관의 문제를 각 당에서 진지하게 논의해줄 것을 요청했다. 그는 힐의 언급을 '극도로 위험한' 것으로 여겼다. 어산지는 자신의 편지가 꼭 읽히기를 원했기 때문에 관례에 맞추어 최대한 공손하게 작성하려 애썼다. 편지 말미에 그는 "모든 경의를 표하며, 호주 공동조사연구소 대표 줄리언 어산지"라고 서명했다. 이 가상의 직함을 그는 예전에도 그가 만든 컴퓨터 프로그램들에 사용한 적이 있었다.

그러나 편지의 효과는 실망스러웠다. 그의 항의는 아무런 의미 있는 성과도 거두지 못했다. 이런 식의 아래로부터의 정치활동은 무기력할 수 있다. 어산지는 무언가를 변화시키고자 한다면 편지를 보내는 것보다 더 많은 일을 해야 한다는 사실을 깨닫는다.

3장

어산지와 다섯 친구들

위키리크스의 탄생

Wikileaks.org의 데뷔

"위키리크스는 세계 최강의 정보기관이 될 수 있다. 대중의 정보기관이다."
_2007년의 1차 자기 규정

"우리 계획은 인류의 창공에 새로운 별을 띄우려는 것이다."[1] 줄리언 어산지가 2006년 12월 크리스마스 직전에 한 말이다. 그의 말은 자주 그렇듯이 다소 거창하다. 아무튼 위키리크스와 어산지의 각오는 분명하다. 그리고 그들의 계획은 시의적절해 보인다.

이때까지도 어산지는 모습을 드러내지 않은 채 활동했다. 2006년 10월 그는 위키리크스와 마찬가지로 기밀 자료의 공개라는 목표를 추구하는 웹사이트 크립톰의 운영자이자 해킹계의 베테랑인 존 영에게 메일을 보냈다. 메일에서 어산지는 그가 이미 '사이퍼펑크 모임에서 사용하는 다른 이름으로' 자신을 알고 있을 거라고 말하고는, 자신이 아직 이름을 밝힐 수 없는 어떤 프로젝트를 진행 중이라고 밝힌다.[2] "그것은 유출된 기밀문서들을 대량으로 공개하는 프로젝트인데, 이를 위해 도메인을 등록해줄 사람이 필요합니다. 그리고 이 도메인은 아마도 정치적·법률적 압박을 받게 될 것입니다." 어산지는 영에게 단도직입적으로 물었다. "당신이 그 사람이 되어주시겠습니까?"

어산지는 메일 교환을 위해 익명의 이메일 주소 anon1984@fastmail.to를 마련했다. 늘 그렇듯이 어산지는 이 이메일 주소에도 정치적 의미를 담았다. '1984'는 조지 오웰의 소설에서 국가에 의한 절대적 감시와 통제가 이루어지는 시간이다. 영은 요청을 수락하고 2006년 10월 4일 'wikileaks.org' 'wikileaks.cn' 'wikileaks.info' 등의 도메인을 등록했다.

어산지는 이제 주변 인물들을 중심으로 위키리크스의 핵심을 담당할 소그룹을 결성한다. 대외적으로는 위키리크스가 '프로젝트에 직접 참여한 스물두 사람'으로 구성된 단체라고 주장한다.[3] 하지만 실제 핵심 멤버는 이 소그룹의 '다섯 친구들'이다. 어산지와 마찬가지로 멜버른 출신으로 여러 사회 그룹에서 함께 활동한 오랜 친구 한 명, 제이 림(Jay Lim)이라는 이름을 쓰는 태국 출신의 변호사, 호주 사람 대니얼 매튜스(Daniel Mathews), 안나 드 종(Hanna De Jong)이라는 이름으로 그룹의 대변인 역할을 하는 유럽 여성 한 사람이 여기에 속한다.

이 '다섯 친구들'은 내부의 기밀 정보를 제공하는 정보원들을 통해 권력의 비밀을 까발리는 '전 세계적 활동'을 꿈꾸었다. 이것이 정치적 영향력을 획득하는 가장 효과적인 방법으로 보였기 때문이다.[4] 그들은 시애틀의 한 좌파단체에 'riseup.net'이라는 이름의 내부 메일링리스트를 마련하여 활동가들이 이곳을 통해 안전하게 메일을 주고받을 수 있도록 했다. 감시의 두려움은 시작부터 도처에 스며 있었다. 메일을 돌릴 때마다 '위키리크스'라는 명칭을 사용하지 말고 간단히 WL이라고만 표기하라는 주의가 항상 첨부되었다. 메일이 자동으로 미국의 감시망에 포착되는 일을 방지하기 위해서였다. 위키리크스가 이미 미국 정보기관의 리스트에 올라 있다는 징후나 증거는 없었다. 하지만 음모론은 처음부터 이 프로젝트의 일부를 이루고 있었다.

2006년 말 겨울에는 현재까지 거의 변하지 않은 채 유지되고 있는 이 그룹의 기본 성격이 정해진다. 그에 따르면 위키리크스는 고정된 장소와 구조를 지닌 기존 의미의 조직이 아니라 전 세계의 개인들이 서로 연결된 네트워크이며, 활동은 컴퓨터를 사용한 메일 교환과 채팅을 통해서 이루어진다. 개인적인 만남은 활동 의도에 없으며 실제로도 거의 이루어지지 않았다. 한동안 독일 위키리크스 대변인으로 활동했던 다니엘 돔샤이트-베르크는 변호사 제이 림과 3년을 함께 일하면서 단 한 번도 직접 만난 적이 없다고 했다.

어산지는 자신에 이어 두 번째로 중요한 인물로 대니얼 매튜스를 꼽는다. 실제로 매튜스에게는 어산지가 갖지 않은 장점이 있다. 그는 신념에 찬 좌파로서 고전적인 정치 스펙트럼을 갖춘 인물이다.

매튜스는 어산지와 마찬가지로 멜버른 출신이다. 하지만 그는 프로그래머가 아니라 수학자다. 그는 세계수학올림피아드에 호주 대표로 여러 차례 참가한 적이 있으며, 현재 보스턴 칼리지의 조교수로 재직 중이다. 두 사람은 대학에서 알게 되었다. 매튜스는 MUMS, 즉 멜버른대학 수학 및 통계학 협회의 회장이었고 어산지는 부회장이었다.

매튜스는 위키리크스의 컴퓨터광들에 매료된 것이 아니라 인권과 관련한 그들의 사회정치적 문제제기에 동조했다. 위키리크스가 설립 단계에 있던 2006년에 그는 미국 스탠포드대학에 유학 중이었으며, 2009년에 졸업했다.

학생 시절 매튜스는 정치활동에 적극적이었다. 그는 관타나모 수용소를 '인권유린의 항구'[5]로 규정하고 스탠포드대학의 캠퍼스에서 이라크전쟁에 반대하는 데모를 주동했다. "더 이상 수동적으로 머물지 말고 행동에 나설 것을 요청한다. 민주당을 뽑으란 의미가 아니다. 인권단체의 일을 돕든지, 아니면 위키리크스에 공개된 문서들을 읽어라!"[6] 매튜스는 더 나은 세계를 꿈꾸며 미하일 바쿠닌, 노암 촘스키, 다니엘 게렝 같은 인물들이 쓴 사회주의나 무정부주의 서적을 즐겨 읽었다. 2006년 4월 21일 당시의 미국 대통령 조지 부시가 스탠포드대학을 방문하려 했을 때 매튜스는 연좌시위를 벌이며 이를 저지했다. 이때 경찰이 내려치는 곤봉에 머리를 맞기도 했지만 매튜스와 다른 학생들은 결국 부시의 방문을 막는 데 성공한다. 매튜스는 이를 커다란 승리로서 가슴 뿌듯히 여겼다. 그리고 위키리크스에 참여할 의사가 있는지를 물어왔을 때 기꺼이 그 제의를 수락했다.

매튜스가 스탠포드대학에서 조지 부시에 맞서 데모를 하는 동안 어산지는 멜버른대학에서 이라크전쟁에 대한 간접지원에 맞서 싸우고 있었다. 하지만 이것은 그가 이길 수 없는 싸움이었다.

당시 어산지가 공부하던 멜버른대학 수학과는 미군과 계약을 맺고 모래의 운동 패턴에 관한 수학적 연구 프로젝트를 수행하고 있었다. 미 국방부가 멜버른대학의 여러 학생들에게 돈을 제공하는 이유는 분명했다. 군대에서 사용하는 트럭이나 불도저 같은 차량들의 성능을 개선시켜 서요르단 등지에서 벌어지는 팔레스타인과의 전투에 더욱 효율적으로 사용하려는 것이었다. 어산지는 이를 '킬러머신의 최적화'라고 부르면서 자신의 연구가 그 같은 목적에 사용되는 것을 거부했다.

이 갈등으로 그는 결국 학교를 그만두게 된다. "불도저를 전쟁에 더 효율적으로 투입하기 위한 학문 따위는 더 이상 필요 없다. 우리는 학문을 더 좋은 방식으로만 사용해야 한다. 이 세상에 부족한 것은 이론적 지식이 아니라 현실의 정치적 과제를 해결하기 위한 실천적 지식이다."[7] 이것으로 그의 대학 공부는 끝이 난다. 이번에도 미국은 적어도 간접적으로는 그의 결정에 한 부분을 차지했다.

2006년 9월 초 어산지는 멜버른 작가 페스티벌에서 평소에 큰 호감을 가지고 있던 한 사내를 만난다. 호주 정보국에서 일했던 앤드류 윌키였다. 윌키는 호주 반전운동가들의 영웅이었다. 그는 2003년 3월 이라크전쟁이 시작되었을 때 이라크 내 대량살상무기의 존재에 대한 증거들이 거짓임을 용감하게 폭로하여 전 세계의 주목을 받았던 인물이다. 그는 고전적인 내부고발자였다. 그 사이 책으로도 출간된 그의 행동은 어산지가 위키리크스를 창설하는 데 큰 영감을 주었다. 윌키 사건을 지켜보고 나서 어산지는 친구들에게 "우리에게는 내부고발자를 보호하기 위한 프로젝트가 필요할 것으로 보인다"고 말하기도 했다.[8] 작가 페스티벌에서 만난 윌키에게 어산지는 자신의 비전을 설명했지만 윌키는 신중한 태도를 보였다.

위키리크스의 설립자들이 생각한 '정보 유출' 방식은 두 가지다. 하나는 누군가가 인터넷 사이트와 암호화된 디지털 '터널 시스템'을 통해 문서를 빼돌리는 기본적인 방식이고, 또 하나는 유출자와 내용 사이의 관계가 나중에 절대로 입증될 수 없는 더욱 전문적이고 안전한 다른 방식이다. 여기서는 내부 스파이가 일단 암호화된 CD를 재래식 우편을 통해 밖으로 보내면 다음 단계로 온라인을 통해 패스워드를 빼돌리는 방식이 사용된다. 어산지는 이를 '잡아뗄 수 있는(Deniable)' 방식이라고 말한다. 이를 위해 위키리크스는 캘리포니아, 워싱턴, 시애틀, 뉴욕 등지에 따로 사서함도 마련했다.

곧 조직의 로고로 사용될 그래픽 초안이 사람들에게 배포되었다. 벽돌로 된 장벽 위로 음산하고 허깨비 같은 세 개의 형상이 솟아 있고 아래에서는 두더지 한 마리가 장벽을 허물어뜨리고 있는 장면이었다. 물개처럼 생긴 두더지는 선글라스를 끼고 웃고 있었다. '미스터 몰(Mr Mole)'이라고 불리는 이 두더지는 어두운 권력의 음모를 까발리는 척후병을 상징한다. 로고를 만든 사람은 호주에서 물리학을 공부하는 폴란드 여학생이다. 그런데 독일의 한 여성 동조자가 이의를 제기했다. 로고가 베를린 장벽처럼 보여서 사용하기 어렵다는 것이다. 그래픽만 놓고 보자면 위키리크스는 아직 중고등학교 학생신문 수준을 크게 벗어나지 못하고 있었다. 이에 폴란드 여학생은 좀 더 전문적인 로고를 고안했다. 모래시계 윗부분에 있는 권력의 어두운 면에서 정보들이 아래로 흘러내리는 그래픽이었다. 위키리크스는 현재까지도 이 이미지를 사용하고 있다.

어산지는 사람들을 접촉하여 교섭하는 데 명수였다. 그는 앤드류 윌키에게 조언을 구하는 데서 그치지 않고 자신의 아이디어를 설명하고 지원을 요청하는 장문의 편지를 써서 세계 여러 곳으로 보냈다. 편지의 수취인은 억만장자 조지 소로스 재단, 미국과학자연맹의 스티븐 애프터굿, '전자프런티어재단(EFF)'의 공동설립자이며 사이퍼펑크 운동을 주도한 미국 디지털 인권운동의 베테랑 존 길모어 등 다양하다. 대니얼 엘즈버그도 2006년 말 어산지의 편지를 받았다.9 엘즈버그는 워터게이트 스캔들의 주인공인 마크 펠트, 일명 '딥스로트(Deep Throat)'와 함께 미국에서 가장 유명하고 영향력 있는 '내부고발자'로 손꼽히는 인물이다. 엘즈버그는 자녀들의 도움으로 1970년대 초 베트남전에 대한 분석들이 수록된 약 7000여 쪽의 극비문서들을 복사해서 미국의 여러 신문들에 전달했다. '펜타곤 페이퍼'로 불리는 이 문서들과 더불어 리처드 닉슨 대통령의 종말이 시작된다. 이제 막 발돋움하는 새 프로젝트에 엘즈버그의 이름만큼 큰 힘이 되는 것은 또 없을 거라고 생각한 어산지는 편지에 썼다. 그는 위키리크스가 '유출문건을 다루는 위키피디아의 검열 불가능한 분과'로서 '그와 같은 프로젝트를 방어하고 촉진하는 데 필요한 문명사회적 제도와 공동체적 인식'을 마련하는 일에 힘쓴다고 설명했다. 위키피디아와의 관계는 의도적으로 언급되었다. 처음에 어산지는 두 웹사이트를 서로 맞물리는 형태로 구성하려고 생각했다. 위키리크스는 비밀문서들을 공개하고, 위키피디아는 그 내용의 쟁점들을 다루다는 게 그의 구상이었다.10

그러나 이 아이디어는 성사되지 않는다. 위키피디아의 창시자 지미 웨일스는 두 웹사이트의 결합에 소극적인 태도를 보이며 시간을 끌었다. 그러면서도 새 프로젝트에 대한 소식이 알려지자 당장 누군가가 'wikileaks.net' 도메인을 웨일스의 '위키아 주식회사(Wikia Inc.)' 이름으로 등록했다. 사전에 어산지와 아무 상의도 없었다. 어산지는 이를 적대행위로 받아들였으며, 그것은 실제로도 그런 짓이었다. 두 사람은 그 뒤로 계속 적대적인 경쟁자처럼 행동하고 있다. 예를 들어 어산지는 규칙적으로 구글 검색 순위를 살펴본다. 2010년 가을 위키피디아는 총 1억 2000만 건이 검색되고, 위키리크스는 2000만 건 정도가 검색된다고 한다. "우리는 계속 차이를 줄여가고 있습니다."[11]

반면 웨일스는 공식적으로 경쟁관계를 부인한다. 그는 2010년 9월 쿠알라룸푸르에서 열린 한 국제회의에서 아프가니스탄 기밀문서에 담긴 모든 정보들을 공개하는 위키리크스의 행동은 '무책임한 짓'이라고 평가했다.[12] 또 '위키(Wiki)'라는 명칭은 '불행한' 선택이며, 조직의 명칭 때문에 두 프로젝트가 조금이라도 관계가 있다고 생각하는 것은 잘못이라고 말했다. 웨일스는 심지어 '위키'라는 명칭을 사용하지 않았다면 위키리크스는 결코 지금처럼 유명해지지 못했을 거라며 어산지를 우회적으로 비난하기까지 했다. "저는 위키리크스와 아무 관계가 없으며 그들이 이 이름을 사용하지 않기를 바랍니다. 그들은 '위키'가 아닙니다."[13]

지미 웨일스의 이런 반응은 사람들에게서 극단적으로 엇갈리는 평가를 이끌어내는 어산지의 독특한 재능을 다시 한 번 보여준다. 사람들은 그에게 극도로 열광하거나, 아니면 완전히 등을 돌린다. 이는 위키리크스에 대해서도 마찬가지이며, 2006년 12월 새 프로젝트가 공개적으로 모습을 드러내기 전부터 이미 그랬다. 웨일스는 회의적인 그룹에 속하지만 엘즈버그의 반응은 완전히 긍정적이었다.

어산지가 엘즈버그를 얼마나 존경하는지는 그에게 보낸 편지에도 잘 나타난다. "당신은 비밀문서의 공개에 대해 우리가 아는 누구보다도 더 많이 고민하신 분입니다. 그래서 우리는 당신을 우리의 자문위원으로 위촉하고자 합니다." 그 밖에도 위키리크스에서 '용기 있는 행위를 위한 엘즈버그 상'을 만들어 그해의 가장 중요한 폭로 두 건에 대해 그 상을 수여하고 싶다고 말했다.

엘즈버그는 어산지의 아이디어와 에너지에 깊은 인상을 받았다. "당신의 구상은 대단히 놀라워 보입니다. 큰 성공을 기원합니다. 당신의 연락을 영광스럽게 생각합니다."[14] 엘즈버그는 비록 자문위원 제의는 수락하지 않았지만 지금까지도 위키리크스와 우호적인 관계를 유지하고 있다. 반면 존 길모어와 스티븐 애프터굿은 처음부터 위키리크스와 거리를 두었다. 그래도 길모어는 위키리크스가 '어떤 종류의 도움이든 필요할 것'[15]이라며 EFF를 통해서 비공식적인 지원을 제공했지만, 애프터굿은 좀 더 비판적이었다. 그는 위키리크스가 계획하는 것과 같은 무차별적 문서 공개에는 찬성할 수 없다며 지원을 거부했다.[16]

엘즈버그에게 보낸 편지에서 어산지는 위키리크스 역사의 암점(dark spot)에 속하는 부분을 언급했다. "우리는 지금까지 13개국으로부터 100만여 건의 문서를 전달받았지만 아직 단 한 건도 공개하지 않았습니다!" 어산지가 이런 수치를 언급한 것은 자신의 프로젝트를 선전하기 위해서였다. 그것은 말하자면 위키리크스의 성공을 담보하는 중요한 증거물 같은 것이었다. 100만 건 이상의 자료를 보유한 사람이라면 몹시 중요한 인물이 틀림없으며, 성공도 따놓은 당상이라고 여길 수 있을 테니까 말이다. 어산지는 그렇게 해서라도 엘즈버그에게 깊은 인상을 심어주고 싶었다.

이 편지는 위키리크스의 문서들이 사람들이 짐작하는 것처럼 자기 정부나 기업의 현 상황에 불만을 품은 분노한 내부고발자들이 넘겨준 것이 아닐 수도 있음을 보여주는 증거다. 위키리크스의 신화를 떠받치고 있는 자료들의 상당 부분은 웹사이트가 온라인으로 연결되기 전부터 이미 존재하고 있었다고 봐야 하기 때문이다. 그렇다면 그것들은 도대체 어디서 온 것일까?

어산지는 지금까지도 이 물음에 정확히 답하기를 거부하고 있다. 하지만 위키리크스에서 예전에 활동했거나 현재 활동 중인 관계자들 중에는 그 답을 아는 것처럼 보이는 사람들도 있다. 그에 따르면 그 자료들은 인터넷의 심연에서 수십만 개의 파일들을 낚아 올리는 데 성공한 위키리크스 협력자들의 어망에서 나온 것들이다. 즉 그것은 바로 얼마 전에 중국 해커들로부터 훔쳐낸 파일들이었다.

중국 해커들은 토르 네트워크(Tor Network)를 사용하여 아주 많은 수의 서버들을 우회하며 정보 요청을 하는 방식으로 인터넷에서 자신들의 흔적을 은폐한다. 토르(Tor)는 'The Onion Router'의 준말인데, 이 네트워크가 양파처럼 구성되어 있기 때문에 붙여진 이름이다. 토르의 모든 서버는 오직 자기 바로 옆에 있는 서버의 정체만 알 수 있을 뿐이며, 컴퓨터들 간의 자료 교환은 모두 암호화되어 이루어진다. 그러므로 늦어도 세 번째 서버부터는 자료 요청이 처음에 어디서 왔으며 어디로 갔는지를 정확히 알 수 없다. 토르 서버의 시스템 관리자는 이처럼 자료의 출처와 수취인이 누구인지 확인할 수 없다. 하지만 이 네트워크에서 양파의 마지막 껍질에 해당하는 컴퓨터에서는 자료들이 해독될 수 있다. 즉 해당 서버의 운영자는 자료의 내용을 읽을 수 있는 것이다. 바로 그와 같은 일이 실제로 발생했다. 토르 컴퓨터의 운영자 중 한 사람이 중국인들이 하는 행동을 목격한 것이다.

2007년 1월 첫 주의 마지막 날에 위키리크스의 활동가 중 한 사람이 들뜬 목소리로 알려왔다. "드디어 걸려들었어! 우리 해커들이 중국과 다른 나라 정보기관들이 목표물을 공격하는 걸 감시하고 있었거든. 그자들이 파일을 빼낸다면 우리도 똑같이 할 수 있으니까."17 그것은 자료들이 무진장으로 담겨 있는 보물창고였다. "하루에 메일로 주고받는 문서가 10만 개가 넘어. 우리는 전 세계를 몽땅 해킹해서 자료들을 다른 곳으로 보낼 수도 있어." 빼돌린 자료에는 네덜란드 현황, 미국의 연구기관 프리덤하우스, 2005년까지의 아프가니스탄 상황 등이 담겨 있었고, 인도 정부에 관해서는 '거의 모든 것'이 다 있었다. 그 밖에도 여러 나라의 행정부처와 대사관, 정당, 세계은행, 유엔 산하기관들, 중국 파룬궁 운동 등에 대한 자료들과 심지어 계좌 정보 갈취가 전문인 러시아 마피아의 자료도 있었다. 당시 이 자료들을 작업했던 위키리크스 관계자들은 파키스탄 외무부에서 이루어진 거의 모든 커뮤니케이션 내용이 그 안에 담겨 있었다고 말한다. 그들 사이에서 '중국 패키지'라고 불리는 이 자료는 정말 '엄청난 것'이었다고 위키리크스의 한 활동가는 말했다. 마치 임자 없이 사이버 공간을 떠돌아다니는 정체불명의 정보들과도 같았다. "우리는 우리 수중에 들어온 자료들의 10분의 1도 그 정체를 제대로 알지 못한다. 그것이 누구의 것인지조차도 말이다. 우리는 자료 양이 테라바이트를 넘어서면서 아예 저장을 포기했다."18

처음 파일을 훔쳐낸 도둑들은 그들 자신이 도둑질의 희생자가 되었다. 위키리크스 쪽 해커들은 국가에 소속된 해커들을 감시했다. 그들의 흔적은 베이징 주변과 광저우 인근 지역으로 이어지고 있었다. 중국 정부가 반공개적으로 해킹을 허용하고 있는 장소들이었다.[19] 인터넷 시대에는 모든 게 가능할 수 있음을 보여주는 뻔뻔하면서도 성공적인 활동이었다.

위키리크스의 성공은 또한 해커 활동의 성과이기도 하다. 어산지나 다른 위키리크스 멤버들의 삶을 돌이켜볼 때 이는 하나도 놀라울 것이 없다. 하지만 이 사실은 또한 위키리크스 프로젝트의 역사를 또 다른 시각에서 바라보게 해준다. 위키리크스가 공개하여 어산지를 유명하게 만든 문서들 중 전형적인 내부고발자들의 손에서 나온 것은 단지 일부에 그친다.

이와 관련된 비밀은 좀처럼 밖으로 드러나지 않고 있다. 나중에 합류하거나 어산지 주변의 핵심 멤버에 속하지 않는 활동가들은 그것에 대해 아무것도 알지 못한다. 모든 일을 알고 있는 사람은 어산지 한 사람에 불과하다. 여기에는 여러 가지 이유가 있다. 우선 관련 내용이 외부로 알려지면 위키리크스에 해를 끼칠 수 있다. 자료들을 빼내온 해커들이 철저한 비밀 유지를 원하고 있는 것도 또 한 가지 이유다. 그들은 자신들의 해킹이 심각한 정치적 사건으로 발전하기를 원하지 않는다. 그래서 어산지는 자료의 일부만 사용했고 나머지는 현재까지도 봉인이 풀리지 않은 상태다.

2010년 1월 〈뉴요커〉가 이 스토리를 기사로 내보냈을 때 위키리크스 내부에서는 분노의 격랑이 휘몰아쳤다.[20] 이 사건이 토르 네트워크의 미래를 위험에 빠뜨렸다는 비판이 우호적이고 친목적인 분위기의 독일 활동가들 사이에서 특히 강력하게 제기되었다. 토르는 인터넷에서 어느 정도 안전한 서핑을 보장하는 거의 유일한 프로젝트이므로 이것의 손실은 그들에게도 커다란 손해가 아닐 수 없었다. 게다가 위키리크스 핵심 멤버 중 하나인 제이콥 아펠바움(Jakob Appelbaum)이 토르와 관련된 직장에서 일하고 있는 것도 문제가 되었다. 아펠바움은 지난 몇 년간 토르 네트워크를 세상에 알리기 위해 1년에 절반 가까이를 이 나라 저 나라로 돌아다니며, 심지어 이란 같은 나라들로의 여행도 마다하지 않으며 일해왔다. 그런데 그 모든 수고가 위키리크스 설립자들 모임에서 흘러나온 해커 스토리 하나 때문에 물거품으로 돌아가게 생긴 것이다. 많은 활동가들이 여기에 분노하여 불만을 토로했다.

위키리크스가 '중국 패키지' 말고 가지고 있는 다른 문서들 중 일부는 소말리아에서 나온 것들이었다. 어산지는 그것을 그들의 첫 번째 데뷔작으로 발표하기로 결정했다. 내부 메일에 따르면 이 문서들은 2006년 10월 중반에 소말리아 정부 직원들이 중국 정부에 건넨 것을 다시 위키리크스가 입수한 것이라고 한다.[21] 출처로 추측되는 곳은 두 군데다. 하나는 과격단체 이슬람법정연맹(Islamic Courts Union, ICU)의 지도부 일원인 셰이크 하산 다히르 아웨이스라는 인물이 작성한 소말리아 이슬람 세력의 내부 문건이라는 설이다. 문서에는 실제로 '소말리아 이슬람 공화국'에 관한 언급이 등장한다. 그렇다면 소말리아를 통째로 차지하려는 이슬람 세력의 쿠데타가 계획되고 있던 것일까?

크리스마스 연휴가 다가오고 있었지만 소수로 이루어진 위키리크스 팀은 휴가도 잊은 채 작업에 열중하고 있었다. 전 세계가 그들의 아이디어에 주목하도록 최대한 빨리 웹사이트의 온라인 서비스가 이루어져야 했다. 위키리크스 내부의 의견은 둘로 갈리었다. 한쪽에는 아직 알려지지 않은 웹사이트에 관한 최초의 특종 보도를 기대하며 최대한 빠른 공개를 지지하는 사람들이 있고, 다른 한쪽에는 진위가 의심스러운 자료들이기 때문에 공개가 바람직하지 않다는 회의적인 사람들이 있었다. 특히 '크립톰'의 존 영이 회의적이었다.

존 영은 이런 자료들의 정보 왜곡과 변조는 "정보기관들이 밥 먹듯이 하는 짓"이라고 말했다. 이런 문서들은 의도적으로 변조되어 유통되는데, 관련 인물의 명망이 높을수록 문서위조의 가능성도 그만큼 더 커진다는 것이다. 위키리크스는 첫 번째 공개부터 커다란 어려움에 봉착했다.

시간이 지나면서 구조적인 문제들도 드러났다. 기술적으로 특화된 인터넷 정치 활동가들로 이루어진 작은 조직이 전 세계에서 들어오는 자료들의 진위 여부를 과연 어떻게 가릴 수 있을까? 위키리크스는 전통적인 저널리즘 수법으로 기사거리를 추적하는 고전적인 편집 방식을 사용하지는 않는다. 하지만 사이트의 책임은 무겁다. 위조 자료들은 사이트의 신뢰뿐만 아니라 관련 조직이나 인물들의 안전도 위험에 빠뜨릴 수 있기 때문이다.

줄리언 어산지와 대니얼 매튜스는 구글을 검색하여 소말릴란드와 푼틀란드의 복잡한 역사를 이해하고, 에티오피아 정부의 간섭, ICU의 야망, 모가디슈 지역을 넘어서 확산되는 그들의 영향력 등을 연구했다. 그들은 또 프로세서 정보도 확인했다. 그 결과 '캡틴 웰리(Captain Weli)' '소말리아 이슬람 공화국' 등에 관한 문서들은 마이크로소프트 워드 버전 8을 통해서 작성되었으며, 문서의 몇몇 곳은 '위조되었을 가능성은 충분하지만 확인은 불가능하다'는 분석이 내려졌다.[22] 위키리크스 역사상 최초의 이 같은 자료분석은 대니얼 매튜스가 맡아서 수행했지만 이는 그가 온전히 감당하기 힘든 과제였다. 2006년 12월 말 많은 우려를 뒤로하고 문제의 자료들은 wikileaks.org 사이트에 올려졌다. 함께 올린 글에서 위키리크스는 문서의 진위 여부를 최종적으로 해명할 수 없었음을 분명히 했다.

2006년을 보내는 마지막 날 밤 어산지와 친구들은 조촐한 파티를 가졌다. 이제 그들은 웹사이트도 있고 첫 번째 공개문서도 준비되었지만, 아직 자료를 전달할 수단은 마련하지 못한 상태였다. 이미 언론과 블로그들은 위키리크스에 주목하고 있었다. 문의와 인터뷰 요청이 줄을 이었지만 그들은 아직 준비가 되어 있지 않았다. 누가 대표로 나서서 프로젝트를 대변할 것인가? 사람들 앞에서 무슨 말을 할 것인가? 빗발치는 문의 때문에 개발이 더디기만 한 소프트웨어는 언제나 완성되어 제 기능을 할 것인가?

이 시기에 위키리크스는 칼튼의 멜버른대학 건너편에 있는 낡고 허름한 주택을 임시 거처로 삼고 있었다. 그곳은 〈말괄량이 삐삐〉에 나오는 집 같은 분위기를 풍겼다. 예전에 이 2층집에는 병원이 들어서 있었다. 학생들은 1990년대에 한 층을 더 올려 일종의 주거공동체를 이루고 살았다. 그만큼 건물은 허름하고 볼품없었다.

이 집에 프로그래머, 번역가, 웹디자이너 등 8~10명의 사람들이 모여 여러 주일 동안 작업에 몰두했다. 어산지는 스스로를 프로젝트 매니저라 부르며 작업을 지휘했다. 그는 도표를 만들고 위키리크스 웹사이트의 기본 디자인을 고안하여 벽에 걸어두었다. 팀 멤버에는 독일 출신의 자원봉사자, 남아프리카인, 어산지의 멜버른 시절 여자친구, 대니얼 매튜스 등이 있었다. 매튜스는 자기 부모 집에 거주하면서 일할 때만 들렀다. 그들은 여러 개의 침대와 소파를 따로 마련했다. 집은 마치 거창한 회의가 개최되기 전날 저녁의 유스호스텔 같은 분위기를 풍겼다.

작업 팀은 컴퓨터계의 전설 벤 로리의 후원을 받았다. 이 영국인은 대부분의 인터넷 서버에 설치되는 소프트웨어인 아파치(Apache)의 공동개발자로 여러 회사에서 감사직을 맡고 있었고, 암호화 소프트웨어 PGP의 확산을 지원했다. 어산지와는 오래전부터 아는 사이였던 로리는 그의 도움 요청에 기꺼이 응해주었다. 로리는 위키리크스가 더욱 효율적으로 일할 수 있는 방법을 조언해주고, 소프트웨어의 프로그래밍을 도왔다. 또 어산지가 위키리크스의 정식 고문직을 맡아달라고 요청했을 때도 기꺼이 이를 수락했다. 로리가 나중에 전한 말에 따르면 그는 "전체 구조를 한 번 살펴보긴 했지만 구체적인 활동에 직접 참여하지는 않았다"고 한다.[23] 로리는 '던져주는 내용들을 그대로 지껄이는' 저널리즘을 어산지 못지않게 경멸했다. 그는 "들은 것을 모두 곧이곧대로 믿는 사람들에 의해서 신문기사나 방송뉴스가 만들어지고 있다"고 비판했다.[24] 대중매체를 보이콧하는 그의 눈에 위키리크스는 이런 저급 저널리즘의 행태에 한 방 제대로 먹일 수 있는 좋은 기회로 보였다. 로리는 위키리크스의 아이디어를 지금도 충실히 지지하고 있다.

어산지가 구성 작업에 전적으로 매달렸음에도 불구하고 웹사이트는 2006년 말까지도 일부만 완성된 상태였다. 작업 팀은 정보기관의 탄압 가능성과 자체적 요구 수준에 대한 여론의 관심과 호응도 등을 고민했다. 2007년 1월에 마침내 발표된 성명에서 위키리크스는 자신들의 프로젝트가 '중국 반정부 세력, 수학자, 신진 기업의 기술자들이 주축이 되어' 만들어졌다고 밝혔다. 고문 목록에는 벤 로리 외에 티베트의 반체제 인사 타시 남걀, 중국 인권운동가 왕단과 샤오 치앙, 브라질 변호사 치코 휘테이커, 태국의 CJ 힌케, 호주 영화감독 필립 애덤스 등이 올라 있었다. 이렇게 보면 거창한 조직이 결성된 것 같지만 실제로는 아무 일도 일어나지 않았다. 애덤스는 한 번도 회의를 위해 모이거나 자문을 의뢰받은 적이 없지만 기꺼이 도울 준비는 되어 있다고 말했다.[25] 샤오 치앙은 이메일을 통해 문의가 들어오긴 했지만 동의한 적은 없다고 주장했다.[26] CJ 힌케는 고문단의 비공식 회의가 가끔 있었으며 자신은 힘닿는 대로 위키리크스를 지원한다고 밝혔다.[27] 이런 언론 발표를 통해 어산지는 위키리크스에 대해 사실과 다른 이미지를 만들어낸다. 실제로 위키리크스 핵심 멤버는 서방의 디지털 정치운동가들이었기 때문이다.

　2007년 1월 어산지는 위키리크스에 관심을 가진 한 기자의 질문에 응했는데, 이때 중대한 실수를 저지른다. 그는 자신의 조직이 '1년에 5만 달러 미만'으로 생존할 수 있지만 "우리의 목표는 7월까지 500만 달러의 기부금을 모으는 것"이라고 대답했다.[28] 이는 엄청난 액수였고 이 사실이 세간에 떠돌자 격앙된 반응들이 나왔다.

　존 영은 어산지의 말이 위키리크스를 '월스트리트의 찌꺼기'처럼 보이게 한다고 말했다.[29] 그는 위키리크스가 차근차근 발전하기를 바라며 허황된 꿈을 버리라고 경고했다. 그러나 자신의 뜻이 관철될 수 없음을 알고 나서는 위키리크스와 결별했다. 수백만 달러의 모금 이야기는 그에게 결정적인 '전환점'이 되었다. 영은 친구에서 적으로 돌아섰다. 그는 위키리크스가 '올바른 반체제 인사들에 불리하게 여론조작 운동'을 벌이는 '사기꾼' 집단이라며 옛 동지들을 공격했으며, 그들이 "다른 조직들과 다름없는 쓰레기이며 적을 위해 일한다"고도 했다.[30] 이 때부터 영은 자신의 인터넷 사이트 크립톰에 위키리크스에 관한 모든 것을 공개하기 시작했는데, 특히 부정적인 내용을 올리는 데 재미를 붙였다.[31] 그때로부터 몇 년이 지난 지금도 그는 위키리크스를 진심으로 싫어하고 있다.

영의 사퇴는 위키리크스에 충격이었지만 사실 영의 역할은 그의 이름을 실어준 것 외에는 몇 가지 조언을 해준 것이 전부였다. 실제 활동에서 그의 부재는 별 역할을 하지 않았다. 또 어산지의 생각은 어차피 미래를 향하고 있었다. 그에게는 새로운 아이디어가 있었다. 그는 '위키리크스를 소개하기 위해' 케냐 나이로비에서 열릴 예정인 세계사회 포럼에 등록했다. 그는 단체 메일을 돌려 물었다. "누구 같이 가고 싶은 사람?"[32]

세상이 위키리크스의 존재를 알게 되다

"나이로비의 사건은 우리가 정치에 영향을 미치기 위해
어떤 방식으로 일해야 하는가를 모범적으로 보여주는 사례다."

_ 줄리언 어산지

2007년 1월 케냐의 수도 나이로비에서는 어산지가 '세계 최대 규모의 NGO 해변 파티'라고 비꼬았던 국제회의가 열렸다. 사실 이 표현은 정확하지 않다. 세계 최대 규모의 좌파 활동가들의 해변 파티라고 해야 옳다. 그리고 어산지는 사건의 중심에 있었다. 나이로비에서 세계는 위키리크스를 알게 된다. 회의에는 신좌파, 옛 트로츠키주의자, 환경운동가, 여성주의자, 멕시코 사파타주의자(Zapatista), 그 밖에 이런저런 반자본주의 좌파 세력들이 잔뜩 모여들었다. 그들은 7일 동안 신나게 싸우고 놀고 마셔댔다. 그것은 '세계사회포럼'이라는 이름으로 세계화 비판운동을 하나로 묶는 대대적인 해프닝이었다.

세계화의 비판자들은 자의식을 더욱 보강하여 새천년을 맞고자 했다. 그들은 자신들이야말로 냉혹하게 세계화를 추진하는 정부와 대기업들의 정책에 아래서부터 맞서며 균형을 잡는 세력이라고 생각했다. 세계화 비판 세력이 처음으로 전 세계의 주목을 받은 것은 1999년 시애틀 WTO 연례회의에 반대하는 시위 때였다. 1999년 11월 말 135개국 경제장관과 경제학자들은 경찰 수천 명의 보호를 받으며 시애틀에 있는 워싱턴 주립컨벤션센터와 트레이드센터에 모였다. 행사장 앞에는 얼굴에 가스 마스크나 손수건을 쓴 최소한 4만 명 이상의 시위자들이 현수막을 펼쳐들고 국가지도자들을 향해 분노를 쏟아냈다. 오래지 않아 시위는 시가전으로 번졌고, 모두가 그 격렬함에 놀랐다. 유리창이 깨지고 돌멩이가 날아다녔으며 경찰은 최루탄과 후추 스프레이를 발사했다. 시위대는 바리케이드를 쌓고 불을 질렀다. 불과 몇 분 만에 시애틀 도심은 폐허로 변했다. 당시의 사진 한 장이 전 세계에 알려졌다. 최루탄 가스 때문에 눈물을 흘리는 젊은 여성의 사진이었다. 그 여성은 수건으로 코와 입을 막으면서도 경찰 앞에서 물러나지 않고 한 팔을 공중으로 치켜들어 승리의 V자를 그리고 있었다. 우리는 결국 승리할 것이라는 메시지였다. 너희들이 어디에 모여서 회의를 열든 우리는 그곳에 있을 것이라고 말하는 듯했다. 이 시위는 '시애틀 전투'로 역사에 기록되었다.

시애틀 사건을 계기로 사람들은 세계화의 비판자들에게 크게 주목하기 시작했다. 든든한 지원자들이 생긴 것이다. 비판의 중심에는 미국, 일본, 프랑스, 영국, 독일, 캐나다, 러시아, 이탈리아로 구성된 서방 선진 8개국(G8)이 있었다. 그들은 아주 미심쩍고 배타적인 클럽이었다. 이것이 다만 그들에게 어떠한 형태의 민주적 정당성도 결여되어 있다는 사실 때문만은 아니다. 모임의 구성만 보아도 정치 프로세스에 대한 공정한 참여가 아님을 금방 알 수 있다. 경제적으로 중요한 비중을 차지하는 중국과 인도가 빠져 있는 대신 정치적으로나 경제적으로나 과거의 영화에 기대어 먹고사는 이탈리아는 포함되어 있다. 세계화의 비판자들은 서방 엘리트 국가들의 클럽에 고작 러시아 하나가 추가된 G8의 권력 유지와 경제적 이득을 위해 나머지 세계가 부담을 떠안고 있다고 비난했다.

'시애틀 전투' 이후 세계화 비판자들은 G8과 세계무역기구처럼 연례 회합의 형태로 반정상회의를 개최하여 '신자유주의적 제국주의 정책'에 대한 저항을 가시화하기로 결정했다. 회합의 명칭도 세계무역기구에 대비시켜 세계사회포럼으로 부르기로 했다. 1차 회의는 2001년 브라질의 포르토 알레그레(Porto Alegre)에서 열렸다. 회의의 슬로건은 다양한 집단들의 기대를 하나로 묶는 "다른 세계는 가능하다"로 정해졌다.

2006년에 세계사회포럼은 탈중심적 방식을 채택하여 세계 여러 지역에서 분산 개최되었다. 하지만 이런 방식은 투쟁력과 관심을 약화시키는 결과를 초래했다. 그래서 2007년에는 다시 단일 개최지로 나이로비가 선택되었다. 5~6만 명의 활동가들이 아프리카로 모여들었는데 그중에는 어산지도 있었다.

어산지에게 나이로비는 더 이상 세계화에 저항하기 위한 투쟁의 기회를 의미하지 않았다. 그는 어떤 환상을 품고 이곳으로 오지 않았다. 그는 더 이상 시애틀에 머물지 않았고 돌을 던지지도 않았다. 그가 나이로비에서 찾고자 한 것은 새로운 사회운동이 아니라 자신의 생각을 선보일 무대였다. 그는 위키리크스가 다른 세계를 가능케 할 최선의 아이디어라고 확신했다. 그에게 나이로비는 불타는 바리케이드를 능가하는 아이디어를 펼칠 최적의 장소였다.

어산지는 호주의 다른 위키리크스 활동가 한 사람과 함께 나이로비로 날아갔다. 그는 세계사회포럼에서 세 번의 연설을 했다. 연설 제목은 '기밀문서의 대량 유출을 통한 열린 통치'였다. 첫 연설은 발표 순서가 나빴던 탓에 별 성과를 거두지 못하고 끝났다. 위키리크스는 알파벳순에 따라 거의 맨 마지막에 배정되었고 어산지가 연설을 시작했을 때는 대부분의 사람들이 이미 자리를 뜬 뒤였다. 그는 아홉 명의 동시통역사와 함께 앉아 마치 카페에서 잡담을 나누듯이 연설을 했다. 하지만 나머지 두 연설은 많은 관중들 앞에서 이루어질 수 있었다.

어산지는 그곳의 분위기가 '개인적으로 만족스러웠고', 새로운 만남들을 통해서 '훌륭한 성과'를 거두었다고 스스로 평가했다. 그럼에도 불구하고 그것은 그곳에서 행해진 수많은 연설들 중 세 번에 불과했다. 나이로비에서는 1300여 개의 행사가 열렸고, 어산지와 그의 의제는 무리 속에 묻혀버렸다. 어산지가 국제정치의 주인공으로 등장하기 위한 무대가 마련되기까지는 그로부터 3년의 시간이 더 흘러야 했다.

세계사회포럼이 끝난 뒤 활동가들은 다시 나이로비를 떠났지만 어산지는 계속 그곳에 머물렀다. 몇 달 뒤 그는 케냐를 떠나 탄자니아로 갔다가, 다시 나이로비로 돌아와 그곳에서 이집트를 거쳐 파리로 갔다. 이 시기에 그는 세계를 돌며 훗날에 대비한 거점과 지원자를 확보하고 인적 네트워크를 구축하는 명실상부한 글로벌 정객으로 활동했다. 상당 기간 호주로 돌아가지 않고 타지를 떠돌며 조직을 이끌었지만 아직 위키리크스가 확고한 구조를 갖추거나 공식적 사무실을 갖기 전이었으므로 문제될 것이 없었다. 한동안 아프리카는 어산지의 본부 역할을 했고 위키리크스의 첫 성공도 케냐에서 이루어졌다.

어산지는 세계사회포럼 기간 동안 많은 사람들을 사귈 수 있었으며, 작업환경이 다소 열악하기 했지만 그래도 이 나라를 좋아했다. 새로 사귄 사람 중에는 케냐에 거주하며 활동하는 호주의 정치운동가 존 십턴(John Shipton)도 있었다. 존 영과의 갑작스러운 결별 이후 어산지는 wikileaks.org 주소를 관리하고 이름을 제공해줄 다른 사람이 필요했다. 십턴은 어산지의 요청을 흔쾌히 들어주었다. 하지만 자신이 이 일로 정확히 1년 뒤 심각한 어려움에 직면하리란 사실은 물론 전혀 예상하지 못했다.

2007년 초 케냐의 인터넷 접속 환경은 그리 좋지 않았으며 비용도 만만치 않았다. 어산지는 케냐의 텔레콤기업에 의존하지 않고 주로 스카이프(Skype)를 통해서 활동했다. 케냐의 통신 인프라는 정부 당국에 의해 통제되고 있었는데 감청과 감시가 얼마나 광범위하게 이루어지고 있는지 정확히 파악할 수 없었기 때문이다. 케냐에서 정권에 비판적인 사람은 매우 강력한 상대와 대적해야 한다는 사실을 어산지는 얼마 지나지 않아서 확실히 깨닫게 된다.

2007년 말 나이로비에서 위키리크스는 새 정부의 대통령 음와이 키바키의 지시로 사설탐정업체 크롤(Kroll)에서 작성한 아주 위험한 문서를 입수한다. 당시에 그것은 '케냐 저널리즘의 성배'나 다름없었다고 어산지는 말했다.[33] 키바키 대통령은 2002년 말에 있었던 대선에서

"모든 게 가능하던 시절을 완전히 끝내겠다"는 약속을 내걸고 새 대통령에 당선됐다. 약속 이행의 첫걸음으로 그는 전임자 다니엘 아랍 모이 대통령의 치세에 있었던 불법과 부정부패에 대한 철저한 조사를 지시했다. 크롤 측은 모이 전 대통령이 24년간 케냐를 통치하는 동안 측근들이 치부한 내용을 빠짐없이 수집했다. 결과는 충격적이었다. 온갖 형태의 권력남용과 부정부패는 말할 것도 없고, 불법적으로 사라진 국가의 재산이 수억 달러에 이르는 것으로 나타났다. 모이와 두 아들이 뉴욕과 런던의 부동산, 벨기에의 은행, 호주의 목장 등에 투자한 거액의 돈이 그와 관련된 것으로 추정되었다.

문서는 이미 2004년 1월에 작성되었지만 그때까지도 공개되지 않고 있었다. 케냐의 정치적 상황은 그때 이후로 크게 변했다. 모이와 그의 후임자 키바키는 동맹을 맺어 더 이상 서로 적이 아니었다. 키바키 대통령에게 갑자기 크롤 보고서를 공개할 마음이 없어진 이유가 그 때문일까? 새 정부는 모이를 보호하려고 의도적으로 문서 공개를 보류하는 것일까? 어산지는 그렇다고 생각했다. 하지만 키바키 정부의 대변인은 문제의 보고서가 '불완전하고 부정확하며 많은 내용이 소문에 의존하고' 있기 때문에 공개를 포기했다고 말한다.

어찌 되었건 보고서는 2007년 12월 말 전격적으로 인터넷 위키리크스 사이트에 공개되었고, 케냐에서는 그 때문에 한바탕 강풍이 몰아쳤다. 영국의 〈가디언〉이 이미 여름에 보고서의 일부를 1면 기사로 다룬 바 있음에도 불구하고 케냐의 언론들은 이제 와서야 이 문제를 일주일이 넘게 연일 대서특필하며 호들갑을 떨었다. 사건 직후인 2007년 12월 27일 케냐에서는 다시 대선이 치러졌다. 키바키가 도전자 라일라 오딩가를 물리치고 승리를 거두기는 했지만 두 사람의 표차는 불과 23만 표에 불과했다. 어산지는 자신들이 공개한 부패 문건이 케냐 대선에 적지 않은 영향을 끼쳤다고 지금도 확신하고 있다.[34] 그는 문서 공개를 통해 키바키의 지지율이 10퍼센트 정도 하락했을 것으로 추측했다. 카바키가 결국 대통령직에 머물기는 했지만 어산지와 그의 위키리크스 친구들은 자신들이 인터넷 채팅에서 꿈꾸었던 것이 정말로 실현될 수 있음을 처음으로 체험했다. 위키리크스는 정치를 변화시킬 수 있으며, 현실 정치의 강력한 도구가 될 수 있었다. "나이로비의 사건은 우리가 정치에 영향을 미치기 위해 어떤 방식으로 일해야 하는가를 보여주는 사례"였다고 어산지는 말한다.[35]

물론 통치자들에게 싸움을 거는 것이 얼마나 위험할 수 있으며, 또 자신들의 일에 따르는 책임이 얼마나 무거울 수 있는지를 깨닫고 약간의 주저함을 느끼기도 했다. 케냐인 폴 울루와 오스카 킹가라는 2009년 3월 5일 흰색 메르세데스 C클래스 좌석에 앉은 채로 무장괴한들로부터 총격을 당했다.[36] 두 사람은 그 자리에서 즉사했다. 킹가라는 인권재단의 대표였고 울루는 기획책임자였다. 그들은 권력의 부정부패에 맞서 싸우는 명망 높은 인권운동가로 권력자들의 미움을 사고 있었다. 암살사건이 터지기 몇 시간 전에 케냐 정부는 그들의 인권재단이 범죄단체에 불과하다고 공개적으로 비난했다.

킹가라와 울루는 어산지와도 친분이 있었다. 그는 두 사람이 '대단히 용감한 활동가들'로서 위키리크스에 "과감하게 자료들을 제공해주었다"고 말한다. 그들의 죽음은 어산지에게 큰 충격을 주었다. "그들은 경찰이 저지른 살인행위들을 까발리려다가 살해당했습니다."[37] 두 인권운동가는 유엔에서 파견된 특사에게도 관련 증거자료들을 넘겨주었다. '피의 절규—법의 영역 밖에서 벌어진 살인과 납치'라는 제목으로 위키리크스는 문제의 자료를 2008년 11월 1일에 공개했다. 이 자료 공개로 위키리크스는 나중에 국제사면위원회로부터 '뉴미디어' 상을 수상한다. 어산지는 2009년 6월에 런던에서 이 상을 받았다. 케냐의 두 인권운동가 킹가라와 울루는 물론 이 수상 소식을 들을 수 없었다. 그들이 흰색 메르세데스 안에서 피격당한 장소는 케냐 국회의사당에서 불과 1킬로미터밖에 떨어지지 않은 곳이었다. 사건이 벌어진 2009년 3월의 그날은 진실이 얼마나 치명적일 수 있는지를 똑똑히 가르쳐주었다.

적과 명예를 함께 얻다

"이 사건의 아이러니는 다른 곳도 아니고 스위스 은행이
위키리크스가 정보원들의 익명성을 보장한다는 사실에
충격을 받았다고 말한다는 것이다."

_ 율리우스 베어 은행에 관한 대니얼 매튜스의 법정 진술

멜버른대학 캠퍼스의 건축학과 건물에는 호주 우체국 지점이 있다. 우체국은 대학에 속한 기관은 아니지만 많은 학생들과 대학 단체들이 이곳에 사서함을 두고 있었다. 위키리크스도 그중 하나였다.

위키리크스는 디지털 시대의 산물임에도 불구하고 아이러니하게 지금도 여전히 인터넷 유저들이 달팽이 메일(snail mail)이라고 놀리는 재래식 우편을 이용하여 발송 자료들을 받고 있다. 어산지는 이렇게 말한다. "옛날 방식의 우편은 여전히 비교적 안전한 방식입니다. 물론 우리는 자료제공자들에게 진짜 발송인 주소를 기재하지 말 것을 늘 당부합니다."38

소포의 수신자란에는 보통 '댄스 담당' '낙타젖 관리부', 어산지의 머

리색에 빗댄 '백발머리 남성 오피스' 등 온갖 상상력이 동원된 이름이 붙여진다. 이런 편지와 소포들은 한 달에 한두 번 한 바구니 가득 담기는 분량으로 모인다.

이따금 세관이나 보건당국이 우편물을 개봉하여 규정위반 여부를 검사한 뒤에 다시 수신자에게 보낼 때도 있다. 하지만 그들은 우편물의 내용에는 관심이 없다. 국가에서 하는 일은 늘 이런 식이다. 왼손이 하는 일을 오른손이 모를 때가 많다. 정보당국은 위키리크스에 관해 최대한 많은 정보를 수집하려고 온갖 애를 쓰고 있는데 세관은 정작 문제의 우편물을 개봉하고도 보건 관련 위험만 체크한다.

위키리크스에 접수되는 자료들의 품질에 대해서 믿을 만한 정보를 줄 수 있는 통계는 없다. 하지만 과거에 위키리크스에서 일했거나 현재 활동하고 있는 사람들의 말을 들어보면 가치가 있는 자료는 많아야 10퍼센트 정도이고, 나머지는 모두 쓸모없는 것들이다. 흥미롭게도 전형적인 내부고발자가 온라인으로 위키리크스 웹사이트를 찾아가서 그곳의 보내기 단추를 클릭하여 비밀문서를 디지털로 발송하는 경우는 생각보다 드물다고 한다.

위키리크스 초창기 시절 조직의 웹사이트에는 자료를 보내는 '보내기(Submission)' 단추가 있었다. 기술적으로 위키리크스의 전자우편함은 보안이 매우 뛰어나고 비밀이 철저히 보장된다. 어산지와 그 동료들은 사이트를 운영할 때 오직 정보제공자들이 보내는 비밀문서에만 관심을 둔다. 위키리크스에 들어온 문서들에 대해 어떤 변형이나 보정 작업이 이루어지는지에 대한 물음은 아직도 빈번히 제기되고 있다. 하지만 웹사이트의 대답은 항상 똑같다. "아니다, 원본 문서는 전혀 변조되지 않는다." 문서에 대한 코멘트를 다는 사람은 누구나는 물음에 대한 답도 분명했다. "위키리크스 직원들이며 간혹 정보제공자와 함께 작업하기도 한다." 위키리크스가 정직한 조직인 것은 분명해 보인다. "과거에는 줄리언 어산지가 대부분의 요약본을 혼자서 직접 작성했다."

익명의 발송 방식에 대해 위키리크스 관계자들은 특히 자랑스럽게 생각한다. 위키리크스는 시간이 지나면서 여러 가지 버전을 개발하여 이 방식을 더욱 완벽하게 발전시켰다. 정보원이 웹사이트의 보내기 단추를 클릭한 직후부터는 복잡한 과정이 진행된다. 발송된 자료는 암호화되어 전 세계의 수많은 컴퓨터들을 이리저리 거치게 되는데, 부분적으로는 토르 기술이 사용된다. 발송 경로의 흔적은 가상공간 내 암호의 정글 속에서 사라져버린다. 웹사이트 입구에서 매복하고 있다가 입수되는 자료를 낚아채려고 노리는 정보기관 등의 적들을 교란시키기 위해 위키리크스의 시스템은 스스로 '가짜(dummies)'를 만들어 보낸다. 다니엘 돔샤이트-베르크는 외부인들은 이 거짓 발송물과 진짜를 구별할 수 없다고 단언한다. 이런 방식으로 인공 '잡음들'이 생겨나 데이터 교환에 대한 분석을 어렵게 만든다. 돔샤이트-베르크의 말에 따르면 위키리크스는 특히 강력한 법규정으로 언론자유를 보장해주는 국가들을 중심으로 세계 여러 나라에 50개에 육박하는 서버를 서로 연결시켜 놓았다고 한다. 메인 서버는 2008년부터 정보원 보호를 헌법이 보장하는 스웨덴에 있다. 그것은 오랫동안 스톡홀름 인근 솔나(Solna)의 사무용 건물 지하에 있는 PRQ라는 회사에 있었다.[39] 이 회사의 사장 미카엘 비보리는 위키리크스에 동조하며 의사표현의 자유와 투명성은 '민주사회에 필수적'인 만큼 위키리크스는 '중요하다'고 말한다.[40]

그렇다면 시스템의 안전성은 어느 정도까지 확보되어 있을까? 런던의 언론학 강사인 개빈 맥퍼든(Gavin McFadyen)은 2007년에 이를 직접 실험해보았다. 그는 위키리크스에 관한 여러 글을 읽으면서 발송의 안전성에 대한 약속을 곧이곧대로 믿을 수 있는지 의심이 들었다고 한다. 그래서 컴퓨터 보안 전문기업에 위키리크스 시스템에 침투할 것을 의뢰했다. 맥퍼든은 당시를 이렇게 기억했다. "2주가 지난 뒤에 전문가들은 내게 침투할 수 없다고 연락했다. 그들은 암호화된 접속의 첫 단계도 뚫지 못했다." 이후 맥퍼든은 위키리크스의 기술 수준에 더 이상 의심을 품지 않았다.⁴¹

대부분의 정보제공자들은 암호화된 채팅을 통해 항시 대기하고 있는 위키리크스 자원봉사자들과 처음 접촉한다. 그들이 가장 빈번하게 던지는 질문은 자신이 보낸 자료가 언제 공개되는가 하는 것이다. 위키리크스는 변조되지 않은 원본 문서를 그대로 공개한다고 약속한다. 물론 모든 문서는 내용 및 기술적인 검토 과정을 거쳐야 한다. 제일 먼저 "윤리적 · 정치적 · 외교적 · 역사적 관점에서 이 자료가 중요하다고 생각하는 이유가 무엇인가?"라는 근본적인 물음을 던지는데, 정보제공자도 자신도 이 질문에 대답해야 한다. 그 다음에는 아주 세부적으로 기술적 측면을 테스트한다. 위키리크스 관계자들은 포토샵 등을 이용하여 자료에 손을 댄 흔적이 있는지 확인하고 정보원에 대한 단서가 될 만한 메타데이터(metadata)의 존재 여부를 탐색한다.⁴² 마이크로소프트 워드 같은 문서작성 애플리케이션들에서는 작성된 문서를 토대로 종종 원저자는 물론이고 누가 언제 문서 내용을 가공했는지, 그리고 무엇을 바꾸었는지도 알아낼 수 있다. 그 다음 수순으로는 해당 문서의 존재가 이미 알려져 있는지, 주요 정보가 공개적으로 접근 가능한 정보와 동일한 것은 아닌지 등을 검토하는 이른바 '콘텍스트 테스트 (context test)'가 이어진다.

이 모든 작업을 어산지 주변의 핵심 멤버 몇 사람이 다 처리할 수는 없다. 입수되는 자료가 너무 방대하고 다양하기 때문이다. 경제, 과학, 군비, 정보기관, 환경보호, 베네수엘라 내정 같은 주제들을 모두 다 꿰뚫는 전문적 지식을 갖추고서 정보에 대한 판단을 내릴 수 있는 사람은 아무도 없다. 게다가 언어가 장벽이 되는 경우도 종종 있다. 그래서 어산지는 '전문가 네트워크'의 도움을 받아야 한다고 말한다. 그는 이들을 간단히 '일을 처리해주는 사람들(people who do things)'이라고 부르기도 한다.[43] 학자, 변호사, 언론인, IT 전문가, 위키리크스 이념을 지지하여 자진해서 도움을 주는 인터넷 커뮤니티의 수많은 활동가들이 그들이다. 어산지에 따르면 이러한 '지원자'들의 수는 800명에서 1000명 사이인데, 이는 그들이 처리하는 일의 품질을 말해주기보다는 조직의 무형적이고 비체계적인 특징을 보여주는 정치적 의미를 띤 수치라고 볼 수 있다. 다른 식으로 표현하자면 어산지는 마치 우표 수집을 하듯 사람들을 모아두고 도움이 필요할 때마다 적절한 이름을 떠올리는 식으로 작업했다. 대니얼 매튜스는 이 원칙이 일찌감치 한계에 부딪혔다고 기억한다. 인터넷 커뮤니티의 집단지능은 신뢰할 만한 결과를 내놓지 못할 때가 많기 때문에 저널리스트들의 도움 없이는 일이 제대로 돌아가기 힘들어 보이는 게 사실이다.

처음 낯 날 동안은 위키리크스가 곧 전 세계를 뒤흔들 정보들을 폭로할 것처럼 보였다. 어산지는 미군이 이라크전에 투입한 거의 모든 무기체제에 대한 정보를 입수했다. 이것은 어산지가 간절히 원하던 정보였다. 사실 어산지가 대학 공부를 때려치운 이유도 멜버른대학이 이라크전과 미군을 간접적으로 지원했기 때문이었다. 그래서 그는 문서 수집에 많은 시간을 투자했고 많은 노력을 들여 데이터베이스를 프로그래밍했다. 하지만 자료는 생각만큼 폭발력이 없었다. 단 한 곳의 언론사에서만 이 폭로를 보도했는데, 그것도 위키리크스에 관한 일반적인 기사에서 한 문단을 차지하는 내용에 불과했다. 어산지는 절망과 동시에 크게 분노했다. 기자들은 모두 자신이 무슨 일을 하는지도 모르는 멍청이들이라고 비난했다.

진지한 반응을 보인 유일한 집단은 미 국방부의 장성들이었다. 이렇게 민감한 데이터의 공개가 어떤 의미를 지닐 수 있는지 잘 아는 펜타곤은 그들의 분석가 중 한 사람에게 위키리크스에 대해 조사할 것을 지시했다. 이 조사 결과가 바로 2010년 봄 위키리크스가 홈페이지에 올린 비밀 보고서다. 그러나 이 이라크 파일은 3년 뒤 미국 정부를 상대로 터진 대형 폭로 사건의 맛보기에 불과했다.

펜타곤은 공개된 정보의 정확성을 단 한 번도 정면으로 부인하지 않았다. 위키리크스는 이 사실을 매우 중요하게 여긴다. 위키리크스 사이트에는 "우리가 아는 한 위키리크스는 지금까지 한 번도 잘못된 문서를 공개한 적이 없다. 위키리크스는 폭로의 검증에 관한 한 유일무이한 권위자다"라는 말이 올라와 있다.[44] 하지만 2009년 1월 15일의 사건이 보여주듯 이것은 전적으로 옳은 주장은 아니다.

위키리크스는 당시 주식시장에 수십억 달러의 변동을 가져올 폭발력을 지닌 보고서를 공개했다. 스티브 잡스가 HIV 검사에서 양성 판정을 받았다는 내용이었다. 애플은 다른 어떤 기업보다도 스티브 잡스라는 경영자 1인에 대한 의존도가 큰 기업이다. 그는 아이팟과 아이폰이라는 독창적인 발명품을 출시하여 애플을 당대 최고의 수익을 내는 컴퓨터기업으로 끌어올렸다. HIV 양성 판정은 애플의 미래에 의구심을 일으키기에 충분했다. 애플 주가가 크게 하락하고 컴퓨터시장이 요동치는 것은 시간문제였다. 단 하나 남은 문제는 HIV 검사가 조작되었을 가능성뿐이었다. 잡스와 관련된 이야기는 얼마 전부터 인터넷을 떠돌다가 마침내 위키리크스의 전자우편함에 배달되었다.

위키리크스는 문제의 보고서를 SxCheck라는 기업에서 제작된 사진 두 장과 함께 설명을 덧붙여서 인터넷에 올렸는데, 이 문건은 이런 종류의 공개에 따르는 어려움을 잘 보여준다. 이런 자료를 입수한 언론사 편집국은 오랜 시간이 걸리는 검토 작업을 통해 자료의 진위 여부를 최대한 확실하게 가릴 수 있어야 한다. 또 언론의 주의 의무에 의거하여 해당 기업과 진료를 담당한 의사들과도 접촉해야 한다. 또 애플과 공식 인터뷰도 가져야 하고, 비공식적 루트를 통해 스티브 잡스의 주변 인물들과 접촉하려는 노력도 필요하다. 전문가적 기준에서 볼 때 이런 검토 작업의 결과가 나오고 당사자들의 입장 표명을 포함하여 자료 내용의 진위 여부를 확인한 다음에야 비로소 스토리 공개가 가능하다. 위키리크스는 전통적인 의미의 편집부서를 두고 있지 않으며 언론의 기준에 따라 작업하지도 않기 때문에 잡스의 경우에서 명백히 드러난 것처럼 항상 위험 부담을 안고 있다.

위키리크스가 공개한 첫 번째 사진은 '스티븐 폴 잡스'라는 사람에게 실시한 세 번의 검사 결과였다. 그중 두 번은 '음성' 판정을 받았지만 'HIV-1' 검사는 '양성'으로 기록되어 있다. 검사 시기는 2004년 9월 1일이었다. 두 번째 사진은 윌리엄 오웬 주니어라는 의사가 신장암 치료를 위해 '캘리포니아 퍼시픽 메디컬센터'의 아사드 하순이라는 의사에게 환자를 의뢰하는 팩스 문서였다. 환자 차트를 분석하면서 위키리크스는 HIV 감염으로 암에 걸렸을 가능성을 점쳤다. 사진의 개인 신상 정보에서 '생년월일' 칸에 그냥 '출생'이라고 적혀 있는 것은 "통상적이지는 않지만 그 자체로 조작의 증거는 아니다"라며 명시된 사회보장번호가 캘리포니아 주에서 발급하는 전형적인 방식으로 되어 있다고 주장했다. 하지만 위키리크스는 이것이 잡스의 사회보장번호가 확실한지는 말할 수 없었다. 사진에 대해서는 "모순적인 데이터와 조작 가능성, 그리고 조작에 대한 강력한 동기가 존재하기 때문에 무조건 믿어서는 안 된다"는 설명을 덧붙였다.

공개된 자료가 갖는 폭발력을 생각할 때 이는 빈약한 설명이다. 그래서 심지어 위키리크스 지지자들 중에서도 많은 이들이 격앙된 반응을 보였다. 어떤 사람은 "평소에 당신들의 작업을 늘 존경해왔는데 졸지에 위키리크스가 한낱 연예잡지가 되어버렸다"고 꼬집으며, 위키리크스는 잡스의 사생활을 존중하고 다시 본래의 작업에 집중하라고 조언했다. 또 다른 지지자는 일말의 정보조작 가능성은 해당 정보를 공개하지 않을 충분한 근거가 된다고 지적했다. 비난은 크게 두 가지로 집중되었다. 첫째는 위키리크스가 환자의 차트로 보이는 자료를 공개함으로써 사생활 침범의 경계를 넘어서지 않았는가 하는 점이고, 둘째는 자료검증 작업의 품질에 관한 것이다.

　어산지는 지금도 그 자료의 공개가 옳았다고 믿는다. 하지만 스티브 잡스의 사례는 다른 각도에서도 볼 수 있다.[45] 어산지가 자주 강조하는 익명의 정보원이 제공한 자료의 공개 의무는 정보가 확실치 않을 때 공개하지 않을 의무와 대립한다. 적어도 법리적으로 유효하거나 달리 신뢰할 만한 확인 가능성이 충분치 않고 전문 저널리즘의 검증 절차를 제대로 거칠 수 없을 때는 공개하지 말아야 한다. 만약 영국의 황색언론이 의문투성이의 이런 보고서를 기사로 내보냈다면 어산지도 저질 삼류 언론이라고 비난했을 것이다.

　물론 스티브 잡스의 진료 기록처럼 도를 넘어선 공개는 위키리크스에서 예외적인 경우에 속한다. 위키리크스가 다루는 주제들의 폭넓은 스펙트럼은 매우 인상적이며, 중견 일간지의 편집부와 견주어도 뒤지지 않을 정도다. 그 사이 위키리크스는 독일 기업 톨 콜렉트(Toll Collect)의 계약서를 공개하기도 했는데, 여기에는 독일 정부가 수십억 유로에 달하는 돈을 민간 컨소시엄에 지불하는 조항이 담겨 있었다. 독일 정부는 기업 비밀 보호를 이유로 이 계약서의 공개를 거부하고 있었다. 또 미군 관타나모 포로수용소의 매뉴얼, 사이언톨로지의 내부 녹취 및 녹화 자료, 미국 정부가 보관하고 있는 9·11 테러에 관한 50만 건이 넘는 문자메시지 등도 위키리크스를 통해 공개되었다. 여기에는 국회의원의 보좌관이나 언론사 식원들이 원본 자료가 공개되는 것이 보고 싶어 정보를 제공하는 경우도 있고, 자신이 알고 있는 내부 비밀을 어디에 알릴지 몰라 위키리크스 웹사이트를 찾은 진짜 정보원들도 있다.

하지만 2008년 2월에는 이 조직에도 아킬레스건이 있음을 짐작하게 하는 일이 벌어졌다. 존 십턴의 이름으로 등록된 합법적인 웹사이트가 갑자기 인터넷에서 모습을 볼 수 없게 된 것이다.

당시 위키리크스는 율리우스 베어 은행의 고객 데이터를 공개했다. 율리우스 베어의 전직 매니저인 루돌프 엘머(Rudolf Elmer)가 제공한 일명 '엘머 문서'의 일부다. 문서에는 세상에서 최고로 안전한 은닉 장소에 돈을 보관해둔 무수히 많은 고객들의 정보가 담겨 있었다. 그 장소는 바로 카리브해의 쿠바 남쪽 300킬로미터 지점에 있는 세 개의 섬으로 이루어진 케이맨제도(Cayman Islands)였다. 케이맨제도의 수도 조지타운은 현재 세계 최대의 금융중심지 중 하나로 손꼽힌다. 엘머는 머리숱이 별로 없고 무테 안경에 버켄스탁 신발을 신고 다니는 50대의 남자로 "스위스 금융계가 보다 정직하고 도덕적이고 윤리적이 되기를 바랐다"고 주장했다.[46]

1994년 엘머는 율리우스 베어 은행 케이맨제도 지사의 회계를 총책임 지는 자리에 오른다. 그의 사무실은 푸른 카리브해가 한눈에 내려다보이는 곳이었고, 겨울에도 그곳의 수은주는 섭씨 20도 아래로 내려가지 않았다. 하지만 지사는 늘 시끄러웠고 엘머에게 일의 압박은 나날이 심해지기만 했다. 그는 과도한 스트레스로 엉덩이와 허리 부위에 통증을 달고 살았다. 그러던 중 몇 가지 서류가 사라지는 사건이 발생했고 본사에서는 그와 다른 직원들을 대상으로 2002년 말에 거짓말 탐지기까지 동원한 조사를 실시했다. 약을 달고 살던 엘머는 조사가 절반가량 진행되었을 때 탈진하여 더 이상 조사에 응할 수 없었다. 이에 본사는 그를 해고했고, 엘머는 병에 걸린 사람을 그런 식으로 해고

한 것은 법에 어긋나는 부당한 처사라고 여겨 앙심을 품는다.

당시에 그의 업무 중에는 은행의 허리케인 대비 조치도 있었다. 허리케인이 섬으로 다가오면 민감한 은행 자료를 안전한 곳으로 옮기는 일이다. 그렇기 때문에 기상청에서 허리케인 경보가 발령되면 엘머는 늘 은행 서버의 백업 자료를 챙겨 제일 먼저 케이맨제도를 떠나곤 했다. "그래서 나는 해고될 때에도 백업 파일들을 갖고 있었다"고 했다.

그런데 그중 일부가 wikileaks.org에 뜬 것이다. 원본 문서와 변조가 의심되는 문서가 섞인 자료였다. 발송자가 누구인지는 불분명했으나 이것이 엘머를 '부당하게' 해고한 율리우스 베어 은행에 큰 압박으로 작용하리란 것은 분명했다. 율리우스 베어 은행은 즉각 소송을 제기했다. 그런데 스위스 은행 율리우스 베어와 그 은행의 케이맨제도 지사, 그리고 케냐에 등록된 초국가적 조직 위키리크스 사이에 벌어진 싸움의 격전지가 왜 캘리포니아가 된 걸까? 율리우스 베어 은행은 케냐의 사법부를 신뢰할 수 없었기 때문에 다음과 같은 주장을 펼치며 캘리포니아에서 소송을 제기했다. 우선 당시 위키리크스의 인터넷 주소가 등록되어 있던 회사 다이나닷(Dynadot)의 사무실이 캘리포니아의 샌머테이오에 있다는 점이 거론되었다. 또 율리우스 베어 은행은 페이스북을 뒤져 그곳에서 대니얼 매튜스가 운영하는 포럼을 찾아냈는데, 어산지의 멜버른대학 시절 친구인 매튜스는 호주 사람이지만 당시 스탠포드대학에서 유학 중이었다. 매튜스는 십턴과 함께 위키리크스에서 구체적으로 외부에 모습을 드러내고 활동하던 몇 안 되는 사람 중 하나였다. 그리고 스탠포드대학은 캘리포니아에 있다.

처음에 노스캘리포니아 지방법원의 제프리 화이트 판사는 율리우스 베어 은행의 주장을 받아들였다. 2008년 2월 15일 그는 wikileaks. org 사이트의 폐쇄를 명령했다. 다이나닷은 "즉시 wikileaks.org의 모든 DNS 엔트리를 삭제하고 이 주소를 치면 '빈페이지'라는 표시만 나오도록 조치"했다.[47] 판결이 내려진 당일부로 위키리크스는 오프라인 상태가 된다.

사이트가 폐쇄된 지 10여 일이 지날 무렵부터 이 사건은 정치적 문제로 발전한다. 헌법이 보장하는 표현의 자유가 위협받는다고 느낀 미국자유인권협회 같은 인권단체들과 전자프런티어재단(EFF) 등이 법원에 탄원서를 제출했다. 위키리크스는 이제 미국에서 검열과 디지털 기본권에 관한 선례의 역할을 하게 된다.

율리우스 베어 은행은 표현의 자유를 제한하려는 의도는 없었고 단지 불법으로 웹사이트에 공개된 개인정보들을 안전하게 보호하려 했을 뿐이라고 자신을 방어했다. 게다가 은행 측이 보도자료를 통해 주장한 바에 따르면 엘머의 서류는 진본도 아니었다.[48] 매튜스는 자신이 자료 공개에 직접 참여하지 않았기 때문에 법정에 서는 것은 부당하다고 대응했다. 매튜스는 법원에 보낸 서한에서 "이 사건의 아이러니는 다른 곳도 아니고 스위스 은행이 위키리크스가 정보원들의 익명성을 보장한다는 사실에 충격을 받았다고 말한다는 것"이라고 진술했다.[49] 위키리크스에게 이 소송은 내부적으로 막대한 영향을 미쳤다. 대니얼 매튜스는 대외적으로는 용감하게 조직의 설립 이념을 방어했지만 속으로는 재판이 주는 무게에 큰 부담을 느꼈던 것으로 보인다. 재판이 종결된 직후 그는 위키리크스와 결별한다.

2주 뒤 여론의 분노에 기세가 눌린 제프리 화이트 판사가 먼저 손을 들었고 율리우스 베어 은행도 곧이어 항복했다. 화이트 판사는 각종 주장들을 기묘한 방식으로 한데 뒤섞어 자신의 생각이 바뀐 까닭을 변명했다. 십턴과 매튜스는 모두 국적이 호주이기 때문에 소송이 효력이 있는지 분명치 않고, 표현의 자유를 보호하는 미국 수정헌법 제1조가 유효하며, 사건이 전 세계의 언론으로 퍼져나가는 것은 해롭다는 게 그 이유였다.[50] 결국 위키리크스 사이트는 다시 운영을 시작할 수 있었다.

2008년 3월 5일 율리우스 베어 은행은 어떤 근거 설명이나 유감 표명도 없이 소송을 취하했다.[51] 법정 다툼이 진행되는 동안 은행의 주가는 4.8퍼센트 하락했는데, 캘리포니아의 재판 결과도 물론 여기에 한 몫을 했다. 위키리크스가 입수한 베어 은행 자료는 소송 때문에 비로소 전 세계에 알려졌다. 정보를 억압하려 할수록 오히려 정보가 확대되는 이른바 '스트라이샌드 효과(Streisand effect)'의 전형적인 사례였다.[52] 위키리크스와 싸우려던 율리우스 베어 은행의 시도는 이렇게 은행의 완패로 끝났다. 위키리크스와의 싸움에서 패배를 맛본 곳은 스위스 은행만이 아니라 독일연방정보국(BND)도 있었다.

2008년 11월 위키리크스 홈페이지에 BND의 보고서 하나가 떴다. 코소보계 알바니아인들과 코소보 해방군 UCK가 마피아 활동에 연루되었으며 이와 관련된 부패와 조직범죄가 정부 고위층에까지 퍼져 있다는 내용이었다. 2005년 2월 22일자 보고서에는 '3급 비밀'이라는 스탬프가 찍혀 있었다.

이 보고서 공개는 '내부자 폭로'의 전형적인 사례는 아니다. 위키리크스 웹사이트에 공개되기 전에 이미 내부에서는 많은 사람들이 관련 내용을 알고 있었고 심지어 몇몇 언론에 기사로 나가기도 했다. 위키리크스가 보고서를 입수하게 된 경위는 풀라흐 소재 BND의 불만에 찬 어느 직원이라기보다는 언론사 쪽일 가능성이 컸다. 그러나 이 보고서가 인터넷상에서 누구나 볼 수 있게 되었다는 사실은 전혀 다른 차원의 문제를 제기했다. '비밀'이라는 단어를 특히 중요하게 여기는 정보기관으로서는 어쨌든 매우 충격적인 사건일 수밖에 없었다.

그런데 BND가 여기에 대처한 방식은 더욱 충격적이었다. 이 사건은 6000명이 넘는 직원을 거느리고 대외 정보활동을 펼치는 BND 같은 정부기관에게 이제 세상의 정보조달 방식이 바뀌었음을 이해하기가 얼마나 어려운 일인지를 잘 보여주는 사례였다.

크리스마스를 일주일 앞둔 2008년 12월 18일 에른스트 우를라우 BND 국장은 공식 서한을 위키리크스에 보낸다. 우를라우 국장의 참모진은 이 서한을 어산지가 설립한 회사로 형식적으로 위키리크스 운영자로 되어 있는 Sunshinepresse.org의 메일 주소 두 곳에 발송했다. 메일에서 우를라우 국장은 위키리크스가 BND의 '기밀 보고서를 다운로드할 수 있게' 했다고 지적하며 마치 선생님 같은 말투로 "다운로드 가능성을 즉각 차단할 것"을 요구했다. 그리고 위키리크스 관계자들에게 깊은 인상을 심어주기 위해 "이미 형사소추 가능성에 대한 검토에 들어갔다"고도 덧붙였다.

어산지와 동료들은 물론 깊은 인상을 받았다. BND 국장과 참모진의 명백한 무식함에 모두 혀를 내둘렀다. 이 사람들은 도대체 율리우스 베어 은행 재판이 어떻게 끝났는지도 모른단 말인가? 아니면 디지털 시대에는 BND 국장 한 사람의 삭제 지시로 태국 변호사에 의해 대리되는 호주 출신의 전 해커가 스웨덴 서버에서 공개한 문서를 삭제시킬 수 없다는 사실이 그들로서는 상상하기 힘든 일이었을까?

어쨌든 위키리크스 초창기부터 일을 도왔던 태국 변호사 제이 림은 메일을 받은 날 당장 우를라우에게 한 방 먹이는 답장을 썼다. "친애하는 우를라우 씨, 우리는 BND와 관련된 다수의 보고서를 갖고 있습니다. 그중 어느 것이 문제인지 좀 더 구체적으로 말씀해주시겠습니까?" BND는 이 메일에 대응하기 위해 하루 종일 고심했다. 우를라우는 코소보 자료를 볼 수 있는 링크를 대면서 이렇게 위협했다. "이 파일과 BND와 관련된 다른 모든 파일들을 즉각 삭제할 것을 재차 요구합니다. 그렇게 하지 않을 경우 반드시 형사소송을 제기할 것입니다." 위키리크스에게 이 말은 초대장이나 다름없었다. 림은 이렇게 대답했다. "구체적으로 지목해주셔서 감사합니다. 해당 문서의 공개가 ① 독일 ② 스웨덴 중 어느 국가의 규정 위반에 해당되는지 알려주시기 바랍니다."

에른스트 우를라우 국장과 위키리크스의 변호사 제이 림 사이에 오간 이메일 교신은 이것으로 끝났다. 우를라우에게는 더욱 치욕적이었다. 위키리크스가 기회를 놓치지 않고 이메일 교신 내용을 즉각 공개했기 때문이었다. 이제 전 세계는 그 보고서가 진짜라는 사실을 확실히 알게 되었다. 게다가 향후 몇 년 동안 계속해서 위키리크스 서버에서 볼 수 있으리란 것도 틀림없어 보였다. 에른스트 우를라우는 이 사건 이후로 위키리크스 이야기가 나오면 매우 신중한 반응을 보인다고 전해진다.

위키리크스가 독일의 대외 정보기관을 공개적으로 조롱한 것은 단순한 우연이 아니다. 독일은 위키리크스의 보루와도 같은 나라였다.

독일 해커들은 이념적으로 이 조직을 지지했으며 직접적인 도움도 많이 주었다. 독일은 위키리크스 내부에서 '건축가'로 불리는 가장 중요한 프로그래머 중 한 사람이 거주하며 활동하는 곳이었고, 다른 나라들에 비해 많은 자료들을 제공하는 곳이기도 했다. 독일은 영국, 아이슬란드와 함께 미국 다음으로 많은 정보와 자료를 보내는 국가라고 어산지는 말한다.53 베를린에 사는 다니엘 돔샤이트-베르크는 어산지의 가장 중요한 동료 중 한 사람이었다. 그는 '다니엘 슈미트'라는 가명으로 일반에 알려져 있다. 그는 이 가명을 오래 고민할 필요가 없었다. 자신이 기르는 고양이의 이름을 그대로 썼기 때문이다.

다니엘 돔샤이트-베르크는 30대 초반으로 큰 키에 짙은 수염을 덥수룩하게 길렀으며, 짧은 머리에 뿔테 안경을 쓰고 다녔다. 언제나 검은 옷만 입고 거의 예외 없이 배낭을 메고 자기가 사는 베를린 거리를 활보했다. 그는 원래 만하임대학에서 컴퓨터공학을 전공한 뒤 프랑크푸르트에서 IT 보안 전문가로 기업 컨설팅 일을 하고 있었다. 원래 고향이 헤센 지방인 그는 지금도 헤센 사투리를 즐겨 쓴다.

돔샤이트-베르크는 2007년 11월 말부터 집중적으로 위키리크스 이야기에 주목했고 곧 그것이 천재적인 아이디어라는 확신을 갖게 된다. 그는 자신에게 "늘 활동가적 성향이 있었다"며 위키리크스를 보고 당장에 그것이 '사회를 위한 중요한 수단'이 될 수 있음을 느꼈다고 말한다.54 어산지와는 채팅 공간에서 처음 만났으며, 그때 두 사람은 양자물리학, 영성체험, 신비주의 등을 다룬 2004년작 영화 〈블립(What the Bleep do we know?)〉에 관해서 대화를 나누었다고 한다.

어산지와 돔샤이트-베르크는 2007년 말 베를린에서 개최된 카오스

컴퓨터클럽 연례회의에서 처음으로 대면한다. 둘은 즉시 뜻이 통해 신뢰에 기초한 관계를 맺는다. 돔샤이트-베르크는 이를 우정이라고 표현했다. 처음에 돔샤이트-베르크는 자신의 본업을 계속하면서 동시에 위키리크스의 긴장된 폭로 작업에도 새로운 열정을 불태웠다. 그러나 위키리크스의 활동에 점점 더 많은 시간과 노력이 들어갔고, 맡은 일도 너무 많아졌다. 그는 월급을 받고 생계를 위해 일하는 직업 활동이 자신의 '재능과 시간을 소진해버린다'[55]고 생각하여 어서 빨리 퇴근 시간이 되어 폭로 사이트에서 자신이 맡은 임무에 몰두할 수 있기만을 기다리게 된다.

2009년 1월 돔샤이트-베르크는 결국 프랑크푸르트의 직장을 때려치우고 베를린으로 거처를 옮겼고, 이때부터 온통 위키리크스 일에만 매달리게 된다. 그는 익명으로 위키리크스의 제2대변인으로도 활동했다. 사람들은 곧 그를 위키리크스의 2인자로 인식하게 되었다. 더구나 서로 다른 두 파트너가 국제회의 때마다 항상 공동으로 강연에 나선 것도 이런 인상을 더욱 굳혔다. 예를 들어 2009년 12월 말 베를린에서 열린 카오스 커뮤니케이션 국제회의 '26C3'에서 어산지는 인사말과 프레젠테이션의 상당 부분을 돔샤이트-베르크에게 맡긴다.

어산지와 돔샤이트-베르크가 2009년에 함께 팔짱을 끼고 소파에 앉아서 찍은 재미있는 흑백사진이 있다. 함께 카메라를 똑바로 응시하고 있는 두 사람은 정말 서로를 깊이 신뢰하는 파트너처럼 보인다. 실제로 둘의 신뢰는 아주 두터워서 어산지는 6개월 동안 베를린의 돔샤이트-베르크 집에서 지내기도 했다. 두 사람에게는 위키리크스를 위해 투쟁하는 열정이나 건강을 해치는 야간작업을 즐기는 성향 등 몇 가지 공통점이 있었다. 또 위키리크스에 얼마간의 사재를 털어 넣은 점도 비슷했다. 돔샤이트-베르크는 저축해둔 돈까지 찾아서 위키리크스에 투자했다고 한다.[56]

그러나 둘은 이런 식으로 계속할 수는 없다고 생각했다. 그래서 돔샤이트-베르크가 공개적으로 밝힌 목표는 위키리크스 활동에 풀타임으로 종사하는 사람들에게 일정한 월급을 줄 수 있게 만드는 것이었다. 두 사람의 계산으로는 설비 운영과 기타 직접비용으로 연간 약 20만 달러가 들어가는 것으로 나왔다. 그리고 현재 풀타임으로 일하는 사람들에게만 고정 월급을 지급한다고 해도 그 비용이 60만 달러에 달했다.

위키리크스에 돈은 늘 문제였다. 대부분의 경우 돈은 턱없이 부족하거나 아예 한 푼도 수중에 없었다. 그들은 적절한 예산 편성이 가능한 정도의 재정을 확보하기 위해 안간힘을 썼다. 기득권 매체와 협력하자는 아이디어도 나왔다. 위키리크스 자료를 단독으로 활용하는 대가로 협력 매체로부터 일종의 구독료 형식으로 돈을 지급받는 방안이었다. 2008년 8월에는 이베이의 경매 방식을 모델로 삼은 시도도 있었다. 위키리크스는 후고 차베스 베네수엘라 대통령의 전직 연설문 작성자가 보낸 수천 건의 이메일을 가장 높은 가격을 제시하는 사람에게 사전에 단독으로 활용할 수 있게 해주는 조건으로 경매에 붙였다. 수익금은 정보원의 보호를 위한 기금으로 사용될 것이라고 밝혔다. 그들은 독점 보도기간이 끝나면 모든 자료를 온라인에 올릴 수 있다고 생각했다. 그러나 이 경매는 그들에게 '유통의 악몽'을 겪게 해주었다고 어산지는 회상했다. 위키리크스는 결국 이 자료들도 언제나처럼 인터넷에 직접 공개했다.[57]

그 이후로 위키리크스는 회원들의 후원금으로만 유지되고 있다. 어산지에 따르면 후원자들은 전부 개인이며, "정부나 기업의 돈은 받지 않는다"고 한다. 2009년 10월부터 후원금 기부는 대부분 카오스컴퓨터클럽 소속 '와우 홀란드 재단'을 통해서 이루어지고 있다. 재단 명칭은 독일의 전설적인 해커 헤르바르트 '와우' 홀란드-모리츠(Herwart 'Wau' Holland-Moritz)의 이름에서 유래한다. 위키리크스는 이런 식으로 하면 기부자의 이름이 독일재단법에 의해 보호를 받을 수 있기 때문에 유리하다고 생각했다. 그 밖에도 위키리크스의 이념을 지지하는 사람들은 머니부커스(Moneybookers), 페이팔(Paypal), 플래트르(Flattr) 등과 같은 인터넷 지불 서비스를 이용할 수도 있다. 2010년 초 어산지는 전체 후원금의 10퍼센트 정도가 이런 온라인 경로로 들어온다고 밝혔다. 또 전통적인 우편환을 선택하는 후원자들도 있고 멜버른대학 캠퍼스의 위키리크스 사서함으로 현금을 보내는 사람들도 있다. 호주의 사서함을 이용한 기부 경로는 훗날 어산지와 돔샤이트-베르크 사이에 논쟁이 벌어지는 원인 중 하나가 된다. 돔샤이트-베르크는 이 돈이 어떻게 쓰이는지 분명치 않다고 여겨 어산지를 불신하기 시작했다.

대부분 20유로에서 100유로 사이의 후원금을 보냈다. 한번은 대대적인 정보 폭로가 있은 후 독일의 한 후원자가 1만 유로를 보낸 적도 있다. 2010년 4월 5일 '부수적 살인' 비디오가 공개된 주에는 15만 달러의 기부금이 몰리기도 했다. 반면 조용한 시기에는 와우 홀란드 재단을 통해 들어온 기부금이 월 2000유로밖에 되지 않을 때도 있었다.[58]

지금까지 기부자의 이름이 공개된 것은 딱 한 번뿐이다. 2009년 2월 위키리크스는 초보자에게나 일어날 법한 어설픈 실수를 저지른다. 당시 위키리크스는 그때까지 후원금을 보낸 사람들에게 기부를 호소하는 편지를 보냈다. 조직이 현재 그 어느 때보다도 성공적으로 활동하고 있음에도 불구하고 4개월 전부터 자금이 떨어져 "줄곧 회원과 변호사들이 개인적으로 모아놓은 돈을 털어서 자금을 대고 있다"는 내용이었다. 위키리크스는 이때 50명이 넘는 후원자를 '함께 받는이(CC)' 란에 기입하여 메일을 발송했기 때문에 수신자들이 다른 후원자들의 메일 주소를 볼 수 있었다. 그런데 그중 한 사람이 장난기가 발동해서 그랬는지 이 후원자 리스트를 위키리크스 사이트의 익명발송 시스템을 통해 다시 위키리크스로 보냈다. 조직의 자료 공개 원칙이 그들이 주장하는 만큼 철저하게 지켜지는지 여부를 테스트해볼 생각이었는지도 모른다. 아무튼 이 리스트는 실제로 위키리크스 사이트에 올려졌다. 리스트에 있는 대부분의 메일 주소는 익명이었지만 실명도 몇 개 있었다.

어산지와 돔샤이트-베르크는 이 시기에 위키리크스 관계자들 중에서 유일하게 와우 홀란드 재단으로부터 위키리크스 활동비를 꺼내 쓸 수 있는 인물이었다. 두 사람은 위키리크스 작업과 관련된 비용에 대한 영수증을 재단에 제시하고 돈을 정산받았다. 그런데 돈을 주로 어디에 쓸 것인지를 놓고 두 사람의 의견은 자주 엇갈렸다. 돔샤이트-베르크는 기술장비 확충에 좀 더 많은 돈을 투자하려 했고, 실제로 이를 위한 몇 가지 아이디어도 있었다. 돔샤이트-베르크는 폭로 사이트와 정보발송 시스템이 똑같은 인터넷 주소를 사용하는 것은 잘못이라고 생각했다. 위험 부담을 중앙에 집중시키기 때문이다. 게다가 대부분의 정보제공자들은 그들이 발송한 자료가 즉시 같은 주소에서 온라인으로 뜨기를 원한다. 초창기 위키리크스와 같은 소규모 창업기업에는 가능한 방식이었지만 지금은 이 작업 때문에 위키리크스가 자기 성공의 제물이 될 지경이었다. 위키리크스 사이트는 엄청나게 쏟아지는 발송물과 문의로 질식하기 직전이었다. 이런 이유로 돔샤이트-베르크는 2009년에 자료의 '분배식' 발송 시스템을 만드는 작업에 돌입했다. 그는 다른 서비스 공급자들을 위한 '위키리크스 단추'를 개발할 필요가 있다고 생각했다. 그래서 언론사, 노조, 언론학교, NGO 등이 자신들의 웹사이트에 이 발송 단추를 설치하게 하는 것이다. 그러면 위키리크스는 이 경로를 통해 들어오는 자료를 자신들의 안전하고 검증된 채널로 접수하여 익명성을 보장할 수 있고, 여기에 참여한 언론사나 단체들은 자료와 함께 그들이 그 내용을 단독으로 보도할 수 있는 기간도 부여받을 수 있다. 발송된 원본 자료들은 나중에 모두 wikileaks.org에 공개된다. 돔샤이트-베르크는 이 흥미로운 아이디어를 2010년 4월에 베를린에서 열린 블로거 회의 re:publica에서 발표하여 기립박수를 받는 등 큰 호응을 얻었다.

위키리크스가 공개를 할 때마다 비난이 거세지고 새로운 적도 생기는 상황을 고려할 때 부담을 나누는 방식은 현명한 생각이었다. 일례로 영국에서는 2009년 1월 극우파 영국국민당(British National Party, BNP)의 당원 명단이 위키리크스 사이트에 공개되었을 때 큰 논란이 일었다. 그것은 수천 명의 개인정보가 담긴 자료였다. BNP 활동가의 한 사람인 짐 테일러에 따르면 그것은 2007년 12월 기준으로 수천 명의 회원 정보가 기록된 자료인데 그중 일부는 그 이후 보완되었다고 한다. 리스트에는 약 1700건의 데이터가 담겨 있었다. 이것이 극우주의자들의 신체와 생명에 위협이 되지는 않았을까? 극우주의에 정치적으로 반대한다 하더라도 위키리크스의 폭로는 도를 넘은 것이 아닐까? BNP 동조자 중 누군가에게 이 폭로로 인해 무슨 일이 생긴다면 누가 그 책임을 져야 하는가?

어산지는 이러한 질문에 순수주의자와 같은 태도로 답했다. 그는 정보 공개에 대해서만 책임을 느낄 뿐 그 정치적 파급효과에 대해서는 관심이 없다고 말했다. 이것은 솔직하지 못한 태도다. 당연히 그는 그 이상을, 더 많은 정치적 영향력을 원했다.[59] 그리고 당연히 위키리크스는 정치적 의제를 갖고 있다. 이는 어산지가 아무리 공개 정책에 관한 한 자신과 조직은 '비당파적'이라고 강변하더라도 엄연한 사실이다.

논란의 여지가 많은 공개를 정당화하기 위해 어산지는 다름 아닌 전체주의적 방식에 기댄다. BNP 당원 리스트의 공개 직후인 2009년 5월에 위키리크스 웹사이트에는 영국의 반파시즘 단체인 '반파시즘연합(Unite Against Fascism, UAF)'의 메일 주소 2174건이 담긴 파일이 다시 공개되었다. BNP나 UAF 모두 사회적 약자들을 '사이비 전쟁'에 끌어들인다는 것이 공개 이유였다. 어산지는 한 국가의 재정 파탄이 어떤 결과를 초래하는지 역사가 똑똑히 보여주고 있기 때문에 이 두 집단을 모두 무시할 수 없다고 말한다. 그렇다면 어산지는 우파와 좌파를 동일시하는 것인가? 그 자신은 둘 사이의 어디쯤에 있는가?

위키리크스는 정치적인가?

"그는 국가와 위계질서에 대해 별로 호의적이지 않다."

_개빈 맥퍼딘, 줄리언 어산지에 대해

줄리언 어산지는 독일에 머물 때면 정부청사가 모여 있는 베를린 시내 모퉁이의 옅은 황색 리모델링 건물을 찾는다. 그의 지인 한 사람이 살고 있는 곳으로 독일의 임시 IP주소인 셈이다. 이번에는 며칠 묵을 작정이라고 한다. 와우 홀란드 재단으로부터 돈을 받아야 하기 때문이다. 건물의 안뜰에는 우체국밖에 없던 시절의 낡아빠진 노란 공중전화 박스가 있고, 왼쪽으로는 원래 건물 옆에 잇대어 옛 베를린식의 벽돌로 지은 행랑으로 들어가는 입구가 있다. 층계참에는 더 이상 사용되지 않는 현금인출기와 안전벨트가 없는 한 줄의 비행기 좌석이 있다. 이베이 경매에 올라온 이 비행기 좌석의 가격은 200유로였다.

어산지는 두 번째 자리에 가부좌를 틀고 앉았다. 밝은 갈색의 목폴라와 짙은 갈색의 가죽재킷 차림이다. 머리칼은 유기견의 털들만큼이나 마구 뒤엉켜 있다. 그는 백금발의 머리를 갈색으로 염색했는데 이미 뿌리에서는 하얀 머리카락들이 다시 자라고 있었다. 그의 앞에는 모차렐라 피자와 콜라 라이트가 놓여 있다. 그는 피자 한 조각을 입 안에 밀어 넣고 씹으면서 이렇게 말했다. "사실 정보기관 사람들은 우리를 좋아해야 해요. 우리도 그들처럼 정보를 모으고 분석하니까요. 게다가 우리는 무기도 없고 테러리스트도 아니잖아요."

물론 완전히 진지한 어투는 아니다. 정보국은 그들의 정보를 비밀에 붙인다. 적어도 비밀로 하려고 노력한다. 반면 위키리크스는 그들의 정보를 공개한다. 적어도 그렇게 하려고 노력한다. 둘 사이에 긴장이 조성되는 것은 당연하다.

위키리크스라는 이름은 이제 전 세계에 널리 알려졌다. 그러나 이 단체가 뭘 하는지는 정확히 모른다. 굳이 투명성이라는 모호한 개념을 들이댈 필요도 없다. 2010년 여름 아프간전쟁 자료가 폭로된 이후 미국방부의 제프 모렐(Geoff Morell) 대변인은 '이 단체가 어떤 집단인지' 모르겠다고 고백했다.[60] "우리는 자신이 위키리크스의 일원이라고 말하는 서로 다른 수많은 사람들로부터 서로 다른 수많은 이야기들을 듣기 때문에 무엇이 사실인지 알 수가 없다."

이런 모호함은 의도적이다. 어산지는 늘 적당한 거리를 유지하며 활동한다. 좌우를 막론하고 말이다. 체포되어 조사받고 싶지 않기 때문이다. 그런데 그는 정말 사람들 말처럼 좌파일까?

어산지는 "그런 질문은 아무런 도움도 되지 않기 때문에 대답하고 싶지 않다"며 웃었다.[61] 그리고 편안하게 몸을 기대었다. 그는 아랍 과자가 든 양철 과자통을 테이블에 올려놓았다. 피스타치오와 카다멈이 들어간 끈끈하고 단 과자로 표면에 하얀 밀가루가 덮여 있다. 그가 한 조각을 집어 들자 밀가루가 가죽재킷 위로 날렸다. 과자는 그에게 잠깐 생각할 시간을 주었다. 그는 미국이 어떤 나라인지 알 만큼 충분히 영리한 사람이었다. 그는 자신의 실수로 위키리크스에 더 큰 비난이 쏟아지는 것을 원하지 않았다. 미국에서 좌파로 커밍아웃을 할 때는 엄청난 적들을 각오해야 한다. 그들은 보수 우파와 기독교 근본주의 성향의 유권자들로 방송 진행자, 일부 미국 최고의 갑부, 낙태 반대자 등이 활동하는 티파티 운동을 중심으로 세력을 형성하고 있다. 그들의 영향력이면 다른 사람들이 위키리크스와 연대하는 것을 방해하기에 충분하리란 사실도 염두에 두어야 한다. 그렇기 때문에 어산지는 좌파로 인식되기를 피하려 했다. 그는 제프 모렐이 상대가 어떤 사람인지 잘 모르기를 원했다.

잠시 생각한 후 어산지는 위키리크스는 비정치적이라고 보기엔 너무 정치적이며 그 자신도 그냥 침묵하기엔 너무 정치적이라며 말을 시작했다. "내가 갖고 있는 모든 신념들을 테이블 위에 펼쳐놓고 오직 좌냐 우냐의 기준으로만 그것들을 분류한다면 나는 당연히 좌파입니다."[62]

2007년 1월 나이로비에서 열린 세계사회포럼 이후 위키리크스 지지자들 사이에서는 미국 사회포럼에서 자신들을 알리는 문제를 놓고 열띤 토론이 벌어졌다. 미국 사회포럼은 나이로비 행사의 연장선상에서 2007년 6월 27일부터 7월 1일까지 애틀랜타에서 열릴 계획인 세계화 반내자들의 전국 회합이었다. 토론의 쟁점은 세계화 반대가 중심의제인 사회포럼 운동에 위키리크스가 어느 정도까지 연대해야 하는가의 문제와, 위키리크스가 정보 분야에서 일종의 국제금융관세연대(ATTAC)이나 국제사면위원회 같은 성격을 지닌 단체가 되어야 할지의 문제였다.

어산지는 여러 다양한 정치활동들과 동일한 정도의 거리를 유지하자는 쪽이었다. 내부 메일링리스트를 통해 지지자들에게 보낸 이메일에서 그는 좀 더 확실하게 좌파 진영에 뿌리를 내리자는 사람들을 이렇게 질책했다. "당신들은 진보주의자, 공산주의자, 사회주의자로서의 의제와 그에 상응하는 화법을 너무 노골적으로 드러내지 말아야 한다. 그렇지 않으면 당신들은 아주아주 빨리 낙오될 것이다."[63] 모든 위키리크스 지지자들은 "민주주의의 전제조건이 그러하듯 위키리크스의 전제조건이 당신들이 추구하는 개별적 야망보다 더 크다는 사실을 깨달아야 한다. 그 야망이 아무리 고귀하고 소중하더라도 말이다." 어산지에게 위키리크스는 '탄탄한 제도로서 받아들여지고 보호되어야' 하고, 모든 정치색의 내부고발자들에게 열려 있어야 했다. '보수적이고 종교적인 사람들까지도 포함'해서. 그래야만 더 좋은 자료를 더 많이 입수할 수 있다. "위키리크스는 모든 이의 친구로 인식되어야 한다. 우리는 모든 사람에게 우리의 지식을 제공할 것이며, 이를 통해 모든 사람이 그 이전에는 존재하지 않던 길을 찾도록 해야 한다." 긴급 메일의 말미에 어산지는 "정보 내용이 모든 것을 말하게 하고 검토와 분석은 각자에게 열어두자"며 기본 노선을 설정했다. 메일은 '승리, 자유, 진리'의 세 단어로 끝을 맺었다.

위키리크스가 좌익 언론매체가 되리라고 기대했던 사람들은 이로써 현실을 분명히 깨달을 수 있었다. 남은 사람들은 어산지가 밝힌 노선에 동의하는 지지자들이었다. 돔샤이트-베르크는 "내부고발자를 위한 웹사이트는 중립적 기관이며 스스로를 철저한 서비스 기관으로 인식해야 한다"고 밝혔다.[64]

2010년 7월 아프간전쟁 일지를 폭로한 뒤로 위키리크스는 반미주의자라는 비난을 받았다. 온라인 잡지 〈데일리 테크(Daily Tech)〉는 좀스러운 계산도 내놓았다. 그들은 위키리크스가 "중국 문서는 모두 합쳐 215건밖에 공개하지 않았는 데 반해 미국 문서는 10만 건에 육박한다"고 썼다.[65] 또 위키리크스가 "미국을 상대로 십자군전쟁을 벌이고 있다"며 이 새로운 권력이 불의에 맞서는 십자군전쟁도 벌일지는 두고 볼 일이라고 말했다.

이런 비난은 미국의 시각에서는 이해할 수도 있지만 절대로 올바른 주장이 아니다. 오히려 초창기에 위키리크스는 전혀 다른 국가들을 염두에 두고 있었다. 창립 당시의 내부 메일을 보면 "우리의 첫 목표는 중국, 러시아, 중앙아시아의 몹시 억압적인 정권들이다"라는 말이 나온다.[66] 물론 위키리크스가 '최대의 정치적 영향력을 추구'하는 것은 사실이다.[67] 비밀 정보의 성공적 '유출'은 현실의 은폐를 통해 목숨을 유지하는 여러 다양한 정부들을 전복할 것이며, 미국 정부도 당연히 여기에 속한다.[68]

어산지가 특별히 미국을 상대로 전투를 벌이는 것은 아니다. 그의 싸움은 특정한 정치형태에 대한 것이며, 여기서 초강대국 미국은 생각할 수 있는 최강의 적일 뿐이다. "미국은 세계 최대의 무기생산국이며, 미국의 군사예산은 다른 모든 국가들의 군사예산을 모두 합친 것보다도 많습니다. 그리고 미국은 지금 두 개의 전쟁을 한꺼번에 치르고 있습니다." 베를린에서 우리와 만난 어산지는 마치 토크쇼에라도 출연한 듯이 유창하게 자신의 신념을 쏟아냈다. 그는 자신의 메시지를 강조하기 위해 집게손가락을 위로 쳐들며 말을 이었다. "그렇기 때문에 우리가 공개하는 비밀문서들 중 가장 큰 부분은 미국에서 나올 수밖에 없습니다." 그는 초창기의 위키리크스는 미국 밖에서는 CIA와 친분이 있고 미국의 외교정책을 대변하는 단체로 인식되기도 했으며, 그래서 그 자신도 많은 비난을 받았노라고 말했다. 그는 또 자신의 일이 결국에는 미국에 해가 되지 않고 오히려 이득이 될 거라고 했다. 위키리크스의 활동이 표현의 자유를 보호하는 '미국 수정헌법 제1조'를 강화시켜 줄 것이라는 게 그 이유였다. 그는 "사람들이 좋아하든 싫어하든 우리는 수정헌법 제1조를 전 세계로 수출하고 있습니다"라며 미소 지었다.

전쟁과 평화에 관한 토론도 벌어졌다. 크리스틴 흐라픈손(Kristinn Hrafnsson)도 당시 베를린에 있었다. 그는 은발의 엄격한 아일랜드 사람으로 오랫동안 아이슬란드 국영방송인 RUV에서 탐사 기사를 써온 경험 많은 기자다. 흐라픈손은 2010년 초 위키리크스에 합류한다. 어산지에 따르면 그는 평화주의자는 아니지만 전쟁에는 반대하는 사람이었다. 그는 정의로운 전쟁이 가능한지에 대한 의문을 품고 있었다고 한다. 예를 들어 독일녹색당은 1999년 코소보전쟁에 참여하면서 이를 정의로운 전쟁이라고 주장했다. 녹색당 소속의 요쉬카 피셔 당시 외무장관은 아우슈비츠에 대한 독일의 기억에 기대어 전쟁 참여를 정당화했다. 피셔 장관은 국가사회주의를 경험한 이후에 정치는 유럽에서 조직적인 대량학살이 벌어지는 것을 두 번 다시 좌시해서는 안 된다고 강조했다. 흐라픈손이 이런 이야기들을 풀어놓자 어산지는 "소위 정의로운 전쟁이란 것을 시작하기보다는 전쟁을 벌이지 않는 편이 훨씬 더 많은 인명을 구할 수 있을 것"이라고 대답했고, 흐라픈손은 고개를 끄덕였다고 한다.

어산지는 국가를 경멸하는 무정부주의자들의 태도와 스탈린주의자의 냉혹함을 모두 지니고 있었다. 하지만 그는 전형적인 좌파는 아니다. 그보다는 신좌파와 68운동의 산물로 볼 수 있다. 그는 권위적 교육을 받으며 성장했고, 자유·자아실현·자율과 같은 개념을 논하며 전쟁과 제국주의에 반대하여 거리로 나섰던 세대의 정신을 호흡했다. 그러나 정치운동의 전성기 때 성장한 사람은 아니다. 어산지 세대의 정치화 과정에 기틀을 형성한 1980년대는 원자력발전소와 핵무장에 맞선 전투가 벌어지던 시절이었다. 유럽에서도 그랬고 호주에서도 그랬다. 그러나 이 투쟁은 세대 전체를 아우르며 그 구성원들을 정치화하는 영향력을 갖고 있지는 않았다. 68세대의 자유로운 정신은 그 다음 세대로 오면서 실용적인 세계관으로 바뀌었고 이데올로기와 보편성은 훨씬 줄어들었다. 1980년대는 어산지에게 정치적인 고향이 되지 못했다. 그러나 많은 68세대의 자녀들이 그렇듯 그 역시 위계질서와 국가에 대해 깊은 불신을 갖고 있었다. 부모들의 반권위적 태도가 미친 영향이었다. 이것은 줄리언 어산지의 정치화 과정에서 중요한 부분을 차지한다.

어산지의 정치화의 또 다른 부분을 결정한 것은 또 하나의 운동이었다. 하지만 그것은 청소년 단체에서, 혹은 시위나 회합 등의 형태로 나타나는 정치적 운동과는 거리가 먼 것이었다. 이 운동은 저만의 고유한 공간을 통해서 이루어졌는데, 이 공간은 오랜 기간 규범화되지 못하고 적당한 자리를 찾지도 못했다. 바로 인터넷을 통해서 생겨난 '사이버' 공간이다. 이 공간에서 해커들의 새로운 세대가 형성되었다. 여기에 참여하는 사람에게는 개척자가 될 수 있는 기회가 주어졌다. 그곳은 그 규모를 가늠할 수 없는 미지의 영토였다. 어산지의 부모 세대는 수년에 걸친 투쟁으로 정치적·사회적 영토를 쟁취했다. 이것은 또한 그들이 자녀들을 위해 닦아놓은 길이기도 했다. 그러나 1980년대 말 1990년대 초의 사이버 공간과 디지털 세계에는 아직 법도 규칙도 없었다. 모든 것은 유동적이었다. 그래서 뜻만 있다면 이곳에서 영웅이 되어 역사를 새로 써나갈 수 있었다.

스티븐 레비(Steven Levy)는 《해커, 그 광기와 비밀의 기록(Hackers: Heroes of the Computer Revolution)》이라는 책에서 일종의 해커 선언문을 발표했다. 여기서 레비는 1950년대와 1960년대에 이미 당시의 대형 컴퓨터와 관련하여 정치적·사회적 문화를 형성하고 있던 MIT를 중심으로 해커의 기원을 설명했다. 그것은 '독자적인 철학과 윤리적 원칙과 꿈이 있는 새로운 라이프스타일'이었다. 이 세계관의 핵심은 모든 사람이 소프트웨어를 자유롭고 개방적으로 사용할 수 있어야 한다는 요구였다. 레비는 자신의 책에서 다음과 같은 다섯 가지 핵심 선언을 발표했다. 첫째, 컴퓨터를 위시하여 이 세계가 어떻게 돌아가는지를 보여주는 모든 것에 대한 접근은 무제한적이고 완전해야 한다. 둘째, 모든 정보는 자유로워야 한다. 셋째, 해커는 권위를 불신하고 권력 분산을 촉구해야 한다. 넷째, 다른 해커에 대한 평가는 전적으로 그 활동에 의거해야 하며 외모, 연령, 인종, 성, 사회적 지위에 따라 평가해서는 안 된다. 다섯째, 컴퓨터를 이용하여 예술과 아름다움을 창조할 수 있어야 한다. 레비는 컴퓨터가 인간의 삶을 더 나은 방향으로 변화시킬 수 있다고 말했다.

독일 해커계의 선구자이자 카오스컴퓨터클럽의 창시자인 와우 홀란드는 레비의 선언에 새로운 항목을 추가했다. 타인의 데이터를 어지럽히지 말라는 것과, 공적인 데이터는 최대한 활용하되 개인 데이터는 보호하라는 두 가지였다. 그는 레비와 독일 해커들의 중요한 차이는 개인 영역의 보호에 있다고 보았다. 홀란드는 이를 적극적으로 보호하려 했고 레비는 개인 영역을 특별히 보호해야 할 가치가 있는 대상으로 보지 않았다.

줄리언 어산지에게는 해커들의 시각과 68세대의 아날로그적 정치화가 결정적인 지점에서 한데 섞여 있는데, 바로 국가에 대한 비판적 고찰이 그것이다. 68세대와 해커운동 모두 국가에 대해 깊은 불신을 갖고 있었다. 그들은 국가가 원칙적으로 온갖 못된 짓을 다 저지를 수 있다고 생각한다.

1990년대 초 해커들은 수많은 토론을 통해서 이 운동의 기틀이 되는 분명한 이데올로기를 형성해나가는데, 어산지는 그 한가운데에 있었다. 엔지니어 겸 발명가 팀 메이는 사이퍼펑크 메일링 그룹의 설립자 중 한 사람이다. 그는 정보를 다룰 때 국가와 시민은 이분법적인 대립 양상을 보인다고 주장한다. 즉 국가는 국민에 관해 최대한 많은 정보를 수집하려는 데 반해 국민은 가능한 한 이를 감추려 한다는 것이다. 메이는 디지털 혁명이 가져온 가장 결정적인 변화 중 하나는 암호화 기술이라고 생각했다. 그에게 암호는 일종의 무기였다. 그는 사람들이 암호화 프로그램을 이용하여 정보를 보호함으로써 국가로부터 자신을 지킬 수 있다고 생각했다. 많은 시민이 여기에 참여한다면 국가가 설 자리는 그만큼 줄어들고 모든 권력을 손에 쥐려는 국가의 노력은 제약될 수밖에 없다. 메이는 이런 노력이 '정부권력의 전통적인 위협에 폭넓은 영향을 미칠 수 있다'고 믿었다. 그로 인해 궁극적으로 무슨 일이 벌어질지는 아직 분명히 알 수 없으나 메이는 '무정부주의적 자본주의 시장체제의 한 형태로 바뀌지 않을까' 추측했다. 메이는 이를 암호 무정부주의(Crypto Anarchism)라고 불렀다.

1993년 3월에는 에릭 휴스가 작성한 '사이퍼펑크 선언문'이 등장했다. 이 선언문은 "전자시대의 열린 사회에서 개인 영역의 보호는 필수적이다"라는 문장으로 시작된다. 그에 따르면, "우리는 정부와 기업 및 기타 얼굴 없는 대규모 조직들이 자발적으로 우리에게 안전하게 보호받는 개인 영역을 보장해주리라고 기대할 수 없다." 그렇기 때문에 각 개인은 암호화 기술을 통해서 국가의 감시에 저항해야 하며, 성숙한 시민들이 더 많은 힘을 모을수록 저항의 효과는 커진다고 말한다. 바로 이런 생각들이 줄리언 어산지의 세계관을 성장시킨 이데올로기적 토양이다.

어산지를 전형적인 무정부주의자나 극좌파로 본다면 그를 제대로 이해하지 못한 것이다. 그는 신좌파의 다양한 부류들을 의심의 눈으로 대하는데, 특히 교조적으로 행동하는 사람들을 싫어한다. 그는 "좌파 중 상당수는 역겹다"고 말하면서, 특히 페미니스트와 전통적인 공산주의자들을 지목했다. 또 무정부주의에는 '절제와 전략적인 요구'가 부족하다고 보았다. 위키리크스 초창기 때 그는 스스로를 전형적인 좌파라고 생각하는 대니얼 매튜스와 이런 문제들에 대해 오랜 시간 많은 이야기를 나누었다. 어산지는 시장경제를 반대하지 않았지만 전통적 좌파들과 마찬가지로 성해방을 옹호한다. 그는 의회와 선거제도에도 반대하지 않는다. 오히려 그의 세계관은 고전적 무정부주의 이론 못지않게 밀턴 프리드먼의 극단적 자유주의에도 기대고 있다.

어산지는 부패한 엘리트의 집합으로서의 국가에 저항한다. 그는 언론, 경제, 정치 엘리트를 더 큰 문제의 일부로, 권력에 의해 부패하여 시민들에 대해 음모를 꾸미는 집단으로 보는 이론을 추종한다. 어산지와 여러 날 밤을 함께 정치 토론을 벌인 적이 있는 개빈 맥퍼든 런던대학 교수는 "줄리언은 생디칼리즘(syndicalism)에 강하게 동조하고 있다"고 말한다. "그는 국가와 위계질서에 대해 별로 호의적이지 않다." 이런 의미에서 어산지는 아날로그에 가까우며 이분법적으로 폐쇄된 세계관을 지니고 있다. 그는 행위자를 선한 사람과 악한 사람, 강한 사람과 약한 사람, 부패한 사람과 청렴한 사람, 민족을 위하는 사람과 민족을 억압하는 사람, 자신을 지지하는 사람과 자신을 반대하는 사람으로 항상 둘로 나눈다. "폭로는 원칙적으로 무정부주의적 행위"라는 어산지의 말은 이런 맥락에서 이해되어야 한다.

어산지는 2006년 11월과 12월에 자신의 강령을 발표했다. 그는 여기에 처음에는 '국가적 음모와 테러리스트적 음모'라는 제목을 달았다가 나중에 '통치형태로서의 음모'라고 바꾼다. 어산지는 "정권을 극단적으로 변화시키기 위해 우리는 명확하고 대담하게 생각해야 한다"며, "우리가 배운 것이 있다면 정권은 스스로 변하려 하지 않는다는 사실이다"라고 말했다. 그는 권위적 정권의 실상에 대해 많이 알게 될수록 음모야말로 통치를 보장하기 위한 핵심적 요소임이 분명해진다고 강조했다. 그는 음모적 시스템을 작동시키는 연료인 정보를 통해서 통치세력의 음모를 파악하고 분석할 수 있는 모델을 마련하고자 했다.

누군가 널빤지에 여러 개의 못을 박는다고 하자. 이 못들은 음모를 꾸미는 자들이다. 그는 또 못과 못 사이를 모두 실로 잇는다. 이것은 소통이다. 이로써 못과 못 사이에는 소통이 흐른다. 음모자들은 본래 서로 신뢰하지도 않고 소통하지도 않는다. 하지만 그들은 간접적으로 서로 연결되어 있다. 음모자들을 서로 연결시키는 이런 실들을 모두 절단하면 음모를 중단시킬 수 있다. 문제는 얼마나 많은 실을 끊어야만 더 이상의 성공적인 음모가 불가능한 임계점에 도달할 수 있느냐 하는 것이다.

새로운 기술의 발달은 어산지에게 그 출발점을 제공해주었다. 새로운 기술들은 '강력한 저항을 가능하게' 하고 '좀 더 인간적인 통치형태'를 만들도록 자극한다. 어산지의 선언문에는 위키리크스가 폭압적 국가에만 집중하지 않는 이유를 잘 설명해주는 다음과 같은 말이 나온다. "사슬에 묶인 남자는 좀 더 일찍 행동에 나서야 했음을 깨닫는다. 강력한 음모에 맞서기 위해서는 미리 앞질러 생각하여 그리로 나아가는 과정을 중단시켜야 한다."

이것이 바로 어산지가 위키리크스를 만든 이유다.

4장

결전의 시작

긴장이 고조된 2010년

WikiLeaks

펜타곤의 은폐된 살인

"저 새끼들 뒈진 것 좀 봐." "나이스."
_⟨부수적 살인⟩ 비디오에 나오는 미군 조종사들의 대화

2010년 1월 초 위키리크스의 뉴스채널을 팔로잉하는 약 14만의 트위터 이용자들에게 도움을 요청하는 메시지가 전달되었다. '미군의 민간인 폭격에 관한 암호화된 비디오 자료가 수중에 있다. 슈퍼컴퓨터가 필요하다'는 내용이었다.[1]

이쪽 분야에 밝은 사람이라면 이 메시지의 의미를 곧바로 알 수 있다. 암호나 패스워드를 크래킹하는 방법은 여러 가지다. 직접적인 방법으로는 무차별 공격을 뜻하는 'brute force'가 있다. 생각할 수 있는 경우의 가짓수를 모두 시험해보는 방법이다. 그런데 이제는 암호화 방식과 패스워드 조합 가능성이 너무나 많다. 그래서 이 방법을 쓰려면 어마어마한 연산 능력이 필요하다. 수백 개의 테라플롭을 합쳐놓은 것

과 맞먹는 용량으로 1초에 수백조 개의 연산을 처리하는 슈퍼컴퓨터가 요구되는 일이다.

그러므로 위키리크스에 뜨는 소식들을 세심하게 추적하는 사람이라면 어산지가 뭔가 큰일을 터뜨릴 준비를 하고 있음을 2010년 1월에 이미 감지했을 것이다. 사실 많은 사람들에게 이것은 별로 기대하지 않았던 뜻밖의 메시지였다. wikileaks.org 사이트 방문자들은 2009년 가을 이후로는 후원금을 요청하는 글 외에 다른 이야기를 보지 못했고, 보관 자료에 접근할 수도 없는 상태였기 때문이다. 사이트에는 "우리는 세상을 보호한다. 그런데 당신은 우리를 보호해주는가?"라는 문구가 올라와 있었다. 일부 사람들은 성급하게 위키리크스의 종말을 점치기도 했다. 초창기 인터넷 세대들이 수많은 프로젝트와 아이디어를 내고 관련 기업을 창업했지만, 언제부터인가 그들의 웹사이트에는 '오류 404', 즉 페이지를 찾을 수 없다는 메시지만 뜨는 일이 허다했기 때문이다.

2009년 말 줄리언 어산지는 베를린에 체류하면서 카오스컴퓨터클럽의 연례회의에 독일 위키리크스 대표인 다니엘 돔샤이트-베르크와 함께 연사로 등장했다. 당시 돔샤이트-베르크는 아직 '다니엘 슈미트'라는 가명으로 활동할 때였다. 독일 해커단체인 카오스컴퓨터클럽은 두 사람의 강연에 열광했고 어산지는 그해 송년의 밤을 베를린에서 몇몇 친구와 해커들과 함께 보냈다. 위키리크스의 위기에 관한 낌새는 전혀 없었고, 오히려 두 사람은 정반대로 파티 분위기를 즐기며 몇 가지 새로운 변화가 있을 것을 예고했다. 위키리크스의 임시 '작전타임'에 대해 어산지는 과거 아날로그식으로 노동하던 시절의 비유를 들었다. 베를린 강연에서 그는 '파업'을 이야기했다. 노조는 파업을 통해 고용주와 사회에 그 사회의 구성원들이 하는 노동의 가치를 확실하게 알려준다고 말하며 위키리크스 운영자도 이런 효과를 노리고 있다고 했다. "우리가 일시적으로 활동에 손을 놓음으로써 사람들은 우리 일의 가치를 다시 인식하기 시작합니다."[2] 어산지는 작전타임과 후원금 랠리는 계획 중인 새로운 폭로와도 당연히 관계가 있다고 했다. "우리는 몇 가지 의미 있는 폭로를 계획 중입니다. 여기서 의미 있다는 말은 서버의 역량과 관련해서도 그렇고, 공개 이후에 예상되는 법적인 싸움과 관련해서도 그렇습니다. 그렇기 때문에 우리는 자료 공개 이전에 우리의 위치를 탄탄히 다져놓아야 합니다."

위키리크스의 활동은 2009년 연말 즈음에 최고조에 달해 있었다. 그들은 율리우스 베어 은행의 문서나 9·11 테러의 문자메시지 등과 같은 중요한 자료들을 이미 공개한 바 있다. 그러나 이번에는 그들의 정보 출처가 미군 내부에 있었고, 그가 접근할 수 있는 자료는 지금까지 위키리크스가 공개한 다른 모든 정보를 하찮은 것으로 만들 정도의 폭발력을 지니고 있었다. 어산지와 동료들은 이 충격적인 자료를 어떻게 공개할 것인지 고민했다. 지금까지 위키리크스는 입수된 모든 정보에 대해 동일하게 적용하는 분명한 원칙을 갖고 있었다. 입수된 정보가 그들이 스스로 정한 기준을 충족하는 한 최대한 빨리 공개한다는 것이다. 이는 '정보제공자에 대한 약속'이며 그래서 매우 중요하다는 게 어산지의 생각이었다.

하지만 위키리크스 운영진은 이번만큼은 이 원칙을 깨뜨리게 될 것이다. 그러므로 2010년은 초강대국 미국과의 대결구도가 불가피한 정황으로 보나, 위키리크스의 내부 정황으로 보나 그들에게는 변화의 해가 될 터였다. 그들은 이른바 '살라미 전술'을 사용하기로 결정하고 자료를 조금씩 찔끔찔끔 공개하기로 했다. 하나씩 차례로 폭로하여 효과를 극대화시키려는 것이 어산지의 의도였다. 너무 많은 양을 한꺼번에 공개하면 자료의 내용에 대한 관심이 떨어질 수 있고, 그러면 바라던 효과를 낼 수 없다는 우려 탓이다. 한마디로 총알을 한꺼번에 다 날려버리지 않겠다는 것이다.

이 전략에 대한 내부 논의에서는 물론 반대 의견들도 있었다. 반대자들은 자료들이 오랜 시간 비밀에 붙여두기에는 너무나 폭발력이 강하다고 주장했다. 미국은 첫 번째 분량이 공개되는 순간 제2, 제3의 폭로를 막기 위해 모든 수단과 방법을 동원할 것이라고 했다. 그러나 어산지는 자신의 생각을 굽히지 않았다. 그가 공개를 지연시키려는 이유는 또 있었다. 새로 입수되는 문서 파일들에 대한 기술적 처리 작업이 필요하다는 것이다. 나중에 자료 출처를 노출시킬 수 있는 모든 디지털 워터마크를 제거해야 하기 때문이다. 그 밖에도 어산지는 사람들이 폭로된 내용에 좀 더 자세히 주목하고 관심을 갖기 바랐고, 비디오 자료도 언론에서 적극적인 관심을 보이며 대대적으로 보도해주기를 원했다. 어산지는 위키리크스의 폭로에 대한 언론의 반응이 자신의 기대에 못 미칠 때마다 "돼지 목에 진주"라고 불평했으며, 실제로 대다수의 경우가 그의 기대에 못 미쳤다.

하지만 이번에 새로 폭로될 자료는 달라야 했다. 어산지도 이번에는 모든 것을 정확히 계산했다. 그는 큰 위험을 무릅쓰고 비디오 자료를 제공한 자신의 정보원에 대해 깊은 책임감을 느껴 전 세계 언론이 이를 대대적으로 보도하도록 더욱 확실하게 준비하고자 노력했다. 이를 위해 어산지와 동료들은 심지어 지금까지 굳게 지켜왔던 두 번째 원칙도 깰 작정이었다. 가공되지 않은 원본 그대로의 문서를 발표한다는 원칙이었다.

하지만 늘 거처를 옮겨 다니느라 바쁜 위키리크스 활동가들에게는 무엇보다도 준비 작업을 수행하기 위한 거점이 필요했다. 그들은 북대서양의 화산섬 아이슬란드로 건너가기로 결정한다. 그곳은 최적의 조건을 갖춘 장소였다.

줄리언 어산지에게 당시의 아이슬란드는 그들의 활동에 더없이 좋은 곳이었다. 아이슬란드는 글로벌 금융위기에 특히 심한 타격을 받은 나라다. 아이슬란드는 수십억 유로에 달하는 부채를 안고 있었으며, 아이슬란드 크로나화의 가치는 이 금융위기로 유로화 대비 50퍼센트 이상 폭락했다. IMF는 금융지원 약속으로 아이슬란드의 파산을 간신히 막을 수 있었다. 어산지는 아이슬란드에서 "미니 혁명이 일어났다"고 말했다. 그는 개혁에 우호적인 그곳의 분위기가 맘에 들었으며, 파산 직전의 상황에서 기회를 보았다. 2009년 여름에 이미 위키리크스는 아이슬란드에서 극비문서인 카우프싱 은행의 대부금 장부를 공개하여 온 나라를 떠들썩하게 만든 바 있다. 은행은 가처분 조치를 통해 아이슬란드 최대 방송인 RUV에서 폭로 사실을 보도하지 못하도록 막았다. 방송국 기자들은 그 대신 몇 분 동안 위키리크스 웹사이트를 화면에 내보내고 인터넷 주소를 언급하면서 시청자들에게 직접 사이트를 방문해보라고 부추겼다. 이는 아이슬란드 방송 사상 유례를 찾아볼 수 없는 사건이었다. 하루아침에 인구 33만의 아이슬란드 국민 대부분이 위키리크스를 알게 된 것이다.

이런 연유로 어산지는 아이슬란드 활동가 두 사람의 초청이 들어왔을 때 기꺼이 이를 받아들였다. 다니엘 돔샤이트-베르크도 2010년 1월 초에 베를린에서 아이슬란드로 건너갔다. 두 사람은 이전 해 11월에 이미 아이슬란드 방송의 유명 TV 토크쇼에 출연하여 아이슬란드를 '바이트(Byte)의 스위스'로 만들려는 자신들의 구상에 대해 이야기한 바 있다. 그들은 도처에 넘쳐나는 비밀 정보들이 결국 어떤 사태를 불러오는지 이번 금융위기가 분명하게 보여주었다며 아이슬란드는 이제 현대적이고 세계를 선도하는 언론자유법이 필요하다고 역설했다. 그들은 TV 출연 이튿날부터 전화가 쉴 새 없이 울려댔다고 회상했다.

이때 맺은 인연을 살려서 그들은 그동안 머릿속에 담고 있던 아이디어를 발전시킨 '아이슬란드 현대 언론 이니셔티브(IMMI)' 구상을 내놓았다. 이에 아이슬란드의 '더 무브먼트'당 소속 비르기타 욘스도티르 의원은, 몇몇 나라들이 안전한 세금의 오아시스 역할을 하는 것처럼 아이슬란드는 앞으로 탐사보도의 '안전한 항구' 역할을 하려 한다며 이 프로젝트에 대한 적극적인 지원 의사를 밝혔다.[3]

2010년 초 줄리언 어산지와 다니엘 돔샤이트-베르크는 일단 IMMI에 전적으로 몰두했다. 돔샤이트-베르크는 인터넷 서비스 공급자와 케이블 회사들을 접촉하고, 관련 규제를 담당하는 아이슬란드 공무원들을 만났다. 그는 정보원을 절대적으로 보호하는 내용의 새로운 언론법 제정을 위해 고전적인 방식의 정치 로비도 벌였다. 이 법안은 당연히 위키리크스의 활동에도 도움이 되는 것이었다.

이제 여섯 명 정도로 늘어난 아이슬란드 팀은 레이캬비크의 한 호텔에 딸린 아파트를 임대하여 활동했다. 이곳은 한동안 위키리크스의 주거공동체 역할을 했다. 그들은 이곳에서 함께 생활하면서 밤을 새워가며 법률 초안을 작성하는 등 긍정적이고 활기 넘치는 시간을 보낸다. 아이슬란드에서 위키리크스 활동가들의 영향력은 이미 의회에까지 미치고 있었다. 각양각색의 배경을 가진 사람들이 모인 이 팀은 레이캬비크에 '아이디어 하우스'란 이름의 사무실도 두었는데, 2년 전까지 가구점으로 쓰이던 공간에 책상 한 개와 소파 두 개를 놓은 것이었다.

한동안 제이콥 아펠바움이 그룹에 합류하기도 했다. 위키리크스 핵심 멤버 중 하나로 인터넷 익명화 서비스인 토르와 관련된 직장에서 일하는 아펠바움은 항상 자신을 '도우미'라고 불렀다.

시간이 흐르면서 그룹의 생활은 진짜 학생들의 주거공동체처럼 돌아가기 시작했다. 비좁고 난장판인 데다 어산지와 돔샤이트-베르크는 틈만 나면 격렬한 논쟁을 벌였다. 좁은 공간에서 나타나는 전형적 형태의 심리적 불안 증세였다.

공식적인 IMMI 활동 외에 위키리크스 팀은 줄리언 어산지가 '프로젝트 B'라는 이름으로 비밀리에 진행 중인 작업을 수행했다. 새로운 정보원이 제공한 엄청난 자료가 담긴 두 번째 폭로를 준비하는 작업이었다. 다니엘 돔샤이트-베르크는 2월 초에 다시 아이슬란드를 떠났지만 다른 활동가들은 대부분 그곳에 남아서 새 작업을 계속 진행했다. 이것은 지금까지 나온 것 중에서 가장 규모가 큰 새로운 폭로로서 전 세계적 특종이 될 내용을 담고 있었다.

위키리크스는 앞으로 일어날 일에 대한 맛보기로 3월에 몇 건의 문서들을 그들의 웹사이트에 공개했다. 이 문서들은 '대외 비밀'로 분류된 미국의 군사보고서로서 위키리크스에 관한 내용을 다루고 있었다. 이라크전쟁에 사용된 무기체계에 관한 어산지의 폭로(이 폭로는 당시 여론의 주목을 별로 받지 못했다)에 대한 미군의 대응 과정이 기록된 자료였다. 육군방첩센터(ACIC)는 위키리크스를 '심각한 문제'라고 평가하고 대응 전략을 제안했다. 미군 측은 정보원을 색출하여 형사소추하면 위키리크스에 '위해를 가하고 조직을 파괴하는 것도 가능'하며, 다른 사람들의 유사 행위를 방지하는 효과도 있을 것이라고 생각했다.[4] 줄리언 어산지에게 이 보고서 내용은 아주 만족스러웠다. 세계 최강의 군대가 자신과 자신의 프로젝트를 심각하게 여긴다는 사실이 문서로 드러났기 때문이다. 문서를 공개하면 이 사실을 전 세계에 증명할 수 있을 뿐만 아니라 미군에게는 큰 망신이 될 터였다.

'프로젝트 B'는 준비를 시작한 지 6주 만에 성과가 나왔고, 위키리크스는 그것을 트위터를 통해 발표했다. "기자들이 총격으로 살해당하는 내용이 담긴 미군 비디오의 암호가 드디어 풀렸다."[5] 물론 본격적인 비디오 작업은 이때부터 시작되었다. 이때는 비르기타 욘스도티르가 중요한 역할을 맡았다. 그녀는 지인들을 대상으로 제작팀에서 일할 자원봉사자들을 물색했고 정지 영상을 하나씩 들여다보며 비디오 분석 작업을 직접 돕기도 했다. 그녀는 거리의 한 카페에서 이 비디오를 처음 보고 그만 울음을 터뜨렸다고 말했다. 그것은 그녀가 지금껏 참여한 그 어떤 프로젝트보다도 더 어렵고 힘든 것이라고 했다.[6] 이 아이슬란드 여성의원은 나중에 비디오에 대한 해설과 시나리오의 일부도 직접 썼다. 어산지와 욘스도티르는 마음이 잘 통했고 많은 일을 함께했다. 두 사람은 좋은 팀이었다. 어산지는 그녀를 비디오의 '공동제작자'라고 불렀다. 그녀도 당시 위키리크스에서 자신이 어산지와 함께 적극적인 역할을 했노라고 말했다. "위키리크스는 그 사람 하나로 이루어진 조직이 아니에요. 우리는 책임을 나누어 맡고 있었어요."7

39분 분량의 원본 자료를 아이슬란드에서 18분짜리 방송용 비디오로 만드는 제작팀에는 네덜란드의 롭 공그레이프(Rop Gonggrijp)도 합류했다. 현재 마흔두 살인 공그레이프는 국제 해커계와 인터넷 활동가들 사이에서 이미 영향력이 큰 인물로 어산지와 위키리크스의 프로젝트에 각별한 호감을 느끼고 있었다.

결국 제작팀은 위키리크스 활동가들과 다양한 자원봉사자들로 구성된 10여 명 안팎의 규모로 불어났다. 그들은 이런저런 레스토랑의 뒷방에서 작업을 하다가 활동이 매우 조심스러운 단계에 들어선 3월 말부터는 레이캬비크 시내 그레티스가타 거리에 있는 흰색의 작은 주택을 빌려 그 안에서 일했다. 집주인에게는 에이야프얄라요쿨 화산의 폭발을 보도하는 기자들이라고 둘러댔다. 당시는 유럽 전역이 화산재와 그로 인한 항공교통 문제로 떠들썩하던 때라 퍽 그럴듯한 스토리였다.

어산지는 비디오에 나오는 2007년 7월 12일자 뉴바그다드 공중폭격의 배경에 대해 최대한 많은 정보를 수집해야 한다고 주장했다. 그는 이 공개가 그들이 지금까지 했던 것 중 가장 규모가 큰 국제적 사건이 되리란 것을 잘 알고 있었다. 로이터통신은 이미 2007년 8월부터 미국의 '정보자유법'을 근거로 미군 측으로부터 이 비디오를 입수하려 했으나 소용이 없었다. 로이터통신이 이 자료에 특별한 관심을 가진 이유는 자신들의 사진기자 나미르 누르 엘딘과 취재차량 운전자 사예드 크마그가 당시의 공격으로 사망했기 때문이었다.

어산지는 이 사건에 대한 미군의 공식 입장 표명 내용과 자신들이 입수한 미군 아파치 헬기 두 대 중 '크레이지 호스'로 불리는 헬기에서 촬영한 영상을 비교해보았다. 그러자 확연히 다른 부분들이 발견되었다. 사건 직후 미군 대변인은 동맹군 부대가 '명백히 적군과의 교전'에 휘말렸다고 설명했다.[8] 그런데 비디오에서 그런 교전 장면은 전혀 찾아볼 수 없었다. 지상의 남자들은 여유롭게 길을 따라 걷다가 담벼락으로 둘러싸인 장소에 이르러 무리를 지어 모여 있었을 뿐이다. 어산지의 조사 결과 헬기를 투입하기 30분쯤 전에 해당 지역에서 소형 화기로 벌어진 총격전이 신고되었다고 한다. 이 지역은 사건 당시 도처에서 그런 종류의 전투가 벌어지던 곳이었다. 아파치 헬기 조종사들은 조사에서 나미르와 사예드가 등에 지고 있던 카메라를 무기인 줄 착각했다고 말했다.

미군 조종사들이 당시에 현장에서 나눈 대화는 헬기 카메라의 영상 못지않게 결정적으로 사건의 진실을 드러내주었다. 30밀리미터 총탄으로 최초의 총격을 가했을 때 이미 12명의 남자들이 목숨을 잃고 흙먼지 이는 바그다드 거리 위로 널브러졌다. 그러자 아파치 헬기 탑승자 한 명이 말했다. "저 새끼들 뒈진 것 좀 봐!" 누군가가 대답했다. "나이스!"[9]

역시 그때까지 알려지지 않았던 사실인데, 두 명의 로이터통신 직원 중 한 사람은 처음 공격에서는 죽지 않고 중상을 입은 채 인도로 어렵사리 기어갔다. 이에 헬기에 탑승한 군인들은 다시 이렇게 말했다. "자, 어서 무기를 위로 조금만 들어 올리면 돼." 그들의 교전규칙에 따르면 적이 무기를 들어 올리면 다시 그를 향해 불을 뿜어도 괜찮았다. 하지만 그 대신 파란색 미니밴이 달려왔고 두 명의 남성이 부상자를 차 안으로 옮기려 했다. 아파치 헬기 탑승자들은 무선으로 2차 공격의 허락을 요청했고, 곧 허락이 떨어졌다. "차량은 제압되었다." 크레이지 호스는 2차 공격을 끝낸 후 이렇게 신고했다. 두 번째 공격으로 사예드 크마그와 미니밴 운전자가 죽었고 뒷좌석에 있던 운전자의 아이들 둘은 중상을 입었다. 브래들리 장갑차를 타고 달려온 지상군이 피격 장소에서 부상당한 아이들을 발견하고 이들을 대피시켜야 한다고 말하자 아파치 탑승자 중 한 사람이 대답했다. "하지만 아이들을 전쟁에 끌어들인 건 그들 잘못이야." 또 누군가가 맞장구쳤다. "맞아!"

긴 분량의 풀버전 비디오는 20분 뒤에 바로 옆 지역에 또 한 번의 총격을 퍼붓는 장면도 보여준다. 여러 명의 남자들이 어떤 건물로 대피하자 아파치 탑승자들은 또다시 공격 허가를 요청하고 헬파이어 미사일 3기를 건물에 발사했다.

이 원본 자료를 바탕으로 제작된 뉴바그다드 폭격을 세세히 밝혀주는 비디오 영상물이 어산지의 지휘 하에 그레티스가타 거리의 집에서 탄생했다. 자원봉사자들은 무선교신 내용을 여러 나라 말로 번역하여 자막으로 만들었다. 로이터통신 직원들은 화살표로 표시하고 '사예드 w/ 카메라'와 '나미르 w/ 카메라'라고 이름을 내보냈다. 각 시퀀스 사이에는 해설 텍스트가 삽입되는데, 그중에는 미군의 공식 입장도 포함되어 있다. 하지만 내용은 객관적이지 않았다. 어산지는 아예 객관성을 추구하지도 않았다. 이는 비디오 타이틀에 관한 논의만 봐도 알 수 있다. 수년 전부터 전쟁의 자기논리와 군의 미화수법에 맞서 싸워

온 어산지는 널리 사용되는 개념인 '부수적 피해(Collateral Damage)'를 빗댄 '부수적 살인(Collateral Murder)'을 비디오 타이틀로 삼자고 주장했다. 어산지가 보기에 이 비디오는 전쟁범죄를 기록한 영상물이므로 '살인'이라는 단어를 써도 정당했다. 적어도 중상을 입고 인도로 피하려 애쓰는 운전자 사예드에 대한 두 번째 공격은 명백한 살인이라고 생각했다. 다른 여러 작업에서도 그랬듯이 그는 비디오 첫 부분에 조지 오웰을 인용했다. "정치의 언어는 거짓이 진실로 들리고 살인이 정당해지고 그냥 흩어질 바람에 결집의 인상을 주는 데 쓰인다." 엔딩 크레딧에는 비르기타 욘스도티르와 롭 공그레이프 외에도 현지 자원봉사자들의 이름이 올라갔고, 비디오 내용에 거의 관여하지 않은 다니엘 슈미트(돔샤이트-베르크)는 '홍보' 담당으로 소개되었다.

어산지는 다소 모순되지만 한편으로는 대중매체를 욕하면서도 또 한편으로는 프로 저널리스트들의 지원을 모색했다. 아이슬란드에서는 방송기자 크리스틴 흐라픈손과 그의 카메라맨 잉기 랑나르 잉가손이 어산지를 도와주었다. 이 두 사람은 처음에 비자를 얻는 데 문제가 있었으나 3월에 결국 바그다드로 날아가 그곳에서 헬기 공격과 관련된 생존자와 목격자들을 찾아다녔다. 비르기타 욘스도티르는 이들의 활동을 '팩트 체커(Fact Checker, 감추어진 진실을 파헤치는 작업—옮긴이)'라고 불렀다.[10]

어산지는 이 민감한 비디오 제작이 이루어지는 내내 극심한 스트레스에 시달렸다. 그는 사실상 24시간 작업에 매달리며 거의 잠도 자지 않고 잘 먹지도 않았다. 욘스도티르는 '벙커(어산지는 그들이 작업하는 작은 집을 이렇게 불렀다)'로 깨끗한 세탁물을 가져다주곤 했는데, 어산지는 심지어 그녀에게 작업하는 상태에서 그대로 이발해달라고 부탁한 적도 있었다.[11] 이런 과도한 스트레스는 당연히 어산지에게 좋지 않은 영향을 미쳤다. 그는 신경이 예민해지고 초조함을 느꼈으며 그와 조직이 아이슬란드에서 감시당하고 있다고 생각했다. 그래서 계획된 발표일 2주 전에 트위터를 통해 4월 5일에 '펜타곤의 은폐된 살인'을 폭로할 것이라고 전 세계에 예고하고, 위키리크스 지지자들을 놀라게 만드는 일련의 암시를 내보냈다. "위키리크스는 현재 미국과 아이슬란드의 공격적인 감시 작전의 대상이다. 비디오 제작을 위한 우리들의 은밀한 모임은 비밀리에 촬영되고 있으며, 우리는 계속 공중폭격 사건에 관한 질문을 받고 있다. 만약 우리에게 무슨 일이 생긴다면 그것은 4월 5일 비디오 때문이다."[12]

곧이어 어산지는 일부 선별된 수신인들에게 셰익스피어의 햄릿 대사에 빗댄 '이 나라 아이슬란드에는 뭔가 낌새가 좋지 않다'라는 제목으로 이메일을 보내 자신의 생각과 의혹들을 더욱 자세히 표현했다. 이메일에 그는 "우리에 대한 정보기관들의 관심에 이제 익숙해졌다"고 쓰고 나서 그럼에도 불구하고 지난 한 달 동안의 '감시활동 강화'에 대해서는 할 말이 있다고 했다. 열일곱 살의 아이슬란드 자원봉사자가 21시간 동안 억류되는 사건이 있었다고 주장했다. 사람들은 그 자원봉사자에게 레이캬비크의 어느 레스토랑 앞에 있는 어산지의 사진들을 보여주며 위키리크스가 이 레스토랑의 뒷문을 이용해 제작팀과 접촉하지 않느냐고 추궁했다고 한다. 또 어산지는 3월 18일 탐사보도 기자들 회의에서 강연하기 위해 아이슬란드 수도에서 노르웨이로 가는 비행기 안에서 두 명의 미 국무부 소속 사람들에게 '추적'당한 일도 썼다. 위키리크스는 그들이 3분 간격으로 탑승수속을 하고 여행가방도 없이

비행기를 탄 사실도 확인했으며, 이와 관련하여 미국과 아이슬란드 당국에 해명을 요구했다고 말했다.[13]

그러나 어산지의 이런 비난을 조사한 아이슬란드 기자들은 감시를 당했다는 그의 주장에 회의를 표명했다. 특히 '어린 자원봉사자' 이야기는 곧 사실과 다르다는 것이 드러났다. 기자들이 조사한 바에 따르면 그 소년은 자기 아버지가 근무하는 회사에 몰래 들어가려다 붙잡힌 것이었다. 그리고 소년의 아버지는 아이슬란드의 미성년자 보호법에 따라 그가 경찰서로 연행될 때 동행했다. 아이슬란드 당국의 설명에 따르면 열일곱 살 소년은 제 편에서 먼저 자신이 사용한 노트북이 위키리크스의 것이라며 사건을 위키리크스와 관련된 방향으로 유도했다고 한다. 이 사건을 담당한 경찰들은 애당초 소년에게 위키리크스에 관한 질문은 전혀 하지도 않았다고 했다. 아이슬란드 법무부도 위키리크스에 대한 조사를 부인했다.[14] 나중에는 어산지 자신도 그 문제에 대해 더 이상 확신하기 힘들다고 말했다. 어산지는 이메일을 보낸 지 이틀 뒤에 트위터를 통해 이렇게 밝혔다. "아이슬란드에서 소년에 대한 심문이 이루어질 때 무슨 일이 있었는지를 놓고 논란이 있습니다. 우리는 이것을 좀 더 명확히 밝히기 위해 노력 중입니다."[15]

그러는 동안에도 '프로젝트 B' 작업은 정신없이 진행됐다. 어산지는 지금까지 해온 방식과 달리 그 비디오를 간단히 인터넷에 올리지 않고 기자회견을 통해 공개하기로 마음먹었다. 회견 장소는 워싱턴 정가의 심장부에 위치한 100여 년 전통의 내셔널프레스클럽 건물로 정했다. 어산지는 상상만으로도 가슴이 벅찼다. 위키리크스가 유서 깊은 기성 저널리즘의 본산지에서 〈워싱턴포스트〉나 〈뉴욕타임스〉 같은 대형 언론사와 대등한 눈높이에서 그들의 자료를 공개하는 것이다. 게다가 그곳은 폭격 희생자의 가족들과 로이터통신과 세상 모든 사람들에게 진실을 은폐하고자 했던 미 국방부 건물에서 불과 몇 킬로미터밖에 떨어지지 않은 곳이기도 했다. 기자회견 날짜도 심사숙고해서 결정했다. 4월 5일은 부활절 월요일이라 조용하고 뉴스거리가 별로 없는 휴일이다. 전 세계에 충격을 주고 관심을 집중시키기에 더없이 좋은 날이었다.

그런데 바로 직전 토요일에 바그다드로 간 크리스틴 흐라픈손과 잉기 랑나르 잉가손으로부터 이메일이 왔다. 이메일은 그들이 폭격으로 중상을 입은 두 아이의 가족을 찾았으며, 아이들의 어머니 알람 압델 후사인이 당시의 가슴 아픈 이야기를 들려주었다는 내용이었다. 그에 따르면 사건이 있던 7월의 그날 아침, 바그다드에서 그녀의 남편 살레는 아이들을 파란 미니밴에 태우고 학교에 데려다주는 중이었다. 그는 학교로 가는 도중에 중상을 입은 로이터통신 운전자를 발견하고는 차를 세우고 그 남자를 도와주려 했다. "남편은 기자를 도와주려 했을 뿐이고 애들도 함께 있었어요. 남편과 아이들은 아무에게도 어떤 짓도 하지 않았어요. 남편이 도대체 무슨 죄를 지은 거죠?" 절망에 빠진 여자는 그렇게 물었다고 했다.

그녀의 남편 살레는 마흔세 살이었고 아들 사야드는 열 살, 여동생 도아하는 다섯 살이다. 소년이 복부에 상처를 입고도 살아남은 것은 정말 천운이었다. 아이들은 아이슬란드 카메라팀에게 몸 전체에 생긴 상처들을 보여주었다. 어머니는 담당 의사의 진단서를 내보이며 아이들이 여전히 심각한 충격 상태이며 값비싼 약을 먹어야 한다고 울며 말했다. 가족은 임대로 살고 있던 집에서 나와 아이들 할아버지의 집

으로 들어가서 생계를 도움받고 있었다. 그리고 미국으로부터는 그때까지 아무런 도움도 받지 못했다.[16]

흐라폰손과 잉가손은 미군이 헬파이어 미사일로 공격했던 집의 주인도 찾아냈다. 그는 은퇴한 영어교사였는데, 이 폭격으로 아내와 딸을 잃었다고 했다. 당시 그 집에는 세 가정이 살고 있었는데 그중 일곱 명이 목숨을 잃었다.

어산지와 제작팀은 바그다드에서 온 새로운 내용을 비디오에 넣을 것인지 여부를 고민했으나 결국 새 자료의 공개를 일단 보류하고 보관하기로 결정했다. 그들은 미군 당국이 사건에 대한 철저한 조사가 이루어졌다고 주장하며 당시에 헬기 탑승자들은 교전규칙을 완벽하게 준수했다는 식으로 자신들의 행동을 정당화시킬 것으로 예상했다. 그때 바그다드에서 새로 보내온 자료들을 인상적으로 공개하자는 것이다.

부활절 일요일에 어산지와 롭 공그레이프는 필요한 물건들을 챙기고 그동안 빌려서 사용하던 레이캬비크의 집을 정리한 뒤 워싱턴행 비행기에 몸을 실었다. 미국 입국에는 아무런 문제가 없었다. 이는 아직까지 위키리크스에 대한 감시가 어산지가 생각했던 것만큼 그렇게 심하지는 않았다는 증거이기도 했다. 다음 날 아침 어산지는 9시 정각에 내셔널프레스클럽의 단상에 섰다. 짙은 색 재킷에 검정 셔츠를 입고 빨간 넥타이를 맨 차림이었다. 40여 명의 기자들이 모였다. 기자들 앞에서 그는 내내 정신을 집중하고 침착한 태도를 유지했다. 기자들은 간단한 설명을 들은 뒤 '부수적 살인' 비디오의 세계 초연을 관람했다. 어산지는 여러 차례 비디오를 멈추며 설명을 곁들였다. 기자회견이 진행되는 동안 위키리크스의 다른 동료들은 직접 만든 웹사이트

collateralmurder.org를 인터넷에 띄웠고, 유튜브 같은 대중적 영상물 공개사이트에도 비디오를 올렸다.

어산지가 보기에 최초의 반응들은 기대했던 대로 긍정적이었다. 기자회견이 끝나고 그는 근처에 있는 알자지라 스튜디오에서 몇 시간 동안 연이어 인터뷰를 했다. 알자지라는 위키리크스의 공개를 톱뉴스로 내보냈다. 어산지의 인터뷰는 전 세계 방송에 자세히 소개되었다. 인터뷰에서 어산지는 자신의 비디오가 명백한 전쟁범죄를 보여주고 있으며, 미군의 교전규칙이 이런 전쟁범죄를 가리는 수단으로 쓰이는 것은 큰 문제가 있다고 말했다.[17] 영국 BBC와의 인터뷰에서 그는 아파치 헬기 내부의 분위기를 지적하면서 조종사들이 마치 비디오 게임을 하고 있는 듯한 느낌을 받았다고 털어놓았다.

그날 저녁 위키리크스 운영진은 몹시 지쳤지만 만족했다. 롭 공그레이프는 자신의 블로그에 이렇게 특별한 팀의 일원이라는 사실이 자랑스럽다고 썼다. 그는 몇 주 동안 자신이 격한 감정의 소용돌이 속에서 숨을 죽이며 작업에 몰두해야 했음을 밝히고 이제 모든 사람들에게 이 소식과 비디오를 퍼뜨려달라고 요청했다.[18]

자료의 진위는 한 번도 의문시되지 않았다. 로이터통신과 AP통신은 화면의 진실성을 확인해주는 익명의 미 국방부 고위 관리들의 말을 인용했다. 로이터통신 편집국장 데이비드 슐레징어는 "이 사건을 다시 수사하기를 바란다"고 말했다. 이는 국제사면위원회의 요구이기도 했다. CNN 같은 다른 매체들은 사건을 보도하기는 했지만 희생된 '로이터 직원들의 가족을 고려하여' 실제 공격 장면은 내보내지 않았다.

처음엔 잠잠하던 비판의 목소리가 곧 커지기 시작했다. 백악관은 일단 별다른 반응을 보이지 않았다. 이틀 뒤 백악관의 로버트 깁스 대변인은 데일리 브리핑에서 한 기자의 질문에 매우 신중하고도 소극적으로 답변했다. 그는 비디오의 영상들이 '매우 노골적이며' 대통령이 이것을 보았는지는 자신도 알지 못한다고 말한 뒤, 이 문제에 대한 다른 질문들에는 대답할 수 없으니 담당 부처인 국방부에 문의하라고 했다. 로버트 게이츠 국방장관도 이에 대해 짤막하게 논평을 했는데, 흥미롭게도 그가 제일 먼저 언급한 것은 비디오 내용이 아니라 위키리크스였다.

게이츠는 "이 사람들은 자기들 마음대로 아무거나 마구 공개하면서 책임을 회피한다"고 분통을 터뜨렸다. 또 문제의 비디오가 '전후 맥락을 모두 가린 채 마치 빨대 구멍으로 들여다보듯이' 전쟁을 보여주고 있다고도 했다. 어쨌든 미 국방부는 이제 자신들에게 투명성에 대한 의지가 있음을 보여주는 어떤 조치를 취하지 않을 수 없게 되었다. 그들은 폭격이 있고 일주일쯤 뒤에 완성된 해당 사건에 대한 내부 조사 보고서를 공개하며, 당시 아파치 헬기 탑승자들은 교전규칙을 준수했으며 아무런 잘못도 저지르지 않았다고 발표했다.

한 TV 토크쇼에서 게이츠는 비디오 내용이 '유익하지 않고' '고통스럽고', 특히 그 다음에 일어난 사건과 관련하여 '불행한' 것임을 인정했다. 그러나 '이 비디오는 그들이 미군에게 총격을 가한 장면은 보여주지 않기 때문에 더 넓은 전후맥락이 결여되어 있다'는 입장을 계속 고수했다.[19]

이후 보수 진영과 전통적으로 군친화적인 집단들은 게이츠와 같은 입장을 취하며 비난의 목소리를 키웠다. 특히 '폭스뉴스'가 그랬다. 어산지와 같은 호주 출신의 루퍼트 머독이 소유한 이 논란도 많고 인기도 많은 뉴스채널은 위키리크스가 의도적으로 "절반의 진실만을 보여준다"고 비난했다. 사건 당시 지상에 있던 남자들 중 두 명이 소총과 대전차 미사일 등의 무기를 가지고 있었는데 '부수적 살인' 비디오는 이런 사실을 보여주지 않았다는 것이다. 어산지는 폭스뉴스와의 인터뷰에서 비디오의 초기 편집본에서는 무기로 보이는 물건들이 언급되었으며 실제로 화면 자료가 불확실함을 인정했다. 하지만 그는 제작팀에서 그것이 카메라 삼각대일 가능성을 제기했으며, 그 밖에도 당시 바그다드의 해당 지역은 전시 상태였기 때문에 개인들의 무기 소지가 특별한 일도 아니었다고 해명했다. 또 어산지는 그것이 실제로 무기였더라도 그 남자들이 단지 그들의 주거 지역을 지키려 했을 뿐일 가능성을 언급하면서, 위키리크스가 전후 맥락을 의도적으로 생략했다는 비난은 '한마디로 웃기는 일'이라고 반박했다.[20]

위키리크스와 비디오에 대한 논란은 두 진영으로 나뉘어 벌어졌다. 유명 잡지 〈더 애틀랜틱〉은 이를 '아부 구라이브의 영상 이후 권력남용에 관한 가장 치명적인 자료'라고 평했다. 반면 〈위클리스탠더드〉와 같은 다른 매체들은 당시 이 남자들 무리를 제외하곤 거리가 눈에 띄게 텅 비어 있는 점을 지적하면서, 이는 인근에서 전투가 벌어지고 있음을 강력히 시사하는 것이라고 말했다. 희생된 로이터통신의 두 직원에 대해서도 그들이 그날 아침 자신들의 활동을 아무에게도 알리지 않았으며 방탄소끼노 입지 않았다고 비판했다.

여러 기성 매체들이 이처럼 위키리크스의 비디오 폭로 성과를 오랫동안 인정하지 않으려 한 것은 실로 놀라운 일이다. 이것은 엄연히 저널리즘직 딤사보도였으며 만약 나른 매제에서 이런 성과를 올렸다면 그들은 이를 대대적으로 보도했을 것이다.

지루한 논란이 계속 이어지자 어산지의 인내심은 바닥을 드러냈다. 그는 다시 자신이 좋아하는 소통수단인 트위터로 돌아가서 게이츠 장관을 '거짓말쟁이'라고 비난하며 맹공격을 퍼부었다. 그리고 다른 언론들에게도 "이 문제를 더 이상 이용해먹지 말라"고 요구했다.

비판이 예상처럼 미국의 애국주의 전선에서만 나온 것은 아니었다. 위키리크스의 동조자들 중에도 비디오 자료의 편집과 가치평가가 담긴 제목에 동의하지 않는 사람들이 있었다. 그들은 원본 자료만 공개한다는 처음의 순수한 원칙에 등을 돌린 것은 명백한 잘못이라고 생각했다. 그들은 위키리크스의 이번 폭로가 지나치게 '저널리즘적'이었다고 비난했다. 어산지의 단독 결정 방식에 대해 처음으로 내부에서 불만의 소리가 나온 것이다. 하지만 이때까지만 해도 어산지는 미편집 원본 자료도 동시에 온라인에 올렸다는 말로 내부 비판자들의 불만을 어렵지 않게 가라앉힐 수 있었다.

어산지는 '부수적 살인' 비디오를 공개하고 일주일 뒤에 미국 코미디 센트럴 TV 방송국의 인기 있는 풍자 뉴스쇼 〈콜버트 리포트〉에 출연하여 자신의 입장을 방어했다. 프로그램 진행자 스티븐 콜버트는 어산지에게 '부수적 살인'은 더 이상 위키리크스가 표방하는 '정보 공개'와 관계가 없다고 비판했다. 어산지는 비판에 동의하지 않았다. 그는 위키리크스가 모든 수단을 다 동원해서 정보원을 보호해주기로 약속할 뿐만 아니라 "그들이 우리에게 넘겨주는 자료에서 최대한의 정치적으로 가능한 것을 끌어내겠다는 약속도 한다"고 말했다. 콜버트가 다시 물었다. "그렇다면 '부수적 살인'은 정치적 영향력을 노린 것입니까?"

어산지는 "물론, 당연히 그렇다"고 대답했다. 그러자 콜버트는 그런 '감정적 조작'이 놀랍다며, 사람들은 이미 제목에서 큰 영향을 받을 것이고, 따라서 객관적인 풀버전 동영상은 들여다보지 않을 거라고 지적했다. 그러자 어산지는 웃으며 말했다. "실제로 지금까지 사이트 방문자 10명 중 한 명꼴로만 풀버전을 봤더군요."[21]

그는 기자들도 대부분 '부수적 살인' 비디오만 보았을 것이라고 확신했다. 그리고 언론의 반응을 볼 때 최대한 쉽게 이해할 수 있고 쉽게 송출할 수 있는 비디오 버전을 만든 자신의 전략이 옳았다고 생각했다. 그가 신랄하게 지적했듯이 언론보도는 실제로 대부분 짧은 버전에서 설명과 함께 보여준 두 차례의 공격에만 집중되어 있었다. 풀버전에만 있는 헬파이어 미사일을 이용한 세 번째 공격에 대해 보도하는 매체가 거의 없었다. 건물 안에 여러 사람이 있었고, 그 건물에서 이렇다 할 공격이 없는데도 폭격을 감행한 것은 법적으로 미군에게 대단히 민감한 사안이 될 수 있는데도 불구하고 그랬다. 또 위키리크스가 관련 교전규칙을 모두 모아서 collateralmurder.org에 올려놓기까지 했는데도 교전규칙 위반이 없었다는 미군의 공식 주장을 비판적으로 철저히 파헤치는 기자는 찾아볼 수 없었다.[22]

논란이 한창일 때 어산지를 비롯하여 그 누구도 생각지 못했던 일이 벌어졌다. 4월 15일 문제의 시기에 바그다드에 주둔하고 있었던 두 명의 미군 병사가 '화해와 책임'의 표시로 이라크 국민에게 보내는 공개 편지를 인터넷에 올린 것이다. 이선 맥코드와 조시 스티버는 2007년 7월 12일 바그다드 동부에서 벌어진 사건에 연루된 부대에서 복무하고 있었다. 맥코드는 폭격이 성공한 다음 브래들리 장갑차를 타고 제일 먼저 현장에 도착한 지상군 소속 병사였다. 그는 중상을 입은 아이들을 미니밴에서 구출하는 일을 도왔다. 지금은 전역한 맥코드와 스티버는 편지에서 그들의 말과 행동이 잃어버린 것을 되살릴 수 없다는 사실을 잘 안다고 말하고, 위키리크스의 비디오는 이라크전에서 '매일' 일어날 수 있는 사건을 보여주는 것이라고 밝혔다. 두 퇴역 병사에 따르면 이 비디오는 미국이 그 지역에서 벌이고 있는 전쟁의 성격과 방식을 그대로 보여주고 있었다. 그들은 아이들의 어머니에 대해 이런 메시지도 남겼다. "비디오에 나오는 군인은 그녀의 남편이 아이들을 전장에 데리고 오지 말았어야 한다고 말합니다. 그러나 아이들이 있는 근처에서 전투를 벌인 책임은 온전히 우리의 몫입니다."[23]

'부수적 살인' 비디오의 공개와 이를 둘러싼 논란은 위키리크스와 어산지에게 모든 것을 바꾸어놓았다. 우선 위키리크스의 서버 용량이 곧 한계에 달했다. 공식적으로 '18세 이상'만 출입이 허락되는 유튜브 사이트 한 곳에서만 이 비디오는 2010년 말까지 거의 1000만 번에 육박하는 조회수를 기록했다.

통계사이트인 '구글 인사이트'에 따르면 비디오 공개 후 며칠간 '위키리크스'는 구글 검색어 정상에 올랐다. 호주 출신의 전직 해커 줄리언 어산지를 아는 사람은 점점 더 늘어났다. 생전 처음으로 미국에서 길을 가다 처음 보는 사람이 그를 알아보고 말을 걸어오기도 했다. '부수적 살인'이 아니라 위키리크스와 이 조직을 이끄는 수수께끼의 인물에 더 관심을 갖고 보도하려는 매체들도 늘어갔다.

어산지에게 '프로젝트 B'는 일단 만족스러운 것이었다. 모든 일이 그의 계획대로 착착 진행되는 듯이 보였다. 그것은 그 자신과 소수의 핵심 멤버들만 아는 계획이었다. 그런데 뜻하지 않은 일들이 벌어지기 시작했다. 한 달쯤 뒤에 그것은 "지금껏 단 한 번도 우리의 정보원이 노출된 적이 없다"는 위키리크스의 가장 핵심적인 약속을 뿌리째 뒤흔드는 재앙으로 나타났다.

미국 역사상 최대의 배신

"힐러리 클린턴과 전 세계 수천 명의 외교관들은
어느 날 아침 눈을 떴더니 그들의 비밀 외교전문이
통째로 일반에 공개된 사실에 심장마비를 일으킬 것이다."
_ 위키리크스의 미 국무부 비밀 외교전문 공개와 관련한 브래들리 매닝의 진술

오클라호마의 크레센트는 인구 1300명 정도의 작은 도시로 미국의 '바이블 벨트' 한가운데 위치하고 있다. 이곳 주민은 88퍼센트가 백인이고 독실한 기독교인이며 보수적이다. 2008년 존 매케인과 버락 오바마가 대선에서 붙었을 때 이곳의 투표 결과는 사람들의 예상을 전혀 벗어나지 않았다. 전체 주민의 65.6퍼센트가 베트남 참전용사인 백인 공화당 후보 존 매케인을 찍었다.

이 작은 도시가 전국적으로 헤드라인을 장식하는 일은 거의 없었다. 이곳에서 벌어진 가장 큰 사건은 1970년대에 에너지기업 커-맥기(Kerr-McGee)의 자회사 시마론(Cimarron)이 근처의 공장에서 미국 원자력발전소용 플루토늄 연료봉을 재처리하던 것과 관련된 일이다.

1974년 11월 시마론의 직원 카렌 실크우드는 계측장치가 돌연 높은 방사능 오염도를 가리키고 있다는 사실을 발견했다. 추가 조사를 해보니 그녀의 집에서도 높은 방사능 수치가 확인되었다. 실크우드는 노조 활동을 하고 있었는데 방사능 노출이 회사의 안전조치가 허술한 탓이라고 확신했다. 그녀는 가까운 오클라호마 시티에서 〈뉴욕타임스〉 기자와 만나 이 사건에 관해 이야기하기로 약속했다. 그러나 같은 날 저녁 그녀가 몰던 자동차가 도로를 이탈하는 사고가 나고 그녀는 사망했다. 경찰은 사망자의 잘못으로 간주하여 그녀가 졸음운전을 했으리라고 추정했다. 그러나 이런 해석에 곧 의혹이 제기되었다.

사고와 무관한 그녀의 혼다 시빅자동차 뒷부분에서도 부딪친 흔적이 발견되었는데 그곳은 그전까지 멀쩡했기 때문에 사람들은 다른 차가 그녀의 차를 뒤에서 들이받아서 도로 밖으로 밀어냈을 것이라고 추측했다. 배후 조종자에 대해서는 회사 수뇌부에서부터 정보기관까지 이런저런 시나리오와 추측들이 나돌았다. 이 내부고발자의 의문사는 여러 책의 소재가 되었고, 메릴 스트립이 주인공을 맡은 1983년 할리우드 영화 〈실크우드〉도 이 실화를 바탕으로 제작되었다.

이 영화는 크레센트의 학교에서는 지금까지도 수업에서 필수 교재로 다루어지고 있다. 그리고 1990년대에 이 도시 북단의 아담한 2층집에서 부모와 누나와 함께 살던 작고 허약한 어린 학생 하나도 이 영화를 보았다. 그가 바로 브래들리 매닝이다. 매닝이 카렌 실크우드의 이야기에서 정말로 어떤 영감을 받았는지 어떤지는 당분간은 직접 물어볼 수 없을 것이다. 2010년 5월 기밀누설죄로 미군 교도소에 수감되었기 때문이다. 이것은 아마도 미국 역사상 가장 큰 기밀누설일 것이다.

그는 아파치 헬기 비디오를 비롯하여 많은 비밀 자료들을 위키리크스에게 건네주었다.

　브래들리 매닝이 1987년에 태어난 크레센트에서는 처음에 아무도 이 사실을 믿으려 하지 않았다. 물론 매닝이 어릴 적부터 조금 눈에 띄는 아이이기는 했다. 그는 늘 또래 아이들보다 체구는 작고 야위었지만 훨씬 더 똑똑했다. 그리고 특히 그 지역 사람들의 시각에서 볼 때 아주 특이한 생각을 갖고 있었는데, 매닝은 그것을 남들에게 거리낌 없이 밝히고 다녔다. 예를 들어 그는 다윈의 진화론이 옳으며 인간과 원숭이의 조상은 같다고 확신했다. 또 학교에서 자신이 무신론자라고 주장했다.[24] 그는 성경을 읽어야 할 수 있는 숙제는 거부했고, 심지어 미국 공립학교에서는 일상적으로 행해지는 국가와 국기에 대한 맹세도 거부했다. 특히 미국이 공산주의를 극심하게 탄압하던 '마녀사냥' 시절에 추가로 삽입된 'One Nation under God'이라는 구절은 절대로 입에 올리지 않았다. 그는 어릴 때부터 가톨릭 교육을 받고 자랐지만 종교교사의 말은 한마디도 믿지 않았고, 대신 인문주의적 가치들을 신봉했다고 한다. '주민수보다 교회의 의자수가 더 많은' 크레센트에서 그는 도시 전체를 통틀어 유일하게 기독교를 믿지 않는 주민이었다. 아무튼 매닝은 철저한 아웃사이더였다. 또 이미 열세 살 때 친한 친구들에게 자신이 동성애자라고 커밍아웃했는데, 이 역시 그 자신에게 절대로 유리하지 않은 행동이었다.

　그의 부모는 어머니가 나고 자란 영국 웨일즈에서 처음 만났다. 당시 그의 미국인 아버지는 브로디에 있는 코더 미 해군부대에서 복무하고 있었다. 두 사람은 1979년에 함께 미국으로 건너와서 딸을 낳았다. 그 다음에는 브래들리가 세상에 태어났다. 그는 자신이 힘든 소년 시절을 보냈다고 말했다. 부모가 너무 자신들 일에만 신경을 쓰고 자녀 양육에 소홀했기 때문에 열한 살 위의 누나가 자신을 거의 도맡아서 키웠다고 했다.25 하지만 이웃들의 말은 조금 다르다. 그들은 그의 어머니가 아들이 소풍을 가는 날에 넉넉히 돈을 쥐어주고 먹을 것을 꼼꼼히 챙겨주는 등 잘 돌봐주었다고 말했다. 권위적인 아버지와의 관계는 좀 더 어려웠던 것 같지만, 어차피 군에 복무 중인 아버지는 자주 집을 비웠다.

매닝에 따르면 부모의 부부관계는 술과 아버지의 부재로 점점 더 악화되다가 결국 2001년 끔찍한 이혼전쟁을 치르며 끝나버렸다고 한다.26 이때의 충격으로 어머니는 당시 8학년 학생이던 브래들리와 함께 잠시 크레센트 침례교회 근처의 작은 임대주택으로 옮겨 가 살다가 고향인 웨일즈의 하버포드웨스트로 돌아갔다. 하버포드웨스트는 오클라호마의 크레센트보다 좀 더 크고 활기차고 관용적인 도시였지만 사춘기가 막 시작된 열세 살 소년에게 이 새로운 시작은 결코 해방이 아니었다. 브래들리는 부모의 이혼으로 고통을 받았고 전교생이 V네크의 초록색 스웨터를 교복으로 입는 태스커 밀워드 학교에서 혼자 쓸쓸하게 학교생활을 했다. 학교 친구들은 그가 여학생에게 관심이 없다는 이유로, 그리고 미국식 억양에다 설탕투성이의 '닥터 페퍼(Dr Pepper)' 같은 음료를 좋아한다며 놀렸다.27

어산지와 마찬가지로 매닝에게도 컴퓨터는 자유롭고 안전하고 놀림 받지 않는 은신처가 되어주었다. 크레센트 시절에도 그는 2층에서 친구들과 및 시간씩 컴퓨터로 슈퍼마리오와 동키콩 게임을 즐기곤 했었다.28

웨일즈로 이주할 무렵 매닝은 이미 컴퓨터의 고수였으며, 학교에서도 컴퓨터 모니터 앞에서 가장 많은 시간을 보내는 '너드(Nerd)'로 유명했다. 매닝은 가상게임의 세계에 깊이 빠져들었는데, 당시 친구의 말에 따르면 특히 제임스 본드 역할을 좋아해서 〈골든 아이〉 같은 007 시리즈는 몇 번씩이나 보았다고 한다. 이 무렵 매닝은 해킹 기술도 익혔다.

학창 시절 친구 톰 다이어는 매닝을 정의감이 남달리 뛰어나고 분명한 도덕적 기준을 갖고 있었으며 항상 자신의 신념에 충실했던 학생으로 기억했다.29 금발머리의 가냘픈 소년 매닝은 크레센트에서와 마찬가지로 영국에서도 성적은 평균적인 수준에 머물렀다. 물론 같은 반이었던 친구들은 그가 다른 또래들보다 유독 정치에 관심이 많았고 머리도 좋았다고 입을 모은다. 그것은 사실이다. 지능검사에서 그는 다른 학생들보다 훨씬 높은 123점을 받았다.30 매닝의 가장 친한 친구 중 하나인 조던 데이비스는 이런 좋은 머리가 그를 "아웃사이더로 만들었다"고 말했다.31

2005년 매닝의 어머니는 아들을 다시 미국의 아버지와 누나에게로 보냈다. 그러나 이 가족 구성 역시 오래 유지되지 못했다. 아버지는 곧 재혼을 했고 새어머니는 매닝에게 손톱만큼의 관심도 주지 않았다.32

해박한 컴퓨터 지식 덕택에 그는 오클라호마시티의 한 소프트웨어 회사에 일자리를 얻었는데, 그 직장의 상사도 그를 '매우 똑똑한' 직원으로 기억했다. 그러나 그는 매닝이 종종 감정을 자제하지 못하고 성급하게 행동했다고 덧붙였다.33 그의 아버지는 아들의 성적 취향을 알고 난 뒤 당장 집에서 내쫓아버렸다. 매닝은 200킬로미터 정도 떨어진 털사(Tulsa)로 가서 친구 집에 기거하며 시급 6.5달러를 받고 피자집에서 종업원 노릇을 하거나 기타를 파는 상점에서 일했다.

매닝은 2006년에 낡고 찌그러진 빨간 화물차를 타고 미국을 횡단하는 여행에 나선다. 이때 그는 차에서 먹고 자면서 노숙자와 다름없는 생활을 했다. 그런 식으로 시카고에 잠시 머물다 포토맥에 있는 이모의 집에서 드디어 안식처를 얻게 된다. 그곳에서 그는 '아베크롬비&피치'라는 체인형 의류매장에서 아르바이트로 돈을 벌어 시카고에서 열리는 뮤직 페스티벌을 보러 가기도 했다.

2007년 여름 매닝은 아버지가 그랬던 것처럼 입대를 결심한다. 당시 그는 심신이 모두 지쳐 있었고 '절망적인 상태에서 인생에서 뭔가를 이루어보려고 애쓰고 있었다.'[34] 그는 이모에게 자신의 입대 계획을 이야기하고 4년 계약이 끝나는 2011년 10월까지 군대에서 돈을 벌어 그 돈으로 대학을 갈 작정이라고 말했다. 그가 직업군인이 되겠다고 했을 때 그의 오랜 친구들과 친척들은 모두 깜짝 놀랐다. 몸이 워낙 허약한 탓에 그가 군인이 되리라고는 미처 아무도 생각하지 못했기 때문이다.

그러나 매닝은 입대를 위한 모든 과정을 성공리에 끝마치고 나중에는 보안 분야에 투입되기 위해 반드시 필요한 신원조회도 통과했다. 그가 입대를 위한 기본교육을 받은 곳은 미주리의 포트 레너드우드 훈련소였다.

동성애자로서 군생활이 쉽지 않으리라는 사실은 지원하기 전부터 예상했던 일이었지만 힘겨운 기본교육은 이를 더욱 확실하게 인식시켜 주었다. 군대는 동성애자에게는 억압적인 고용주였다. 게다가 사회적 약자 계층이 주로 군대에 자원한다는 사실은 그에게 문제를 더욱 어렵게 만들었다. 만약 매닝이 공개적으로 동성애를 고백했다면 그는 입대조차 할 수 없었을 것이다. 지금은 위헌 판결을 받아 수정되었지만 당시 연방법은 동성애자의 미군 지원을 법으로 금지하고 있었다. 동성애가 군의 '높은 도덕적 기준에 비추어 수용 불가의 위험'이라는 게 그 이유였다. 그럼에도 불구하고 매닝처럼 입대하는 경우에는 동일한 법률에 의거하여 군복무 기간 중 자신의 성적 취향에 대해 말하는 것이 엄격히 금지되었고, 상관은 이와 관련하여 부하를 조사하거나 탐문할 수 없었다. 간단히 말해 "묻지도 말고 말하지도 말라"는 게 미군 내에서 통용되는 일반적인 규칙이었다.

매닝이 미군에서 일할 수 있었던 것은 무엇보다도 그의 컴퓨터 지식 덕택이었다. 그는 애리조나로 이동하여 포트 후아추카에서 16주 과정의 정보분석가 교육을 수료했다. 이곳에서 소집자들은 기상정보 다루는 법, 지도 해석하는 법, 군사 데이터베이스 다루는 법 등을 배웠다. 나중에 현장에 투입이 될 때 그들의 주된 임무는 다양한 정보 소스를 바탕으로 '정보보고서'를 작성하는 것이었다. 즉 사령부에 적의 동향, 가능한 공격 시나리오, 장비, 전투행위 시에 발생할 피해 등에 관한 정보를 제공하는 일이다.

교육과정이 끝나기 2주 전쯤 매닝은 여러 명의 동료로부터 비난을 받음으로써 군대에서 처음으로 남의 이목을 끌게 된다. 그들에 따르면 매닝은 그의 2인실 방에서 친구와 친지들을 위해 자신이 교육받는 모습을 짧은 동영상에 담아 유튜브에 올렸다고 한다. 그런데 짧은 동영상에서 매닝은 비록 어떤 중요한 기밀사항을 발설하지는 않았지만 포트 후아추카 기지의 미군 정보센터 내부 구조에 대해 함부로 떠들어댔다는 것이다. 그곳은 기밀로 분류된 자료들이 처리되는 보안 등급이 특히 높은 공간이었다. 포트 후아추카 기지는 나중에 우리에게 이런 사실을 확인해주었지만 자세한 내용은 언급하지 않았다. 대변인의 말에 따르면 매닝은 상응하는 처벌을 받았지만 재판에 회부되지는 않았다고 한다.[35]

교육과정을 수료하고 '정보분석가'가 된 젊은 병사 매닝은 '톱 시크릿' 보안 등급의 정보에 접근할 수 있는 자격을 얻어 뉴욕 주 포트 드럼 기지에 배치되었다. 이곳은 부대들이 본격적으로 이라크에 투입되기 전에 거치는 중간 거점이었다. 그런데 이곳에서 매닝은 화려한 삶을 즐기는 캐나다 청년을 만나 사랑에 빠지게 된다. 이 금발의 곱슬머리 청년은 브랜다이스대학 학생으로 콘트라베이스와 오보에, 클라리넷 등을 잘 연주했다. 그는 '캐네디언 보이'라는 이름으로 페이스북이나 트위터에 자신이 동성애자임을 공공연히 밝히고 있었다.

매닝은 시간이 날 때마다 그를 만나러 보스턴 근처의 월섬(Waltham)으로 갔다. 매닝의 새 친구는 전쟁을 반대했으며 미군과 미국의 외교정책에 대해서도 비판적 태도를 갖고 있었다. 게다가 발이 아주 넓었다. 그를 통해 매닝은 MIT 공과대학 학생들을 사귀어 그들과 함께 창의적인 컴퓨터 기술에 대한 열정을 나누고 해킹 경험도 공유할 수 있었다. 군대의 엄격한 규정 탓에 새로운 남자친구와의 관계에 조심해야 했지만 그는 자유로운 동부해안의 학생들과의 이런 만남이 즐겁고 편했으며 쉽게 그들과 섞였다. 그는 드디어 자신이 있을 곳을 찾았다고 느꼈다. 매닝이 빡빡 깎은 군인 머리를 하고 남자친구와 찍은 사진에는 금발의 청년이 매닝을 포옹하고 있고 매닝도 웃으며 자기 파트너를 두 팔로 꼭 껴안고 있는 모습이 보인다.

이 시기에 매닝은 "묻지도 말고 말하지도 말라"는 엄격한 규정에 의해 그에게 적지 않은 위험을 초래할 수도 있는 내용들을 자주 페이스북에 올렸다. 한번은 이런 글도 썼다. "브래들리 매닝은 지금 외로워. 네가 그리워, 타일러." 매닝은 심지어 캘리포니아에서 동성 간의 결혼을 다시 금지시키려는 일명 '주민발의안 8'에 대해서 공개적으로 반대 입장을 표하기도 했다. 그는 지역 웹뉴스와 익명으로 인터뷰를 하여 "묻지도 말고 말하지도 말라"는 규정은 군생활에서 가장 끔찍한 것이라며 자신은 "이중생활을 하고 있다"고 밝혔다.36

자유분방한 학생들과 예술가들의 세계로의 일탈과 위계질서, 명령, 규율 준수로 대변되는 군생활을 병행하는 매닝의 생활은 몹시 모순에 찬 것이었지만, 그가 이런 개인적인 행복을 즐길 시간은 그리 많이 남아 있지 않았다. 2009년 10월 말 브래들리 매닝은 정보분석가의 보직을 받고 군용수송기편으로 이라크로 날아간다. 그는 바그다드 동쪽 65킬로미터 지점, 이란 국경에서는 약 110킬로미터 떨어진 사막 한가운데 세워진 '해머' 미군 기지에 배치되었다.

기지에는 병사들의 휴식을 위해 다수의 카페와 TV룸, 당구대, 비디오게임기 따위가 마련되어 있었다. 또 각종 스포츠 시설도 있었다. 그러나 대부분 마초 성향인 동료들과 잘 어울리지 못하는 매닝은 이듬해부터 대부분의 시간을 컴퓨터 앞에서 보낸다. 근무시간에는 자신의 보안 등급이 허용하는 수많은 기밀 네트워크에 들어가서 일했고, 개인시간에는 이메일과 채팅으로 이라크 사막의 고독을 떨쳐버리려 애썼다.

매닝은 이라크에서 맡은 자신의 역할이 결코 행복을 주지 않으리라는 사실을 금방 깨달은 것 같았다. 적어도 채팅 중에는 그런 절망감을 감추지 않았다. 나중에는 "나는 페인이다"라고 선언하기도 했다. 페이스북에도 그는 자주 알쏭달쏭한 말들을 남겼다. 한번은 "브래들리 매닝은 장비의 부품이 아니다"라고 비장하게 말하더니, 다음번에는 '군사정보부'는 그 자체로 모순이라고 우스갯소리를 했다.37

근무일에 매닝은 보안 출입문을 통해 출근하여 헤드셋을 쓰고 SIPRNet에 로그인한다. SIPRNet은 보안이 특별히 강화된 네트워크로 이를 통해 펜타곤과 미 국무부의 전 세계 컴퓨터들이 서로 연결된다. SIPRNet은 특히 미군의 표준 커뮤니케이션 수단으로 개발되었다. 군대의 사령관들이 이제 더 이상 보안전화를 쓰지 않고 그에 못지않게 안전한 네트워크를 이용하여 그들의 전술과 작전 명령을 전달하고 이메일을 발송했다.

SIPRNet을 통해 매닝은 'Secret-Noforn'(외국 정부에 공개 불가-옮긴이)로 분류된 펜타곤과 국무부의 무수히 많은 기밀 서류들과 영상물에 접근할 수 있었다. 동부해안의 친구들과 함께 시간을 보내고만 싶은 불행한 젊은 병사는 국가기밀이 가득한 전자바다를 매일같이 항해하고 다녔다. 그리고 그것은 모든 해커들이 꿈꾸는 일이기도 했다.

2010년 5월 22일 자정 무렵, 매닝은 여가시간에 늘 그렇듯이 온라인 상태였다. 그는 자판에 '가정적 질문'이라는 단어를 치고 있었다. 그는 한 번도 직접 만난 적이 없는 어떤 사람과 채팅 중이었다. "만약 당신이 8개월 이상 일주일에 7일을 매일 14시간씩 기밀 네트워크에 접근할 수 있다면 당신은 무엇을 하겠어요?"38

바로 그 무렵 이라크 사막에서는 이 젊은 병사로 하여금 스스로 그 질문에 분명히 대답하게 만드는 어떤 계기가 발생했다. 이때부터 매닝은 해머 기지에서 자신에게 주어진 일상적인 임무와 아무 관계도 없는 흥미로운 정보들을 계획적으로 검색하기로 결심한다. 그는 그것이 자신의 '모든 것을 바꾸어놓은' 사건이었다고 말했다.

매닝의 상관은 그에게 현지 경찰이 이라크인 15명을 체포한 사건을 조사하라고 명령했다. 이라크 정보당국은 그들이 '반이라크적인 글'을 배포했다고 비난했다. 매닝은 번역가의 도움으로 그 글을 읽으며 말리키 총리 내각에서 일어나는 부정부패에 대한 설득력 있는 설명이라고 생각했다. 그가 보기에 그것은 내부자의 정보를 입수하여 쓴 글이 분명했다. "나는 상관에게 가서 어떤 일이 벌어지고 있는지 설명하려고 했어요. 하지만 그는 도무지 들으려 하지 않더군요." 그 장교는 쓸데없는 소리 지껄이지 말고 이라크 경찰이 그런 놈들을 더 많이 잡아들일 수 있도록 도와주는 방안이나 생각하라고 했다. "그때 이후로 나는 모든 걸 다른 시각에서 보기 시작했죠." 물론 그는 이전에도 많은 의문을 품고 있었다. 하지만 바로 그 순간에 그는 '그 자신이 완전히 거부하는 무엇인가의 능동적인 부분이 되어버렸다는 사실'을 분명히 깨달았다고 한다. 이처럼 매닝은 자신의 행동을 철저히 정치적으로 설명하고 있는데, 흥미롭게도 나중에 대다수 여론은 한결같이 그의 행동을 병적인 사랑과 절망에서 나온 것으로 보려고 했다.

매닝은 그 이후의 행동에 대해서도 채팅에서 자세히 설명했다. 하지만 설명의 진위 여부는 더 이상 독립적으로 확인할 수 없는 성질의 것이었다. 채팅 문건이 매닝을 FBI에 밀고한 해커 출신의 사내에게서 나온 것이고 내용도 지금껏 부분적으로만 공개되었기 때문이다.[39] 그러나 검토 가능한 것들은 모두 사실로 밝혀졌으며 이야기 내용도 앞뒤가 맞고 설득력이 있었다.

매닝은 채팅에서 어떻게 미군 아파치 헬기의 바그다드 공격 비디오를 손에 넣게 되었는지 자세히 설명했다. 그는 여러 차례 비디오를 본 뒤 인터넷에서 이 사건에 관한 자료를 찾다가 〈뉴욕타임스〉의 기사를 하나 발견한다.[40] 그 직전에 위키리크스에도 주목하게 되었다고 한다. 2009년 11월 25일 위키리크스는 2001년 9월 11일과 관련된 57만 건의 문자메시지들을 공개했는데, 매닝은 이 사건에 매료되었다. 정보분석 훈련을 받은 덕분에 매닝은 저 극적인 시간 속에서 오간 문자메시지들의 출처가 국가안보국 NSA의 기밀 데이터베이스임을 단박에 알아차렸다. "그 순간 나도 뭔가 기여할 수 있다는 사실이 확실하게 느껴졌죠."

특수 보안장치가 설치된 네트워크 환경에서 기밀 정보를 빼내겠다는 계획을 세우는 것과 실제로 그 계획을 실행에 옮기는 것은 전혀 다른 차원의 일이다. 미군은 당연히 이런 종류의 정보 유출을 막기 위해 필요한 모든 조치를 취한다. 일례로 '해머' 기지의 군인들은 USB 스틱을 컴퓨터에 연결해서 사용할 수 없다. 크기가 작아 쉽게 밀반출할 수 있기 때문이다. 또 매닝과 그의 동료들이 군대의 기밀 네트워크에 접근할 때 사용하는 컴퓨터는 일반 인터넷과 연결되어 있지 않다. 하지만 컴퓨터 전문가인 매닝은 곧 커다란 보안상의 허점을 발견한다. 각 컴퓨터 워크스테이션에는 CD와 DVD 드라이브가 하나씩 달려 있는데, 이를 통해 데이터를 읽을 수 있을 뿐만 아니라 저장도 할 수 있었다. 그래서 부대에서는 다들 영화나 음악 따위가 담긴 CD를 들고 다녔다.

다시 말해 다시쓰기가 가능한 CD를 '레이디 가가'의 음악 CD로 만들어서 가지고 출근하는 일은 아주 간단했다. 그 다음 노래를 삭제하고 네트워크의 데이터로 덮어쓰기를 하면 그걸로 끝이었다. "나는 레이디 가가의 노래 '텔레폰'에 맞춰 입술을 움직이면서 미국 역사상 가장 엄청난 도둑질을 했어요." 이렇게 간단하고 이렇게 평범했다. 아무도 의심하지 않았고, 굳이 뭘 감출 필요도 없었다.

그런데 도둑질한 데이터를 눈에 띄지 않게 사막의 군사기지에서 빼내 오려면 어떻게 해야 할까? 매닝은 이번에도 멋진 해결책을 찾았다. 그리고 이 해법도 이라크에서 컴퓨터 채팅을 하는 동안 신나게 떠벌였다. 데이터의 수신자가 누구인지도 함께.

보안 네트워크에 있는 비디오를 CD에 내려받은 지 약 6주가 지난 뒤에 매닝은 그것을 인터넷을 통해 최대한 드러나지 않게 전송한다. 채팅 문건에 따르면 매닝은 이때 익명화 네트워크 토르를 이용하여 'wl.org'의 발송 시스템과 연결되었다고 한다. wl.org는 물론 wikileaks.org를 의미했다. 또 다른 곳에서는 '백색 금발의 호주 사람'과 접촉했다고도 썼는데, 물론 어산지를 말하는 것이었다.

매닝은 흔적을 없애기 위해 나중에 CD들을 삭제했다. 그는 철저히 암호 기술을 사용했으며 데이터를 무척 신중히 다루었기 때문에 그를 찾아내기까지 몇 개월, 어쩌면 몇 년이 걸릴 수도 있었다. 아니, 비디오의 정보원은 영원히 안개 속으로 사라질 수도 있었다. 사건이 터진 지 33년 만에 스스로 나타나 자신이 〈워싱턴포스트〉의 전설적인 '딥 스로트'였다고 고백한 워터게이트의 내부고발자 마크 펠트 전 FBI 부국장처럼 말이다. 그러나 기술적인 문제를 다룰 때와 달리 사회적인 영역에서 매닝은 매우 부주의했다. 특히 채팅할 때의 그는 신중함과 거리가 너무 멀었다. 곧 그가 단 한 번도 직접 만난 적이 없는 채팅 파트너는 이미 매닝이란 인물과 그의 정신세계, 그리고 그의 비밀에 대해서 이 세상 그 누구보다도 잘 알게 되었다.

아드리안 라모는 마른 체구를 지닌 스물아홉 살의 청년으로 캘리포니아에 거주했다. 2010년 5월까지도 해커들 사이에는 아직 그의 이름을 어렴풋이 기억하는 사람들이 있었다. 짙은 색 머리의 캘리포니아 청년 라모가 지금까지 일으킨 가장 큰 사건은 2002년 〈뉴욕타임스〉의 내부 네트워크를 뚫고 들어가 이 잡지에서 관리하는 인물들과 저자들의 내부 데이터베이스에 자신의 이름을 올리고 배우 워런 비티 등의 전화번호를 빼돌린 것이었다. 그보다 한 해 전에는 인터넷 서비스 야후에서 보안의 허점을 이용하여 그곳에 실린 뉴스에 자기 글을 덧붙이기도 했다. 당시에 언론은 일정하지 않은 그의 생활방식 때문에 '세계에서 가장 뛰어난 노숙자 해커'라거나 별 볼일 없는 능력으로 사람들의 주목을 받고 싶어 안달이 난 '협잡꾼' 따위의 별명을 그에게 붙여주었다. 그의 이런 짓거리는 별로 큰 해가 되지 않았음에도 불구하고 FBI가 수사에 동원되었고, 2004년 뉴욕의 법정은 그에게 6개월간 가택연금과 집행유예 2년을 선고했다.[41]

그때부터 라모는 인터넷과 관련된 모임에 늘 '전직 해커'라는 수식어와 함께 등장했다. 이것은 어산지에게도 자주 붙는 명칭이다. 코모도어64로 처음 컴퓨터를 배우고 고정 주거지 없이 떠돌이 삶을 산 것도 똑같다. 하지만 둘의 공통점은 여기까지다. 라모는 사실 상업적인 목적에만 관심이 있었으며, 가끔씩 자신이 찾아낸 보안상의 결함을 해결하는 작업을 해당 기업과 공동으로 진행하기도 했다.

그는 유죄판결을 받은 이후로 대중 앞에는 거의 나타나지 않고, 기자 일을 하며 살아갔다. 또 우울증이 심해서 지속적인 치료를 받고 강력한 약도 복용하고 있었다. 위키리크스에 관한 소식을 접하고 초기에는 약간의 후원금을 내기도 했다.[42]

2010년 봄 라모는 다시 공개적으로 모습을 드러냈다. 5월 20일 〈와이어드〉의 웹사이트에 라모가 자신의 의지와 반하여 9일간 폐쇄 정신병동에 갇혀 있었다는 이야기가 그의 사진과 함께 실렸다. 병원은 그에게 아스퍼거 증후군이라는 진단을 내렸다. 이것은 약한 형태의 자폐증으로 우울증을 동반하는 정신질환이다. 많은 컴퓨터광들이 앓는 병이기도 했다. 기사의 저자는 라모의 오랜 친구인 케빈 폴슨이었다. 그 역시 과거에 해커로 활동했고 1994년 여러 해의 징역형을 선고받은 바 있다. 라모는 강제 입원에서 풀려난 후에 다시 캘리포니아 카마이클의 한 막다른 골목 끝에 있는 부모 집으로 돌아간다. 그에게 다른 피난처는 없었다

〈와이어드〉에 자신에 관한 스토리가 실린 바로 그날 라모는 어릴 때 쓰던 방에서 메신저를 열고 귀를 쫑긋 세운 채 친구들의 응답을 기다리고 있었다. 바로 그때 (그가 나중에 말한 것이 사실이라면) 지금까지 전혀 모르던 어떤 발송인으로부터 암호화된 이메일들이 연달아 도착했다. 발송인이 더 이상 통용되지 않는 예전의 PGP 암호를 사용했기 때문에 그는 그 이메일들을 읽을 수가 없었다.[43] 라모는 AIM의 AOL 인스턴트 메신저로 대화를 옮기자고 제안하고는 미지의 상대에게 그곳에서

자신이 쓰는 대화명을 알려주었다.

바로 다음 날 미지의 메일 발송자와 첫 컴퓨터 대화가 시작되었다. 그의 대화명은 'bradass87'이었다. 브래드(brad)는 브래들리의 앞 글자였고 87은 그가 태어난 해를 뜻한다. 라모는 bradass87이 〈와이어드〉 기사 내용에 대해 이야기하고 싶은 게 아니라는 걸 금방 알아차렸다. 얼마 뒤에는 브래들리 매닝이 그날의 기사를 통해 그를 찾은 게 아니라 그가 '위키리크스'란 단어가 들어간 글을 트위터에 올린 걸 보고서 찾아냈다는 사실도 알게 된다.

서로 수천 킬로미터 떨어져 있는 고달픈 처지의 두 청년 사이에 대화가 시작되었다. 둘 다 해커들의 속어나 외부 사람들에게는 수수께끼 같은 의미들에 익숙해 있었기 때문에 서로를 잘 이해했다. 그럼에도 불구하고 이라크 사막에서 컴퓨터 앞에 앉아 있는 매닝이 그토록 빨리 라모를 신뢰하게 된 것은 믿기 어려울 정도였다. 컴퓨터 키보드를 두드려대는 시간이 길어지면서 매닝은 자신과 자신의 삶, 그리고 자신이 맡은 역할에 대해 점점 더 많은 이야기를 털어놓았다. 5월 21일 첫 채팅에서 bradass87은 자신의 대략적 위치를 '바그다드 동쪽'이라고 밝히고 미군에서 자신이 맡은 임무가 '정보분석'이란 사실도 말했다. 심지어는 최근에 계급이 강등되었다는 이야기도 했다. 실제로 브래드 매닝은 동료 구타 사건으로 상병에서 일등병으로 강등되었고, 보직도 민감한 정보 분야에서 보급부대로 바뀌었다.

한편 아드리안 라모는 상대가 안심하고 많은 이야기를 하도록 계속 유도했다. 매닝이 뭔가를 털어놓고 싶어 한다는 사실을 처음부터 눈치챈 라모는 자신은 기자이며 그들의 대화는 캘리포니아 언론법에 의

해 보호받는다고 안심시켰다. 게다가 자신은 정식으로 서품을 받은 성직자이기 때문에 고해 내용의 비밀은 엄격히 지켜진다고도 말했다. 이 두 가지 사실은 지금까지 공개된 대화 내용 중에는 들어 있지 않은 것이지만 라모는 〈슈피겔〉에 직접 그것을 확인해주었다.[44]

브래들리 매닝은 '자신의' 비디오가 공개된 지 약 한 달쯤 경과한 그 무렵, 전 세계를 발칵 뒤집어놓은 그 사건에서 자신이 한 역할을 발설하고픈 절실한 욕구를 느꼈던 것 같다. 그는 얼마 전에도 자신의 캐나다인 친구 타일러 왓킨스에게 그 비디오에 대한 언론의 반응과 비디오가 여론에 얼마나 영향을 미치는지 따위를 물어본 적이 있었다. 왓킨스의 진술에 따르면 매닝은 그때 "책임자들은 마땅히 처벌을 받아야 하고, 그런 일이 다시 일어나서는 절대로 안 된다"고 말했다고 한다. 2010년 1월 미국의 고향을 방문했을 때 이미 매닝은 왓킨스에게 자신이 기밀 정보들을 가지고 있으며 이를 언론에 넘겨줄지 고민 중이라고 말했다. "그는 이 문제로 심각하게 고민했어요."[45]

매닝은 라모에게도 자신이 군대에서 점점 소외되고 있는 것이 그런 결심을 하게 된 계기라는 식으로 설명했다.

"나는 오랫동안 고립되어 있었어요." 매닝의 글은 거의 실시간으로 캘리포니아로 날아갔다. "나는 좋은 사람이 되려고 했을 뿐이고 정상적으로 살고 싶었습니다. 세상이 어떻게 돌아가는지를 알 정도로는 머리가 돌아갔지만 그것에 대항하기에는 너무 무기력했죠." 그의 상관은 그가 '아주 특별한 것'을 찾아낼 때만 그에게 관심을 가졌고, 그 다음에는 금세 "커피 가져오고 바닥 청소해"라고 명령하는 사람이었다.

두 사람의 채팅은 때로 몇 시간씩 계속되곤 했는데, 둘째 날 벌써 매닝은 라모에게 아무런 거리낌 없이 기밀 네트워크에서 복사한 내용들을 마구 떠들어대기 시작했다. 이제 그것은 더 이상 순수한 대화가 아니라 일종의 자백이 되었다. 매닝은 한순간 멈칫하더니 이렇게 썼다. "당신에게 이렇게 다 털어놓고 이야기를 하게 되다니 믿을 수가 없군요."

라모는 그의 대화 상대가 위키리크스에 무엇을 넘겨주었는지 의도적으로 물어보았다.

bradass87 그, 관타나모 문서들… 그것도 어산지가 갖고 있어요.
라모 그는 그 밖에 또 어떤 흥미로운 자료들을 갖고 있나요? 나도 예전에는 닷컴 영역에서 흥미로운 자료들을 수집하곤 했어요.
bradass87 모릅니다… 나는 내가 건네준 것밖에 몰라요.
라모 그중에 제일 강력한 게 뭐죠?
bradass87 가라니 공중폭격 비디오, 이라크 전쟁일지, 관타나모 문서, 국무부 외교전문들.
라모 꽤 쓸 만한데요.
bradass87 그게 내가 다 준 거예요. 다른 건 몰라요. 그 사람도 그게 전부는 아닐 거예요.

라모는 특히 외교관들의 전문들에 관해서 자세히 캐물었다. 그것들이 그에게 궁금증을 불러일으켰기 때문이다. "자세한 내용이 어떤지 정말 궁금하네요." 매닝은 다 이야기해주었다. 그것들은 전 세계의 미국 재외공관에서 작성된 약 26만 건의 문서들로 그것들을 모두 다 철저히 조사하기란 불가능하다고 했다. 그러면서 그는 위키리크스에서 이미 공개한 자료들을 예로 들었다.

　실제로 어산지는 3개월 전인 2010년 2월 18일 아이슬란드 주재 미국 대사관의 기밀전문을 온라인에 올렸다. 이 전문에는 당시 아이슬란드 주재 샘 왓슨 미국 공사가 당시 시점에서 4주 전에 아이슬란드 정부 관계자를 만나 금융위기 동안 '아이스세이브(Icesave)' 아이슬란드 은행의 파산과 관련된 외교적 문제를 논의하는 내용이 담겨 있다. 영국과 네덜란드는 아이슬란드에 50억 유로를 상회하는 배상액을 요구했다. 전문에서 미국 대사는 아이슬란드 정치가들과의 회담 내용을 요약하고, 이 문제에 관한 국민투표는 실패할 것이 상당히 확실시된다는 자신의 판단을 미 국무부에 제출했다.

　"그건 일종의 테스트였어요"라고 매닝은 썼다. 그러면서 만약 모든 전문이 다 공개된다면 어떤 일이 벌어질지 궁금해했다. "힐러리 클린턴과 전 세계 수천 명의 외교관들은 어느 날 아침 눈을 떴더니 그들의 비밀 외교전문이 통째로 일반에게 공개된 사실에 아마 심장마비를 일으킬 겁니다." 이 자료에는 '수백 건에 달하는' 정치 스캔들에 관한 내용들도 포함되어 있다고 했다. 매닝은 해커로서의 자부심으로 가슴이 벅차올라 계속 떠벌였다. "그 자료들은 CVS 포맷(도표와 같은 데이터들을 서로 다른 컴퓨터 프로그램에서 호환되도록 만드는 파일 포맷)으로 된 전 세계적 무정부 상태를 의미합니다. 이건 일종의 글로벌 환경 게이트예요. 정말 멋지고 끔찍한 일이죠."

　라모는 이 이야기에 완전히 매료되었다. 그는 점점 더 많이 알고 싶어졌다. 그는 끈질기게 조르며 구체적인 내용들을 캐물었다. 매닝은 다시 키보드를 두드렸다. "정말 기막힌 일이에요. 범죄나 다름없는 정치적 거래들이 뒤에서 벌어지고 있어요…. 국제적 사건들과 위기들을 적나라한 모습으로 보여주는 버전이죠." 매닝은 여가시간인데도 정보분석가로서 이 자료들을 분석하고 있었다. 적어도 부분적으로는 그랬다. 그는 또 자신의 행동을 자기 자신과 남들 앞에서 어떻게 변명할 것인지도 이미 생각해둔 것 같았다. "이 전문들은 모두 공적인 자료들입니다. 워싱턴의 컴컴한 골방 서버에만 갇혀 있으면 안 되죠. 나는 사람들이 진실을 알기 원해요. 그들이 누구이든 상관없습니다. 정보가 없으면 여론은 옳은 결정을 내릴 수 없거든요." 매닝은 전문들이 공개되면 '전 세계적으로 토론과 논의가 벌어지고 개혁이 일어날 것'으로 기대했다. 그것은 미국의 재외공관이 주재해 있는 모든 국가들이 연루되었을 문건이기 때문이다. "그 모든 일들이 명백히 밝혀지는 게 중요해요. 그러면 실제로 무슨 변화가 일어날 테니까요."

2010년 5월 라모와 채팅을 할 당시에 이미 매닝은 위키리크스와도 깊이 관계하고 있었던 게 틀림없다. 그가 제시하는 근거들은 줄리언 어산지가 여러 강연회와 인터뷰에서 말했던 위키리크스의 기본 철학과 거의 글자 그대로 맞아떨어지고 있었다. 위키리크스의 프로젝트를 알고 있던 라모는 어느 순간 직접 매닝의 역할에 대해 물었다. 그러자 매닝은 자신이 자원봉사자라기보다는 정보원에 더 가깝다고 대답했다.

매닝은 심지어 체포될 경우 후세가 자신을 어떻게 평가할까 고민하기도 했다. "해커? 크래커? 핵티비스트? 내부고발자? 아니면…."

"아니면, 스파이." 라모가 말했다.

"스파이는 자신이 알고 있는 것을 빼돌리기는 하지만 일반 대중에게 공개하지는 않아요." 매닝은 둘 사이에 큰 차이가 있다고 생각했다.

"내가 더 나쁜 사람이라면 그것들을 전부 러시아나 중국에 팔아넘겨 돈을 벌었겠죠."

왜 그렇게 하지 않았냐고 라모가 물었다.

"공적인 자료들이기 때문이죠." 매닝이 대답했다.

매닝은 채팅 중에 자신에게 앞으로 벌어질 일들에 대해 예상하기도 했다. 그는 위키리크스의 폭로에 직접 연루되기를 원하지 않았다. 그는 "남은 인생을 감옥에서 보내든 처형을 당하든 그런 것은 크게 걱정하지 않는다"고 했다. 다만 "내 사진이 온 세상의 신문에 내걸리는 것을 생각하면 끔찍하다"고 말했다. 정확히 그런 일이 벌어지는 데는 그로부터 며칠밖에 걸리지 않았다.

아드리안 라모는 모니터의 'AOL 인스턴트 메신저' 대화창에 아예 못 박힌 사람처럼 화면을 뚫어지게 응시했다. 예전에도 그와 접속하여 자신들의 경험을 털어놓거나 조언을 구하는 해커들은 많이 있었다. 라모는 이야기가 흥미로우면 반응을 보였고 때로는 관련 분야에 밝은 전문가나 변호사를 추천하기도 했다.[46] 그러나 이번 경우는 그가 지금까지 겪었던 다른 어떤 것들과도 달랐다.

그는 일단 상대를 안심시키고 비밀을 준수하겠다고 약속했다. 그리고 기자로서 정보원을 보호해야 하는 자신의 의무를 언급하고, 심지어 고해 비밀 엄수까지 들먹였다. 하지만 이제 막 정신병동에서 나온 '전직 해커'는 대화가 시작되고 얼마 지나지 않았을 때부터 벌써 이라크 사막에서 전해오는 이 믿기 어려운 고백을 혼자만 알고 있지는 않을 작정이었다. 아마 둘째 날에 이미 그런 결심을 했던 것 같다고 말했다. 그는 먼저 아버지에게 이 사실을 털어놓았고 아버지의 충고에 따라 두 명의 지인과 전화 통화를 했다. 둘 다 정부에 가까운 끈이 닿아 있는 사람들이었다. 라모는 두 사람에게 자신이 어떻게 처신해야 할지 자문을 구했다.

라모가 몹시 흥분한 상태로 다이얼을 돌린 전화번호 중 하나는 체트 우버라는 사람이었다. 그는 미국 IT 보안기술 분야에서 컨설턴트로 일하는 땅딸막한 체구의 남자로 자신을 '인프라가드(InfraGard)'의 공동설립자라고 주장했다. 그는 '인프라가드'가 인터넷과 같은 '위험한 인프라 시설'을 보호하기 위한 조직으로 FBI와 긴밀히 협력한다고 했다. 그는 또 '비질런트(Vigilant)'라는 수상쩍은 프로젝트의 운영자라고도 했다. 그 자신의 설명에 따르면 이 프로젝트는 자원봉사자들로 구성된 팀이 인터넷을 감시하며 수상한 이용자들을 당국에 신고하는 일을 한다.[47]

나중에 우버는 2010년 여름 라스베이거스에서 열린 해커 국제회의 '데프콘(Defcon)'에서 자신이 "미국 정부에 경종을 울렸다"며 큰소리를 친다. 그는 아드리안 라모가 자신에게 전화를 걸어 어찌해야 좋을지 모르겠다며 조언을 구했다고 자랑했다. 그는 일단 라모를 진정시킨 뒤 조용히 설득하여 FBI나 NSA 등 세 낱말로 된 여러 정보기관들과의 만남을 주선했다.[48]

같은 날 라모가 통화했던 또 다른 사람은 그가 오래전부터 알고 지내온 티모시 웹스터였다. 라모는 서른 살의 웹스터를 예전에 해커로 활동할 때 알았다. 둘 다 AOL에서 어슬렁거리던 시절이었다. 웹스터는 가끔씩 자신의 컴퓨터 지식을 미군에 제공했고 한때 미군의 방첩부대와 함께 일하기도 했다. 웹스터는 라모가 처음에는 "어떤 군인이 기밀 자료를 그것을 볼 권한이 없는 자에게 넘겨주었다면 어떻게 하겠느냐?"는 식으로 가정법을 사용하여 질문했다고 말했다. 웹스터는 즉시 그것이 '꽤 민감한 사안'임을 알아차렸고 라모에게 자신의 옛 군대 동료와 연결시켜 주겠다고 제안한다.[49]

이 '전직 해커'와 미국 정보당국의 만남은 그와 'bradass87'의 첫 접촉이 있은 지 나흘 만인 5월 25일에 이루어졌다. 라모는 부모의 집에서 멀리 떨어지지 않은 캘리포니아 카마이클의 한 스타벅스 카페에서 요원들과 만나기로 약속했다. 그는 약속 장소로 나가기에 앞서 친구인 〈와이어드〉의 케빈 폴센에게 전화를 걸어 대략적인 상황을 설명했다. 라모 자신이 체포되는 경우에 대비한 방책이었다.

스타벅스의 만남에는 많은 사람들이 나왔다. 라모는 자신을 '미군 방첩단' 소속이거나 FBI 요원으로 소개하는 총 다섯 명의 사람들과 만났다. 라모는 많은 사람들이 나온 것에 겁을 먹었던지 스타벅스를 나와 체트 우버와 다시 통화했다. 우버는 라모가 잔뜩 의심을 품고 있었으며 해커 커뮤니티에서 보인 반응들 때문에 겁을 먹은 것 같았다고 말했다. "나는 그들이 감옥에 처넣지는 않을 테니 그냥 알고 있는 것을 모두 이야기하라고 라모에게 말해주었습니다."

라모는 우버가 시키는 대로 했다. 그는 기관에서 나온 사람들에게 그 자신은 읽을 수도 없었던 처음의 암호화된 메일들과 그때까지 'bradass87'과 채팅으로 나눈 대화의 기록물을 모두 건네주었다. 이로써 수사관들은 미군 역사상 최대의 정보 유출 사건을 수사하는 데 필요한 충분한 자료를 확보하게 된다.

아드리안 라모는 선제방어를 선택했다. 이 결정으로 그는 해커들 사이에서 혐오 인물로 낙인찍히고, 그의 이름은 전 세계에 알려진다. 그는 이후에도 여러 차례 중요한 해커들 회합에 모습을 나타내어 많은 사람들을 놀라게 했다. 뉴욕에서 열린 해커 국제회의 '넥스트 호프(Next Hope)'에서는 즉석에서 자신을 변호할 기회를 얻기도 했다. 이 회의에서 제이콥 아펠바움은 위키리크스를 대표하여 열렬한 박수갈채를 받으며 연설을 했고 브래들리 매닝은 주최 측에 의해 '국가적 영웅'으로까지 추앙받는 분위기였다.

연단에 선 아드리안 라모는 눈에 띄게 피곤하고 지친 모습이었다. 그는 전날에도 3시간밖에 자지 못했다고 말했다. 게다가 특유의 질질 끄는 듯한 목소리 때문에 많은 사람들은 그가 술에 취했다고 생각했다. 실제로 그랬을 수도 있다. 어쩌면 정신적인 문제로 복용하는 강력한 약물 때문에 그렇게 기이한 태도를 보이는 것일 수도 있었다.[50]

그러나 그는 말하고자 하는 내용만큼은 분명히 전달했다. 특히 자신의 동기에 대해서는 아주 세련된 화법을 동원하여 설명했다. 그는 쏟아지는 야유와 휘파람 소리에 아랑곳하지 않고 무엇보다도 외교전문에 관한 매닝의 설명이 그로 하여금 당국에 알리도록 만들었으며, 그로서는 "그렇게 하지 않을 수 없었다"고 강변했다. 그는 이 자료들의 공개가 '미국인들의 생명'을 위험에 빠뜨릴 수도 있다고 거듭 강조했다. 청중들은 중간 중간에 증거를 대라고 요구했지만 라모는 자기주장에 대한 확실한 증거를 제시하지는 못했다. 그러나 마지막에는 약간의 박수를 받기도 했다.

"아무것도 하지 않고 가만히 있을 수는 없었습니다. 인간의 목숨이 달린 문제라고 생각했기 때문입니다." 라모는 정보 공개 계획을 '러시안 룰렛게임'으로 표현했다.[51] 그는 매닝을 그 자신으로부터, 그리고 더 나쁜 상황으로부터 지켜주고자 했다고 말했다. 그는 미군의 한 '정보유출자'가 6개월 금고형을 받은 사건을 떠올렸으며, 매닝도 과거에 자신이 그랬던 것처럼 죄과를 치르고 나서 새로운 삶의 기회를 얻기 바란다고 했다. 하지만 라모가 진짜로 매닝에게 그 정도의 약한 형벌이 내려질 것이라고 생각했다면 그것은 커다란 오판이었다. 그의 예상은 수십 년 이상 어긋난 것이다.

라모가 당국과 처음 스타벅스에서 만남을 가진 이후로 모든 일이 신속하게 진행되었다. 군사기지에 있던 브래들리 매닝은 예상치 못했던 정보기관의 방문을 받았다. 그는 즉각 쿠웨이트의 아리프잔 기지에 있는 미군 교도소로 이송되었고, 그의 개인적인 물건들과 그가 사용한 컴퓨터 및 모든 저장매체들은 압수되었다.

쿠웨이트에서 매닝은 이해하기 어려운 행동을 보였는데, 이 행동은 채팅에서 함부로 자백을 했던 것 못지않게 그 자신에게 불리하게 작용했다. 그는 입대 전에 신세를 졌던 포토맥의 이모에게 전화를 걸어 자신의 페이스북 패스워드를 가르쳐주고는 자신의 안부를 적는 란에 짧은 메시지를 남겨달라고 부탁했다. 메시지의 내용은 이랬다. "여러분 중 몇몇은 제가 기밀 정보 유출로 체포되었다는 소식을 이미 들었을 겁니다. 모두들 collateralmurder.com을 보세요."[52]

5장

복수의 전선에서 벌어지는 전쟁

아프가니스탄 전쟁일지

"태스크포스 373이 미사일 공격을 감행했다는 정보는 보호되어야 한다."

_ 아프가니스탄 보고서 중에서

'부수적 살인' 비디오의 공개로 위키리크스는 새로운 시대를 맞았다. 이로써 위키리크스는 글로벌 플레이어로 부각되었고, 내셔널프레스클럽의 기자회견 이후에는 줄리언 어산지라는 전 세계가 다 아는 유명한 얼굴도 갖게 되었다. 어산지는 몇 주일 정도 예전의 숨바꼭질을 중단하고 쏟아지는 인터뷰에 응했다. 그는 썩 내키지는 않지만 달리 선택의 여지가 없었다고 말했으나 이것은 절반의 진실에 불과하다. 그는 분명히 카메라를 즐기고 있었다.

그가 지금까지 활동해오면서 가장 화려하게 모습을 드러냈던 때는 2010년 4월 말 노르웨이에서였다. 그는 '오슬로 평화포럼'에 연사로 초대받았다. "내가 존경하고 함께 가치를 공유하는 사람들이 이렇게 많이 모인 장소는 이제껏 한 번도 가본 적이 없다." 어산지는 레흐 바웬사와 게리 카스파로프 같은 이들이 참석한 인권회의장에서 확실히 들떠 있었다. 어산지는 한 가지 에피소드로 강연을 시작했다. 그는 전에 말레이시아에 갔을 때 안와르 이브라힘을 만난 적이 있다고 했다. 이브라힘도 오슬로 포럼에 참석하여 청중석 맨 앞줄에 앉아 어산지의 강연을 듣고 있었다. 그는 말레이시아의 부총리를 지낸 바 있고 지금은 야당을 이끌고 있다. 이브라힘을 만난 직후 어산지는 말레이시아 비밀경찰에 의해 체포되어 밤새 심문을 받아야 했다. "여러분은 그와 대화를 나눌지 여부를 잘 생각하셔야 합니다!"라고 어산지는 너스레를 떨었다.[1]

어산지는 그 후 노르웨이를 떠나 스웨덴으로 갔다. 그의 곁에는 계속 호주 방송 SBS가 동행했다. SBS의 〈데이트라인(Dateline)〉 매거진 팀은 그와 그의 활동에 관한 장편의 TV 리포트를 준비 중이었다. 평소에 늘 언론을 꺼린다고 말하던 어산지였지만 이번에는 기꺼이 기자에게 멜버른에서 보낸 유년 시절의 이야기며 유목민과도 같은 떠돌이 생활담을 들려주었다. 그들은 함께 기차나 버스를 타고 북유럽을 돌아다녔다. 언제나 그렇듯이 어산지의 전 재산은 나일론 배낭과 여행가방 안에 다 들어 있다. 그는 더 이상 필요한 것은 없다며 배낭과 여행가방이 바로 '휴대용 나(portable me)'라고 농담도 했다.

5월 중순에 호주로 돌아갔을 때는 입국장에서 작은 해프닝이 있었다. 입국관리소에서 그의 여권을 가져가더니 15분 정도 지나서 다시 돌려주며 여권 상태가 너무 형편없어서 내용을 알아볼 수 없으니 곧 발급이 취소될 수도 있다고 했다는 것이다. 위키리크스 동조자들은 이 이야기를 듣고 크게 흥분했다. 혹시 미국이 호주 당국에게 어떤 요청을 한 것일까? 고향 호주에서 어산지에게 어떤 더 나쁜 일이 일어나는 것은 아닐까?

여러 호주 언론들이 보도한 것처럼 실제로 입국관리소 측은 규정대로 필요한 조치를 취했을 뿐일 수도 있다. 호주 입국관리소의 공식 데이터베이스에 어산지는 어쨌든 '정상'으로 분류되어 있었다. 당국은 그에게 자유롭게 여행할 수 있다고 통보했다. 나중에 어산지는 자신의 여권이 실제로 크게 손상되어 있었음을 인정했다. 2006년 12월 태즈메이니아를 여행할 때 여권을 몸에 지닌 채 강을 헤엄쳐 건넌 적이 있는데 그 때문이라고 했다.2 어산지에게는 사실과 음모론이 뒤섞여 있을 때가 많아서 다시 찬찬히 들여다보면 상황이 전혀 다르게 보이거나 훨씬 덜 극적으로 보이기도 한다. 그러나 필요할 때면 언제든지 '도망자'의 이미지가 만들어진다. 5월 25일의 사건도 그랬다.

그날 멜버른의 한 위키리크스 활동가에게 갑자기 핸드폰이 울렸다. 조직이 긴급 상황에서만 사용하는 안전한 핸드폰이었다. 어산지였다.

"좋지 않은 일이 발생했어." 어산지가 말했다.

"얼마나 안 좋은 일인데?" 상대방이 물었다.

"거의 최악의 경우야." 어산지가 대답했다. "'부수적 살인'의 정보원으로 추정되는 사람이 체포되었어."

어산시는 그때 멜버른에 있었다. 매닝의 체포는 그에게 큰 충격이었다. 그는 잠수를 타기로 결정하고 4주 이상 스크린에서 완전히 사라진다. 이제부터는 공식적으로 모습을 나타내거나 말을 할 때 세심하게 모든 것을 고려해야 했다. 이것은 너 이상 거칠 것 없이 행동하는 핵티비스트 몇몇의 문제가 아니었다. 스물두 살의 청년이 군 교도소의 독방에 수감된 것이다. 아직 공식적인 처벌이 내려지지는 않았지만 그가 오랜 세월 수감생활을 해야 하리란 것은 확실했다. 멜버른에서는 벌써 비교적 이름이 알려진 위키리크스 활동가들에 대한 감시가 시작되었다.

바로 직전까지만 해도 최고의 작품을 만들어낸 기쁨에 차 있던 조직에 이제 정보원 발각이라는 최악의 사건이 일어난 것이다. 점점 거세지는 논란의 와중에도 위키리크스에게 직접 비난의 화살을 돌리는 이는 없었다. 그것은 젊은 군인이 스스로 배반한 것이었기 때문이다. 하지만 그렇다고 상황이 더 나아지는 것은 아니다. 어산지는 매닝에게 추가로 해를 입힐 수 있는 모든 일을 피하려고 노력했다. 그는 법적으로 매닝을 도울 방법을 모색하면서도 또 한편으로는 그것이 매닝을 이라크 비디오의 실제 정보원이라고 인정하는 태도로 받아들여지지 않도록 조심했다.

어산지는 이를 위해 남들 앞에서 말할 때의 행동 원칙을 정해놓고 줄곧 그 원칙에 따라 처신했다. 그는 위키리크스가 기술적인 이유 때문에 그들에게 들어오는 자료의 출처가 정확히 어디이고 누구인지 말할 능력이 없다고 했다. 또 위키리크스는 정보원의 보호를 설립이념으로 삼고 있는 조직이므로 그 어떤 경우에도 정보원에게 도움을 줄 의무가 있다고 했다.

어산지는 매닝의 체포가 그 자신에게 어떤 영향을 미칠 것인지도 알아보았다. 매닝이 정보를 훔치도록 그가 부추긴 혐의가 있다면 미국 사법당국은 그를 공모자로 체포하려 들 것이다. 변호사와 공직자가 포함된 그의 호주 측근들은 당분간 미국에 가지 말 것을 강력히 권했다.

미국 법에는 '중요 참고인(meterial witness)' 제도가 있어 다른 사람에 대해 진행 중인 수사에서 중요한 진술을 할 수 있는 증인은 당사자의 의지에 반하여 체포되거나 심문을 받을 수 있었다. 어산지의 측근들은 만약 그가 미국에 입국한다면 최소한 이 법률의 적용은 각오해야 할 거라고 말했다.

어산지로서는 안타깝고 속상하는 상황이었다. 뉴욕에서 초청장을 보내 대니얼 엘즈버그와 함께 토론할 기회를 제안해왔기 때문이다. 엘즈버그는 그가 늘 위키리크스 자문단에 영입하고 싶어 했던 인물이다. 지금까지는 이메일로만 서로 연락을 주고받았지만 이번에 뉴욕에 가면 그를 직접 만날 수 있었기에 안타까움이 컸다. 어산지는 결국 호주에 남았고 엘즈버그와는 계속 스카이프를 통해서만 소통할 수 있었다. 엘즈버그는 지금 '랜드코퍼레이션(Rand Corporation)' 연구소에서 일하고 있다. 백발의 깔끔한 중년신사 엘즈버그는 어산지와 위키리크스를 칭찬했다. 그는 "그 사람들이 하는 일이 전부 놀랍기만 하다"며 어산지가 태어나던 해에 자신이 했던 '폭로'와의 유사성도 지적했다. 당시 그는 베트남전이 적들에 대한 의도적이고 계획적인 학살로 바뀌었다는 사실을 깨닫고, 그런 살인을 끝내려는 마음에서 그 일을 했다고 말했다. 그는 '부수적 살인' 비디오에서 본 내용 역시 살인이라는 단어를 정당화시키기에 충분하기 때문에 논란이 된 어산지의 타이틀 선택은 합당하다고 단언했다.[3]

엘즈버그는 오늘날 인터넷은 전혀 새로운 가능성들을 제시하고 있다며 새 기술에 열광했다. 그가 폭로할 당시 신문들은 닉슨 정부의 단호한 법적 대응 때문에 자료를 일부라도 신문에 싣기까지 20개월이나 걸렸다면서, 요즘이라면 그도 위키리크스와 똑같이 행동했을 것이라고 했다. "나는 당장 스캐너를 사서 자료를 인터넷에 공개할 것입니다." 엘즈버그는 또 어산지에게 조심할 것을 당부했다. '미국에서 그의 신변이 안전할지 확신할 수 없으니' 미국과 일정 거리를 두면서 중단하지 말고 같은 일을 해나가야 한다고 조언했다. "그의 활동은 우리의 민주주의를 위해 가치 있는 일입니다."

어산지 역시 다른 일을 모색할 생각은 없었다. 그는 이미 다음 특종을 준비하고 있었다. 이번 것은 지금까지 위키리크스가 공개한 그 어떤 폭로보다 폭발력이 강한 것으로, 다름 아닌 아프간전쟁의 야전일지였다.

위키리크스가 확보한 자료는 약 100메가바이트 분량이었다. 군사 전문용어와 약자로 가득한 '.csv' 형식의 파일이 9만 건이나 되었다. 엄청난 분량만으로도 이번 자료 공개는 역사가 될 것이라고 어산지는 생각했다. 그러나 분량이 문제이기도 했다. 비디오의 경우와 마찬가지로 어산지는 최대의 효과를 원했다. 위키리크스 혼자만으로는 그 많은 자료를 일일이 읽어보고 검사하고 분석할 수 없었다. 어산지는 몇 주일 동안 자원봉사자들과 함께 야전일지를 인터넷에서 볼 수 있도록 데이터베이스를 구축하는 일에 매달려왔다. 그들은 또 여러 가지 부가 기능들을 시험해보았는데, 그중 몇 가지는 이미 작동에 들어간 상태였다. 가령 개별 게시물마다 '구글 어스'와 연계해서 정확히 아프가니스탄 어느 곳에서 일어난 일인지를 볼 수 있도록 만들었다. 그러나 이 방대한 자료를 제대로 공개하려면 위키리크스는 파트너가 필요했다.

그 후보자 중 한 사람을 어산지는 6월 말 브뤼셀에서 만난다. 주로 〈가디언〉에 글을 기고하는 영국인 저널리스트 닉 데이비스는 브래들리 매닝의 체포 사건을 계기로 어산지에 주목하고 있었다. 어산지가 브뤼셀에 가서 유럽의회의 진보 성향 의원들 앞에서 강연을 한다는 소식을 들은 데이비스는 브뤼셀의 〈가디언〉 동료를 보내 어산지와 만날 약속을 잡았다. 6월 22일 데이비스는 브뤼셀의 한 호텔에서 어산지와 만났다. 어산지는 자리에 앉자마자 자신에게 엄청난 자료가 있다는 사실을 알렸다. 그리고 이 자료가 제대로 효력을 발휘하지 못할까 걱정이라고 했다. 데이비스는 그 만남이 6시간이나 계속되었던 것으로 기억했다.

두 사람의 만남으로 위키리크스와 〈가디언〉은 새로운 형태의 협력 관계를 맺게 된다. 위키리크스는 〈가디언〉이 우선적으로 자료를 볼 수 있도록 허락했다. 〈가디언〉은 그들의 독자적인 판단 기준에 따라 내용을 필터링할 수도 있었다. 하지만 위키리크스는 〈가디언〉과 동시에 원본 자료를 자신의 웹사이트에 공개할 것이다. 물론 어산지는 이때 이미 〈가디언〉이 모든 걸 단독으로 결정할 수 없다는 사실을 분명히 해두었다. 위키리크스는 그동안 자신들에 대한 고발과 소송을 어렵게 하기 위해 조직을 국제화시키는 일에 힘써왔다. 이와 마찬가지의 이유에서 어산지는 아프가니스탄 프로젝트에 더 많은 국제적 매체들을 참여시키고자 했다. 영국 언론이 유난히 판사의 검열 지시에 약하다는 사실을 어산지는 너무나 잘 알고 있었기 때문이다. 며칠 전 유럽의회 의원들을 대상으로 강연을 할 때도 어산지는 이 문제를 자세히 설명했는데, 그때 그가 예로 든 취약한 영국 언론은 공교롭게도 〈가디언〉이었다. 어산지는 또 다른 협력 파트너로 북미에서 가장 영향력이 큰 〈뉴욕 타임스〉를 원했고, 제3의 파트너로는 〈슈피겔〉을 염두에 두고 있었다.

〈슈피겔〉은 우리는 일찌감치 위키리크스에 주목하고 있었다. 2008년 위키리크스와 BND 간에 있었던 서신교환 사건과 율리우스 베어 은행과의 소송 사건이 벌어졌을 때부터였다. 또 몇 달 전부터는 위키리크스의 독일 측 대표인 다니엘 돔샤이트-베르크와도 긴밀히 접촉해 왔다. 브뤼셀에서의 만남이 이루어지고 바로 다음 날 돔샤이트-베르크는 베를린의 〈슈피겔〉 사무실로 연락하여 급히 만나자고 제안했다.[4] 그는 만난 자리에서 단도직입적으로 물었다. "〈슈피겔〉이 이 계획에 참여할 수 있겠습니까?"

이 결정은 생각보다 복잡한 일이었다. 여기에는 몇 가지 근본적인 물음들이 제기되어야 했기 때문이다. 위키리크스와 같은 조직이 자료를 들고 신문사에 접근하면서 자신들이 모든 조건을 결정하려 드는 경우 저널리즘은 어느 정도까지 독립적일 수 있을까? 정보원이 알려지지 않은 상태에서 자료의 진위는 어떻게 검증해야 하는가? 유럽과 북미에 있는 언론사 세 곳과 위키리크스 조직의 이해관계를 어떻게 통합할 수 있을까? 이는 전례가 없는 모델이며, 결과를 예측할 수 없는 현장실험이었다.

세 언론의 편집장들은 전화회의를 통해 이 실험을 감행하기로 결정했다. 신문사들이 공통적으로 내세운 조건은 단 하나였다. 보도 내용을 전적으로 각 신문사 편집국이 결정한다는 것이다. 〈슈피겔〉은 이번 일에 돈이 흘러들어서는 안 된다는 것도 분명히 했다. 위키리크스와의 접촉은 조직적 틀 안에서 이루어져야 했다. 〈슈피겔〉에서는 이 자료를 어느 날 갑자기 익명으로 배달된 자료와 똑같은 것으로 보았다. 이런 자료를 대할 때는 특별히 신중을 기해야 한다.

의사소통은 쉽지 않았다. 이 일에 참여한 언론사들이 위키리크스 관계자들에게 최대한의 비밀 유지를 약속했기 때문이다. 그래서 내부에서도 이 프로젝트는 '카불 리커버리(Kabul Recovery)'라는 암호명으로 진행되어야 했다.

공동 작업을 위한 본부는 런던 킹스크로스역 근처에 있는 〈가디언〉의 현대식 본사 건물 5층에 마련되었다. 약 20제곱미터 크기의 사무실에는 여섯 대의 애플 컴퓨터가 설치되었다. 건물의 안뜰로 향하는 벽은 온통 유리로 되어 있지만 복도에서 들여다볼 수 있는 창은 하나도 없는 공간이었다. 〈가디언〉 탐사보도국의 데이비드 레프 국장은 그때부터 몇 주일 동안을 잠자는 시간만 빼고는 스스로 '벙커'라고 부르는 이 사무실에 틀어박혀서 살았다.

작업은 시작부터 커다란 기술적 문제에 봉착했다. 데이터세트 규모가 너무 커서 표준 소프트웨어로는 신속하고 효율적으로 작업할 수가 없었다. 그 때문에 〈가디언〉의 한 직원은 철야작업까지 하면서 임시 데이터베이스를 만들어야 했다. 6월의 마지막 주 수요일에 어산지는 첫 단계 검색 작업을 수행할 리포터 팀을 맞이했다. 어산지는 이 팀이 런던에 도착한 사실에 너무나 기쁜 나머지 히드로 공항 앞 도로에서 재주넘기까지 했다.

그 후 어산지는 거의 4주 동안 런던에 머물며 그로서는 꽤 규칙적인 생활을 했다. 물론 런던 안에서는 몇 차례 거주지를 옮겨야 했다. 처음에는 가명으로 평범한 호텔에 머물다가 나중에는 늘 그랬듯이 이런저런 지지자들의 집을 전전하며 지냈다.

어산지는 늘 힘찬 걸음으로 성큼성큼 '벙커'로 들어섰다. 그러고는 제일 먼저 배낭에서 작은 검정색 Eee-PC를 꺼냈다. 300유로짜리 이 노트북의 덮개에는 '토르 프로젝트'나 프랑스의 인터넷 변호 단체 'La Quadrature du Net' 등 각종 인터넷 단체들의 낡아빠진 스티커들이 더덕더덕 붙어 있다. 얼마 후 컴퓨터 부팅이 완료되면 어산지는 작은 키보드를 빠른 속도로 두드리기 시작했다. 이것이 우리와 〈가디언〉의 동료들이 이후 몇 주 동안 가까이서 지켜본 그의 모습이다. 그는 대부분의 시간을 거의 자폐증 환자처럼 엄청난 집중력을 발휘하며 일했고, 그러다가도 갑자기 다시 상냥하고 친절한 사람으로 돌변했다.

어산지는 위키리크스가 패스워드 보안을 갖추어 인터넷에 구축한 데이터베이스를 자랑스럽게 시연해 보였다. 데이터베이스는 검색기가 찾을 수 없는 서버에 들어 있었다. 여기에는 군사보고서들이 이미 날짜와 장소에 따라 분류되어 있었는데, 어산지는 다른 기능들도 추가하기를 원했다. 그는 사건의 잔혹성을 좀 더 분명하게 드러내서, 사이트 방문객들이 이 보고서의 군사적 전문용어들 뒤에 실제로 무슨 내용이 숨겨져 있는지를 명확히 알아차릴 수 있게 만들기를 원했다.

그는 아프간전쟁의 실체를 밝혀줄 이 데이터베이스 구축에 미친 사람처럼 매달렸다. 그는 구겨진 재킷에 노르웨이에서 가져온 티셔츠와 카고바지라는 기이한 조합의 의상을 걸치고 다 해진 스니커즈를 신고 있었다. 며칠씩 면도를 하지 않은 얼굴은 몹시 창백해서 그의 희뿌연 백금발 머릿결과 함께 금방이라도 어디론가 날아가버릴 것 같은 분위기를 자아냈다.

며칠 만에 다시 작업실을 찾아도 마치 잠시 나갔다 온 듯이 아무것도 바뀐 게 없어 보였다. 어산지는 똑같은 옷에 똑같은 자세로 컴퓨터 앞에 웅크리고 있었다. 그를 걱정하는 사람들은 그에게 휴식이 절실히 필요하다며 안타까워했다.

하지만 어산지는 휴식 따위는 안중에도 없어 보였다. 그의 손가락들은 키보드 위를 신나게 날아다니고 있었다. 그러다 갑자기 멈추더니 "사건들을 비중에 따라 정리해주는 기능이 필요해요"라고 말했다. 그의 목소리는 깊은 울림이 있었다. 곧 사이트 이용자들이 수천 건의 자료를 중요도에 따라 검색할 수 있는 필터가 구축되었다. 가장 중요한 기준은 민간인 사망자 수였다.

그는 자료의 그래픽 처리에 많은 시간을 들였다. 방대한 자료를 최대한 시각적으로도 활용하려 했다. 그는 전쟁에 대한 멀티미디어 프레젠테이션을 제공할 생각이었다.

그는 역사상 유례를 찾을 수 없는 이 전쟁 자료 공개가 엄청난 파급 효과를 가져올 것으로 확신했다. 게다가 아직도 전쟁이 진행 중인 상황이었다. 지금까지 알려지지 않은 민간인 희생자들에 관한 보고서가 공개되면 전쟁에 대한 여론이 바뀌는 것은 물론이고 '정치적·외교적 영향력을 가진 사람들의 생각'도 바뀔 것이라고 보았다. 그는 이 자료가 "전쟁의 참상과 일상적 잔혹성을 그대로 드러낼 것"이며 "비단 이 전쟁만이 아니라 현대의 모든 전쟁에 대한 우리들의 시각을 바꿀 것"이라고 말했다.

그는 전쟁일지를 샅샅이 뒤지며 특히 심각한 사건들과 지금껏 알려지지 않은 사건들, 그리고 기술 관료들의 뜻 모를 은어들 뒤에 교묘히 은폐된 전쟁범죄들을 집중적으로 찾아내어 까발렸다. 군은 마치 무슨 암호처럼 보이는 세 글자 조합을 특히 좋아했다. 예를 들어 KIA는 'Killed in Action(작전 중 사망)', WIA는 'Wounded in Action(작전 중 부상)'을 뜻하는 식이다. 바그다드 비디오 때 '부수적 피해'라는 개념을 전쟁의 일상을 미화한다며 비판했던 것과 마찬가지로 어산지는 아프간전쟁 자료에서도 군대가 전장의 현실을 미화하는 표현들을 잘 찾아내곤 했다. "이거 봐!" 갑자기 그가 소리쳤다. "정말 믿을 수가 없군." 또 하나의 그로테스크한 사례를 발견한 것이다. 'Vital Sign Absent(활력징후 부재)', 생명의 신호가 없다는 말로 죽었다는 뜻이다.

어산지에게 〈가디언〉에서의 사무실 근무는 일종의 경계 체험이었던 것 같다. 그는 십대에 해커 활동을 시작한 이래로 줄곧 올빼미형 인간으로 살아왔다. 그는 대개 오전 늦게 사무실에 와서(11시 이전에 나타나는 경우는 거의 없다) 점심시간도 없이 일을 했는데, 배고픔을 느끼는 것 같지도 않았다. 가끔 점심으로 멜론 몇 쪽을 먹는 일도 있었지만 대부분은 아무것도 먹지 않았다. 저녁도 어떤 때는 사무실 바로 옆에 있는 스페인풍의 모로코 식당에서 카다몸 아이스크림 두 스쿠프 정도만 가져다 먹는 게 고작이었다. '자신의 위가 정상이 아니라는 게' 그 이유였다.[5] 하지만 또 어떤 때는 그가 '애피타이저'로 주문하려 했던 오징어 요리가 방금 다 떨어졌다고 말한 종업원과 저녁 내내 노닥거리기도 했다. 그의 이해하기 힘든 행동은 그것이 전부가 아니다. 한번은 〈가디언〉 건물에서 엘리베이터 문과 씨름을 하며 날카로운 경고음이 울릴 때까지 문이 열리지 않도록 저지하기도 했다. 그는 "이놈보다 더 센 것도 있었다"고 말하면서 제조업체를 확인했다. 독일의 '쉰들러'사 제품이었다. 신기한 표정으로 쳐다보는 우리에게 어산지가 말했다. "'쉰들러 리프트'로군!"

어산지에게는 이야깃거리가 무궁무진했다. 말하기 좋아하는 기자들을 한 방 가득 모아놓고 몇 날 저녁을 자기 혼자 떠들면서도 상대방을 전혀 지루하지 않게 만들 수 있을 정도였다. 레퍼토리도 아주 다양했다. 한번은 자신의 고향 호주에 있는 지나치게 비싼 동종요법 약품에 대해서 이야기했다. 직접 성분을 분석해보니 '믿을 수 없을 정도로 효능이 전혀 없는 엉터리 약으로 완전한 사기'였다고 한다. 그래서 분석 결과를 보건당국에 신고했더니 "그들은 약에는 아무 문제도 없고, 호주 법상 허락된 것이라고 하더라"며 혀를 찼다.

프로젝트는 순조롭게 진행되었다. 참여 언론사들은 정보 분석을 전담하는 작은 팀도 꾸렸다. 편집국 안에서도 이 프로젝트는 철저히 비밀에 붙여졌다. 심지어는 프로젝트와 무관한 〈가디언〉의 어떤 기자가 위키리크스에 관한 기사를 계획하고 필사적으로 어산지를 찾아다니는데도 이를 모른 척했다. 그때 어산지는 그 기자와 같은 건물의 바로 한 층 위에서 아프가니스탄 데이터베이스 작업을 하고 있었다.

〈뉴욕타임스〉의 준비 작업도 마찬가지로 은밀히 진행되었다. 뉴욕 18번가의 본사에서 열리는 프로젝트 관련 편집자들의 회의는 평소처럼 대형 뉴스룸이 아닌 그보다 하나 아래층에 있는 작은 공간에서 진행되었다. 그들은 심지어 회의실에서 한꺼번에 나가지 말라는 요구도 받았다. 또 본사에 들를 일이 거의 없는 관련 특파원들은 동료들의 의심을 사지 않도록 다른 곳에 들르지 말고 곧장 회의실로 오라는 지시도 받았다.

〈뉴욕타임스〉〈슈피겔〉〈가디언〉 편집국장들의 합의사항은 분명했다. 위키리크스는 각 언론사에게 사전에 자료를 볼 수 있게 하고 공개일시도 공동으로 결정한다는 것이다. 내용 분석이나 평가에 있어서는 각 언론사가 완전히 독립적으로 행동하며, 완성된 스토리도 보도 전에 위키리크스나 다른 협력 언론사와 서로 교환하지 않도록 했다.

위키리크스와 언론사들 간의 합의는 런던 모임에서 이루어졌는데, 〈뉴욕타임스〉는 첫째 주 모임에만 국방 전문기자를 대표로 파견하여 참석했다.

자료들에 대한 집중적인 작업이 시작되고 기사의 스토리에 대한 구상이 어느 정도 이루어지면서 참여 언론사들은 몇 가지 문제에 봉착했다. 기밀 야전보고서에는 동맹군과 반군, 미군이 반군의 협력자로 여기고 있는 사람들의 이름이 그대로 노출되어 있었다. 또 그 안에는 국제안보지원군(ISAF)에게 대 탈레반 전쟁을 위한 정보를 제공하는 현지 정보원들에 관한 기록도 있었다. 미군은 심지어 이들에게 지불한 보수까지도 세세히 기록해두었다. 그리고 실명으로 거론되지 않은 사람들도 그들의 거주지를 통해 누구인지 충분히 확인할 수 있었다. 각 사안마다 GPS 좌표가 표시되어 있었기 때문이다.

〈가디언〉과 〈슈피겔〉 기자들은 그들의 편집장과 이 문제를 의논했고 따로 저녁식사 약속을 잡아 어산지와도 직접 이야기했다. 계획된 보도 날짜까지는 아직 3주 이상의 시간이 있었다. 이 문제는 위키리크스와 기성 언론사들이 결정적으로 다른 점 중 하나였다. 그날 저녁 런던에서 우리와 〈가디언〉 관계자들은, 참여 언론사들은 기사에 실명을 거론하지 않을 것이라고 밝히고 어산지에게도 똑같은 조치를 요구했다.

원본 자료 공개를 원칙으로 하는 위키리크스로서는 쉽사리 받아들이기 힘든 요구였지만 간단히 물리칠 수도 없었다. 세라 페일린의 개인 이메일이나 극우정당인 영국국민당의 당원 리스트를 이미 공개한 바 있으므로 개인의 권리 보호와 관련된 고민은 아니었다. 그래도 어산지는 바로 얼마 전에 이른바 '피해 최소화 절차'에 동의했다. 이것은 관련자들에게 사전 정보를 제공하고 발표를 약간 늦추는 방법이었다. 그날 저녁 어산지는 BNP 당원 리스트를 공개할 때도 그런 지적들이 있었지만 그 때문에 무슨 일을 당한 사람은 아무도 없다고 주장했다. "하긴, 몇 사람이 일자리를 잃었다는 말은 있더군요."

하지만 아프가니스탄 자료는 영국 정당의 당원 리스트와 비교할 수 없는 것이었다. 그곳은 현재 전쟁이 벌어지고 있는 지역이다. 탈레반은 반역이나 배신보다 훨씬 더 경미한 이유로도 동족을 마구 살해하고 있었다. 어산지는 그 문제를 고민해보기로 약속했다. 정보를 좀 더 신중히 다루지 않았다간 사람들의 목숨을 위험에 빠뜨리는 건 물론이고 자신의 조직도 신뢰를 잃을 수 있기 때문이었다. 그는 몇 가지 기술적인 해결책이 머릿속에 떠오르지만 먼저 자기 쪽 사람들과 의논해야겠다고 말했다. 그는 또 엄청난 정보의 양 때문에 이런 위험성을 완전히 배제할 수는 없을 것이라며 "과거에도 힘든 결정을 내릴 수밖에 없던 때가 있었다"고 했다. 위키리크스는 '피해를 최소화'하기 위해 모든 노력을 다 기울일 테지만 공개는 반드시 이루어져야 한다고 강조했다. "이 문서는 아프간 국민들의 것입니다."

그로 인해 예상되는 큰 소란과 펜타곤의 비판은 어떻게 할 거냐고 묻자 어산지는 미소를 지었다. 펜타곤을 생각하면 자료 공개가 아직 3주나 남은 지금부터 벌써 기분이 들뜨고 흥분된다고 대답했다. 지난번에는 미 국방부장관이 바그다드 비디오에 대해 빨대를 통해 들여다본 한 순간의 모습일 뿐이라고 비판했지만 "이번에는 아예 그런 비판을 할 수 없을 겁니다. 전후의 모든 맥락까지 전부 터뜨릴 테니까요." 하지만 위키리크스는 관련자들을 위험에 빠뜨릴 수 있는 1만 5000여 건의 보고서는 결국 공개하지 않기로 결정했다.

〈가디언〉 건물에서 함께 작업할 때 한 가지는 처음부터 분명했다. 위키리크스의 자료들은 야전에서 바로 작성되어 중간에 수정이나 필터링을 거치지 않은 보고서들로서, 아프가니스탄에서 직접 전쟁을 수행하는 사람들의 일상적 시각에서 전쟁을 묘사하고 있었다. 독일군을 포함하여 모든 군대가 지나다니는 메인 루트에 매설된 폭발물들이나 무장 반군들의 매복처 따위들이 언급된 수천 건의 '위협 보고서(Threat Reports)'들을 읽고 난 전체적 느낌은 몹시 우울했다. '위협 보고서'에는 잠재적 자살 테러리스트들의 이름뿐만 아니라 그들이 폭발물을 설치했을 것으로 추정되는 자동차들의 색상과 생산업체까지 자세히 기술되어 있어서, 그곳에 파견된 병사들이 항시 느꼈을 위험과 두려움이 고스란히 전해져오는 듯했다.

'카불 전쟁일지(Kabul War Logs)' 공개가 채 일주일도 안 남은 시점에서 아프가니스탄 수도 카불의 공항이 갑자기 매우 분주해졌다. 검은색 방탄 리무진들이 무빙워크 옆에 죽 늘어서 있었다. 주요 나토 회원국 외무부장관들의 입국이 예정되어 있었고, 힐러리 클린턴 미 국무부장관과 귀도 베스터벨레 독일 외무부장관에 이어 반기문 유엔 사무총장도 도착했다. '카불 회의'는 희한한 일정을 정하기 위한 모임이었다. 국제안보지원군(ISAF) 소속으로 이 전쟁에 참여한 국가의 지도자들은 아프가니스탄 대통령 하미드 카르자이의 제안을 따라 2014년의 국제안보지원군 철수를 선언하기로 결정했다. 그때까지 아프가니스탄은 스스로 치안을 유지할 수 있는 상태가 되어야 했다.

그 시점에 이미 기사를 대부분 완성해놓고 있던 〈슈피겔〉 〈가디언〉 〈뉴욕타임스〉의 기자들에게 이 같은 결정은 순진하고 비현적일 뿐만 아니라 심지어 저급한 조롱으로 들렸다. 전쟁일지가 주는 핵심 메시지가 있다면 그것은 최근 몇 년간 상황이 계속 악화일로를 걷고 있다는 것이었다. 특히 독일의 통제 하에 있는 아프가니스탄 북부가 그랬다. 사전에 미 국방부의 사전 '공보' 작업을 거치지 않은 전쟁일지와 그 안에 담긴 수많은 사례들은 이미 많은 사람들이 느끼고 있던 이런 일반적인 분위기를 분명하게 확인시켜 주고 있었다.

보고서는 특히 아프가니스탄의 치안병력이 매일같이 탈레반의 무기력한 희생자가 되고 있음을 보여주었다. 최근 3년 동안에만 약 2500명의 아프간 경찰과 군인들이 목숨을 잃었다. 이런 피의 결과로 사기를 잃은 군대는 그 무렵 아프가니스탄 전역에 만연하기 시작한 부정부패에 빠르게 물들어갔다.[6]

줄리언 어산지는 공개가 있기 며칠 전에 런던 안에서 다시 거처를 옮겼다. 그는 〈가디언〉 벙커에서 나와 패딩턴에 있는 언론인 클럽 '프런트라인(Frontline)'에 위키리크스 임시본부를 설치했다. 붉은 벽돌 건물의 프런트라인은 보언 스미스가 이 건물의 3개 층을 독립 저널리즘에 헌정한 이래로 탐사보도의 본거지가 되었다.

어산지는 언제나 그랬듯이 런던에서 머무는 몇 주일의 시간을 이용하여 새로운 인맥을 만들었다. 예를 들어 런던 '탐사 저널리즘 센터' 소장인 개빈 맥퍼든과도 처음으로 직접 만났다. 맥퍼든은 어산지에 대해 두고두고 남을 깊은 인상을 받는다. 그는 위키리크스와 같은 모험에 너무나 기꺼이 참여할 자세가 되어 있는 젊고 야심 찬 언론학 전공 학생들을 알고 있었다. 그 덕분에 어산지는 금세 프런트라인 클럽에서 소규모 자원봉사자 팀을 꾸릴 수 있었다. 그들은 어산지가 지금까지 했던 것 중 가장 규모가 큰 폭로 작업을 성심껏 도와주었다. 또 한편에서는 다른 위키리크스 관계자들이 엄청나게 밀려들 방문객에 대비하여 서버 용량을 확충하는 작업을 진행하고 있었다. 어산지는 '부수적 살인' 비디오 때처럼 이 프로젝트를 위해 별도의 웹사이트 wardiary.wikileaks.org를 마련했다.

언론사들도 막바지 준비에 한창이었다. 〈슈피겔〉은 당사자들 간에 약간의 이견이 있었지만 결국 주간지 발간일인 7월 25일 일요일 23시로 공개 날짜를 정했다. 하지만 일정을 지키는 것은 그리 간단한 일이 아니었다. 보통 〈슈피겔〉은 잡지를 전국의 가판대에 공급하기 위해 토요일에 이미 잡지를 내보낸다. 뉴스통신들도 토요일 오후면 벌써 최신호 〈슈피겔〉 기사를 손에 넣을 수 있다. 게다가 〈슈피겔〉은 매주 독점보도에 관해 사전예고를 내보내는 관행을 지켜왔다. 하지만 그렇게 하자면 파트너들과 합의한 엠바고(Embargo)를 파기하는 결과가 초래될 수밖에 없었다. 그래서 그 주일만큼은 평소보다 시간을 늦춰서 잡지를 내보내기로 했다. 늘 주말이면 벌써 〈슈피겔〉을 읽던 열혈 독자들과 인터넷판 이용자, 아이패드 등에서 〈슈피겔〉 어플리케이션을 이용하는 독자들에게는 '편집국 사정으로' 늦는다는 통보를 내보냈다. 이는 〈슈피겔〉 창간 이래 처음 있는 일이었다.

그러나 모든 일은 기대 이상으로 순조롭게 진행되었다. 〈가디언〉에서만 아주 작은 사고가 있었다. 〈가디언〉에서 온라인 서비스를 담당하는 한 직원이 실수로 완성된 아프가니스탄 기사 중 하나를 약속한 시각보다 몇 시간 앞서 온라인에 열어놓았던 것이다. 이 소식은 금방 (심지어 트위터에까지) 알려졌지만 실수를 곧 알아차린 직원이 신속히 다시 내렸다.

7월 25일 저녁 줄리언 어산지는 프런트라인 클럽의 컴퓨터 앞에 앉아 있었다. 그는 자축을 위해 검은 양복을 입고 화이트와인과 잔을 준비해두었다. 그는 젊은 자원봉사자들과 함께 〈가디언〉과 〈슈피겔〉이 독일 시간으로 23시 정각에 온라인으로 기사를 올리는 순간을 기다리고 있었다. 위키리크스와 〈뉴욕타임스〉는 조금 나중에 올렸다. 〈뉴욕타임스〉는 어산지에게 자료를 위키리크스 사이트에 먼저 올릴 것을 요구하며 시간을 끌다가 어느 순간 더 이상 기다리지 않고 자신들의 기사를 올렸다. 위키리크스의 공개는 그로부터 3시간 뒤에 이루어졌다. 7월 26일 월요일 독일 시간으로 새벽 3시, 아프간전쟁에 관한 대부분 '기밀'로 표시된 약 7만 7000건의 자료가 드디어 온 세상에 모습을 드러냈다. 인터넷에 접근할 수 있는 사람은 누구나 세계 어디서든 이 자료를 볼 수 있었다.

〈가디언〉은 그때까지 알려진 것보다 훨씬 더 많은 수의 민간인 사상자가 발생한 사실을 보도했다. 그중 많은 사람들은 영국군과 무인공격기 '리퍼'가 투입되었을 때 사망했다. 〈슈피겔〉은 힌두쿠시 산맥에서 벌어진 전투를 커버스토리로 선택했는데, 이는 미국이 이끈 전투 중에서 가장 철저히 은폐되고 가장 의심스러운 것으로 꼽히는 사건이었다. 그 지역에 미군은 계획적으로 살인 임무를 띤 특수부대를 투입했다.

'태스크포스 373' 같은 특수부대에 관해서는 지금까지 막연한 정보들이 고작이었다. 태스크포스 373은 네이비 씰(Navy Seals)과 델타포스(Delta Forces)에서 차출된 엘리트 병사들로 구성된 부대였다. 이 부대의 명찰도 달지 않은 병사들이 투입되는 작전은 국제안보지원군 사령부에 미리 통보되지도 않았다. 그들의 투입 지역은 일명 '블랙박스'에만 표시되어 정규군이 그들의 임무에 방해가 되지 않도록 조정했다. 하지만 이제 많은 관련 정보가 공개됨으로써 이 특수부대의 탈레반 최고지도자 사냥은 언론의 커버스토리를 장식할 정도가 되었다. 이제껏 철저히 비밀에 붙여졌던 '살생부(나토에서는 이를 'JPEL(Joint Prioritized Effects List, 합동우선처리명단)'이라고 부른다)'와 관련된 작전도 84건의 문서에 언급되어 있었다. 이것은 최우선적으로 체포되거나 제거되어야 하는 적의 이름을 기록한 리스트였다.

이런 식의 비밀 작전활동이 여러 차례 실패를 거두었다는 사실도 사람들은 7월 26일자 〈슈피겔〉에서 처음으로 소상히 알 수 있었다. 예를 들어 태스크포스 373부대는 2007년 6월 17일에 알카에다 지도자 중 한 사람인 아부 라이트 알-리비가 측근들과 함께한 코란 학교에 있다고 추정하고 그를 노린 작전을 펼쳤다. 그들은 이동식 다연장로켓포를 목표지점에 겨냥하고 다섯 발을 연달아 쏘았다. 그런데 그들이 나중에 잿더미에서 발견한 것은 어린아이들 여섯 명의 시체뿐이었다. 한 아이는 미군 위생병이 20분간 살려보려고 애썼지만 끝내 현장에서 숨을 거두었다. 알-리비의 흔적은 물론 어디에서도 찾아볼 수 없었다. 관련 보고서에는 이 사실은 무조건 비밀에 붙여져야 하며, 국제안보지원군 사령부에도 알려져서는 안 된다고 적혀 있었다.

2007년 6월 11일 잘랄라바드에서 남서쪽으로 43킬로미터 떨어진 계곡에서 벌어진 특수부대 작전 역시 이것 못지않게 끔찍하게 종결되었다. 태스크포스 373은 이번에는 아프간 특수부대와 함께 어느 탈레반 사령관을 뒤쫓고 있었다. 그런데 칠흑 같은 어둠 속에서 갑자기 여러 개의 손전등이 그들을 환히 비추었다. 곧이어 벌어진 전투에서 그들은 적으로 오인하고 아프간 경찰관 일곱 명을 죽이고 네 명에게 부상을 입혔다. 미군 특수부대 홍보실은 심지어 다음 날 이 사건에 관한 보도자료까지 냈는데, 태스크포스 373부대나 사망자에 대한 언급은 하나도 없고 아프간 경찰의 피해도 전혀 이야기되지 않았다.[7]

7월 26일 월요일은 위키리크스에 또 한 번의 커다란 변화를 가져왔다. 〈뉴욕타임스〉는 6면, 〈가디언〉은 14면, 〈슈피겔〉은 무려 17면에 걸쳐 이 사건을 보도했다. 어산지는 이미 며칠 전에 프런트라인 클럽에서 젊은 자원봉사자들을 통해 세 언론사의 헤드라인을 미리 접할 수 있었다. 그것은 그가 일찍이 한 번도 경험하지 못한 일이었다. 미군 역사상 최대의 '폭로' 스토리는 특히 트위터를 통해 단 몇 분 만에 전 세계로 퍼져나갔다.

어산지는 바로 이 순간부터 자신과 위키리크스가 예전과 전혀 다른 존재가 되리라는 걸 잘 느낄 수 있었다. 한 편의 비디오나 개별적인 군 내부문서들과 현재 진행되고 있는 전쟁에 관한 기밀문서 전체는 차원이 다른 것이었다. 이는 초강대국들의 얼굴에 찬물을 끼얹고 세계에서 가장 막강한 군대에 도전장을 내미는 행위였다. 2010년 7월 25일 밤 런던의 프런트라인 클럽에서 만족스럽게 화이트와인을 홀짝거리고 있는 남자는 이 같은 도전장이 그냥 대답 없이 사라지지 않으리란 사실을 잘 알고 있었다.

폭로의 후폭풍

"어산지는 왜 아직 살아 있는가?"
_ 〈내셔널리뷰 온라인〉의 보수논객 조나 골드버그

줄리언 어산지가 기자회견을 위해 프런트라인 클럽의 회의실에 들어서자 충격과 감탄의 외침이 그를 향해 쏟아졌다. '부수적 살인' 비디오 때와 마찬가지로 그는 공식적인 공개 당일에 기자회견에 초대받았다. 그는 지금까지 폭로된 것들 중 가장 파급효과가 큰 이번 자료에 대한 일차적 설명을 기존 매체나 정치가에게 맡기고 싶지 않았다. 프런트라인 클럽의 파란색 접이식 의자는 빈자리를 찾을 수 없었다. 그는 운집한 기자들과 카메라 사이를 어렵사리 헤치고 연단에 올랐다.

지난밤 이후 아프간 전쟁일지는 언론을 통해 전 세계로 퍼져나갔다. 프런트라인 클럽에서 어산지와 함께 일한 자원봉사자들은 모든 것들을 꼼꼼히 준비했다. 평소에 연단 뒤에는 버섯구름이 그려진 대형 흑백 포스터가 걸려 있었지만 이날의 메시지와 맞지 않는다는 이유로 포스터는 베트남 참전용사의 초상화로 바뀌어 있었다. 초상화는 인터넷에 라이브스트림으로 중계되는 기자회견 시간 내내 배경화면으로 전파를 탔다.

이 기자회견은 위키리크스에 결정적인 변화를 가져오는 순간이었다. 이번에도 어산지는 단독 기자회견을 선택했다. 그는 짙은 회색 양복을 입고 하얀 와이셔츠의 깃을 풀어놓았다. 이번에는 넥타이를 매지 않았다. 그는 런던의 언론인 클럽에 모인 사진기자들을 위해 카메라 앞에서 자랑스럽게 〈가디언〉 최신호를 들고 포즈를 취했다.

백악관도 이미 이 소식에 반응을 보였다. 평소와는 조금 다르게 '기자들을 위한 조언'을 담은 이메일의 형식을 취했다. 백악관의 이메일은 미국 시간으로 토요일 저녁 언론에 배포되었다. 이메일 제목란에는 '위키리크스에 대한 생각'이라고 적혀 있었고, '오직 배경 정보'를 주기 위한 것이므로 인용하지 말라고 되어 있었다.

이 최초의 공식 반응에 담긴 기본 어조는 아직은 어느 정도 여유가 있었다. 미국의 현 정부는 특히 자료의 대부분이 오바마의 전임자인 조지 W. 부시 전 대통령의 전쟁 전략을 반영하고 있다는 사실을 언론에 주지시키려 했다. 이메일에는 지금 공개된 몇몇 우려스러운 일들이야말로 오바마 대통령이 아프간전쟁의 전략 변경을 예고한 이유와 '정확하게' 맞아떨어진다고 씌어 있었다. 또 이 사안을 보도할 때 기자들은 위키리크스가 객관적이고 공정한 매체가 아니라 공개적으로 미국의 대 아프가니스탄 정책을 비판하는 조직이라는 사실도 염두에 둘 것을 요청했다.

그러나 이런 여유는 오래가지 못했다. 이미 보수 진영에서는 버락 오바마 미국 대통령이 국내외 안보 문제에 충분히 진지한 태도로 임하지 않는다고 의심하던 차였다. 백악관 정례 기자 브리핑 때 로버트 깁스 대변인은 좀 더 공격적인 표현을 준비해두고 있었다. 깁스는 이번 폭로가 명백한 '연방법 위반'이며, '우리 군과 우리와 협력하는 군에 심각한 해를 끼칠 수 있는 위험을 내포하고 있다'고 비난했다. 이후 며칠 동안 깁스가 내놓은 공식 반응들은 대부분 똑같은 어조를 유지했다.

대통령은 폭로 자료들이 공개되기 며칠 전에 이미 사실을 알고 있었다. 공개 직전 목요일에 〈뉴욕타임스〉와 〈슈피겔〉은 백악관에 아프간 전쟁일지에 관한 질문을 던졌다. 이때부터 오바마와 백악관 언론 담당 참모진이 얼마나 바삐 움직여야 했는지는 오바마의 대변인이 브리핑 말미에 한 말에서도 잘 나타난다. 어떤 기자가 다른 문제를 언급하려 하자 깁스 대변인은 이렇게 대답했다. "그것에 대해서는 아무 말도 할 수 없습니다. 저는 지금껏 위키리크스 문제로 아주 바빴거든요."[8]

이튿날에는 오바마가 직접 기자회견을 했다. 하원의원들과 만남을 가진 뒤 그는 집무실에서 나와 백악관의 장미정원에서 폭로사건 이후의 문제들에 대해 언급했다. 대통령은 기밀문서의 공개가 전쟁 지역의 '사람과 작전'에 해가 될 수 있지만, 지금의 상황은 정치적으로 오히려 득이 될 수도 있다는 주장을 펼쳤다. 그는 TV 카메라를 똑바로 응시하며 부시 행정부 시절 미국은 아프가니스탄과 파키스탄 문제에서 "도전들에 대처하는 적절한 전략을 찾지 못했다"고 지적하고, 자신은 전략 변경을 통해 거론된 문제들에 대한 대응책을 이미 마련해놓았다고 밝혔다.[9]

예상했던 대로 군과 정보당국의 논평과 반응은 훨씬 더 신랄하고 날 선 것이었다. 펜타곤으로서는 아프간전쟁과 관련된 자료들의 손실은 다른 어떤 것보다 더 큰 치욕을 의미했다. 오바마 내각의 장관으로는 유일하게 부시 시절부터 장관직을 수행해온 로버트 게이츠 국방부 장관은 줄곧 입장 표명을 미루다가 목요일에 미국 주요 언론사의 군사전문기자들을 기자회견에 초대했다. 마이크 멀린 미국 합참의장과의 공동 기자회견이었다. 기자회견장에서 분노한 게이츠 장관은 '막대한 안보침해'라며 거세게 비난했다. 합참의장은 위키리크스 대표 개인에 대해 공격했다. "어산지는 그 자신과 그의 정보원이 어떤 더 높은 목표를 신봉하든 마음대로 떠들어도 좋다. 그러나 그와 위키리크스 사람들은 이미 어느 젊은 병사나 아프간 가족의 피를 그들의 손에 묻혔을지 모른다."[10] 이때 멀린은 어산지의 말을 직접 인용했다. 어산지는 〈뉴요커〉와의 인터뷰에서 위키리크스가 언젠가는 손에 피를 묻힐지도 모른다고 말했다.

게이츠 장관은 즉시 정보 유출 경로에 대한 '공격적인 수색'에 나설 것이라고 예고했다. 펜타곤은 이를 위해 모든 역량을 동원할 것이며 자료 분석과 정보제공자 색출에 FBI의 지원도 받을 것이라고 밝혔다. 에릭 홀더 법무부장관도 이 사건의 조사를 지시했다. 국방부 근처에 임시본부가 차려지고 군정보국 요원들과 FBI 관계자들로 구성된 태스크포스는 전쟁일지 검토와 정보원 사냥에 들어갔다. 태스크포스 인원은 불과 몇 주일 만에 120명 규모로 불어났다. 국방부장관은 이 작전의 지휘를 노련하고 경력도 화려한 국방정보국(Defense Intelligence Agency, DIA) 소속 로버트 카(Robert A. Carr) 장군에게 맡겼다. 카 장군은

2009년 아프간에 투입되어 활동했고, 군내부에서 주요 인물로 평가받는 인물이었다.[11]

'정보 리뷰 태스크포스'의 공식 임무는 아프간 전쟁일지에서 위험한 내용을 찾아내고, 위키리크스가 갖고 있는 다른 모든 정보에 대해서도 파악하는 것이었다. 또 정보제공자뿐만 아니라 위키리크스와 줄리언 어산지에 대해서 유죄를 입증할 증거를 찾아내는 것도 그들의 일이었다. 어산지는 지구상에 마지막 남은 초강대국 군대에 공개적으로 도전장을 냈고, 이에 대해 그의 앞에 처음으로 모습을 나타낸 적은 땅딸막한 키의 카 장군과 그 예하의 정보분석가 및 요원들이었다.

어산지를 고소하기 위한 근거는 스파이를 매우 광범위하게 규정하고 있는 1917년에 제정된 '방첩법'이었다. 이 법에 따르면 미국에 해를 입히거나 다른 국가에 이익을 주기 위한 의도로 미합중국의 비밀 정보를 불법으로 빼돌려 전달하는 자는 형사처벌을 받아야 했다. 그뿐만 아니라 제1차 세계대전의 와중에 만들어진 이 스파이 관련법에 위반되는 줄 뻔히 알면서도 불법적으로 정보를 취득한 사람 역시 처벌 대상이었다.

위키리크스 관계자들이 정보입수 과정에서 능동적인 역할을 한 사실이 증명될 수 있다면 어산지와 그의 팀은 심각한 어려움에 처할 수 있었다. 여기에는 법률적 선례도 있었다. 2006년 1월 미 연방법원은 미국 기밀문서 전달을 이유로 이스라엘의 한 로비단체 직원들을 상대로 비록 그들이 스스로 불법적인 자료를 입수하지 않았더라도 사법소추가 가능하다는 판결을 내린 바 있다.

미국 법원은 비밀 자료를 다루는 일과 관련해서 전통적으로 언론매체에 많은 재량권을 허용한다. 위키리크스도 언론이 비교적 폭넓은 법적 보호를 받는다는 사실에 기대어 자료 공개 이후 일관되게 자신들이 '언론기관'임을 표방했다. 어산지는 자신을 '편집국장'이라고 소개했고, 2010년 8월에는 스웨덴으로 가서 위키리크스의 공식 언론사 인가를 추진했다.

미국 정부에 또 다른 고민을 안겨준 문제는 어산지의 국적이었다. 미국 내 강경파에게 국적은 아무런 장애물이 아니었다. 매파들은 신속히 세력을 결집하여 이 사건을 민주당 소속 오바마 대통령을 정치적으로 공격할 기회로 삼았다. 특히 조지 부시 전 대통령과 당시 국방부장관 도널드 럼스펠드의 연설문을 담당했던 마크 티센이 거센 공격에 나섰다. 티센은 현재 보수파 싱크탱크에서 일하며 〈워싱턴포스트〉에도 정기적으로 기고하고 있었다. 그는 부시 대통령과 럼스펠드 장관의 호전적인 수사학을 누구보다도 잘 구사할 줄 아는 인물이었다.

그는 '위키리크스는 폐쇄되어야 한다'라는 제목의 기고문에서 이를 위해서라면 '사법부, 정보기관, 군부' 등 그 어떤 수단이 동원되어도 상관없다는 자신의 생각을 가감 없이 드러냈다.[12] 티센은 위키리크스가 '언론기관이 아니라 범죄단체'라고 단정 짓고, 이 조직이 방첩법을 위반했을 뿐 아니라 폭로를 통해 테러리스트들을 지원했다고 주장했다. 그는 이미 지금까지 발생한 손실만으로도 '측정과 복구가 불가능한' 지경이라고 말했다.

티센은 계속해서 어산지도 형사소추해야 하며, 이 역시 아무 문제가 없다고 했다. 그에 따르면 어산지를 처벌하기 위한 첫 단계는 사법부에 제소하는 것인데, 이는 굳이 공개적으로 할 필요가 없었다. 그 대신 미국 정부는 '형사소추에 협력하는 국제 파트너들'에게 어산지의 체포를 요구하고 그의 송환을 신청하면 된다고 했다. 미국은 적절한 외교 압력을 행사하여 "다른 국가들(특히 벨기에나 아이슬란드 같은 나토 파트너 국가들)이 범죄자에게 안전한 은신처를 제공하여 나토군의 생명을 위협에 빠뜨린다면 이를 결코 용납하지 않으리란 사실을 분명히 해야 한다"고 말했다. 티센은 여기서 그치지 않고 계속해서 독기 오른 말들을 쏟아냈다. 그는 경우에 따라서 어산지는 심지어 그 자신이 체류하고 있는 국가가 '승인하지 않더라도' '비밀리에' 체포되어 미국으로 송환될 수도 있다고 말했다. 소위 '용의자 인도' 프로그램을 적용하자는 주장인데, 이것은 CIA가 이슬람 테러리스트 용의자들에게 주로 사용하던 일종의 해외납치 작전이었다.

티센처럼 위키리크스에 대해 강경한 대처를 요구하는 목소리는 그 밖에도 많았다. 특히 루퍼트 머독이 소유하고 있는 방송사 폭스뉴스는 앞장서서 이런 움직임을 선동했다. 전 부통령의 딸이자 미 국무부 직원인 리즈 체니는 미국 정부에 대해 '위키리크스를 폐쇄시키고' 어산지를 '공격적으로 사법소추'할 것을 강력히 요구했다. 위키리크스가 폭로를 통해 '알카에다를 지원했다'는 게 그 이유였다.[13]

한편 보수 성향의 잡지 〈내셔널리뷰 온라인〉의 칼럼니스트 조나 골드버그는 "어산지는 왜 아직 살아 있는가?"라는 매우 노골적인 물음을 논란의 소용돌이 속으로 던졌다. 그는 자신이 아주 진지하게 말하고 있다고 했다. 그는 "왜 어산지는 몇 년 전 자신의 호텔방에서 살해(처형)되지 않았는가?"라고 다시 물으며 이 '호주 출신의 웹 히피'를 처형하기보다는 '이슬람 테러리스트'를 처형하는 편이 더 쉬운 것 같다고 빈정거렸다. 아마 CIA로서도 어산지를 죽이고 싶겠지만 '그로 인해 커다란 논란을 초래하는 일' 없이 이를 실행에 옮기기가 힘들 것이라고 추측했다.[14]

아프가니스탄 자료의 공개는 미군의 역사적 위상에 큰 타격을 주었을 뿐만 아니라, 기성 저널리즘의 실패이자 기자적 본능의 집단적 실패를 의미했다.

사실 과거에는 이토록 많은 내부 전쟁 자료가 어떠한 가공이나 조작이나 검열도 거치지 않은 채 공개된 유례가 없었다. 이 정도 자료라면 보통 기자들이 몇 년에 걸쳐 찾아다녀야 모을 수 있는 것이며, 설사 자료가 확보되더라도 실제 공개로까지 이어지는 경우는 드물다. 게다가 규모가 이렇게 방대할 경우는 더욱 힘들다. 기껏해야 기사를 쓰기 위한 기초 자료 정도로 활용되는 게 고작이다. 기자들이 아프간 자료를 자신들의 기사에 활용하기 위해 반드시 위키리크스를 지지할 필요는 없다. 위키리크스와 어산지를 혐오하더라도 이 자료들이 무엇을 말하고 있는지 객관적으로 분석할 수 있으며, 각자 자신의 방식으로 아프간전쟁을 이해할 수 있다. 이 사건은 저널리즘의 빛나는 승리가 되었어야 했다.

그럼에도 불구하고 자료 공개 이후의 날들은 언론, 특히 미국의 언론이 얼마나 한심한지를 보여줄 뿐이었다. 많은 기자들이 단순한 패턴대로 반응했다. 다시 말해 정부의 대응을 기준으로 삼아서 폭로된 자료의 가치를 가늠했다. 그들은 자료 자체보다는 펜타곤을 더 믿었다. 그 자료들이 다름 아닌 펜타곤에서 나온 것들인데도 그랬다. 역사의 아이러니가 아닐 수 없었다. 직접 자료를 검토하고 분석하는 수고를 한 편집국은 거의 없었다. 폭로된 내용이 중간에 인터넷을 오염시키는 위키리크스의 수중을 거쳤다는 사실 하나 때문에 자료에 무관심한 것이 아닌가 하는 인상이 들 정도였다. 특히 미국의 보수언론들은 이 자료의 내용에 대해서는 거의 보도하지 않고, 자료 공개의 악의적 성격에만 전적으로 집중했다. 공개된 자료를 검토 분석하여 실패와 성공을 모두 내포하고 있는 아프간전쟁의 경과를 보수적인 시각에서 심층적으로 보도한다면 값진 논의가 이루어질 수도 있을 텐데, 그와 같은 노력은 지금까지도 찾아볼 수 없다.

저널리즘의 광범위한 실패에는 두 가지 원인이 있다. 바로 기회주의와 돈이다. 정부의 노선과 대립각을 세우기 위해서는 용기가 필요하지만 그냥 뒤쫓아 가면 쉽고 편하다. 또 몇 날 몇 주를 아프간 자료에 매달리려면 많은 돈이 들지만 정부의 성명과 보도자료를 그대로 베끼면 그 돈이 들지 않는다. 이 두 원인이 함께 작용한 결과 위키리크스에 관한 논의는 아프간전쟁 자체에 관한 논의만큼이나 피상적이고 미미한 수준으로만 이루어졌다.

위키리크스의 비판자들은 특히 두 가지에 집중했는데, 둘 다 미국 정부가 최초로 발표한 성명에 전적으로 근거한 것이었다. 이는 펜타곤과 백악관의 홍보가 어떤 방식으로 효과를 나타내는지 잘 보여준다. 첫 번째 방식은 오바마 대통령이 장미정원에서 기자회견을 할 당시에 이미 드러난 것으로, 공개 자료에는 기본적으로 새로운 내용이 전혀 없다는 진술이다.

이런 진술은 그 후 몇 주일에 걸쳐 정치가, 군 장성, 관련 '전문가' 등에 의해 계속 반복되는데, 이를 지켜본 사람 중 많은 이들은 이 방식의 핵심을 전혀 파악하지 못하는 것 같았다. 당연히 오바마와 국방부장관의 입을 통해 나온 기존의 분석들은 사실과 일치한다. 왜냐하면 그 자료들은 그들이 직접 만든 비밀 전쟁일지이며, 이를 토대로 브리핑과 통계가 작성되어 펜타곤과 백악관에 보고되었기 때문이다. 그리고 그것은 이미 여러 해 전에 작성된 자료들로 당연히 새로운 정보도 아니다. 그러나 일반 대중에게 그것은 분명히 새로운 정보였다.

대부분의 언론들이 얼마나 빨리 미군과 미국 정부의 판단을 그대로 따르는지를 지켜보는 일은 무척 흥미롭다. 권위 있는 〈워싱턴포스트〉조차도 자료 공개 후 단 하루 만에 수만 건의 파일들 중 지금까지 알려지지 않은 내용은 '거의 없다'는 결론을 내렸다. 한 기자는 워싱턴 정가에서 벌어지는 각종 파티에서 오히려 더 많은 기밀사항을 들을 수 있다며 비아냥거렸다. 〈워싱턴포스트〉는 편집국 내부에서 격렬한 논의가 오간 끝에 겨우 그와 같은 평가를 수정할 수 있었다.

독일 연방정부 역시 워싱턴에서 제시한 모범답안을 그대로 따랐다. 그들에게는 분명히 대부분의 정보가 새로웠을 텐데도 불구하고 그랬다. 연방공보청의 직원들은 처음에 '위키리크스'를 '위키피디아'와 혼동했을 정도다. 그들은 수만 건의 비밀문서를 폭로한 주체가 온라인 백과사전이 아니라는 사실부터 배워야 했다.

따라서 자료 공개 후 월요일에 베를린의 연방 기자회견장에서 독일 국방부 대변인이 발표한 내용은 그다지 설득력이 없었다. 해군대령 크리스티안 딘스트는 "기밀로 분류되어 보관된 자료를 그런 방식으로 입수하여 공개한 것은 극히 주목할 만한 사건"이라고 말하고, 독일 국방부는 즉시 '무수히 많은 자료를 검토하여 독일의 안보이익이 손상될 여지가 있는지를 검토'하는 작업에 착수할 것이라고 밝혔다. 다시 말해 아직 아무것도 확인되지 않은 상태인데도 국방부 대변인은 이미 판단을 내릴 준비가 끝난 상태였다. "언론보도 내용을 볼 때 우리에게는 일단 전혀 새로운 뉴스거리를 주지 못한다."

독일 의회는 국방부 대변인의 발언을 전혀 납득할 수 없었다. 국방위원회 소속 의원들은 6월 어느 회의에서 미군 특수부대가 아프간 북부에서 하는 일들에 대해 대략적인 정보를 전달받은 바 있다. 그러나 〈슈피겔〉 보도 이후 다수의 의원들은 논란이 되고 있는 블랙리스트와 관련하여, 즉 최우선적으로 체포 또는 살해되어야 하는 탈레반 지도자들의 명단과 관련하여 독일이 정확히 어떤 기여를 했는지 자세히 알고자 했다.

야당인 사민당(SPD)은 심지어 이번에 새로 알려진 세부적인 정보들에 대해 정부가 얼마나 포괄적으로 사실을 밝히는지 지켜보면서 아프가니스탄 파병 연장에 관한 그들의 동의 여부를 결정하겠다고 예고했다. 사민당의 외교 담당 대변인 롤프 뮈체니히는 "위원회 회의 때 집중적인 대정부 질문을 통해 공개된 정보들을 문제 삼겠다"고 했다.[15] 그는 특히 태스크포스 373부대 문제와 독일군 투입 지역의 안전 문제에 관한 독일 외무부장관의 긍정적 설명들이 모두 의심스럽다고 말했다. 또 독일 정부는 '미군의 모든 작전이 정말로 국제법상으로 국제안보지원군의 임무로 해석될 수 있는지' 시급히 밝혀야 한다고 요구했다. 녹색당의 국방 전문가로서 매주 연방정부로부터 쿤두즈의 안보 상황에 대한 정보를 보고받는 오미드 누리푸르는 의원들에게 중요한 내용들이 은폐되고 있다고 비난했다. 그는 공개 자료들이 '힌두쿠시 주둔 부대의 안전에 대한 더욱 극적인 장면들'을 보여주고 있다며 "그 안에는 내가 이제껏 단 한 번도 듣지 못한 많은 사건들이 담겨 있다"고 했다.

오바마 정부의 두 번째 홍보전략은 공개된 자료에 새로운 내용이 없다는 주장보다 더 큰 효과를 발휘했다. 그것은 공개로 인해 무고한 사람들의 목숨이 위태로워졌다는 주장이었다. 자료에 익명으로 처리되었음에도 불구하고 공개 후 처음 며칠 동안은 위험에 처할 가능성이 있는 사람들의 이름과 심지어 주거지까지 언론에 보도되었다. 폭스뉴스처럼 루퍼트 머독 언론제국의 소유인 영국의 〈타임스〉가 제일 심했다. 〈타임스〉는 '전쟁일지에 언급된 남성 이미 사망'이라는 제목의 기사에서 국제안보지원군에 정보를 제공한 아프간인들에 대한 탈레반의 첫 번째 복수극이 불과 공개 후 72시간 만에 발생한 것처럼 보도했다.[16]

하지만 이 남성은 이미 2년 전에 사망했기 때문에 그의 죽음이 자료 공개와 관계가 있을 수 없다는 사실은 기사의 몇 단락을 더 읽어야만 나온다. 〈타임스〉 기자들은 이에 개의치 않았다. 같은 날짜 신문의 논평에는 결국 공개로 인해 "무고한 일반인이 죽게 될 것"이며, "이는 추측이 아니라 피할 수 없는 사실"이고, 어산지와 '그의 행동'은 "이기적이고 미숙하고 위선적이고 엄청나게 무책임하다"고 썼다.[17]

다음 날 영국의 채널4 방송은 최악의 우려를 더욱 부추겼다. 채널4는 자칭 탈레반 대변인이라는 많은 사람들 중 한 사람과 인터뷰를 했는데, 이 사람은 탈레반이 현재 자료를 분석 중이라고 말했다. "거기서 미국 스파이가 발견되면 어떻게 응징할지는 이미 정해져 있다"는 말은 그대로 인용되어 고스란히 전파를 탔다.[18] 하미드 카르자이 아프가니스탄 대통령은 최초의 공식 입장 표명에서 정보원 이름 공개는 "극도로 무책임하며 충격적"이라고 말했다.[19]

줄리언 어산지는 이를 교란작전으로 보았다. 그는 격분하여 게이츠 미 국방부장관과 멀린 합참의장을 '위선자'라고 비난했다. 게이츠는 이란-콘트라 스캔들 때 CIA에 근무했으며 이라크와 아프가니스탄 전쟁에 깊이 관여한 인물로 '수천 명의 민간인과 아이들에 대한 살인'에 대해 책임져야 한다고 목소리를 높였다. 또 '멀린은 이라크와 아프가니스탄의 최고사령관'으로서 게이츠와 함께 '매일 처형을 지시'하는 지위에 있었으니 두 사람 모두 이라크전과 아프간전 희생자들의 피로 목욕을 한 자들이라고 말했다.[20]

공개된 문서가 내용적으로 별 볼일 없다는 비난 역시 어산지에게는 터무니없는 것이었다. 그는 문서 속에 수천 개의 알려지지 않은 이야기들이 있으며, 이것들이야말로 펜타곤의 그 어떤 발표보다도 전쟁의 현실에 대해 더 많은 사실들을 알려준다고 확신했다. 프런트라인 클럽의 기자회견에서 그는 〈슈피겔〉〈가디언〉〈뉴욕타임스〉의 포괄적인 분석도 첫걸음일 뿐이라고 말했다. 그에 따르면 이제 관심 있는 사람은 누구나 자료를 볼 수 있고, 이 집단지능은 계속 새로운 면면들을 밝혀낼 것이다. 다른 수많은 기자들과 역사가들은 이제 특정한 사건들을 구체적으로 확인할 수 있으며, 아프간의 민간인과 미국 병사들은 자신이 산증인으로 직접 현장에서 겪은 사건들을 찾아보고 그들 자신의 체험과 군의 발표가 어떻게 다른지 비교해볼 수 있을 것이다.

그 후 며칠 동안 어산지는 계속해서 사건의 실상을 보다 자세히 파악하는 데 도움이 되는 구체적 사례들을 자랑스럽게 발표했다. 예를 들어 그는 이제껏 반군에 의해 희생되었다고 알려졌던 캐나다 병사 네 명의 경우를 인용하며, 공개 자료를 통해서 캐나다 기자들이 이 병사들의 죽음이 다름 아닌 '우호적 발포(Friendly Fire)', 즉 아군의 오발로 인한 것이었음을 밝혀냈다고 전했다.

공개 자료를 바탕으로 가장 관심을 끌고 평가받을 만한 기사를 낸 언론사는 아이러니하게도 처음에 몹시 회의적이던 〈워싱턴포스트〉였다. 최초 공개일로부터 정확히 두 달 뒤에 〈워싱턴포스트〉는 지금까지 알려지지 않은 약 3000명 규모의 준군사조직에 관한 기사를 실었다. 그들은 CIA가 훈련시키고 무기를 제공하며 관리하는 조직이었다. CIA의 이 준군사조직은 다른 정부기구라는 뜻의 'OGA(Other Government Agency)'라는 가명으로 활동하고 있는데, 〈워싱턴포스트〉는 공개된 문서를 통해 이 비밀부대의 기지들을 밝혀냈을 뿐만 아니라 그들이 수행하는 작전에 관한 세부사항도 알아냈다.[21] 〈워싱턴포스트〉의 이 기사는 공개된 문서가 얼마나 풍부하고 깊은 내용들을 담고 있는지 잘 보여주는 증거였다. 그것은 〈슈피겔〉〈뉴욕타임스〉〈가디언〉이 몇 주 동안 세심하게 자료 분석에 매달렸음에도 불구하고 주목하지 못했던 내용이었기 때문이다.

학생 시절 수학을 전공했던 어산지는 아프간 전쟁일지 공개에 대한 잠정적 결산을 숫자와 통계로 가늠했다. 그는 특히 미국의 여론조사기관인 퓨리서치(Pew Research)의 한 조사를 즐겨 인용했다. 그에 따르면 자료가 공개된 그 주에는 아프간전쟁 관련 기사가 세 배로 증가했다고 한다. 하지만 '이보다 더 놀라운 일'은 설문조사 응답자의 약 50퍼센트

가 전쟁일지의 공개가 공공의 이익에 기여한다고 대답했다는 사실이라고 어산지는 말했다.22

물론 미국 정부는 이 의견에 동의하지 않았다. 펜타곤은 정보원 사냥에 나섰고 전쟁일지 공개에 도움을 주었다고 생각되는 사람들을 탄압했다. 게이츠 국방부장관의 대변인 제프 모렐은 8월 5일 기자회견에서 위키리크스는 미합중국의 정부에 속하고 그 외에는 아무도 가져서는 안 되는 것을 소유하고 있다고 공개적으로 위협했다. "이 정부의 재산을 속히 반환하고, 공개 자료들을 모든 서버에서 삭제하며, 앞으로 이 같은 종류의 자료를 더 이상 공개하지 말 것을 위키리크스에 촉구한다."23 이런 위협 뒤에 어떤 구체적인 행동들이 이어지리라는 것은 명백했다.

펜타곤이 압박 수위를 높이는 동안 로버트 게이츠 국방부장관은 8월 중순에 미국 상원의원 칼 레빈과 존 매케인에게 보낸 편지에서 미국 정부의 두 가지 방어 원칙 중 하나에 명백히 위배되는 놀랄 만한 고백을 했다. 그는 편지에서 위키리크스의 공개가 "주요 정보원이나 첩보활동은 하나도 노출시키지 못했다"고 썼다.24 이로써 정부의 비판 중 절반이 스스로 무너져버렸다. 어산지가 손에 피를 묻혔다는 주장을 1면에 대대적으로 실었던 신문사들을 포함하여 대부분의 언론은 게이츠 장관의 이 같은 무언의 부인을 고작 단신으로밖에 다루지 않았으며, 분석과 논평은 거의 찾아볼 수 없었다.

어산지는 모렐의 기자회견에 흥분했다. "펜타곤이 기자회견의 25분을 우리를 위해 쓰다니 대단한 일이군!" 물론 으쓱하는 기분도 없지는 않았다. 그러나 공식적으로는 특유의 전투적인 반응을 보이며 즉각 트위터를 통해 위협의 메시지에 대한 논평을 냈다. "누구도, 그 어느 것도 우리 단체를 탄압하거나 공개를 막을 수 없다."25 그러나 어산지는 곧 측근들과 회합을 갖고 운영 보안(OpSec)을 높여야 할지 여부와 미국의 감시가 어느 방향으로 얼마나 이루어질지에 대해 논의했다.

하지만 그들의 다음 시련은 미국이 아니라 스웨덴과 조직 내부에서 왔다.

6장

시험대 위의 위키리크스

WikiLeaks

섹스, 음모 그리고 내부 분열

> "나는 이 조직의 심장이고 영혼이며, 창립자이고 대변인이고
> 최초의 프로그래머이고 기획자이고 자금조달자이고,
> 그리고 나머지 전부다. 이게 싫으면 네가 떠나라."
>
> _ 줄리언 어산지가 자신을 비판한 아이슬란드의 위키리크스 자원봉사자에게

줄리언 어산지는 머리를 짧게 잘랐다. 그는 앤디 워홀 스타일을 버리고 이제 머리를 성냥개비만 한 길이로 다듬었다. 또 눈에 잘 띄지 않는 짙은 갈색으로 염색도 했다. 이런 모습으로 그는 런던을 떠나 스웨덴으로 날아가서 8월 중순에 공개석상에 모습을 드러낼 예정이었다. 스웨덴 사회민주주의 세력의 하나인 기독교 정당에서 그에게 강연을 부탁했기 때문이다. 그로서는 위키리크스를 소개하고 지지자들을 확보하여 기부금을 모을 수 있는 좋은 기회였다.

어산지는 다시 한 번 허물벗기를 하여 런던에 벗어놓은 자신의 껍질을 뒤로하고 스웨덴으로 향했다. 그의 변한 모습은 스톡홀름에서 그를 마중 나온 여성조차도 자세히 뜯어보지 않으면 알아보기 힘들 정도였

다. 안나라는 이름의 서른 살 여성은 어산지를 초청한 정당의 대변인이었다. 안나는 그 자신이 정치운동가의 유전자를 갖고 태어난 인물로 정당 대변인 활동 외에 개인 블로그를 운영하며 페미니즘과 채식주의에 관한 자신의 생각을 자유롭게 펼치고 있었다. 그녀는 어산지와 위키리크스의 활동에 깊은 인상을 받고 그에게 접근하기를 원하는 많은 지지자들 중 하나였다. 그녀는 그의 목표와 그것을 성취해나가는 그의 방식을 좋아했고, 그 자신을 좋아했다. 호텔 체크인을 최대한 피하려는 어산지의 '소파 서핑 전략'은 스톡홀름에서도 통했다. 안나는 그에게 쇠데르말름에 있는 자신의 작은 아파트를 빌려주고, 그녀는 부모의 집으로 들어갔다.

그리고 또 한 사람의 스웨덴 여성이 있었다. 스톡홀름에서 약 50킬로미터 정도 떨어진 도시 엔셰핑에 거주하는 소피아는 줄리언 어산지의 숨 막히는 활동을 빠짐없이 주시해왔다. 그녀는 찾을 수 있는 위키리크스 관련 자료들은 모두 찾아서 읽었다. 예전에 어산지가 유튜브에서 활동한 동영상도 보았다. 소피아는 그에게 매료되었다. 그녀는 미술을 전공했고 인터넷에 열광적이었다. 그녀는 자신의 사진들과 비디오 설치 작품들을 인터넷에 올렸다. 스물다섯 살의 소피아는 2010년 8월 14일에 스톡홀름 시내의 스웨덴노동조합연맹 건물에서 어산지의 강연이 있다는 안나의 정당에서 내붙인 광고를 보고 무조건 참석하기로 결심했다. 그녀는 사진사로 등록하여 행사에 참석했다.

어산지는 단지 공개 강연을 위해서만 스웨덴행을 결심했던 것은 아니다. 그는 자유로운 분위기의 스웨덴에서 체류 허가와 위키리크스 발행인 인가를 받기 위해 노력할 생각이었다. 기자, 정보원, 내부고발자에게 세계 최고의 보호막이 되어주는 이 나라에서 언론단체로 공식 인가를 받는다면 앞으로 계속 자료를 공개해나갈 때 좀 더 나은 위치에서 자신을 방어할 수 있으리라 여겼다. 게다가 이곳에는 위키리크스를 지지하는 중요한 협력자들도 있었다. 대중잡지 〈아프톤블라데트(Aftonbladet)〉는 어산지에게 정규 칼럼을 써달라고 제안했다. 또 스웨덴 해적당은 위키리크스에 서버의 일부를 할애해주기로 약속했다.

그래서 8월 14일 토요일에 예정대로 정당 행사에서 강연을 할 때 어산지의 기분은 좋을 수밖에 없었다. 그는 강연에서 아프간 자료로부터 몇 가지 새로운 사례들을 찾아내어 그 의미를 설명했다. 그는 스웨덴의 청중들에게 빔프로젝터로 미군의 'PsyOps(심리전)'에 관한 기밀 자료를 보여주었다. 그에 따르면 미군은 심리전의 일환으로 말만 독립적인 아프간 언론에 그들이 제작한 긍정적인 내용으로 가득한 선전물을 공급하고 이를 방영하는 조건으로 수천 달러씩 지불하고 있었다.

그때 강연장 맨 앞줄에는 분홍색 캐시미어 니트를 입은 젊은 여성이 앉아 있었다. 긴 금발머리를 한 가닥으로 묶고 강연에 온전히 몰두하고 있는 이 여성은 소피아였다. 어산지를 초청한 주최 측의 일원인 안나 역시 당연히 행사장에 있었다. 그녀는 강연 후 이어진 토론에서 질문자들에게 마이크를 건네주는 일도 했다.

안나는 강연 전날인 금요일 오후에 예정보다 빨리 자기 집으로 돌아왔다. 그녀가 집에 도착했을 때 어산지도 그곳에 있었다. 두 사람은 어산지가 앞으로도 이 집에서 계속 머무는 것으로 합의하고 함께 식사를 하러 나갔다. 그 후 안나의 거실 소파에서 서핑을 하며 지내기로 했던 관계는 그 이상으로 발전하여 둘은 그날 밤을 함께 보냈다. 이 일은 훗날 어산지에게 중대한 비난이 쏟아지는 사건이 되는데, 손상된 콘돔이 문제였다. 나중에 문제의 사건을 진술할 때 안나는 어산지가 처음에 그녀의 팔과 다리를 꽉 잡고 콘돔을 쓰지 못하게 막다가 나중에 가서야 사용에 동의했다고 말했다. 그녀는 어산지가 콘돔을 일부러 훼손했다고 주장하며 아무튼 두 사람의 섹스는 그녀의 의지에 반하여 손상된 콘돔으로 인해 피임하지 않은 상태의 성교로 끝났다고 했다. 어산지는 그가 피임을 의도적으로 피했다는 주장은 물론이고 콘돔이 손상되었다는 사실을 알고 있었다는 비난도 모두 부인했다.[1]

다음 날 아침 행사장에서 두 사람의 행동에는 전혀 이상한 점이 없었다. 맨 앞줄의 카메라를 든 젊은 여성은 어산지의 강연이 끝난 직후 그에게 접근했다. 그녀는 어산지와 안나를 비롯하여 몇몇 지인들이 함께하는 식사 자리에 초대받았다. '비스트로 보엠'이라는 식당에서 소피아는 식사하는 내내 어산지와 대화할 기회를 노렸다고 참석자들은 기억했다. 그녀의 노력은 결국 성공을 거두고 어산지는 테이블에서 그녀와 장난을 치기 시작했다. 나중에 그녀는 스웨덴 언론을 통해 보도된 경찰 진술에서 자신은 어산지의 '팬'이라고 말했다.

둘은 식당을 함께 나와 오후 내내 함께 지냈다. 그들은 박물관에 들렀다가 자연을 다룬 3D 영화 〈신비의 바다(Deep Sea)〉를 관람했다. 영화관에서 두 사람은 처음으로 연인처럼 행동을 하며 키스를 나누었다. 그런 다음 공원으로 갔다. 어산지는 좀 쉬고 싶어 했으며 소피아에게 조금 있다가 초대받은 파티에 가야 한다고 말했다.

실제로 안나는 전날 밤 사건에도 불구하고 어산지를 위해 그녀의 아파트에서 가재요리를 준비하고 있었다. 나중에 그녀의 친구 두 명은 안나가 파티 중에 자신들에게 전날 밤 일에 대해 말해주었다고 진술했다.[2] 이때만 해도 안나는 전날 밤의 불협화음에 대해 별로 개의치 않는 것 같았다. 파티가 있던 날 밤 새벽 두 시쯤 그녀는 트위터에 자신이 지금 "세상에서 제일 쿨하고 똑똑한 사람들과 있는데, 환상적이다"라는 메시지를 남겼다.

소피아도 어산지를 잊지 않았다. 그녀는 하루 뒤에 그에게 연락을 해서 저녁 늦게 만나기로 약속했다. 그들은 스톡홀름에서 기차로 엔셰핑으로 갔다. 소피아는 지난번 만남 때 어산지의 지하철 승차권을 끊어주었듯 이번에도 기차표를 자신이 모두 지불했다. 나중에 어산지는 당시 자신에게 현금이 없었고 신용카드 정보로 체류지가 밝혀지는 것을 원치 않았다고 말했다. 45분간의 이 기차여행은 스물다섯 살의 젊은 여성에게 별로 흥미로운 게 아니었을 것 같다. 어산지는 그녀에게 그와 위키리크스에 관한 자료를 읽도록 권하고 그 자신은 그녀보다 컴퓨터에 더 집중했다고 나중에 진술했다.

그 이후에 일어난 모든 일에 대해서는 오직 두 명의 증인이 있을 뿐인데, 이 둘의 진술은 서로 일치하지 않는다. 다만 두 사람이 처음에 합의 하에 섹스를 한 사실만은 분명했다. 소피아는 경찰에서 자신은 안전한 섹스를 주장했고 어산지가 처음에는 콘돔을 거부하다가 나중에 동의했다고 진술했다. 그러나 다음 날 새벽에 피임하지 않은 상태로 다시 섹스가 이루어졌고, 이로 인해 어산지는 나중에 성폭행 혐의를 받게 된다. 소피아는 경찰 진술에서 자신은 섹스 때문에 잠에서 깼다고 말했다. 소피아는 자신이 어산지에게 "에이즈 감염자가 아니길 바란다"고 말했고 어산지는 "당연히 아니다"라고 대답했다고 진술했다.[3]

아침에 두 사람은 함께 식사를 했고 어산지가 엔셰핑을 떠나기에 앞서 소피아의 요구로 서로 계속 연락을 취하기로 약속했다. 소피아는 그 이후에 불안해지기 시작했다. 그녀는 하루 종일 어산지와 통화하려고 애썼고, 사후피임약을 먹고 병원에 가서 HIV 검사도 받았다. 어산지가 전화를 받지 않자 그녀는 행사 때 알게 된 초청자 측의 안나에게 문자를 보냈다. 둘은 만나서 이야기를 나누다가 자신들이 똑같은 일을 겪었음을 알게 된다.

안나는 소피아를 만난 후 어산지에게 자신의 집에 있는 그의 물건들을 당장 빼라는 연락을 남겼다. 그녀는 스웨덴에 있는 어산지 주변 인물들과도 접촉했다. 두 여성은 어산지가 병원에서 성병 감염 여부를 검사받기 원했던 것 같다. 어산지는 방을 정리하고 테스트를 받겠다고 했지만 이미 너무 늦은 뒤였다.

그날 오후 두 여성은 함께 스톡홀름 경찰서로 갔다. 안나는 자신보다 어린 소피아가 그냥 동행만 하기를 원했다고 진술했다. 그런데 사건을 접수한 경찰 여직원은 이 사건을 두 건으로 기록했고, 나중에 두 명의 다른 동료들도 이 직원의 행동에는 잘못된 점이 없다고 두둔했다. 경찰서 직원들은 검찰에 연락했고, 당직인 젊은 여성 검사와 연락이 닿았다. 마리아 헬리에보 셸스트란드 검사는 진술 내용을 성폭행으로 판단하고 줄리언 어산지에 대해 체포 명령을 내렸다.

스웨덴 기자들이 냄새를 맡기까지는 불과 몇 시간밖에 걸리지 않았다. 그날 저녁 하르프순드의 스웨덴 총리 별장에서는 많은 스웨덴 기자들이 전통식 가재요리를 즐기고 있었다. 그중에는 대중잡지 〈엑스프레슨〉의 기자 니클라스 스벤손도 있었다. 그런데 오후 7시 52분에 프리랜서로 활동하는 동료 기자 한 사람이 어산지에게 체포영장이 발부되어 수배 중이라는 문자를 스벤손에게 보냈다. 그는 이 뉴스를 당장 편집부에 알렸다. 그 시각 편집부에 있던 동료 디아만트 살리후는 검찰에 전화를 걸었다. 그는 담당 검사인 젊은 여성과 통화를 나누고 심지어 이 민감한 정보에 대해 직접 확인까지 받았다.

다음 날 아침 5시에 스벤손과 살리후의 기사는 인터넷에 떴다. 인쇄판에서는 심지어 커버스토리로 다루어졌다. 여기서는 어산지의 옛 사진 옆에 "위키리크스 창설자 체포영장 발부"라는 커다란 활자가 검은 색으로 인쇄되어 있었다.

이 기사에서 주목할 것은 셸스트란드 검사의 말을 직접 인용하면서 어산지에 대한 체포 명령이 사실임을 확인한 점이다. 검찰이 성폭행 사건에서 혐의자의 이름을 확인해주는 것은 결코 일반적이지 않다. 더구나 혐의자가 아직 체포되지도 않은 상황에서 담당 검사가 그렇게 한다는 것은 완전히 비정상이다. 이름을 밝히면 혐의자에게 도주할 기회를 줄 수도 있기 때문이다.

어산지는 한 펜션에서 〈아프톤블라데트〉에 보낼 첫 기고문을 작성하던 중에 자신에 대한 수배 사실을 알게 되었다. 그는 자주 그랬듯이 그가 즐겨 사용하는 공식 채널인 위키리크스 트위터피드를 통해 입장을 밝혔다. "지저분한 수법을 당할 수 있다는 경고는 이미 오래전에 받았다. 이것이 그 첫 번째 경우다." 어산지는 토요일 정오에 이렇게 쓰고 〈엑스프레슨〉 기사를 링크시켰다.[4] 오후에 그는 또 한 차례 단신 메시지를 보낸다. 그는 "혐의는 전혀 사실무근일 뿐만 아니라 하필 지금 시점에서 제기되었다는 사실이 깊은 우려를 자아낸다"고 말하고 막상 경찰은 아직까지도 자신과 직접 접촉하지 않고 있다고 밝혔다.

스웨덴 검찰은 이제 혐의에 대한 각국 언론들의 빗발치는 문의를 감당할 수 없는 지경이 되었다. 사건은 최고위층 선으로 넘어갔다. 안데르스 페르클레브 검찰총장은 신경이 곤두섰다. 그는 셸스트란드 검사의 결정을 신속히 검토했다. 그는 즉시 이 사건에 대한 철저한 조사를 지시하고, 여름 별장에서 주말을 보내고 있는 에바 핀네 부장검사에게 당장 두 여성의 진술을 보내도록 했다. 이런 조치에 대해 페르클레브는 '충분한 자원을 동원하여' 이 사건을 다룰 필요가 있었기 때문에 자신이 직접 나섰다고 나중에 설명했다.[5]

핀네는 서류를 검토한 뒤 곧장 셸스트란드와는 다른 판단을 내렸다. 토요일 오후 스웨덴 검찰청은 웹사이트에 '어산지 수배 해제'라는 제목의 글을 올려 "에바 핀네 부장검사는 줄리언 어산지에게 성폭행 혐의가 없다는 결론을 내렸다"고 밝혔다.[6] 24시간 만에 결정을 완전히 번복하는 일은 당연히 스웨덴 사법부에서 흔히 볼 수 있는 일이 아니었다. 〈엑스프레스〉과 경쟁 관계에 있는 〈아프톤블라데트〉는 이를 국면의 '기괴한 전환'이라고 평했다.

만약 어산지가 이 시점에서 모든 일이 해결되었다고 생각했다면 그것은 큰 오산이었다. 안나는 주말에 가진 〈아프톤블라데트〉와 인터뷰에서 "우리가 그를 두려워했다고 말할 수는 없습니다. 그는 폭력적이지 않았고 그에게 어떤 위협을 받는다는 느낌도 들지 않았어요"라고 말했다. 하지만 그러고 나서 이렇게 덧붙였다. "저와 또 다른 여성에게 일어났던 일에 대한 책임은 분명히 여성에 대해 비뚤어진 시각을 갖고서 '노'를 진지한 대답으로 받아들이는 데 문제가 있는 한 남자에게 있습니다."⁷ 스웨덴 검찰은 성폭행보다는 수위가 약한 성추행 혐의로 어산지에 대한 조사를 계속하기로 결정했다.

위키리크스는 스웨덴 사건에 쏟아지는 비난에 대해 자신들도 어떤 태도를 보여야 한다는 사실을 곧 깨달았다. 그런데 어떤 태도를 보여야 한단 말인가? 위키리크스는 스웨덴에서 무슨 일이 있었는지 정확히 알지도 못하면서 무조건 조직의 리더와 협력해야 하는가? 아니면 혐의가 완전히 밝혀질 때까지 어산지와 잠시 거리를 두어야 할까?

위키리크스 회원들끼리 대화를 나누는 암호화된 채팅룸에서는 뜨거운 논란이 벌어졌다. 결국 어산지의 동지들은 웹사이트에 막 새로 만든 공식 '위키리크스 블로그'에 문제의 사건 소식을 올려야 했다. "우리는 8월 21일 토요일에 우리 조직의 설립자이자 네 명의 대변인 중 한 사람인 줄리언 어산지에 대한 성폭행 혐의 소식을 접했다." 이 글에는 '위키리크스 팀'이라는 서명이 붙었다. 이 짧은 문장이 주목을 끄는 이유는 우선 위키리크스가 최초로 어산지를 공식적으로 '설립자'라고 표현했기 때문이다. 지금까지 위키리크스 동지들과 어산지 자신은 언제나 '공동설립자'라는 단어를 고집해왔다. 블로그의 글은 계속해서 이렇게 이어졌다. "우리는 혐의의 심각성에 대해 매우 우려하고 있다. 위키리크스를 뒤에서 돕는 우리들은 줄리언에 대해 아주 긍정적인 생각을 갖고 있으며 그를 전적으로 지지한다. 줄리언이 자신을 변호하고 무죄를 밝히기 위해 노력하는 동안 위키리크스는 정상적으로 일을 계속할 것이다." 이 짧은 메시지의 마지막 문장은 나중에 훨씬 더 깊은 의미를 갖게 된다.⁸

어산지 자신은 신속하게 공개적으로 역공에 나서는 쪽으로 결정했다. 그는 아랍 뉴스채널 알자지라와의 전화 인터뷰에서 모든 혐의를 완강히 부인하고, 이 '지저분한 작전'의 배후에 '정보기관'이 있는지 여부에 관한 '직접적인 증거'는 없지만 "전후 상황은 우려를 자아내기에 충분하다"고 말했다. 어산지는 이 사건이 지저분한 작전이란 사실은 의심의 여지가 없으며 다만 '배후가 누구인가'와 이 사건으로 누가 이득을 보는가 하는 것만이 문제라고 했다. 또 열흘 전에 호주의 자기 정보원들이 자신에게 지저분한 수법에 걸려들 수 있다고 경고한 사실이 있다고도 밝혔다. 알자지라의 여기자가 강간 혐의에 대해 묻자 어산지는 '전혀 신빙성 없는' 이야기라며 자신은 무죄라고 답했다.[9]

실제로 어산지의 정보원인 호주의 한 공무원은 "당신은 지저분한 수법에 말려들 수 있다"며, 가령 '세관이나 국경 경찰이 당신의 여행가방이나 호텔에서 아동 포르노가 있는 USB 스틱을 찾아낼' 가능성을 경고했다.[10]

이로써 펜타곤에 도전장을 낸 지 불과 3주 만에 줄리언 어산지의 인생은 극적인 전환점을 맞았다. 삶과 사회를 보는 그의 시각에 결정적인 영향을 미친 해커소송과 아들에 대한 힘겨운 양육권 분쟁에 이어 또 한 번 법적 분쟁에 휘말리게 된 것이다. 그는 기소되어 다시 법정싸움을 벌여야 했다. 이전과 다른 점이라면 이번에는 세계가 지켜보고 있다는 것이었다.

혐의의 종류와 특히 문제가 대두된 시점 때문에 강력한 음모론이 제기되었고, 어산지는 호주인의 경고를 언급함으로써 의도적으로 이를 부채질했다. 그 자신은 구체적인 혐의 내용에 대해서는 말을 아끼며 섹스 사건이 정보국의 흔한 레퍼토리라는 점을 집중적으로 지적했다.

어산지에게는 절묘한 타이밍 외에는 음모를 뒷받침할 아무런 구체적인 증거도 없었지만, 그를 지지하는 많은 사람들에게 이 사건은 너무나 명백해 보였다. 전직 우즈베키스탄 주재 영국 대사 크레이그 머레이는 자신의 블로그에 대사로 재직할 당시 자신에게 일어났던 일까지 언급하며 그를 옹호했다. 그는 자신과 마찬가지로 어산지도 '콤프로마트(Kompromat)'의 희생자라며 "이 단어는 러시아인들이 공인의 위치에 있는 사람을 무너뜨리기 위해 수치스러운 성적 혐의를 뒤집어씌울 때 사용하는 말이다"라고 썼다.[11]

스웨덴의 블로거들은 어산지를 고소한 두 여성의 배경 조사에 나섰다. 특히 여성 정치가 안나의 이력은 또 다른 추측들을 낳게 만들었다. 안나는 2010년 1월 자신의 블로그에 '복수를 위한 처방전'이란 글을 올린 적이 있다. 바람을 피거나 떠나간 사람에 대해 복수하려면 데이트나 섹스를 이용하여 그를 '처벌'해야 한다는 내용이었다. 블로거들은 그녀의 사촌 하나가 스웨덴군으로 아프가니스탄에 주둔했었다는 사실도 찾아냈다. 또 그녀 자신도 스웨덴 외무부에서 인턴을 했는데, 근무지가 다름 아닌 워싱턴D.C. 주재 스웨덴 대사관이었다. 또 그녀는 쿠바 문제에도 관심이 많아 안티카스트로 운동에도 참여했다. 미국의 인기 블로거 '고커(Gawker)'는 그녀의 풀 네임과 사진, 그리고 스캐닝한 그녀의 명함을 올렸다. 소피아의 경우도 다르지 않았다. 그녀는 물론이고 그녀의 미국인 남자친구 이름과 새로 이사한 주소까지 모두 인터넷에 뜨는 데는 고작 며칠밖에 걸리지 않았다.

이 무렵 어산지를 만난 사람들은 그가 전의를 불태우고 있기는 했지만 내심 크게 충격을 받은 상태임을 어렵지 않게 알 수 있었다. 그는 "지옥 같은 날(Hell of a day)"이라는 말을 자주 했다. 두 여성에 대한 혐의는 지금까지 그가 받은 최악의 비난이었다. 그는 자신의 이름과 성폭행을 함께 언급하는 인터넷 사이트가 얼마나 되는지를 하루에도 몇 번씩 세어보는 것 같았다. 그는 우리에게 보낸 메일에서 "구글에 어산지와 '강간(rape)'을 입력하면 당장 400만 건에 육박하는 결과가 뜹니다"라고 말했다.

줄리언 어산지에게 스웨덴 스캔들은 여러 가지 이유에서 위험했다. 이는 단순히 그의 개인적 명예에 관한 문제가 아니었다. 그의 사생활에 대한 비난은 곧 위키리크스 내부 갈등의 고조로 이어졌다. 그해 초부터 이미 인터넷에는 위키리크스 내부에 다툼이 잦다는 소문들이 들렸다. 또 비디오와 아프간 전쟁일지를 공개한 이후로 외부로부터의 압력도 상당히 커진 상태였다. 당시 위키리크스는 불과 몇 달 만에 국제적으로 크게 이름이 알려져 각종 문의가 빗발치고 있었다. 수신물도 전보다 훨씬 많아졌다. 수백 명의 프로그래머들이 연락을 취해오고 자원봉사자로 일할 뜻을 밝혔다. 매일 새로운 인터뷰 문의가 들어왔다. 그러나 조직 자체는 이런 외부적 변화에 상응하는 성장을 이루어내지 못하고 있었다. 마지막 대규모 수혈은 아이슬란드에서 제공되었다. '부수적 살인' 비디오의 준비 작업에 관계했던 최소한 여섯 명 이상의 아이슬란드인들이 위키리크스 팀에 합류했고, 그중 일부는 핵심 멤버가 되었다. 구체적으로 말하면 비르기타 욘스도티르, '부수적 살인' 비디오를 위해 바그다드로 날아가서 취재를 담당했던 크리스틴 흐라픈손과 그의 카메라맨 잉기 랑나르 잉가손이 그들이다. 흐라픈손과 잉가손은 그 전까지 함께 일했던 아이슬란드 방송 RUV가 방송을 중단하자 아예 본업을 바꾸기로 결심했다.

이렇게 북쪽으로부터 중요한 인력 보강이 이루어졌음에도 불구하고 위키리크스는 늘 고된 작업에 시달렸다.

특히 조직이 아프간 자료를 충분히 세심하게 다루지 않았다는 비난은 많은 이들을 지치게 만들었다. 게다가 위키리크스에 대한 비난은 이제 더 이상 소수의 고정 멤버들에게서만 나오는 것이 아니었다. 스웨덴 사건이 일어나고 불과 며칠 뒤에 다섯 개 인권단체가 어산지에게 보낸 서한의 주요 내용이 〈월스트리트저널〉에 알려졌다. 위키리크스에게 더 이상 그런 식으로 일하지 말아달라고 요청하는 내용이었다. 국제사면위원회, 국경없는기자회 같은 인권단체들은 아프간 정보원들의 목숨을 염려했다.

편지에는 "우리는 당신의 자원봉사자들과 상근 직원들이 모든 문서를 세심히 분석하여 개인 신상 정보를 노출시킬 가능성이 있는 내용을 수정하거나 아예 자료를 내릴 것을 촉구한다"고 적혀 있었다.[12] 어산지는 분노했다. 하필 국제사면위원회라니! 그는 인권침해 사례를 자신과 위키리크스가 아프간 자료를 통해 발견한 것만큼 많이 밝혀낸 사람은 지금까지 없다고 확신하고 있었다. 게다가 편지 내용이 보수언론의 우두머리격인 루퍼트 머독의 〈월스트리트저널〉에 발표된 것이다. 머독은 가능한 모든 채널을 통해 어산지 반대 캠페인을 벌이는 사람이 아니던가. 어산지는 인권단체들이 방대한 분량의 정보편집 작업에 동참해야 마땅하다는 답장을 보냈다. 그리고 국제사면위원회가 아무 일도 하지 않고 이런 식으로 공개적인 비난만 한다면 당장 '보도자료'를 내겠다고 위협했다. 〈월스트리트저널〉의 기사가 나간 직후 실제로 어산지가 우려하던 역공 소식이 트위터를 통해 들어왔다. "펜타곤이 우리를 죽일 작정이군! 우리 자료를 못 보도록 방해하고 있어. 언론은 책임을 회피하고, 국제사면위원회도 똑같아. 우린 이제 어떻게 하지?"[13]

이런 상황에서 위키리크스는 좀 더 천천히 신중하게 반응할 필요가 있다는 주장들이 제기되었다. 그들은 계속해서 폭로에만 매달리기보다는 조직의 구조를 더욱 전문화하는 작업이 더 중요하다고 말했다. 또 어산지는 스웨덴 스캔들 때문에 당분간 조직의 최전선에서 물러나 있어야 한다는 주장도 나왔다.

이런 주장을 하는 사람들 중 가장 중요하고 영향력 있는 인물은 다니엘 돔샤이트-베르크였다.

베를린의 위키리크스 활동가 돔샤이트-베르크는 비르기타 욘스도티르와 함께 어산지의 개인적 문제가 조직의 문제로 확대되는 상황에 점점 더 큰 위기의식을 느끼고 있었다. 게다가 돔샤이트-베르크는 최근의 활동에서 자신이 소외되는 느낌도 받고 있었다. 그는 위키리크스는 언제나 '집단 프로젝트'였으며, "집단이던 조직이 1인 조직으로 바뀌는 것은 곤란하다"고 말했다.[14]

스웨덴 사건이 분쟁의 발단이 된 것은 사실이지만 내부의 의견 대립은 이미 오래전부터 있었다. 돔샤이트-베르크는 자신이 어산지 옆에 나란히 위치한 두 번째 핵심 인물이지, 그의 뒤에 있는 사람은 아니라고 생각했다. 그는 위키리크스 이념에 자기 인생을 다 바쳤다면서 위키리크스는 "누구보다도 어산지와 나"의 조직이라고 말했다. 하지만 다른 위키리크스 사람들은 그렇게 생각하지 않았다. 그들은 위키리크스가 미국 정부 문서들을 분석할 때 돔샤이트-베르크는 거의 아무런 도움도 주지 않았으며, 조직의 주요 활동가들을 다 알지도 못한다고 꼬집었다. 그들이 보기에 돔샤이트-베르크는 그냥 대외적으로 조직을 대변하는 인물일 뿐이었다. 어산지는 그를 불안요소로 보았다. 그는 돔샤이트-베르크가 능력이 부족하다고 여겼으며, 주변 사람들에게 그가 정신적으로 불안정한 인물이라고 말하기도 했다. 그래서 어산지는 그에게 너무 많은 권력을 주지 않으려 했다. 그에게 와우 홀란드 재단의 독일 쪽 자금관리를 맡기긴 했지만 어산지 자신이 직접 호주의 여자친구와 공동으로 관리하는 호주 쪽 자금에는 손을 대지 못하게 했다.

2010년 후반기로 가면서 돔샤이트-베르크는 이라크 자료 등 조직의 계획에 관한 최근 소식들로부터 더욱 멀어졌다. 그의 상황은 점점 더 어려워졌다. 외국 언론들의 문의는 더욱 빗발치는데 막상 자신은 어떤 대답을 해야 할지, 자신이 독자적으로 어떤 합의를 할 수 있는지 알 수 없을 때가 많았다.

돔샤이트-베르크와 다른 내부비판자들은 줄리언 어산지에게 그들의 우려를 전달하려고 여러 차례 시도했다. 예를 들어 그들은 어산지가 개인적인 스웨덴 문제에 대한 입장 표명을 위키리크스의 공식 트위터 계정을 통해서 하는 것은 옳지 않다고 생각했다.

9월 4일에는 미국 뉴스매거진 〈뉴스위크〉의 블로그에 문제의 글이 하나 올라왔다. 글의 작성자는 인용 형식을 빌려서 지금 익명의 다수가 어산지에게 스웨덴 재판이 진행되는 동안 조용히 있을 것을 요구하고 있다고 말했다.[15] 어산지는 블로그에 인용된 익명의 주장이 누구에게서 나온 것인지 안다고 확신했다. 그는 돔샤이트-베르크를 지목했다. 어산지는 돔샤이트-베르크가 현 상황을 이용하여 권력을 손에 넣으려 한다고 생각했다. 어산지는 이를 '쿠데타 시도'라고 말했다.[16]

이에 2010년 9월 초에 두 사람 사이에 대단히 중요한 대화가 이루어졌다. 어산지가 선호하는 암호화된 컴퓨터 채팅 방식을 사용한 대화였다. 어산지는 이런 종류의 대화를 위해 위키리크스 내부의 철칙을 정해놓았는데, 그에 따르면 채팅 내용은 편집이나 저장이 절대로 허락되지 않았다. 하지만 이번 대화에서는 최소한 어느 한쪽은 이 규칙을 지키지 않았다. 채팅 기록이 나중에 웹사이트 wired.com에 뜨게 되기 때문이다.[17]

돔샤이트-베르크 이라크와 관련된 합의 내용이 뭐지? 난 계획을 알고 있어야 해.

어산지 (《뉴스위크》 기사의 일부를 인용한다.) 유럽의 다른 위키리크스 활동가들과 긴밀한 관계에 있는 익명을 요구한 한 정보원은 어산지가 자신을 둘러싼 지저분한 수법과 음모에 대해 자꾸 언급하는 것이 여러 관련자들에게 우려를 자아내고 있다고 말했다. 내부 관계자들의 말에 따르면 위키리크스와 협조 관계에 있는 많은 사람들이 이미 이 문제에 대해… (이하 기사 원문 인용)

어산지 자기들 리더를 뒤로 물러나게 하거나 아예 내쫓을 방법을 궁리하고 있어.

돔샤이트-베르크 그게 나와 무슨 상관이지?

돔샤이트-베르크 어디서 나온 말인데?

어산지 왜 너와 상관이 있을 거라고 생각하지?

돔샤이트-베르크 내가 그랬다고 비난하는 거 아니야? (…)

돔샤이트-베르크 어제도 말했듯이 지금 내부 토론 중인데, 꽤 많은 사람들이 걱정하고 있어.

돔샤이트-베르크 네게 솔직하게 말하는 단 한 사람을 공격하지 말고 그 말에 귀를 기울여야 해.

어산지 아니, 벌써 세 명이 내게 네 말을 전했어.

돔샤이트-베르크 무슨 말?

돔샤이트-베르크 그리고 어떤 세 명? (…)

돔샤이트-베르크 그건 위키리크스를 아끼는 많은 사람들이 하는 말이야.

돔샤이트-베르크 내가 그런 말을 퍼뜨린 게 아니라고.

돔샤이트-베르크 이 상황에서는 그게 논리적이잖아.

돔샤이트-베르크 실제로 모두 다 그렇게 생각해.

어산지 너였어?

돔샤이트-베르크 나는 〈뉴스위크〉나 다른 매체와 그런 이야기를 한 적이 없어.

돔샤이트-베르크 나는 우리와 함께 일하고 위키리크스를 아끼는 사람들하고만 얘기했어.

돔샤이트-베르크 그 정도는 문제될 것 없잖아.

돔샤이트-베르크 그렇게 말하는 사람은 더 필요해. 제발 사람들의 걱정에 귀를 기울였으면 좋겠어.

돔샤이트-베르크 특히 지금처럼 나쁜 일이 연달아 일어날 때는. (…)

돔샤이트-베르크 네가 내부에서 더 이상 큰 신뢰를 얻지 못한다는 사실을 제발 좀 깨달아.

돔샤이트-베르크 그리고 아무리 모든 걸 부정하고 모략이라고 말해도 바뀌는 건 없어. 이 모든 것은 네가 한 행동의 결과일 뿐이야. (…)

돔샤이트-베르크 널 존경하던 많은 사람들이 얼마나 네 행동에 실망했다고 말하고들 다니는지 이젠 넌덜머리가 나.

돔샤이트-베르크 난 이 모든 걸 네게 말하려 했지만 넌 오만에 빠져 누가 뭐라든 개의치 않았어.

돔샤이트-베르크 그래서 나도 이제 개의치 않겠어.

돔샤이트-베르크 하지만 내가 처음에 던진 물음에 대한 답은 필요해.

돔샤이트-베르크 어떤 합의를 했는지 말이야.

돔샤이트-베르크 계속 일하려면 그걸 알아야 해.

어산지 이 개인적인 채팅에 얼마나 많은 사람들을 끌어들이려는 거지? (…)

돔샤이트-베르크 내 질문에 먼저 대답이나 해, A.

어산지 이건 조건을 내세울 문제가 아니야.

어산지 대답을 거부하는 거야?

돔샤이트-베르크 이미 말했잖아. 넌 내 질문에 하나도 대답하지 않는 마당에, 단지 네가 대답을 요구한다고 해서 네게 대답해주어야 할 필요는 없다고 생각해.

돔샤이트-베르크 난 네가 마음대로 명령할 수 있는 개가 아니야.

어산지 난 지금 심각한 보안 사건을 조사하는 중인데도 넌 대답을 거부하는 거야?

돔샤이트-베르크 그렇다면 난 지금 심각한 신뢰파기 사건을 조사 중인데, 넌 대답을 거부하는 거야?

어산지 아니, 넌 지금 그런 일을 하는 게 아니야. 이 대화는 내가 시작했어. 그러니 어서 대답해.

돔샤이트-베르크 대화는 내가 시작했지.

돔샤이트-베르크 맨 앞으로 가서 확인해봐.

돔샤이트-베르크 난 이라크 문제와 관련된 합의 내용을 알고 싶어.

어산지 그건 그냥 얼버무리려는 질문일 뿐이야. 장난치지 마.

돔샤이트-베르크 사람들 생각을 전달했을 뿐인 사람을 그렇게 공격하지 마.

어산지 지겹군.

돔샤이트-베르크 나도 마찬가지야. 그리고 다른 사람들도 지쳤어.

어산지 대답하지 않으면 널 내쫓아버릴 거야.

돔샤이트-베르크 자기가 무슨 왕이나 신쯤 되는 줄 아는군.

돔샤이트-베르크 지금은 리더 역할도 제대로 못하고 있으면서.

돔샤이트-베르크 리더는 신뢰의 분위기를 조성하고 소통할 줄 알아야 해.

돔샤이트-베르크 그런데 넌 정반대로 하고 있어.

돔샤이트-베르크 넌 마치 황제나 노예상인처럼 행동하고 있다고.

어산지 넌 한 달간 직무 정지야. 지금 즉시.

돔샤이트-베르크 하하.

돔샤이트-베르크 말도 안 돼.

돔샤이트-베르크 이유가 뭐지?

돔샤이트-베르크 그걸 누가 결정해?

돔샤이트-베르크 너야? 또 그 즉흥적 결정인가?

어산지 이 결정에 이의를 제기하고 싶다면 화요일에 말할 기회를 주겠어.

하지만 그런 기회는 주어지지 않았다. 어산지는 돔샤이트-베르크를 내치고 그가 지금까지 쓰던 인터넷 주소 daniel@wikileaks.org에 대한 접근도 차단했다. 돔샤이트-베르크는 오랫동안 망설이다가 중앙 서버가 있는 곳으로 가서 접속 문제를 해결하려 했지만 소용없었다. 둘의 관계가 얼마나 산산조각이 났는지는 문제에 대한 법적 처리를 위협한 어산지의 반응에서도 잘 나타났다.

공개적인 비판을 제기한 최초의 인물은 아이슬란드 국회의원이자 위키리크스 활동가인 비르기타 욘스도티르였다. 그녀는 미국 블로그 'thedailybeast'에서 자신이 어산지의 측근이라고 소개한 뒤에 최소한 스웨덴 조사가 진행되는 동안에는 위키리크스 대변인 역할을 계속 수행할 것임을 밝혔다. "이 개인적 사안을 위키리크스와 연관시켜서는 안 된다. 나는 그에게 그 자신의 문제인 소송에만 집중하고 위키리크스 일은 다른 사람들에게 맡겨둘 것을 강력히 권고했다. 나는 어산지에 대해 화가 난 것은 아니지만 상황은 명백히 통제를 벗어났다."[18]

계속해서 그녀는 만약 이런 행동 때문에 자신이 조직에서 배제된다 하더라도 상관없다고 말했다. "나에게 위키리크스는 매우 중요하며, 나는 어산지의 친구라고 생각한다. 좋은 친구란 당신의 얼굴이 지저분할 때 그것을 말해주는 사람이다. 위키리크스 대변인은 한 사람만이 아니라 여러 사람이 있어야 한다." 욘스도티르는 자신의 말이 트위터 등 여러 경로에서 전후 맥락도 없이 인용되고 있다며, 그 예로 자신이 어산지의 현재 문제를 그가 '전통적인 호주 사람'이며 '남성 쇼비니즘' 성향을 지녔기 때문에 생겨났다는 식으로 말했다는 대목을 예로 들었다.[19] 그러나 그녀는 끝으로 다시 한 번 이렇게 강조했다. "나는 그에게 완전히 손을 떼라고 말하는 게 아니다. 다만 지금 상황에서는 그가 대변인 역할을 하지 말아야 한다고 생각한다."[20]

  2010년 9월 14일 밤 일종의 위키리크스 총회가 열렸다. 물론 이 조직의 모든 일들이 그렇듯 이 회의 역시 온라인으로 진행되었다. 여기에는 어산지와 돔샤이트-베르크 외에 욘스도티르와 그들 사이에서 '건축가'로 통하는 발송 시스템 담당 독일 프로그래머도 참석했다. 어산지는 '반란'이라며 입에 거품을 물었다. 그는 돔샤이트-베르크를 '미쳤다'고 말하며 절대로 받아들일 수 없다고 했다. 그는 위키리크스가 현재의 위기를 극복해야 한다고 강조하면서, 반대파들이 '위기의 시간에 조직의 불안'을 초래하고 있는데 비판적인 물음들은 나중으로 미루어져야 한다고 말했다. 이에 반대파들은 위기는 언제나 있기 마련이므로 지금 변화해야 한다고 대답했다. 그들은 어산지에게 뒤로 물러나 있을 것을 요구했다.

  9월 말이 되자 균열은 더 이상 봉합될 수 없다는 게 분명해졌다. 지금까지 위키리크스 대변인 직함을 갖고 있던 돔샤이트-베르크는 파리 광장에 있는 〈슈피겔〉 편집국을 찾아왔다. 언제나 그렇듯이 검은색 옷차림이었다. 이번에는 그의 기분과 의상이 잘 맞아떨어졌다. 그는 몇 주 동안 고심하다가 마침내 국제적으로 큰 반향을 불러올 인터뷰를 결심한 것이다. 〈슈피겔〉과의 인터뷰에서 다니엘 돔샤이트-베르크는 처음으로 자신의 실명을 밝히고 위키리크스에서 정식으로 사퇴한다고 선언했다. "줄리언 어산지는 모든 종류의 비판에 비난으로 일관했다. 나는 그에게 순종하기를 거부하고 위키리크스에 더 이상 충성하지 않겠다. 4주 전에 그는 나를 정직시켰다. 그는 기소인이고 판사이며 사형집행인이었다." 그는 위키리크스 조직이 '구조적 문제'를 갖고 있으며, 현재 역량이 부족한 상태라고 지적했다. "위키리크스는 근본 방향을 바꿔야 하는 시기에 있다. 우리는 지난 몇 달간 엄청난 속도로 성장했기 때문에 모든 분야에서 전문성을 강화하고 투명성을 제고해야 한다. 그런데 이 과정이 내부적으로 차단되고 있다. 심지어 나조차도 조직에서 어떤 방식으로 결정이 내려지고, 결정에 대한 책임 문제는 어떻게 규정되고 있는지 더 이상 알지 못한다. 미국의 군사보고서를 공개한 이래로 우리는 줄곧 큰 압박을 받아온 터라 조직 개편을 실시할 여력이 없었다."[21]

구체적으로 돔샤이트-베르크는 대형 폭로에만 몰두하는 어산지의 전략에 대해 비판했다. "우리는 모든 정보원에게 자료 공개를 약속해왔다." 그러나 '부수적 살인' 비디오처럼 엄청난 노력이 필요한 폭로에 집중하다 보니 미처 손도 대지 못하는 자료들이 많았다. "그 시간이면 수십여 개의 다른 자료들을 공개할 수 있다. 그리고 지난 6개월간 우리의 존재가 널리 알려지면서 아주 많은 자료들이 새로 들어왔는데, 이것들도 즉시 작업하여 공개해야 한다. (…) 미국과의 노골적인 대립구도는 우리가 지향하는 바가 아니다. 우리의 목적은 권력의 부패와 남용을 폭로하는 것이며, 이는 전 세계의 크고 작은 모든 국가들에 해당된다." 지금까지 독일 위키리크스 대변인으로 일해온 돔샤이트-베르크는 끝으로 자신이 이제껏 공개적으로 옹호해온 것들을 부정하지 않는다며 이제 그에게 남은 것은 '잘 물러나는 일'뿐이라고 했다.

그는 고별 인터뷰 중에 몇 번에 걸쳐 자신과 똑같은 생각을 하는 사람들이 더 있음을 암시했다. 그가 자주 쓰는 '우리'라는 단어가 구체적으로 누구를 의미하느냐고 묻자 이렇게 대답했다. "핵심 멤버들 중에서 나와 비슷한 생각을 하는 사람들이 몇 명 더 있지만 그들은 공개적으로 나서려 하지 않는다. 그리고 작업의 많은 부분은 익명으로 일하는 사람들에 의해 이루어진다. 그들 중 다수가 불만을 갖고 있으며 몇몇은 나처럼 그만둘 것이다."

그중 한 사람은 레이캬비크에서 역사학을 전공하는 헤르베르 스노라손이다. 동그스름한 얼굴에 짙은 턱수염을 기르고 'Anarchodin'이라는 트위터명을 사용하는 아이슬란드 청년 스노라손은 욘스도티르 의원과 마찬가지로 2008년 12월부터 시작된 위키리크스의 '아이슬란드 시기'에 프로젝트 진행을 도왔다. 그는 wikileaks.org 사이트의 채팅 담당이었다. 전 세계 모든 시간대를 커버하려면 하루 24시간 풀타임으로 가동되어야 하는 이 채팅 채널에서 스노라손은 위키리크스에 대해 궁금해하거나 자료를 보내고자 하는 사람들을 대상으로 조직에 관해 알려주고 자료 발송 원칙들을 설명해주는 일을 했다. 기자들이 처음 위키리크스와 접촉할 때도 이 채널을 자주 이용하게 되며, 위키리크스가 국제적으로 크게 보도된 후에 새로운 지지자들이 지원을 연락해오는 곳도 이 채널이다. 스노라손은 아프간 전쟁일지가 공개된 이후로 자신은 이 채팅 채널의 '공식 얼굴마담'이 되었다며 이 채널을 통해 위키리크스를 돕고자 하는 많은 사람들을 모집했다고 말했다.[22]

스노라손은 어산지가 돔샤이트-베르크를 내친 방식이 자신으로 하여금 "이 프로젝트에 대해 진지하게 회의하도록 만들었고, 다른 사람들도 별로 다르게 느끼지 않았을 것"이라고 했다. 스노라손은 위키리크스의 미래에 대해 적잖은 의구심을 갖고 있었다. 그는 내부 마찰로 인해 가장 유능하고 역량을 갖춘 멤버들이 내쫓기고 줄리언 어산지를 둘러싼 빈 껍질들만 남아 있는 듯한 인상을 받는다고 했다.

스노라손 자신은 상황이 그렇게까지 되기 전부터 이미 돔샤이트-베르크가 그런 것처럼 채팅을 통해 과감하게 내부비판자로 나서고 있었다. 이 과정에서 스노라손은 어산지의 상처를 꽤 깊이 건드렸던 것 같다. 어산지는 자신의 일단을 여과 없이 드러내는 다음과 같은 매우 인상적인 말과 함께 스노라손을 가차 없이 내쳤다. "나는 이 조직의 심장이고 영혼이며, 창립자고 대변인이고 최초의 프로그래머이고 기획자이고 자금조달자이고, 그리고 나머지 전부다. 이게 싫으면 네가 떠나라." 이 말을 어산지는 채팅에서 그의 면전에 대고 퍼부었다.[23]

스노라손은 나중에 트위터를 통해 어산지에게 "꺼져버려!(Fuck off, Julian!)"라고 욕을 날렸다.[24] 우리가 나중에 어산지에게 스노라손의 이 욕을 언급하자 그는 냉소적인 웃음을 지으며 "좋은 표현은 아닐 테지만 맞는 말"이라고 대답했다.

다니엘 돔샤이트-베르크와 비르기타 욘스도티르를 따라 위키리크스 활동에서 손을 떼는 사람들의 숫자는 생각보다 많지 않았다. 돔샤이트-베르크는 자신이 수년간 위키리크스를 위해 일했음에도 불구하고 조직의 일부는 전혀 모르고 있었다는 사실을 새삼 깨달았다. 어산지는 심지어 이 독일 대변인이 전혀 모르는 사람들과도 막후에서 작업을 하고 있었다.

그러나 돔샤이트-베르크의 부재는 큰 타격이었다. 그는 아무도 알아주지 않는 수많은 일들을 처리했을 뿐만 아니라 이성적이고 생각이 잘 정리된 사람이었기 때문에 기이하고 자주 변덕스럽게 행동하는 어산지의 중요한 균형추 역할을 해왔다. 그는 믿음직한 일처리 방식으로 위키리크스가 중요한 인물들과 관계를 쌓는 데도 결정적으로 기여했다. 또 욘스도티르는 아이슬란드의 국회의원으로서 이미 위키리크스에게 신뢰를 보냈고 이 조직의 영향력을 높이는 데도 크게 기여한 사람이다.

위키리크스를 떠난 인물이 또 있는데, 이 사람의 하차는 여론의 주목을 크게 받지는 못했지만 어산지에게는 더욱 큰 고통을 안겨주었다. 독일의 매우 유능한 프로그래머인 일명 '건축가'와 위키리크스의 관계는 돔샤이트-베르크를 통해 유지되고 있었다. '건축가'는 그동안 위키리크스의 기술 인프라 구축에 많은 에너지와 시간을 쏟아부었고 2009년 말부터는 서버망을 다시 구축하는 작업도 수행했다. 그런데 이 '건축가'도 위키리크스와 결별했다. 게다가 그는 떠나면서 자신이 가장 최근에 개발한 프로그램들과 웹사이트의 복잡한 설계에 관한 핵심 지식들을 가져가버렸다. 그 때문에 위키리크스 웹사이트는 몇 주 동안 제대로 돌아가지 못했다. 위키리크스 측이 내건 공식 사유는 '예정된 유지보수 작업'이었다.

격동의 가을이 끝나갈 무렵 위키리크스가 이 고된 시련을 끝내 통과하지 못할 것으로 점치는 사람들이 많았다. 하지만 모든 핵심 멤버들이 다 하차한 것은 아니었다. 예를 들어 아이슬란드 사람들은 크게 둘로 갈라졌다. 절반은 조직을 떠났고, 절반은 더욱 열심히 조직을 위해 일했다. 사실 어산지에게는 벌써 오래전에 돔샤이트-베르크를 대체할 사람이 있었다. 바로 크리스틴 흐라픈손이었다. 그는 곧 공식적으로도 위키리크스의 대변인 역할을 맡을 예정이었다. 그 밖에도 어산지는 아프간 전쟁일지 폭로 이전에 거점으로 삼았던 런던에서 많은 젊은이들을 확보할 수 있었다. 엘비스 프레슬리 헤어스타일을 하고 다니는 조세프(Joseph)와 언론사들의 문의를 처리하는 사라 해리슨(Sarah Harrison)도 이 시기에 위키리크스에 합류한 인물들이다.

폭로 전문 사이트의 종말이 가까웠다는 이야기는 곧 섣부른 예측이었음이 드러났다. 실제로 위키리크스는 또 한 번의 탈바꿈에 성공한다.

이라크전쟁과 위키리크스의 부활

"10시 25분 크레이지 호스가 반군에 공격을 가했다.
반군 7명이 목숨을 잃고, 어린아이 2명이 부상당했다."

_ 2007년 7월 12일자 미군 전쟁보고서

사우스위크 뮤스(Southwick Mews)는 런던 패딩턴에 있는 작은 거리로 〈해리포터〉 영화의 배경에 나올 법한 분위기를 풍기는 곳이다. 도로는 돌로 포장되어 있고 지은 지 100년 이상 된 집들은 대부분 홀쭉한 2층 건물로 되어 있다. 거리는 중세 유럽의 좁은 골목 같은 매력을 풍겼다. 그중 벽에 온통 하얗게 회칠이 되어 있고 창에는 빨간 덧문을 댄 집이 바로 몇 주 전부터 위키리크스의 본부로 사용되고 있는 프런트라인 클럽 사무실이다.

줄리언 어산지는 1층의 자기 컴퓨터 앞에 앉아 있었다. 그의 옆에는 반쯤 비운 피시 앤 칩스가 프라이팬 기름 냄새를 풍기며 종이상자 안에 늘어 있다. 지금 그는 먹을 새도 없이 일을 해야 한다. 2010년 10월

22일 금요일, 런던 시간으로 21시가 되기 직전이다. 한 시간만 있으면 세상은 온통 위키리크스 이야기로 떠들썩할 것이다. 또 다른 메가톤급 폭로가 인터넷에 뜰 것이기 때문이다. 이라크전쟁에 관한 무려 39만 1852건의 자료다. 정각 22시에 여러 언론사들이 이에 관한 최초의 기사를 보도할 것이며, 그중에는 틀림없이 〈슈피겔 온라인〉도 있을 것이다. 그리고 이와 동시에 위키리크스는 원본 자료를 모두 인터넷에 올릴 것이다.

위기 후 첫 시험대다. 어산지는 동지들이 공개적으로 등을 돌린 뒤 커다란 압박감에 시달려왔다. 자신의 조직이 여전히 잘 돌아가고 있음을 입증해야 했다. 위키리크스의 공식 웹사이트 wikileaks.org는 여전히 불통이다.

좁은 나선형 계단을 통해 2층에 오르면 여섯 명의 남녀가 회의 테이블에 둘러앉아 있다. 다들 컴퓨터를 하나씩 앞에 놓고 있다. 사무실은 조용하고 모두 다 집중해서 작업하는 분위기였다. 키보드 두드리는 소리만이 정적을 깰 뿐이다. 벽에는 넬슨 만델라의 포스터가 한 장 걸려 있고, 유리창에는 할 일들을 적어놓은 15장의 포스트잇이 붙어 있다. 두 명의 여성이 다음 날 아침에 있을 기자회견에 참가 신청을 한 기자들 명단을 비교하고 있었다. 조세프는 위아래 층을 오가며 어산지의 개인 비서 노릇을 했다. 그는 스와질란드 출신으로 검정머리에 안경을 끼고 가는 넥타이를 매고 있다. 프랑스 국적의 이 남자는 일부러 파리에서 이곳으로 왔다. 그는 프랑스에서 시작된 디지털 인권단체 'La Quadrature de Net'의 핵심 멤버 중 한 명인데, 지금은 위키리크스를 돕고 있다. 그가 맡은 일은 서버에 접속이 폭주할 때 문제가 발생하지 않도록 하는 것이었다. 위키리크스의 폭로 내용은 이날 저녁 독일, 아일랜드, 프랑스, 미국에서 동시에 인터넷에 띄워지는데, 위키리크스는 이를 위해 온라인 거래 전문인 아마존에서 필요한 용량을 임대했다. 폭발적인 반응이 예상되는 만큼 만반의 준비를 갖추어놓아야 했다.

어산지는 노트북을 두드리고 있었다. 그의 손가락은 키보드 위를 가볍게 날아다녔다. 부드러우면서 날렵한 느낌을 주는 동작이다. 흐라픈손은 내일 아침 위키리크스의 공식 대변인으로서 처음으로 큰 무대에 설 예정이다. 그가 사람들에게 물었다. "우리 준비는 다 됐어?" 아니, 아직 아니다.

어산지는 위키리크스에 대한 소개글을 쓰고 있었다. 중요한 작업이다. 이 글만 완성되면 warlogs.wikileaks.org는 모든 준비가 끝난다. 그는 파일을 2층 회의실에서 작업하는 호주 출신 여성에게 보냈다. 그녀는 일종의 위키리크스 후견인이자 맨 처음부터 함께한 동지다. 몇몇 짓궂은 사람들은 그녀를 '유모(Nanny)'라고 놀리기도 한다. 그녀는 이날 아침에 호주에서 날아온 탓에 아직 시차로 고생하고 있었다. 흐라픈손이 자리에서 일어나 부엌으로 가서 그녀에게 차를 만들어주었다. "고마워요. 이제 좀 살겠네." 그녀는 차를 한 모금 마시며 빨간색 망토로 자기 몸과 노트북을 가린다. 마치 작은 텐트 같다. 다른 사람들이 자신의 작업과 채팅 내용을 보지 못하게 하려는 것이다. 적은 어디에든 있을 수 있다. 위키리크스에서 일하려면 약간의 편집증은 어쩔 수 없다.

글은 거의 완성되었다. "정보 공개는 투명성을 높이며, 이 투명성은 더 나은 사회를 만들어낸다. 더 나은 감시는 부패를 막는 데 도움을 주고 민주주의를 강화한다. 굴복하지 않는 강한 매체는 이런 목표들을 달성하는 데 중요하다. 우리는 그런 매체의 일부다." 그 증거로 어산지와 호주 여성은 펜타곤 문서 공개에 대한 미국 연방대법원의 판결문을 인용했다. 당시에 이 미국 최고 법정은 검열받지 않는 자유 언론만이 정부에서 벌어지는 거짓과 은폐의 사건들을 효과적으로 밝힐 수 있다고 판결했다.

어산지의 소개글은 그들이 좋은 조직이라는 것을 강조했다. 수많은 비판과 비난에 직면한 위키리크스로서는 중요한 문제였다.

21시 25분, 아랍 기자들이 약속을 위반했다. 알자지라 방송이 특별 프로그램을 먼저 내보내기 시작한 것이다. 약속된 엠바고보다 30분 이상 빠른 시각이다. 프런트라인 클럽 사무실 2층에 있던 흐라픈손이 화가 나서 소리쳤다. "만날 저런 식이야!"

이라크 문서의 공개에는 〈가디언〉 〈뉴욕타임스〉 〈슈피겔〉 외에 TV 방송인 '알자지라'와 영국의 '채널4'도 참여했다. 어산지는 1회전 싸움에서 배운 바가 있어 이번에는 더 강력한 영상매체의 힘도 원했다. 그의 표현에 따르면 '최대한의 효과'를 얻기 위해서다. 어산지는 그것이 정보원이 바라는 일이라고 설명했다. 그러나 당연히 위키리크스를 위하는 일이기도 했다.

'탐사저널리즘 사무소'가 개입된 것도 이런 이유에서였다. 이 사무소는 일종의 제작사 역할을 했다. 위키리크스는 탐사저널리즘 사무소에 원본 자료를 제공했고, 기자들로 이루어진 팀이 이 자료를 여러 개의 영상물로 만들었다. 채널4를 위해서는 45분짜리 다큐필름을, 알자지라를 위해서는 그보다 조금 짧은 리포트 몇 편을 제작했다. 두 방송사는 탐사저널리즘 사무소와 계약을 맺고 제작비 일부를 지불하기로 했다. 그들은 문서에 대한 접근권은 없이 완성된 영상물만 받는 조건이었다. 그럼에도 불구하고 이것은 결국 재단의 돈으로 운영되는 탐사저널리즘 사무실이 크게 손해를 본 장사가 되었다.

위키리크스는 처음부터 알자지라를 신뢰하지 않았다. 프로젝트 초창기인 그해 늦여름에 만나서 회의를 할 때 알자지라 특파원 중 한 명이 '특종'을 바라는 본사의 기대를 은근히 암시했다. 회의 직후 탐사저널리즘 사무소의 이언 오버턴 소장은 "알자지라가 다른 언론사들을 물먹일 가능성을 염두에 두어야 한다"고 경고했다. 그의 우려는 현실이 되었다. 어산지는 "알자지라가 엠바고를 30분 일찍 깨뜨렸다"고 트위터에 올렸다. 그러자 몇 분 뒤 〈가디언〉도 기사를 올렸다. 이렇게 해서 마침내 전 세계가 요동칠 드라마의 막이 다시 올랐다.

오후에 어산지는 CNN과 화상 인터뷰를 가졌다. 사생활에 대한 질문은 하지 않기로 미리 담당 여기자와 약속해두었지만 기자는 인터뷰 말미에 기어이 스웨덴에서의 성폭행 사건을 물었다. 어산지는 "10만 4000명의 죽음을 나에 대한 개인적인 공격과 뒤섞어버린다면 당장 스튜디오를 나가겠다"고 대답했다. 그럼에도 불구하고 기자가 같은 질문을 두 번, 세 번, 네 번에 이어 다섯 번째로 다시 던졌을 때 어산지는 마이크를 떼어버리고 조용히 일어나서 스튜디오를 나갔다. 어산지의 사생활이 조직의 부활에 누가 되어서는 안 된다는 것이 위키리크스의 확고한 입장이었다. 미국 토크쇼의 전설 래리 킹이 며칠 후 라이브 쇼에서 이 인터뷰 이야기를 꺼내며 스튜디오를 말없이 떠난 것에 대해 비난하자 어산지는 곧바로 이렇게 대답했다. "CNN은 부끄러운 줄 알아야 해요. 그리고 래리, 당신도 마찬가지입니다!"[25] 어산지는 대담하고 공격적이었다. 그는 공격을 당하면 곧바로 역공을 퍼부을 줄 알았다. 어산지는 이런 대응 방식을 자신의 행동 원칙으로 삼고 여러 해에 걸쳐 꾸준히 그 완성도를 높여왔다. 그러므로 어산지를 상대하려면 각오를 단단히 해야 한다. 래리 킹도 예외가 아니다.

22시가 지난 지 이미 오래이지만 위키리크스 웹사이트는 아직 접속이 되지 않았다. 조세프는 쉴 새 없이 컴퓨터에 명령어들을 쳐 넣으면서 "3분만 더, 아니 5분"이라고 말했다. 드디어 사이트가 등록되고, 정보들이 인터넷의 모세혈관을 따라 빠르게 이동하기 시작했다. 정보들은 이제 곧 크고 작은 케이블과 노드를 거쳐 위키리크스의 인터넷 주소가 저장된 DNS 레지스터에 도착할 것이다. 그러면 드디어 이 주소에 접속하는 수백만 대의 컴퓨터들과 만나게 되는 것이다.

초조한 기다림의 시간이 이어졌다. 〈슈피겔〉과 〈뉴욕타임스〉의 기사도 떴다. 프랑스 출신인 조세프가 자기 컴퓨터로 프랑스에서 벌어진 시위 장면 몇 개를 보여주었다. 전투복을 입은 경찰들이 한 줄로 늘어서서 학생들을 가로막고 있었다. 무장 경찰들 옆으로 한 쌍의 젊은 남녀가 서로 꼭 껴안고 키스하고 있다.

"귀엽지 않아요?" 조세프가 물었다.

"귀엽지 않아. 뜨거워." 어산지는 이렇게 말하며 웃음을 터뜨렸다. 긴장감이 역력한 일그러진 웃음이다. 압박감이 너무 심했고 최근 스캔들에 대한 나쁜 기억도 너무 많았다.

어산지는 위키리크스 본부의 무게중심이다. 그는 1층을 사용하는 유일한 사람이고, 또 누가 와도 일어나지 않는 유일한 사람이다. 다른 사람들이 그에게로 다가가지 절대로 그가 먼저 다른 사람에게로 가지 않는다. 그가 열어둔 채팅 프로그램에서는 15~20개의 대화가 동시에 진행된다. 지휘자가 오케스트라를 이끌 듯 그는 자신의 컴퓨터에서 모든 작전을 지휘했다. 그는 오후에 CNN 스튜디오에 갈 때 입었던 양복바지를 아직도 입고 있다. 내일 국제 기자회견장에서도 이 바지를 입고 있을 것이다. 여기에 검정색 카우보이 장화를 신고 몇 주 전부터 갈아입지 않은 갈색 목폴라를 걸치고 있다. 어산지가 위키리크스 덕에 사치스러운 생활을 한다고 주장하는 사람이라면 그가 바로 곁에 있어도 알아보지 못할 것이다. 거대한 조직의 우두머리가 그처럼 검약한 생활을 하는 예는 달리 찾아보기가 어려울 정도다.

23시 53분에 조세프가 외쳤다. "우리 연결됐어요."

"아니, 그렇지 않아." 2층의 한 자원봉사자가 대꾸했다.

"어떻게 된 거지?" 트위터를 통해 이제 자료를 볼 수 있다는 소식을 전 세계로 내보내려다 말고 어산지가 물었다.

"Go!" 조세프가 다시 말하고 키보드를 세게 두드렸다.

어산지는 주소창에 warlogs.wikileaks.org를 입력했다. 모니터는 여전히 하얗다. 방금 트위터에 "폭로: 위키리크스가 40만 건의 이라크 전쟁일지를 공개한다"라는 메시지를 보낸 참이었는데, 빈말이 되었다. 아직 어디서나 다 접근할 수 있는 상태가 아니었다. 몇 분 동안 위키리크스는 미국에서는 접속이 되지만 프랑스, 영국, 스웨덴에서는 되지 않았다. 아직 DNS 엔트리가 모두 다 활성화되지 않았기 때문이다. 인터넷도 불안정했다. 하지만 몇 분 뒤 모든 상황이 종료되었다.

반응은 가히 폭발적이었다. 트위터에 분당 72개의 글이 올라오더니 그 수가 금세 82개, 100개로 늘어났다. 엄청나게 많은 글들이 정신없이 떴다. 조세프는 "이런 폭풍은 살면서 처음"이라고 중얼거리며 화면을 계속 응시했다. 앞으로 몇 시간 동안 인터넷은 위키리크스로 떠들썩할 것이다. 새벽 세 시가 되자 위키리크스의 최신 폭로를 다루는 기사가 전 세계적으로 이미 1500건을 넘겼고, 인터넷 커뮤니티에 올라오는 글들은 헤아릴 수도 없었다. 대부분은 열광적인 반응들이었다. 추가로 장비를 임대했음에도 불구하고 사이트 폭주로 서버는 여러 차례 다운되었다.

프런트라인 클럽 사무실 2층에는 가발이 하나 있다. 가발의 인조 머리카락들은 어산지의 진짜 머리카락처럼 아주 밝은 금빛과 갈색을 띠고 있다. 갑자기 적이 출현하면 잠시 상대를 교란하여 어산지가 도주할 기회를 벌기 위해 준비해둔 위장 장비였다. 아무도 그날 밤의 무대를 망쳐서는 안 되었다. 함께 있던 어산지의 변호사 제니퍼 로빈슨(Jennifer Robinson)은 고급 리오하 와인 한 병을 테이블에 올려놓았다. 조세프는 주먹을 치켜들고 환호성을 지르고는 엄지손가락 두께의 시가를 빼어 물었다. 바야흐로 파티 분위기가 시작되려 했지만 어산지는 조금 달랐다. "기쁘지 않아요?" 그날 밤의 모습을 비디오카메라로 기록하던 위키리크스 자원봉사자가 물었다. 어산지는 "기뻐하기에는 아직 일러"라고 말하며 맥주 한 캔을 비웠다. "아직은 긴장해야 해." 그럼 언제 파티를 할 거냐고 묻자 어산지는 "나중에"라며 모니터를 응시했다. "우선 내 아기를 더 돌봐야 해."

어산지는 그날 밤을 사무실 바닥에 깔린 낡고 더러운 카펫 위에서 보냈다. 작업은 5시 30분 거리 청소부가 가까운 패딩턴역 거리를 빗자루로 쓸며 런던을 깨우기 시작할 무렵에야 끝났다. 그는 2층의 책상 밑에 몸을 웅크렸다. 곧 잔잔하게 코고는 소리가 사무실에 퍼져나갔다. 이렇게 미스터 위키리크스는 잠시 휴식을 맛보았다.

8시 15분에 한 여성 활동가가 그를 깨웠다. 기자 200명의 눈과 30여 개의 카메라가 온통 그를 향할 때까지는 1시간 45분이 남아 있었다.

이라크 문서가 공개된 10월 말의 주말에 세계정치는 온통 이 사건에 관한 이야기뿐이었다. 이라크전쟁에 관한 한 세상은 잔혹성에 길들여지고 있었다. 대부분의 사람들이 어깨를 으쓱하며 전쟁을 받아들였다. 그런데 이 문서의 공개로 세계 여론은 다시 이라크전쟁에 주목하게 된다. 공개된 자료는 처음 시작부터 잘못된, 그리고 2006년 11월 23일의 예가 보여주듯이 끔찍한 재앙으로 치닫고 있는 이 전쟁의 실상을 똑똑히 전해주고 있었다. 2006년 11월 23일은 '이라크 해방' 전쟁이 시작된 지 1345일째 되는 날이었다. 특히 잔혹했던 이날의 사건들은 야전보고서에 분 단위로 기록되어 있었다.

새벽 2시 19분 정찰에 나선 네 명의 미군이 감춰놓은 폭발물 때문에 발과 종아리와 허벅지가 갈가리 찢겨지는 부상을 당했다. 그들은 헬리콥터로 이송되었다. 그로부터 두 시간 후에 또 하나의 사고가 일어났다. 반군이 이라크 경찰 초소에 침입하여 무기를 내주지 않으면 총으로 쏘아 죽이겠다고 협박하면서 칼라슈니코프 소총 4정을 갈취했다.

7시에는 시아파의 위대한 구원자 이름을 따서 '마디군'이라 부르는 시아파 무장 세력이 바그다드 내 시아파 거주 지역 여러 곳에 모였다.

'JAM'이란 약자로 잘 알려진 이 무장 세력은 내무부 소속 병력과 함께 후리자로 이동했다. 잠시 후 한 미국 병사가 이 소식을 전해왔다. "후리자는 지금 내무부 군대와 JAM에 의해 완전히 포위되었다. 그들은 대규모 전투를 준비하고 있다."

13시 13분: 시아파의 포위망은 점점 좁혀지고 있었다. 미군의 한 보고서는 '수니파 거주 지역에 대한 내무부 군대와 마디군의 공격 계획에 관한 정보'를 수집 중이라고 했다.

14시 00분: 수니파 반군이 바그다드에 바리케이드를 설치했다. 그들은 기관총과 대전차포로 무장하고 있었다. 20분 뒤에 박격포가 바그다드의 보건부 건물을 부수었다.

15시 00분부터: 여섯 대의 차량 폭탄이 바그다드의 한 광장과 시장에서, 그리고 인파가 밀집된 사드르 시티에서 연달아 터졌다. 미군 발표에 따르면 이 공격으로 181명의 사망자와 247명의 부상자가 발생했다. 나중에 확인해보니 사상자 215명에 부상자 257명이며, 거의 대부분의 희생자는 시아파였다. 이 전쟁이 시작된 이래 가장 많은 피를 흘린 싸움이었다.

시아파의 지도자 묵타다 알-사드르는 공식적으로는 신앙의 형제들에게 자제할 것을 호소했지만 내부적으로는 복수를 촉구했다. 한 미국 병사는 이런 메모를 남겼다. "수니파 공격에 대한 보복으로 묵타다 알-사드르는 JAM 특수부대에 바그다드와 그 주변의 모든 수니파 거주 지역을 공격하라고 직접 명령했다."

공격 직후 이라크 전역에 있는 사드르의 병력은 즉시 바그다드로 집결하라는 지시를 받았다. 보고서에는 "여러 대의 병원차가 사드르 시티로 무기를 실어 날랐다"고 기록되어 있었다.

17시 26분: 시아파는 수니파 거주 지역으로 여러 대의 미사일을 발사했다. 보고서에는 사망자 14명, 부상자 25명이라고 적혀 있었다. 미국은 수니파와 시아파 간의 갈등 고조를 예의주시했다.

17시 30분: JAM 소속의 한 부대가 경찰제복을 입은 지원자들과 함께 수니파 사원을 공격했다.

18시 30분: 다른 전사들은 무신 사원 근처에 가짜 초소를 설치하고 민간인을 납치했다.

20시 30분: 무장 세력이 지하드에 있는 예언자 모하메드 사원을 공격했다.

20시 55분: JAM이 사람들이 사는 주택들에 들어가 그들을 살해했다.

22시 10분: 300명의 반군이 이라크군 초소 근처에 집합했다. 이라크 병사들은 퇴각했고, 반군은 슐라 지역 공격을 계획했다.

22시 35분: JAM 무장 세력이 경찰차 한 대를 카튜사 로켓포 발사대로 개조하여 아드하미자의 수니파를 공격하려 했다.

미군 병사들이 작성한 360개의 보고서에는 24시간 동안의 전쟁이 고스란히 기록되어 있었다. 이 보고서들은 '폭탄 폭발' '적의 총격' '무기 발견' 등 매일같이 벌어지는 사건들을 묘사하는 분류 기준에 따라 정리되어 펜타곤의 데이터베이스에 보관되었다. 여기에는 전쟁의 일상이 자세히 그려져 있었다. 2006년 11월 23일 단 하루 동안 대전차포, 저격수, 폭발물 등에 의해 231명이 목숨을 잃었다. 나중에 치안유지군이 추가로 86구의 시체를 더 발견했는데 대부분의 희생자들은 손발이 묶인 채 고문을 당하고 총살되었다. 이 보고서에는 '처형 방법(Execution style)'이라는 제목이 붙어 있었다. 이날 하루 동안 58개의 사제 폭탄이 터지고 33개의 폭탄 뇌관이 제거되었으며, 반군은 미군에 61차례의 공격을 가했다. 또 9곳의 무기저장고가 발견되고, 7건의 습격으로 정확히 알 수 없는 숫자의 사람들이 납치되었다.

위키리크스가 2010년 10월에 공개한 문서는 2004년 1월 1일자로 시작되고 있다. 이날 이라크 북부의 키르쿠크와 남부의 바스라 사이에서는 7건의 폭발물 폭발 사건이 신고되었다. 보고서 내용은 세 차례 공격이 있었던 2009년 12월 31일로 끝난다.

아부—구라이브 스캔들, 수니파의 거점 팔루자 습격, 하디타 민간인 학살, 이라크 알카에다 지도자 아부 무사브 알 자르카위에 대한 여러 해에 걸친 추적 등 소위 이라크전의 핵심 사건들은 이 보고서에 거의 언급되지 않는다. 하지만 짧고 사무적인 기록들을 모아보면 강력하게 무장한 초강대국이 때론 어찌할 바 모르고, 때론 무계획적으로 전쟁터에서 이리저리 날뛰는 이 비대칭적 전쟁의 모습을 정확히 그려낼 수 있다. 공식 자료에 따르면 최소한 한 곳 이상에 사망 사실이 기록되어 있는 희생자의 수는 이 시기에만 미군 3884명, 동맹국 병사 224명, 이라크 치안유지군 8000명 이상, 그리고 이라크 민간인 9만 2003명에 달한다. 이를 모두 합하면 사망자 수는 10만 4111명을 넘는데, 이는 위키리크스가 공개한 자료에 나온 사망자 수 10만 9032명에 근접한 숫자다.

이 자료에서 새로운 점은 아프간 자료와 마찬가지로 전쟁을 바라보는 관점이다. 여기서는 사건들을 보고하는 주체도 미국인이고, 반군과 미군의 공격에 희생된 이라크 전역의 민간인 사망자를 기록하는 주체도 미국인 자신이다. 이 보고서에서 살해된 민간인에 대한 언급은 3만 4000번 등장한다. '이라크 해방'을 위해서라는 이 전쟁의 실체를 문서에 기록한 사람은 미국의 적도 아니고, 전쟁에 회의적인 세력이나 반정부 매체도 아니다. 이 기록은 사담 후세인을 굴복시킨 자들이 직접 쓴 것이다.

그 밖에도 이 문서들은 이라크전에 관한 펜타곤의 공식 발표들이 어떻게 해석되어야 하는지도 새롭게 보여주었다. 수년 동안 미군은 희생자에 대한 정확한 공식 명단을 갖고 있지 않다고 주장해왔다. 그러나 이 자료는 그 반대 사실을 증명하고 있다. 런던의 기자회견장에서 기자들을 상대로 마이크를 잡은 사람은 어산지 외에 또 있었다. 이라크전 희생자에 대해 아마 가장 많은 자료를 확보하고 있을 영국 단체 '이라크 바디 카운트(Iraq Body Count)'의 존 슬로보다였다. 슬로보다는 그 자신과 동료들이 위키리크스가 공개한 문서들을 하나씩 검토하면서 사망자를 모두 세어서 자신들의 자료에 있는 이름이나 사건들과 비교했다고 말했다.

그들의 잠정적 추정에 따르면 공개 문서에 기록된 사망 건수 중 1만 5000건은 그때까지 이라크 바디 카운트나 일반에 전혀 알려지지 않은 것이었다. 이라크의 유족들 역시 전혀 모르고 있었다. 그들은 가족 중 누군가가 갑자기 사라져서 다시 돌아오지 않으면 그저 죽었으려니 짐작할 뿐이었다. 바디 카운트에서 일하는 하밋 다다건에게 이 전쟁일지는 단순한 통계수치가 갖는 의미를 훨씬 넘어서는 것이었다. 그는 이렇게 말했다. "대부분의 경우 우리는 몇 명의 민간인이 사망했다는 단순한 사실만 알고 있었다. 그러나 이제는 그들의 이름과 사건이 일어나게 된 정확한 정황을 알게 되었다." 그렇기 때문에 이 자료 공개는 이라크전과 그 희생자들의 역사를 새로 쓰게 되는 하나의 '전환점'을 의미했다.26

자료는 또 무엇보다도 '보안초소'에서 정기적으로 재앙이 발생하고 있다는 사실도 보여주었다. 적의 공격을 두려워하는 미군 병사들이 번번이 너무 늦게 사격하기보다는 너무 일찍 사격하는 쪽을 택하기 때문이었다. "그 남자가 등 뒤에 뭔가를 숨기고 있었다" "사망자를 수색했더니 플라스틱 무기가 나왔다" "증인들의 진술에 따르면 그 남자는 시력이 나빠 제대로 볼 수 없었다고 했다" 등등 보고서에 기록된 해명들은 하나같이 궁색한 변명에 불과해 보였다.27

슬로보다는 런던의 기자회견장에서 이렇게 말했다. "이런 사건들에 대해서 대중들은 알 권리가 있다. 지금까지 알려지지 않았던 사망자들은 모두 이 전쟁에 비극적으로 희생된 사람들이다. 위키리크스가 이를 공개한 것은 옳은 일이다."

이 문서들은 또 '부수적 살인' 비디오에 나오는 미 공군 소속 헬기부대가 미심쩍은 임무에 자주 투입되었다는 사실도 보여주었다. 비디오를 통해 알려진 바그다드 동부 공격이 있은 지 불과 나흘 만인 2007년 7월 16일에 또 다른 미군 '교전' 사건이 있었는데, 이때는 더 많은 민간인이 희생되었다. 군의 내부보고서는 이 사건이 나흘 전 사건과 마찬가지로 정치적·국제적 문제를 불러일으킬 수 있고 언론에서 크게 떠들어댈 가능성이 있는 사안이라고 기록하고 있었다. 역시 '크레이지 호스'

헬기 두 대가 투입되는데, 이번에는 20호기와 21호기였다.

그런데 같은 날인 2007년 7월 16일 14시경에 미국 정찰병 한 명이 총기에 의해 피격당하는 일이 벌어졌다. 곧이어 전력공급부 청사 건물에서 미군을 향해 총격이 가해졌다. 중앙작전 지휘부는 공격당하는 미군을 위해 공군 지원을 요청했고, 위의 두 헬기 외에 F16 전투기 두 대도 투입되었다.

14시 55분에 '크레이지 호스 20'은 지상에서 '이라크 반군' 두 명을 처리했다고 보고했다. 그런데 갑자기 지상으로부터 근처에 있는 이슬람사원에서 이라크 병사들에게 미군을 공격하라는 외침이 울려 퍼지고 있으며, 50~60명의 반군으로 '추정되는' 사람들이 나타났다는 보고가 들어왔다.

그리고 그와 거의 동시에 '크레이지 호스'에서 'final gun run'이라는 기관포 공격 보고도 들어왔다. 보고서에 따르면 이날 공격으로 적군 사망자 12명, 부상자 8~10명, 민간인 사망자 14명이 발생했다.

그 몇 달 전인 2007년 2월 22일 '크레이지 호스 18'의 조종사들은 화물트럭을 중무기로 착각하여 폭격을 가했다. 두 명의 이라크인이 폭격을 피해 트럭을 타고 현장에서 도망쳤는데, 전투기는 그들을 쫓아가며 계속 총격을 가했다. 바로 그때, 보고서에 따르면 뜻밖의 상황이 벌어졌다. 트럭이 멈추더니 두 명의 이라크 남자가 '트럭에서 나와 항복하려 했다'는 것이다. 헬기 조종사는 무선으로 이 상황에서 어떻게 대처해야 할지를 군법무관에게 물었다. 법무관은 '이라크인들은 비행기에 대고 항복할 수 없으며, 따라서 그들은 여전히 합법적인 공격목표'라는 판단을 내렸다. 그러자 크레이지 호스 조종사들은 다시 총격을 개시하여 그들을 사살했다.

보고서 내용을 보면 미군은 항복하려는 사람들을 공격하여 죽인 게 분명했다. 비록 법무관의 판단이 작용하긴 했어도 미군은 이 사건을 해명할 필요가 있었다. 과거에도 비슷한 경우들이 있었지만 그때 미군은 전혀 다른 결정을 내렸기 때문이다. 1991년 걸프전 때 한 무리의 이라크 병사들은 심지어 무인항공기에 대고 항복했고, 당시 미군은 이를 받아들였다. 다른 보고서에는 이번 이라크전에서도 미군 헬기에 항복한 사례들도 있었다. 그렇다면 '크레이지 호스 18'의 경우는 엄연한 전쟁범죄가 아닐까?[28]

보고서에는 시아파가 장악하고 있는 내무부의 비밀감옥에 관한 내용도 있었다. 그곳에는 주로 수니파 포로들이 수감되어 있는데, 그들에 대한 고문 수위는 사담 후세인 시절의 고문 못지않게 혹독했다. 예를 들어 2005년 11월 13일자 보고서에는 173명의 포로가 수감된 '내무부 수용시설'을 발견한 내용이 기록되어 있다. 이 사건은 당시 전 세계 신문의 헤드라인을 장식했다. 미군의 공식 보고서 역시 그들이 동맹군에게서 무엇을 발견했는지에 대해 침묵하지 않았다. "많은 (수감된) 이들에게서 담뱃불로 지진 자국, 구타로 인한 출혈, 터진 상처 등 학대의 흔적을 볼 수 있다."

심각한 고문에 관한 내용도 있었다. 일례로 2007년 6월 중순 한 이라크 남성이 부비트랩을 설치했다는 혐의로 체포되었다. 남자는 이라크의 탈아파 대테러 부대 정보 담당자들에게 조사를 받았다. 그로부터 약 2년 뒤 미국은 이 사건에 대해 알게 된다. 미군이 확인한 바에 따르면 남자는 모술 병원에서 오른쪽 다리 무릎 아래와 왼쪽 발가락 여러 개를 절단하는 수술을 받아야 했다. 또 양손의 손가락 여러 개도 절단했다. 그의 신체는 화학물질에 의해 심각한 화상을 입었고 여러 부위가 손상되어 있었다. 희생자는 이라크 장교 세 명이 손에 산을 붓고 손가락을 꺾는 고문을 했으며 미국인들이 대테러 본부를 시찰하러 올 때마다 자신을 숨겼다고 했다. 미군 보고서는 이 사건에 대한 조사가 끝나고 고문자 세 명에 대한 체포 명령이 내려졌지만 지금까지 집행되지 않고 있다고 했다. 보고서는 희생자가 2009년 5월 퇴원했으며 "현재 체류지 불명"이라고 끝맺었다.

미국 의사들에 의해 고문으로 인한 상처로 진단된 경우는 수백 건에 이른다. 수감자들은 끓는 물 붓기, 손톱 뽑기, 전기선으로 발바닥 때리기, 생식기 전기고문, 유리병이나 나무토막 항문에 삽입하기 등의 고문을 빈번히 호소했다. 또 미군이 이라크 동료들의 고문 관행을 덮어주는 사례도 종종 있었다. 이 경우는 대부분 보고서 하단에 "조사 불필요"라고 기입되었다.

고문자들은 조사를 받더라도 도무지 말도 안 되는 이유들을 늘어놓았다. 한 이라크인 고문자는 자신이 심문했던 사람은 이라크 경찰로부터 도망치려고 하다가 오토바이에서 떨어져 부상을 당한 거라고 주장했다. 단 한 번 바그다드 경찰조사본부의 한 심문관이 자백을 받기 위해 고문을 사용한다고 인정한 적이 있다. 어느 미군 병사가 2006년 10월 31일에 작성한 보고서에는 "그는 자신이 자백을 받아내기 위해 즐겨 사용한 도구가 60센티미터 길이에 지름은 25센트 동전만 한 나무 막대기라고 설명했다"고 기록되어 있다. 이 이라크 경찰관은 결국 체포되었다.

펜타곤은 2010년 가을의 이라크전 자료 공개에 대해 지난여름 아프간 전쟁일지 때와 같은 방식으로 대응하려 했다. 제프 모렐이 위키리크스 기자회견이 있기 하루 전날인 금요일 서면으로 발표한 성명에는 이런 표현이 들어 있었다.29 "우리는 테러조직들이 우리를 공격하기 위해 아프간 자료를 체계적으로 분석했다는 사실을 알고 있다. 그런데 이라크 자료는 그 분량이 네 배나 더 많다. 위키리크스는 우리의 병사들과 동맹국 그리고 우리와 협력하는 이라크인과 아프간인의 목숨을 몹시 위태롭게 만들고 있다."

펜타곤은 이번에도 역시 새로운 내용은 전혀 없다는 주장을 되풀이했다. 모렐은 이라크전에 대해서는 "각종 뉴스, 책, 영화에 잘 기록되어 있으며, 추가 작업을 거치지 않은 이 야전보고서는 전쟁에 대해 아무런 새로운 이해도 제공하지 않는다"고 잘라 말했다.

그러나 상황은 아프간 전쟁일지 때와 전혀 다르게 돌아갔다. 이번에는 미 국방부의 설명이 먹혀들지 않았다. 언론매체와 국제사면위원회 같은 단체들은 더 이상 무비판적으로 펜타곤의 입장을 따르지 않았고, 정부에 대한 각계각층의 비난과 요구가 빗발쳤다.

국제사면위원회의 말콤 스튜어트 중동 국장은 위키리크스에서 공개한 이라크전 문서들에 대해 이렇게 말했다. "이로써 우리의 우려는 사실로 확인되었다. 미국의 관련 기관들은 이라크 당국이 포로들을 고문하고 폭행한다는 사실을 알면서도 그들을 이라크 당국에 넘겨줌으로써 명백히 국제법을 위반했다."30 국제사면위원회와 인권감시단, 그리고 공식 성명을 발표한 나비 필레이 유엔인권위원회 고등판무관 등은 국제적인 조사를 벌일 것을 요구했다. 필레이는 공개된 문서들이 이라크에서 심각한 인권침해가 벌어졌음을 똑똑히 알게 해준다고 말했다.

"미국과 이라크 당국은 문서에 있는 모든 비난을 조사하고 고문과 살인 및 기타 인권침해에 대해 책임이 있는 자들을 처벌하기 위해 필요한 조처를 취해야 한다."[31]

 2010년 10월 23일 런던 기자회견장의 청중석 맨 앞줄에는 백발의 노인이 한 사람 앉아 있었다. 그는 보청기를 끼고 있었고, 10시간의 비행으로 몹시 지쳐 있었지만 그 자리에서 꼭 하고 싶은 말이 있었다. 그는 의자에서 일어나 마이크를 잡았다. 그는 줄리언 어산지와 함께할 기회를 갖게 되어 기쁘다고 말하며, 어산지는 현재 미국 정부에게는 '세상에서 제일 위험한 인물'일 것이라고 평했다. 그는 지난 40년간 이런 폭로를 기다려왔기에 밤새 비행기를 타고 런던으로 날아왔다고 말하고는 청중을 향해 외쳤다. "이 자료를 유출한 사람이 정말로 브래들리 매닝이 맞다면 우리 모두는 그를 존경합니다. 저에게 위키리크스의 폭로는 미래입니다."

 기자회견이 끝나고 어산지와 노인은 함께 저녁식사를 하러 갔다. 두 사람은 할 말이 무척 많았다. 이 노인이 바로 미국의 가장 유명한 내부고발자인 대니얼 엘즈버그였다. 그와 어산지는 이렇게 런던에서 처음으로 직접 대면했다.

7장

미 국무부
타깃이 되다

WikiLeaks

우리는 정부를 공개한다

"우리에게는 위키리크스가 자료 공개 이후에도
살아남을 수 있는 계획이 필요하다."

_ 줄리언 어산지

11월 마지막 금요일의 워싱턴은 보통 조용하게 하루가 지나간다. 미국 최대의 명절이라고 할 추수감사절 바로 다음 날이어서 많은 미국인들이 주말까지 연이은 휴가를 즐기기 때문이다. 그러나 2010년은 달랐다. 적어도 수많은 정부 공무원에게는 그랬다. 외교가는 분주했고 미 국무부에는 비공식 위기관리팀이 가동되었다. 힐러리 클린턴 국무부 장관은 주요 국가의 외무부장관들과 전화 통화를 했다. 이 미국 장관에게는 설명해야만 할 것들이 많았다.

국무부는 며칠 전 위키리크스의 다음 공격이 임박했다는 정보를 입수했다. 이번에는 군이 아니라 미 국무부 차례였다. 1966년 12월 28일부터 2010년 2월 28일까지 미국의 외교관들이 작성한 25만 1287건의 전문들이다. 이런 전문을 통해 전 세계 미국 대사관은 워싱턴 본부에 현지 상황을 보고하고 국무부는 재외공관에 지침을 내렸다. 미국 외교를 '근접 촬영'한 이 문서들의 대부분은 부시 행정부 시절과 오바마 정부 초기에 작성된 것들이다. 외교문서에는 민감한 내용들이 담겨 있기 마련이며, 권한이 없는 사람의 수중에 들어가면 위험하기까지 하다. 독일에서는 '엠스 전보' 단 한 건으로 1870~71년의 보불전쟁이 초래된 역사가 있다.

외교사에서 이런 식의 기밀 유출은 전례가 없는 일이었다. 미국 정부로서는 느닷없이 강도를 만나 입고 있던 옷을 모두 뺏긴 것 같은 느낌이었을 것이다. 초강대국 미국이 벌거벗은 채로 세계정치의 광장 한복판에 서 있는 꼴이다. 비밀 외교전문의 공개는 전 세계를 강타한 재앙이었다. 한 국가의 외교가 이런 식으로 공개적 망신을 당하기는 처음이었다.

당시 힐러리 클린턴은 얼굴이 하얗게 질리고 차갑게 얼어붙은 표정이었다. 다크 서클이 짙게 드리운 눈은 심각하게 카메라를 응시했다. 그녀는 침착하려 애썼다. 남편 빌 클린턴의 대통령의 스캔들 때를 떠올려보면 그녀가 얼마나 참을성이 많은 사람인지 잘 알 수 있다. 그만큼 그녀가 이번 2010년 추수감사절 때처럼 힘들어하는 모습은 정말 보기 어려운 것이었다. 이것이 바로 브래들리 매닝이 5월에 아드리안 라모에게 말했던 그런 순간이다. 그때 매닝은 "힐러리 클린턴과 전 세계 수천 명의 외교관들은 어느 날 아침 눈을 떴더니 그들의 비밀 외교전문이 통째로 일반에 공개된 사실에 심장마비를 일으킬 것이다"라고 했었다.

클린턴 장관은 먼저 미셸 알리오 마리 프랑스 외무부장관, 윌리엄 헤이그 영국 외무부장관, 로렌스 캐넌 캐나다 외무부장관, 귀도 베스터벨레 독일 외무부장관 등 긴밀한 서방 동맹국들의 동료 장관들에게 전화를 걸었다. 그녀는 또 현재 세계에서 가장 위험한 지역의 국가수반인 하미드 카르자이 아프가니스탄 대통령과 아시프 알리 자르다리 파키스탄 대통령을 비롯해 사우드 알-파이잘 사우디아라비아 외무부장관, 양제츠 중국 외교부장, 크리스티나 페르난데스 데 키르츠네르 아르헨티나 대통령, 앨런 존슨-설리프 라이베리아 대통령과도 통화를 했다. 지구를 완전히 한 바퀴 도는 비상 외교를 펼쳐 미국의 대외정책이 입을 손실을 최대한 줄여보려는 시도였다.

그런데 클린턴 장관이 전화로 과연 무슨 말을 했을지 정말 궁금해진다. 아마 이랬을까? "죄송합니다. 저희 쪽에서 새나간 게 좀 있어요. 하지만 모두 사실이 아니니 그냥 잊어버리세요."

국무부 직원들은 외국의 정치가들에게 곧 신문에서 읽게 될 그들에 관한 언론보도 내용을 미리 알려주었다. 그리고 또 한편으로는 외교전문을 공개하려는 언론사들에 연락하여 최대한 줄여서 보도하도록 요청했다. 백악관은 〈뉴욕타임스〉와 협상을 벌이고, 〈가디언〉〈르몽드〉〈엘파이스〉〈슈피겔〉과 직접 만나거나 전화로 접촉했다. 미국 정부는 언론인들에게 영향력을 행사할 목적으로 국무부 대변인 필립 크롤리와 클린턴 장관 비서실장 셰릴 밀스, 국가정보국 국장실의 제임스 클래퍼, CIA와 펜타곤의 고위관리 등으로 구성된 거창한 무적함대를 편성했다. 세계 최강대국의 안보정책 관계자들이 모두 모인 팀이었다.

미국 정부가 이번 사태에 대한 정치적 기본 방침을 결정하기까지는 상당히 많은 시간이 걸렸다. 외교전문이 공개되기 일주일 전쯤에 국무부는 관련 언론사들에게 다음의 세 가지를 요청했다. 우선 이번 공개로 신변에 위험이 발생할 수 있는 미국 정부 측 정보원들의 이름은 보호되어야 한다고 했다. 하지만 이것은 별도의 요청이 없더라도 참여 언론사 5곳의 편집국에서 어차피 지키려 했던 사항이다. 둘째로 안보와 관련된 외교전문은 보도를 자제해줄 것을 요청했다. 그리고 셋째로 대테러 분야는 극도로 민감한 내용들이라는 점을 각별히 유념해달라고 했다. 하지만 나머지 다른 정보들에 대해서는 보도하지 말라는 취지로 언론사들과 협상하지는 않았다. 미국 정부의 공식적 분노는 정보제공자로 추정되는 브래들리 매닝과 위키리크스에게로 온통 집중되었다. 미국 정부는 다른 참여 언론사들과의 싸움은 원하지 않았다.

베를린 주재 미국 대사 필립 머피도 우리가 대사관으로 찾아가 만났을 때 똑같은 주장을 폈다. 머피 대사는 추수감사절에 달렘에 있는 관저에서 나와 파리광장에 있는 대사관으로 출근해야 했다. 집에서는 부인과 네 자녀가 칠면조를 준비해놓고 그를 기다리고 있다고 했다. 전직 투자은행가이자 오바마 대통령의 후원금 모금인이었던 머피 대사는 이날 정장 대신 재킷과 캐주얼한 바지 차림에 편한 신발을 신고 나왔다. 줄리언 어산지는 엄청난 외교적 소용돌이를 일으킨 것 말고도 머피 대사와 그의 워싱턴 동료들에게 소중한 추수감사절을 망쳐놓은 것이다. 머피는 이를 절대로 용서하지 않으려 했다.

"저는 이 사건에 엄청난 분노를 느낍니다. 독일 정부도 이 문서들을 빼돌린 사람에게 화를 낼 충분한 이유가 있다고 봅니다. 정말 화를 참기 힘듭니다. 저는 언론사로서 해야 할 일을 했을 뿐인 〈슈피겔〉이나 다른 매체들을 문제 삼지는 않습니다. 다만 자료를 도둑질한 사람을 비난할 뿐입니다."[1]

　대사는 지쳐 보였다. 자주 기침을 했고, 물을 마시기 위해 여러 차례 대화를 중단했다. 전 세계의 수많은 미국 외교관들처럼 머피 대사도 독일 정치가들에 대한 미국 대사관의 내부 평가가 공식적인 평가보다 더 안 좋은 이유를 일일이 해명하고 다녀야 했다. 하지만 최대한 품위를 유지해야 하는 외교관들에게 이것은 정말 구차하고 어려운 과제다. 예를 들어 그는 며칠 전 한 만찬행사에서 만난 칼–테오도르 추 구텐베르크 독일 국방부장관을 조용히 옆으로 데리고 가서 상황을 설명하고 이해를 구했다. 그리고 이것은 줄줄이 이어지는 똑같은 일의 시작이었다.

　외교전문이 공개되기 바로 며칠 전부터 워싱턴의 분위기가 완전히 달라졌다. 정부의 말투는 점점 더 날카로워졌다. 이제 정보원의 안전은 더 이상 중요한 문제가 아니었다. 크롤리 국무부 대변인은 미국과 다른 파트너 국가들의 국익에 해가 될 정보는 보도하지 말도록 언론사에 촉구했다. 그런데 이것은 대부분의 문건들에 해당되는 요구였다. 국무부는 또 각국 총리, 국왕, 기자, 인권운동가들의 이름도 지워달라고 요구했다. 이것은 물론 관련 언론사 편집국의 방침과 일치하지 않았다. 언론사들은 정치적 책임이 없는 일반 직원들의 이름은 가리겠지만 자신의 발언에 정치적 책임을 져야 하는 국가수반이나 장관들의 이름은 지우지 않기로 정했다.

　위키리크스는 이번에는 정부 문서들을 모두 한꺼번에 공개하지 않을 생각이었다. 고작 한두 개의 큰 사건으로 만들기에는 자료가 너무 풍부하고 흥미로웠기 때문이다. 그래서 몇 주에 걸쳐 공개하고 활용할 작정이었다. 매일 하나씩 새로운 정보를 터뜨려 사람들이 자고 일어날 때마다 미국의 외교정책에 대해 놀라도록 하는 것이다. 참여 언론사들은 런던의 〈가디언〉 본사 건물에서 가진 준비회의 때 날짜별로 중점적으로 다룰 국제 문제들을 정했다. 그리고 언론사별로 각국의 상황에 따라 재량껏 다른 기사들을 섞어 넣을 수 있도록 합의했다.

그러나 실제로 이런 방식으로 보도를 내보내기까지는 몇 가지 장애물을 더 제거해야 했다. 어산지는 이미 여름에 〈가디언〉에 외교전문 사본을 건네주면서 자신의 동의 없이는 문서를 공개하지 못한다는 점을 계약서에 명시해두었다.[2]

위키리크스로서는 이 매체가 외교전문을 이전과 똑같은 방식으로만 활용하리라는 확신을 가질 수 없었다. 10월 말 이라크 전쟁일지가 공개된 다음 날 〈뉴욕타임스〉는 제1면에 줄리언 어산지를 소개하는 기사를 실었다. 퓰리처상 수상자인 존 번스 런던 특파원이 쓴 기사였다. 여기서 번스는 어산지를 비판적으로 묘사하고, 무엇보다도 어산지의 적대자들 말을 인용하면서 그를 평가했다.[3] "어산지가 지금처럼 계속해 나간다면 지지자들의 신뢰는 머지않아 사라지고 말 것"이라는 말로 번스는 기사를 마무리했다.

번스의 기사는 국제적인 논란을 불러일으켰다. 전례 없이 많은 독자편지가 쏟아져 들어왔다. 기사 자체는 독립적 저널리즘으로서 충분히 가능한 내용이었지만 보도 시기가 문제였다. 〈뉴욕타임스〉가 불과 하루 전에 이라크 자료에 대한 독점 보도로 전 세계 신문의 헤드라인을 장식했기 때문이다. 그 전까지 자료 제공에 전혀 인색하지 않던 어산지였지만 이번에는 마음이 몹시 상했다. 그는 번스의 기사를 가리켜 '싸구려 히트곡'이라고 평했다. 자신의 개인적 신용을 떨어뜨리려는 허접한 시도라는 것이다. 어산지는 〈뉴욕타임스〉가 이런 기사를 내는 이유가 자신과 위키리크스로부터 거리를 두려는 것이라고 생각했다. 전날 워싱턴의 행정부를 신나게 까고 나서 곧바로 다음 날 일종의 면죄부 거래를 시도하는 것으로 비쳐졌다. 이 기사로 〈뉴욕타임스〉는 넘지 말아야 할 선을 마침내 넘어섰다고 여겼다. 사실 그는 얼마 전 이 신문에 브래들리 매닝에 관한 기사가 실렸을 때부터 줄곧 화가 나 있었다.

어산지는 내부적으로 '〈뉴욕타임스〉 배제'를 결정했다. 어산지의 돌변한 태도는 관련자들 누구나 느낄 수 있을 정도였다. 〈뉴욕타임스〉와의 협력은 적어도 당분간은 불가능해 보였다. 위키리크스는 2010년 11월 1일 런던에서 긴급회의를 열어 앞으로의 방향을 결정하기로 했다. 회의 장소는 다시 〈가디언〉 건물로 정해졌다. 나중에 알게 되지만 이 회의는 정말 절실히 필요한 것이었다.

〈가디언〉은 어산지가 이라크 자료 공개 때 참여 언론사의 수를 계속적으로 늘려나간 것에 대해 뒤통수를 맞았다고 생각했다. 게다가 외교전문의 2차 복사본이 이미 통제 불가능한 형태로 돌고 있었다. 아이슬란드 출신의 한 위키리크스 관계자가 자료를 데이터베이스에 입력해서 헤더 브루크라는 영국인 기자에게 넘겼고, 이 기자는 그것을 가지고 〈가디언〉 측과 접촉을 시도한 것이다. 그 밖에도 〈가디언〉은 위키리크스의 내부 분쟁을 주시하고 있었다. 〈가디언〉의 탐사보도 국장 데이비드 리는 긴급회의가 열렸던 11월 1일 "위키리크스 조직이 제대로 작동하지 않고 있다"고 지적했다.

〈뉴욕타임스〉는 어차피 더 이상 위키리크스와의 합의사항을 지킬 필요가 없다고 생각하고 있었다. 그들은 이제 〈가디언〉을 자신들의 정보제공자로 여기고 있었다. 〈뉴욕타임스〉는 자료를 데이비드 리 국장으로부터 넘겨받았는데 어산지는 그때까지 이런 사실을 전혀 모르고 있었다. 리는 훗날 영국의 언론규제법에 의거해서 영국 사법부가 자료공개를 금지할지도 모른다는 우려 때문에 파일을 넘겼다고 공개적으로 밝혔다.[4]

〈가디언〉과 〈뉴욕타임스〉는 10월 초에 이미 위키리크스의 동의 없이 외교전문을 공개하기 위한 구체적인 준비에 착수했다. 위키리크스 측에는 발표 하루나 이틀 전에 알려줄 생각이었다. 심지어 구체적인 날짜도 잡았다. 2010년 11월 5일이었다. 이 사실을 안 어산지는 인터넷의 모든 외교전문을 즉시 인터넷에 공개하겠다고 위협했다. 〈슈피겔〉은 갈등 중재를 위해 런던에서 긴급회의를 열 것을 제안했다. 모든 협력 시스템이 완전히 와해되고 오늘의 파트너가 내일의 적이 될 것인지 여부를 결정하기 위한 회의였다.

회의는 18시에 시작될 예정이었지만 어산지는 늘 그랬듯이 늦게 도착했다. 그가 반시간도 더 늦어서 마침내 모습을 나타냈을 때 모두들 깜짝 놀랐다. 그의 옆에는 크리스틴 흐라픈손 외에 위키리크스의 변호사인 마크 스티븐스와 제니퍼 로빈슨도 있었기 때문이다. 〈가디언〉 측은 이를 기습공격으로 받아들였다.

어산지는 흰 셔츠와 재킷을 입고 있었고 사흘 동안 수염을 전혀 깎지 않은 것처럼 보였다. 그는 평소보다도 더 창백했고 연신 거친 기침을 했다. 그는 '스트레스' 때문이라며 양해를 구했다. 〈가디언〉에서는 편집국장 앨런 러스브리저, 부국장 이언 카츠, 그리고 데이비드 리가 나왔다. 〈슈피겔〉에서는 우리 외에 편집국장 게오르크 마스콜로도 참석했다. 〈뉴욕타임스〉는 연락을 했지만 회의장에 나타나지 않았다. 회의는 20분이 더 늦어졌다. 러스브리저가 〈가디언〉 변호사의 배석을 고집했기 때문이다. 그래서 이미 퇴근하여 헬스클럽에 있는 변호사를 뒤늦게 불러들였다. 몇 번의 실랑이 끝에 우리는 모든 변호사들은 회의실 밖에 있다가 필요할 때 부르면 들어오기로 합의했다.

분위기는 살벌했다. "〈뉴욕타임스〉가 복사본을 갖고 있나요?" 어산지가 물었다. 침묵이 흘렀다. 그는 같은 질문을 반복했다. 고요한 회의실을 가르는 그의 물음에 역시 아무 대답이 없었다. "만약 그렇다면 복사본을 그들이 어떻게 입수한 거죠?" 어산지는 여름에 〈가디언〉과 체결한 계약서를 언급하며, 계약서에는 위키리크스가 〈가디언〉에게 외교전문의 열람만을 허락한다고 명시되어 있음을 상기시켰다. 다시 말해 〈가디언〉은 위키리크스의 동의 없이 자료를 공개하거나 다른 사람에게 넘겨줄 수 없었다. 어산지는 이 계약 내용이 지켜지지 않았다고 생각했기 때문에 변호사를 대동한 것이다.

〈가디언〉은 위키리크스가 스스로 계약을 파기했다고 주장했다. 지금 헤더 브루크를 통해 아이슬란드 복사본이 돌고 있었기 때문이다. 앨런 러스브리저가 말했다. "이 일은 통제를 벗어났습니다. 받아들이기 괴롭겠지만 위키리크스 내부에 누수가 발생했어요."

어산지는 그것은 명백한 '도둑질'이자 '범죄행위'라며 법적 대응을 천명했다. 그는 2차 복사본을 '불법'이라고 말했다. 하지만 이때 어산지는 자신의 말에 남긴 이중의 의미를 미처 깨닫지 못한 것 같았다. 마스콜로는 "이 복사 자료는 전부 불법입니다"라고 말했다.

한 시간쯤 지나면서 팽팽했던 긴장이 조금 수그러들었다. 러스브리저는 샤블리스 와인을 한 병 따면서 어떤 조건이라면 위키리크스가 공개에 동의할 테냐고 물었다. 어산지는 "한 달 이내의 공개는 위키리크스에게는 무조건 치명적이고, 2011년 초가 가장 좋습니다. 그리고 공개 방식도 중요합니다"라고 대답했다. 그는 이번에는 전면에 나서려 하지 않았다. 기자회견도 하지 않고, 최초 공개를 위키리크스에서 하려 들지도 않았다. 언론매체들이 먼저 보도를 시작하면 위키리크스는 기사와 관련된 외교전문만 발표할 생각이었다. 어산지가 말했다. "그 모든 압박을 우리가 다 받을 수는 없습니다. 그렇게 하기에는 이번 자료들이 너무 강력해요. 이것들을 공개하고도 살아남을 수 있는 방법을 강구해야 합니다."

시간은 벌써 9시를 훌쩍 넘었고, 아무도 먹지를 못했다. 그래서 우리는 〈가디언〉 건물 1층에 있는 레스토랑 '로툰다'의 독방으로 자리를 옮겨 논의를 계속하기로 했다.

어산지는 스페인 일간지 〈엘파이스〉의 참여를 원했다. "우리는 스페인어권 국가에서 많은 지원을 받고 있습니다." 또 불어권을 커버하기 위해 〈르몽드〉의 합류도 원했다. 신문사들은 일정 기간 자료를 독점적으로 사용하고, 그 다음에는 위키리크스가 전 세계 다른 매체들에게 자료를 배포하겠다고 했다. "그러면 방송사와 추가로 협약을 체결하지는 않을 건가요?" 러스브리저의 물음에 어산지는 그러지 않기로 약속했다.

이제 〈뉴욕타임스〉 문제를 논할 차례였다. 어산지는 존 번스가 자신에 대해 쓴 기사의 정정을 요구했다. 정정기사도 가급적 1면에 실어달라고 했지만 어떤 편집국도 이를 수용할 수는 없는 노릇이었다. 위키리크스가 〈뉴욕타임스〉 독자란에 기고하는 것도 한 방법이라고 마크 스티븐스 변호사가 제안했다. 그는 이제 테이블에 합류하여 중재 역할을 하고 있었다. 러스브리저는 자리에서 일어나 입구 쪽으로 가서 빌 켈러에게 전화를 걸었다. 〈뉴욕타임스〉의 빌 켈러 편집국장은 미국에서 막 저녁식사를 하러 나가던 참이었다. 켈러는 어산지의 불만에 대해 경청했지만 그에 관한 기사를 특별대우하거나 정정하는 것은 거부했다. 그도 어산지에게 독자편지를 쓰라고 했다. 그러자 어산지는 기사의 내용만 문제가 아니라 이런 일이 다시 반복되지 않게 하는 것도 중요하기 때문이라고 설명했다.

자정이 가까워오자 식당이 문을 닫아 모두들 다시 〈가디언〉 편집국 사무실로 돌아가야 했다. 와인은 가져가기로 했다. 한 소회의실에서 합의 내용을 문서에 명기하기로 했다. 앨런 러스브리저가 최종 합의 사항을 정리했다. 11월 전에 공개하지 않는다, 보도 주제는 처음에는 선별된 국가들로 한정하되 전체적으로 글로벌한 의미를 지녀야 한다, 〈슈피겔〉과 〈가디언〉은 헤더 브루크로부터 서명을 받아내어 외교전문의 2차 복사본이 문제를 일으키지 않도록 확실히 조치한다 등의 내용이었다. 정확한 공개일자와 미국 측 참여 언론사를 누구로 할 것인지는 미정으로 남았다.

금방 합의를 도출하고 모든 일을 끝낼 수 있을 것 같았다. 그런데 분위기가 한 번 더 험악해졌다. 〈가디언〉의 데이비드 리가 0시 39분에 이렇게 물었기 때문이다. "그러면 〈슈피겔〉과 〈가디언〉과는 모두 합의가 된 건가요?"

"〈슈피겔〉과는 합의가 끝났고, 아마 〈가디언〉과도 합의하게 할 겁니다. 하지만 〈가디언〉은 〈뉴욕타임스〉에 자료를 넘겨준 일에 책임을 져야 합니다." 그러자 애당초 〈뉴욕타임스〉도 배제하지 말자고 주장했던 〈슈피겔〉의 마스콜로 편집국장이 말했다. "만약 〈가디언〉이 빠진다면 우리와 어떤 합의도 할 수 없을 겁니다."

어산지는 어깨를 으쓱하며 말했다. "〈슈피겔〉이 빠져도 상관없어요."

모임은 다섯 시간을 넘겨 밤 한시가 조금 지나서 끝났는데 아직 아무것도 결정된 것은 없었다. 다만 모든 당사자들이 모임에서 제기된 문제를 다시 한 번 생각한 뒤 이튿날 점심에 최종 결정을 내리기로 의견을 모았다. 다음 날 점심 때 위키리크스 측 변호사 마크 스티븐스는 줄리언 어산지의 이름으로 합의사항에 동의했고, 빌 켈러가 러스브리저와 한 차례 더 통화한 후 화해의 신호를 보내오면서 〈뉴욕타임스〉도 참여하게 되었다. 결국 공개일자는 2010년 11월 29일 밤으로 하고 모든 참여 언론사들은 22시 30분에 동시에 온라인으로 기사를 올리기로 했다.

서면 계약서는 작성하지 않았다. 어산지의 말처럼 그것은 순전히 '신사협정'이었다. 이렇게 해서 위키리크스에서 내부적으로 '프로젝트 8'이라고 부르는 외교전문 공개의 막이 올랐다.

무엇보다도 스페인과 프랑스 동료들에게 시간이 아주 촉박했다. 이 시점에 〈슈피겔〉은 이미 몇 달 전부터 자료를 알고 있었고 몇 주 전부터는 여러 부서에서 모인 50명에 육박하는 직원들이 작업에 매달리고 있었다. 비밀 유지의 약속 때문에 〈슈피겔〉 내부에서 '홀리데이'라고 불린 1.4기가바이트의 파일 'cable.csv'는 처음에는 인터넷 연결이 되지 않은 소수의 컴퓨터에만 복사되었다. 해외 파트와 독일 파트 직원으로 구성된 작은 팀이 전체 자료의 내용을 파악하여 기사가 될 만한 주제들을 거르는 작업을 했다. 이와 동시에 〈슈피겔〉 편집국 직원들은 전산부서 및 자료관리부서와 협력하여 문서 자료들의 진위 여부를 검사했다. 그 결과 사용된 어투나 내용으로 봐서 가짜 자료로 의심될 만한 점은 없는 것으로 나타났다.

〈슈피겔〉은 아프간 자료 때와 마찬가지로 독자적으로 엠바고를 걸어, 평소에 다른 언론사들이 토요일 오후면 벌써 받을 수 있었던 최신호의 배포를 뒤로 미루었다. 그래서 이번에는 인쇄판으로든, 온라인이나 아이패드 앱으로든 모두 월요일 밤에나 최신호를 볼 수 있도록 했다. 그런데 '정보 유출'이란 주제에 걸맞게 또 다른 자료 유출이 발생했다. 바젤 바트(Basel Bad) 기차역 판매대였다.

바젤 바트 역은 스위스 내 독일어 사용 지역이다. 이곳의 가판대에서는 일요일 아침이면 벌써 〈슈피겔〉이 판매되기 시작한다. 매주 그랬듯이 이번에도 역시 트럭이 잡지를 싣고 왔다. 전 세계에서 유일하게 그 주 일요일에 〈슈피겔〉을 배달한 트럭이다. 40부밖에 되지 않았지만 문제를 일으키기에는 충분했다. '라디오 바젤'의 보도국장 크리스티안 헵은 습관대로 기차역 가판대에 들러 〈슈피겔〉을 몇 부 샀다. 그리고 오전 늦게 라디오 바젤은 이제 곧 세상에서 무슨 일이 일어날지를 알려주었다.

라디오 바젤이 내보낸 뉴스는 당연히 트위터를 통해 퍼져나갔다. 근처에 사는 '프리랜서_09'라는 이름의 트위터 유저는 직접 기차역으로 갔다. 판매중단 조치가 내려져서 하마터면 늦을 뻔했지만 '프리랜서_09'는 아직 가판대에 있던 몇 부 중 하나를 살 수 있었다. 이렇게 해서 하필이면 조용하기로 유명한 스위스 도시 바젤이 세계가 며칠 전부터 숨죽이고 기다리던 폭로의 진원지가 된다.

'프리랜서_09'는 그날 별로 할 일이 없었던 것 같다. 어쨌든 그는 체계적으로 〈슈피겔〉을 분석하여 그 내용을 트위터를 통해 전 세계에 퍼뜨렸다. 오후에 그는 커버 사진과 독일 기사를 통째로 스캔하여 올렸다. 인터넷에서 저작권이 무시되는 일은 드물지 않다. 불과 몇 시간 만에 그의 팔로어가 45명에서 616명으로 늘어났고 그가 내보낸 뉴스는 가속도를 내며 전 세계로 퍼져나갔다. '프리랜서_09'는 그날 오후에 이미 유명인사가 되었고, 매우 만족하여 바젤역 가판대에 고마움까지 표했다. "스위스인들에게 존경을. 평소 늘 느긋한 이 나라 사람들의 신속한 정보제공에 감사 :-)"

인터넷이 정말 막강한 도구란 사실은 미국 정부뿐만 아니라 프로젝트에 참여한 언론사들도 절감할 수 있었다. 언론사들은 보도 개시 시각을 19시로 앞당겨야 했다.

자료는 대략 세 종류로 나누어볼 수 있다. 첫째는 비밀이나 정치적 과실 등이 담기지 않고 외교관들의 일상적인 업무를 알게 해주는 문서들이다. 둘째는 미국 정부의 권력정치와 비난받을 만한 계획들을 폭로하는 문서들이다. 마지막은 지정학적 의미가 큰 세계 여러 지역에서 벌어지는 일들의 배후를 들여다볼 수 있게 해주는 문서들로 세계를 바라보는 미국의 시각과 세계를 움직이는 사람들에 관한 이야기를 담고 있다.

예를 들어 미국은 터키 내각이 자국 총리 타이이프 에르도안에 대해 제기한 부패 의혹과 총리가 스위스에 여덟 개의 비밀계좌를 갖고 있다는 정보에 각별한 관심을 보였다. 물론 에르도안 총리 자신은 이런 의혹을 강력히 부인했다. 또 미국 외교관들은 터키가 점점 더 서방 동맹국들로부터 벗어나 이슬람주의 쪽으로 이동하면서 동시에 공식적으로는 유럽과의 긴밀한 유대 강화를 표방한다고 분석했다.

미 국무부는 실비오 베를루스코니 이탈리아 총리와 블라디미르 푸틴 러시아 총리의 관계에 대해 가능한 모든 세부사항을 다 알고자 했다. 베를루스코니 총리가 러시아와 벌이는 수십억 달러 규모의 가스 사업으로 이익을 얻고 있다는 추측이 담긴 외교전문도 있다. 푸틴과 베를루스코니는 그런 부패 의혹을 부인했다. 베를루스코니는 자신이 '무능하고' '건방지고' '비효율적'이라는 비판에 대해서는 '호탕하게' 웃었지만 자신이 드미트리 메드베데프 러시아 대통령을 절대로 '견습생'이라고 부르지 않았다는 점만은 분명히 해두기를 원했다. 또 다른 외교전문은 니콜라스 사르코지 프랑스 대통령을 '벌거벗은 임금님', 하미드 카르자이를 '편집증 환자', 푸틴을 '알파독(수컷 우두머리)'으로 각각 묘사하고 있다.

이런 식으로 이야기는 지구를 한 바퀴 다 돈다. 각국 정부의 총리들은 모두 직원들을 시켜 자신이 공개된 외교전문에 어떻게 묘사되어 있는지 물었다. 물론 대다수의 경우 문서 내용은 긍정적이지 않았다. 영국 왕가도 예외는 아니다. 키르키즈스탄 주재 미국 대사가 워싱턴에 보낸 전문에 따르면 앤드류 왕자가 그곳을 방문했을 때 보여준 행동이 '거의 무례에 가깝고' '거들먹거리는' 태도였다고 한다. 외교전문들은 고위급 외교관들도 다게스탄공화국의 흥청망청한 결혼식이나 젊은 사우디 관료들의 애정 행각같이 공식 외교무대 뒤편에서 일어나는 지극히 인간적인 행태들에 적잖은 관심을 보인다는 사실도 알려주었다.

물론 외교전문에 이런 가십거리만 있는 것은 아니다. 이란 문제같이 생존이 달린 전쟁과 평화의 물음들도 등장한다. 자료에는 미국 외교관들과 아랍 국가 지도자들의 만남에 관한 보고서들이 있는데, 여기에 보면 이란 핵무기에 대해 그들이 공개적으로 표명한 입장과 그 뒤에 감추고 있는 시각 사이에는 적지 않은 차이가 있음을 알 수 있다. 가령 수십 년이 넘게 집권하고 있는 후스니 무바라크 이집트 대통령은 "우리 모두는 두려움을 갖고 있다"라는 표현으로 많은 아랍 국가들의 분위기를 핵심적으로 요약했다.

이란 문제에 관해 가장 폭발력이 큰 자료는 바레인의 수도 마나마 주재 대사관이 작성한 2009년 11월 4일자 외교전문이다. 이 문서에는 미국의 데이비드 페트레이어스 장군과 바레인의 하마드 국왕의 만남이 기록되어 있다. 이 만남에서 하마드 국왕은 이라크와 아프가니스탄이 겪는 많은 문제들의 원인은 누구보다도 이란이라며, 이란의 책임을 강조했다. "국왕은 매우 확신에 찬 목소리로 핵무기 개발을 중단시키기 위한 조처를 취해야 한다"고 주장했으며, 또 이를 위해 "필요한 모든 수단을 동원해야 한다(by whatever means necessary)"라는 말도 했다고 미 대사관은 보고했다. 이 보고서에 따르면 하마드는 '핵 프로그램은 중단되어야만 한다. 이를 그대로 방치할 때 발생하는 위험은 이를 중단시킬 때의 위험보다 훨씬 더 크다'고 생각하고 있었다. 비록 "필요한 모든 수단을 동원해야 한다"는 말이 국왕이 아니라 대사의 입에서 나온 것이긴 하지만, 그럼에도 불구하고 그것은 명백히 나탄스와 곰에 있는 농축시설, 이스파한의 연료봉 생산시설, 부셰르의 원자로에 대한 군사공격을 촉구하는 내용이었다.

바레인 국왕의 이런 입장은 그 혼자만의 것이 아니다. 아랍에미리트의 핵심 인물인 모하메드 빈 자예드 아부다비 황태자는 중동의 현 상황을 제2차 세계대전 직전의 유럽 상황에 비유했다. 빈 자예드는 더 이상 협상을 신뢰하지 않았다. 그가 미국의 에너지부 차관에게 말한 것처럼 "이란은 이미 핵보유국처럼 행동"하고 있으며, "이란은 남레바논과 가자를 포함한 이슬람 세계 도처에 자신들의 지지기반을 구축하고 있다. 쿠웨이트, 바레인, 사우디아라비아 동부에는 은밀한 잠복 세력을 심고, 남부 이라크와 예멘의 사다에는 주요 거점들을 마련하고 있다."

미국 대사관의 보고서에 따르면 황태자는 "이란이 핵폭탄을 갖게 되면 자신들도 핵무기를 개발에 나설 이집트, 사우디아라비아, 시리아, 터키 등의 나라들과 전 세계 수니파와 시아파의 갈등을 부추기는 이란 사이에 한바탕 폭풍이 휘몰아치게 될 것"이라고 말했다. 그는 "이란의 핵무장이 가져오는 장기적 결과에 대처하기보다는 이란과 신속히 재래식 전쟁을 하는 편이 훨씬 낫다"고 말했다.

외교전문에 분명히 나타나 있듯이 빈 자예드 황태자는 이란을 극도로 싫어하는 인물이다. 그는 이스라엘의 공격이 임박했고 이란은 이에 미사일로 대응할 것으로 보고 있었다. 그렇게 되면 걸프 국가들도 타격을 입을 수밖에 없었다. 2009년 7월 황태자는 이란이 협상을 거부할 경우를 대비한 '플랜 B'를 요구했다. 그는 이란을 강하게 압박해야 한다며 구체적인 방법도 제시했다. 이란의 내분이 그것이었다. 외교전문에 따르면 황태자는 "이란의 핵무기 개발을 막는 유일한 방법은 이란을 내부에서부터 분열시키는 것"이라고 말했다.

이것은 정치적으로 매우 민감한 언급이기 때문에 미국 정부는 아랍 지도자들의 이름을 지울 것을 요청했다. 〈뉴욕타임스〉와 〈가디언〉과 〈슈피겔〉은 미국 정부의 요청을 거부했다. 전쟁과 평화라는 근본적인 문제에 있어서 대중은 어떤 통치자가 어떤 생각을 갖고 있는지 알 권리가 있기 때문이다.

외교전문 공개에 대한 반응은 둘로 나뉘었다. 이란 지도부는 자료의 진위를 의심하며, 공개적으로 외교문서는 조작된 것이라고 주장했다. 이란 대통령의 비서실장 에스판디아르 라힘-마스바이는 "이 문서들은 진짜일 수가 없다. 우리는 이것을 우리를 적대시하는 미국의 정치적 술수로 여긴다"고 발표했다.[5] 그로서는 미국이 이렇게 많은 정부 문서들에 대해 통제력을 상실했으리라고는 믿기 힘들었을 것이다.

반면 이스라엘 정부의 반응은 매우 뜨거웠다. 텔아비브와 예루살렘에서 위키리크스는 큰 인기를 누렸다. 어산지는 하필이면 검열기관이 하루도 빠짐없이 일간지의 보도 내용을 감시하는 국가에서 이렇게 박수갈채가 쏟아질 것이라고는 아마 꿈에도 생각지 못했을 것이다.

지역은 다르지만 정치적으로 아주 민감한 사안이 하나 더 있었다. 발트해 지역을 러시아로부터 방어하기 위한 나토의 비밀계획이 이번 외교전문 공개로 증명된 것이었다. 2008년 여름에 있었던 러시아와 그루지야의 전쟁 이후 발트3국 라트비아, 리투아니아, 에스토니아는 자신들도 러시아가 추구하는 헤게모니의 표적이 될지 모른다는 두려움을 가졌다. 라트비아의 마리스 리크스틴스 외무부장관은 2008년 10월 9일에 당시 미 국무부장관 콘돌리자 라이스와 만난 자리에서 그루지야 전쟁은 러시아가 이웃 국가를 얼마나 빨리 공격할 수 있는지를 똑똑히 보여준 사건이라고 말했다. 또 리투아니아는 자국에 주둔하는 미군의 수를 늘릴 것과 영공과 영해의 방어 강화, 장갑차 방어력 개선, 발트해 지역에서 미군의 연례 훈련 실시 등을 요청했다. 2008년 10월 17일에는 나토 주재 미국 대사가 발트해 국가의 나토 주둔을 강화해야 한다는 보고서를 워싱턴에 올렸다. 보고서에는 또 발트3국이 러시아가 실제로 공격해올 때를 대비한 비상계획의 수립도 원한다고 적혀 있었다.

이런 요구들은 모두 매우 민감한 사안이었다. 특히 발트3국이 요구한 비상계획은 나토와 러시아의 상호접근 노력을 몇 년 이상 후퇴시키고 새로운 불신을 조장할 수 있는 것이었다. 러시아를 자극하지 않으면서 발트해 국가들의 안전을 약속하는 일은 위태로운 외줄타기와도 같았다. 베를린 주재 미국 대사관에서 나온 한 보고서에 따르면 독일은 발트3국의 요구에 회의적이며 "발트해 지역을 러시아로부터 보호하기 위한 비상계획을 (…) 건설적이지 않고 불필요한 것"으로 파악하고 있었다. 그러나 독일 연방정부는 자신들의 반대를 관철시키지 못했다. 2009년 1월 22일, 나토의 최고 군사협의체인 군사위원회는 발트해 지역에 대한 '나토 비상계획'에 동의했다.

미국 정부는 이 계획이 어떤 피해를 가져올지 잘 알고 있었다. 미 국무부는 2010년 1월 26일자로 해외에 있는 미국의 모든 나토지부에 비밀각서를 보내 절대적 기밀 유지를 요청했다. 각서에는 "미합중국은 이 계획이 공개적으로 언급되어서는 안 된다고 굳게 믿고 있다. 이 계획은 기밀사항이다"라는 내용과 함께 클린턴의 서명이 찍혀 있다.

각서는 심지어 공식적인 대응 방법까지 구체적으로 명시했다. 만약 이 군사계획이 발각될 경우 미국 외교관들은 "이 나토 계획은 미래에 비상사태가 발생했을 때 동맹국들이 최대한 잘 대처할 수 있도록 하기 위한 내부 프로세스에 불과하며, 다른 나라를 겨냥한 것이 절대로 아니다"라고 대응하도록 지시했다.

또 다른 폭로도 미국으로 하여금 주변국들의 큰 미움을 사게 만들었다. 이것도 역시 클린턴의 서명이 들어간 지침서로 2009년 7월 31일에 작성되었다. 문서의 제목은 '보고 및 수집 요구: 유엔'이라고만 되어 있어 얼핏 별 문제가 없는 듯이 보인다. 그러나 '기밀'로 분류된 이 외교전문의 내용을 보면 곧 생각이 바뀐다. 미 국무부는 29쪽에 걸친 이 문서에서 국무부 직원들에게 유엔과 유엔 고위층 인사들을 염탐하도록 요구하고 있었다. 스파이 활동에 대한 지침을 내리는 이 문서는 뉴욕에 있는 미국의 유엔 대표부뿐만 아니라 암만에서 베를린, 파리, 런던을 거쳐 자그레브에 이르기까지 전 세계 30개 미국 대사관에 배포되었다. 여기에는 그때까지 철저히 비밀에 부쳐졌던 '국가 인적정보 수집 지침'도 들어 있었다. 미 국무부는 그 밖에도 부르키나파소, 모리타니, 세네갈 등과 여러 동유럽 국가들에 대해서도 이와 비슷한 염탐을 지시했다.

외교관의 업무와 비밀정보국의 업무에는 사실 큰 차이가 없다. 외교단이 합법적인 경로로 정보를 수집하고 이를 분석하여 자국 외교정책의 토대로 삼는다면, 정보국은 은밀하게 침투하거나 정보원을 통하는 방식으로 모든 정보 업무를 최대한 외부에 드러나지 않게 처리해야 한다. 그래서 종종 합법성의 경계를 넘어서기도 한다.

이 구분 방식에 따르면 미 국무부는 자신들의 고유한 외교업무 외에 정보업무에도 손을 댄 것이며 클린턴이 서명한 정보수집 계획은 그 결정적인 증거였다. 미국은 심지어 반기문 유엔 사무총장에 대해서도 모든 정보들을 수집하여 그 내용을 CIA로 넘긴 것으로 밝혀졌다. 이 같은 첩보활동을 지시한 이유를 묻는 질문에 클린턴 국무부장관은 정보국에서 작업하는 상당수의 정보들은 전 세계 국무부 직원들이 보내오는 보고서가 그 출처라고 설명했다.

다시 말해 미국의 외교관들은 그들의 인맥을 이용하여 신용카드 번호, 비행기를 자주 타는 탑승객들의 개인정보, 생체 자료, 암호화 패스워드와 같은 정보들을 최대한 많이 수집해야 한다는 것이다.

이는 유엔이 정한 모든 규정에 명백히 위배되는 방식이다. '유엔의 특권과 면책에 관한 협약' 및 '외교관계에 관한 비엔나협약'에는 외교부에서 첩보 수단을 사용해서는 안 된다는 사실이 명시되어 있다. 게다가 미국은 1947년에 비밀 첩보활동을 배제하는 내용의 협약을 유엔과 직접 체결한 바 있다. 그러나 이런 협정들은 모두 수십 년이 지난 낡은 것들이며, 유엔 내부의 도청은 '일종의 전통'이라고 부트로스 갈리 전 유엔 사무총장은 쓸쓸한 어조로 말한 바 있다. 아무튼 문제의 국가 정보수집 지침과 더불어 이제 미국 행정부가 유엔에 대해 얼마나 폭넓게 비밀 첩보활동을 벌여왔는지를 증명해주는 공식적인 정부 문서가 만천하에 공개된 것이다.

이란 문제에 있어 '유엔 사무총장과 그 참모들의 계획과 의도'는 미국 정부가 입수하고 싶어 하는 정보 목록의 최상위를 차지하고 있었으며, '영국, 프랑스, 독일, 러시아의 구체적 의도' 역시 그 뒤를 바짝 뒤쫓고 있었다.

미국의 요구는 일반적인 외교적 관심의 수준을 훨씬 넘어선 것이었다. 예를 들어 클린턴 장관은 '유엔 안보리 상임이사국 대표들의 생체 정보와 자국 정부에 대한 그들의 태도'를 상세히 알고 싶어 했으며, '유엔 대표부와 자국 정부의 입장차'가 있는지 여부도 몹시 궁금해했다. 공개된 자료에 따르면 유엔 내 개발도상국과 신흥공업국 연합체인 '77그룹'과 비동맹국회의, 그중에서도 특히 '중국, 쿠바, 이집트, 인도, 말레이시아, 파키스탄, 남아프리카, 수단, 우간다, 세네갈, 시리아'의 유엔 상설대표부 고위관리들에 대해서도 그와 유사한 정보들을 원했다.

미 국무부는 또 유엔의 내부 커뮤니케이션 장비에도 큰 관심을 보였다. 정보수집 지침은 유엔의 커뮤니케이션 시스템에 관한 모든 정보들은 물론이고 '업그레이드 계획, 보안조치, 패스워드, 암호화를 위한 개인 코드' 등 세부적인 디지털화 정보들의 목록도 명시해놓고 있었다. 이런 정보를 이용하면 NSA 같은 도청 전문기관은 전화, 컴퓨터, 이메일 계정 등을 모두 손쉽게 공격할 수 있다.

현대적 기술을 이용한 공격은 유엔의 역사에서 결코 드문 일이 아니다. 2004년 클레어 쇼트 전 영국 장관은 한 인터뷰에서 영국 정보요원들이 정기적으로 유엔 고위 관계자들의 통화 내용을 도청한다고 밝히고 사무총장도 예외는 아니라고 말해서 큰 스캔들을 일으킨 적이 있다. 이라크전쟁 직전에 영국이 실행한 도청공격도 가히 전설적인 수준이다. NSA의 요청에 따라 영국은 대다수의 유엔 안보리 이사국들을 도청하여 사담 후세인 정권에 대한 결의문에서 그들이 어떤 표를 던질지를 사전에 다 조사했다. 기술자들이 우연히 유엔 건물에서 도청장치를 발견한 적도 여러 차례 있었다. 2006년 4월 기술자들은 제네바에 있는 유엔 유럽본부인 팔레 데 나시옹(Palais des Nations) 건물 보수 작업을 하다가 C108호 방에 숨겨져 있던 도청장치들을 발견했다.

외교활동과 정보활동의 한 가지 공통점은 외부에 발각되어서는 안 된다는 것이다. 코피 아난 전 사무총장에 대한 도청이나 제네바에서 발견된 도청장치의 경우 모두 그 출처를 밝힐 아무런 단서나 증거도 찾을 수 없었다. 그러나 이번에는 달랐다.

외교전문이 공개된 후 클린턴 장관은 반기문 사무총장과 가진 단독 회담에서 자신이 한 일을 해명해야 했다. 파르한 하크 유엔 대변인은 모두가 모인 전체 회의장에서 유엔 대표들의 면책을 규정하는 1946년 협약의 조항들을 소리 내어 읽었다. 워싱턴 주재 기자단도 클린턴의 대변인 필립 크롤리에게 해명을 요구했다. 크롤리는 "외교관들은 비밀 정보기관이 사용하는 무기가 아니다"라고 강조하며 클린턴 장관이 "책임자이긴 하지만 문서의 작성자는 아니며, 문서 내용도 국무부가 아닌 다른 곳에서 나온 것"이라고 말했다.[6] 간단히 말해 정보수집 지침은 CIA가 작성한 위시리스트(wish list)라는 뜻이다. 하지만 크롤리도 외교부에서 첩보활동이 이루어지고 있다는 사실은 부인하지 않았다.

외교전문이 "도둑질 당했다"고 말하는 클린턴 장관의 표정은 매우 심각했다. 하지만 그것은 문제의 핵심을 놓친 말이었다. 첩보활동 지침에는 미국 정부 자신이 정보 도둑질에 매우 적극적으로 관여했다는 사실이 분명히 드러나 있다. 그렇다면 정보 도둑질에도 좋고 나쁜 것이 있다는 말인가? 그 순간 미국 국무부장관은 미국 정부의 대처방안이 안고 있는 모든 모순을 고스란히 드러냈다. 크롤리는 각 언론사 편집국에 첩보활동 지침의 내용은 공개하지 말도록 요청했다. 그것이 공개되면 미국의 비밀 첩보활동이 몹시 곤란해진다는 이유에서였다. 편집국은 물론 이 요청을 거절했다.

기후변화에 관한 외교전문들은 실용 외교가 무엇인지를 잘 가르쳐 주었다. 이 문서들은 베이징과 워싱턴이 각자의 이해관계가 맞아떨어질 때는 언제라도 한 축을 이룬다는 사실을 확인시켜 주었다. 미 상원 외교위원회 존 케리 위원장은 2009년 5월 베이징으로 날아가 리커창 중국 부총리와 만났다. 케리는 워싱턴은 '코펜하겐 유엔 기후회의에서 결정된 구속력 있는 목표들에 대해 중국이 수용을 거부하는 정황을 이해'할 수 있다며 미국의 입장도 다르지 않다고 설명했다. 이어서 그는 '기후변화에 있어서 미국과 중국의 의미 있는 협력이 이루어지기 위한 새로운 토대'를 이야기했다. 이것은 두 사람의 회동 직후 작성된 베이징 주재 미국 대사관의 보고서에 기록된 내용이다.

두 나라의 협력 내용이 무엇인지에 대해 유럽인들은 곧 알게 된다. 192개국의 행정수반들이 모이는 2009년 12월 코펜하겐 회의에서는 더욱 강력한 새 기후협약이 채택될 예정이었다. 그러나 더 결정적인 회의는 막후에서 열리고 있었다. 중국, 인도, 남아프리카, 브라질은 코펜하겐 협약 초안에서 모든 구속력 있는 의무사항들을 삭제했고, 미국도 새로운 '코펜하겐 협정(Copenhagen Accord)'에 동의했다. 결국 코펜하겐 회의에서 이 애매모호한 새 협정안은 유럽이 요구하는 구속력 있는 방안과 경쟁 관계를 형성하게 된다.

이때 미국은 필요한 사실들을 직접 만들어내기도 했다. 미국은 개발지원금이라는 명목의 재정지원을 미끼로 가난한 나라들을 매수하여 '코펜하겐 협정'에 대한 지지를 이끌어냈다. 예를 들면 기후변화 협상의 미국 대표인 조나단 퍼싱은 몰디브공화국 외교관에게 수백만 달러의 재정지원을 노골적으로 제시했다. 퍼싱은 그에게 몰디브공화국이 기후변화 적응조치를 실시하기 위해 얼마가 필요한지 액수를 대라고 말하면서 그래야 미 하원이 예산을 신속히 승인할 '가능성'이 높아진다고 설명했다. 보고서에는 또 "다른 국가들은 미국을 따르는 것이 그들에게도 이득이 된다는 사실을 깨달을 것"이라는 언급도 등장했다. 하지만 몰디브는 돈에 만족하지 않고 정치적 거물도 원했다. 몰디브 외교관은 오바마 대통령이 직접 몰디브에 와서 연설해줄 것을 제안했다. 그는 그것이 환경의 도전을 말하는 미국 대통령의 연설을 뒷받침해주는 '극적인 무대장치'가 되어줄 거라고 했다.

효율적인 기후협정을 물거품으로 만들려는 명백한 시도가 외교전문을 통해 폭로된 이후 새로운 논의가 전개되었다. 유엔 주재 볼리비아 대사 파블로 솔론은 '영향력 행사' '압력' '협박' 같은 단어들을 서슴없이 사용하며 "우리는 늘 미국 정부의 압력과 협박에 대해 말해왔는데, 위키리크스가 이를 확인시켜 주었다"고 했다.

〈슈피겔〉은 외교전문 관련 기사를 처음 실은 호에서 특히 1700여 건의 문서들을 집중적으로 다루었다. 이 문서들은 베를린의 파리광장에 있는 미국 대사관에서 작성되어 워싱턴으로 보내진 뒤 전 세계에 공개된 것들이었다. 아이러니하게도 우리는 베를린의 사무실에서 관련 작업을 하는 내내 그 진원지인 미국 대사관을 바라보며 일했다. 〈슈피겔〉 베를린 지사는 미국 대사관과 비스듬히 마주하고 있다.

미국 외교관들이 현지 정보원을 심지어 워싱턴의 상관에게조차 비밀로 하며 보호하려 한다는 것은 외교전문에서 일찌감치 눈에 띄는 사실이다. 특히 2009년 10월 자민당과 기민당의 연정 협상에 관한 내부 정보를 미국에 넘겨준 한 자민당 직원에 대해 미국인들은 이름을 말하지 않고 그냥 '믿을 만한 정보원'이라고만 밝히며 그를 보호하려 했다.

필립 머피 주독 미국 대사는 그를 '젊고 야심 찬 당원'이라고 말했다. 베를린에서 워싱턴으로 보낸 대사의 전문은 229153이라는 번호를 달고 2009년 10월 9일에 작성되었으며 '기밀'로 표시되어 있다. 머피는 이 문서의 내용이 공개되리라고는 미처 예상치 못했을 것이다. 그때는 12일 전에 이미 독일 하원 총선이 있었고, 앙겔라 메르켈 독일 총리가 귀도 베스터벨레 자민당 대표 겸 외무부장관과 기민당과 자민당의 연정 협상을 벌이던 시기였다. 독일에는 새로운 결단이 임박해 있었고, 미국은 그 결단에 깊이 관여하고 있는 듯이 보였다. 문서를 보면 머피와 대사관 직원들은 이를 무척 자랑스럽게 여기고 있었다.

문제의 정보원은 10월 7일 미국인들과 만났다. 그는 실무그룹 참가자 명단, 일정표, 자필 메모 등 다량의 내부 문서들을 가지고 있었다. 그는 자민당의 협상 기록을 담당했던 사람으로 누가 무슨 말을 했는지를 모두 적어두고 있었다.

정보원의 제보에 따르면 당시 협상에서는 군비감축과 관련된 내부 논쟁이 있었다. 베스터벨레는 미국이 독일에서 핵무기를 철수하기를 원했고, 기민당 소속의 재무부장관 볼프강 쇼이블레는 독일에 배치된 미국의 핵무기가 이란에 대해 충분히 억지효과가 있다고 믿고 있었다.

베스터벨레는 핵탄두가 이란까지 미치지 못하기 때문에 그것은 틀린 생각이라고 보았다.

이 일로 쇼이블레에 대한 자민당 사람들의 불만이 커졌다. 그들은 쇼이블레가 '사방에 위협이 도사리고 있다'는 식으로 '노이로제' 반응을 보인다고 생각했다. 자민당 사람들은 그를 기민당 내 '막후 실력자'로서 영향력을 확대하려고 애쓰는 '신경질적인 늙은이'로 본다고 정보원은 말했다. 자민당 당원인 이 정보원은 기민당도 쇼이블레가 자신들에게 얼마나 '부정적인 역할'을 하는지 깨달아야 한다는 의견도 피력했다. 만남이 끝날 무렵 그는 미국인들에게 자신의 연정 협상 서류철에 있는 각종 문서들의 복사본을 넘겨주었다. 이에 만족한 미 대사관 측 외교관은 보고서에서 "대사관은 다음 연정 협상이 끝난 뒤에도 다시 정보원과의 만남을 추진할 것"이라고 썼다.

베를린 정가에서 암약하고 있는 이 정보원은 대담하고 비양심적인 인물이 분명하다. 아니 어쩌면 단지 인정받고 싶어 하는 순진하고 어리석은 사람일지도 모른다. 당을 위해 일한다는 사람이 자기가 속한 정당의 연정 협상 내용을 미국인에게 넘겨주는 이유를 누가 정확하게 알 수 있겠는가?

머피는 클린턴 장관에게 바로 그 이유를 설명하려 노력했다. "정보원은 예전에도 이미 대사관 직원들에게 당의 내부 자료를 넘겨주겠다고 제안한 적이 있다. 그는 기록 담당자로서 자신의 역할에 한껏 자부심을 갖고서 우리에게 자신의 관찰 사실과 의견을 전달하고 자신이 기록한 내용을 보여주는 걸 좋아하는 듯이 보인다."

며칠 뒤인 2009년 10월 15일 또 자료를 넘길 때가 되었다. 그 자민당 정보원은 자기 당이 연정 협상에서 제시한 15개 항목이 적힌 리스트를 가져왔다. 여기에는 또다시 핵무기의 조속한 철수에 관한 '동맹국과의 협상' 요구가 들어 있었다. 베스터벨레 자민당 대표 겸 외무부장관이 핵감축 문제를 얼마나 중요하게 생각하고 있느냐고 미국 외교관들이 묻자 정보원은 대단히 중요하게 생각한다고 대답했다.

〈슈피겔〉이 이 사건을 커버스토리로 보도했을 때 자민당 지도부는 일단 느긋하게 대응했다. 귀도 베스터벨레 장관은 보도 내용을 그대로 믿지 않는다며, 자신은 모든 직원들을 신뢰한다고 말했다. 디르크 니벨 개발지원부장관도 보도 내용을 의심했다. 이런 태도는 대단히 놀라운 커뮤니케이션 전략이며 동시에 위험한 전략이기도 했다. 누가 옳은지는 알 수 없었다. 아무튼 자민당 지도부의 논평을 들어보면 그들은 미국 대사관 측이 워싱턴으로 보내는 보고서를 좀 더 자세하고 정교해 보이도록 작성하려고 상상력을 곁들였다고 믿는 것 같았다.

그러나 예상대로 베를린 정가는 이런 식의 논평에 만족하지 않았다. 온갖 추측과 억측이 나돌았다. 여러 사람들의 이름이 거론되면서 온통 '자민당 간첩' 색출에 열을 올렸다. 그대로 놔둘 수 있는 상황이 아니었다. 귀도 베스터벨레 자민당 대표는 같은 당 소속의 마틴 비젤 외무부 차관에게 연정 협상에 참여했던 외무부의 모든 직원들을 면담하도록 지시했다.

오래지 않아 미국인에게 함부로 내부 정보를 제공한 익명의 인물에 관한 비밀이 밝혀졌다. 다름 아닌 베를린 자민당 중앙당사의 당대표 비서실장이 문제의 정보원으로 드러났다. 처음에 자민당에서는 그를 다른 자리로 좌천시키겠다고 했지만 며칠 만에 완전히 해고하는 것으로 방침을 바꾸었다.

하지만 익명의 자민당 정보원은 조금 심한 케이스일 뿐이었다. 베를린의 미 대사관 전문들을 보면 미국 외교관들이 독일 정계의 고위 인사들을 두루 아우르는 촘촘한 정보망을 갖고 있으며, 이런 정보망이 각 연방주까지 퍼져 있음을 알 수 있다. 이 외교전문들은 다른 사람들의 등 뒤에서 비방을 일삼고 미국과 공모하여 자국 정치에 훼방을 놓는 질 낮은 부류들의 수치스러운 초상화나 다름없었다.

미국 외교관들은 라이너 브뤼덜레 경제부장관이 칼-테오도르 추 구텐베르크 국방부장관을 욕하는 내용을 받아 적었고, 구텐베르크 장관이 귀도 베스터벨레 장관을 조롱거리로 만들거나 안드레아 날레스 사민당 사무총장이 같은 당 소속의 프랑크-발터 슈타인마이어 원내대표를 비난한 일들을 모두 기록했다. 워싱턴으로 보내는 보고서들에는 좋은 이야기가 별로 없다. 미국은 독일 정치의 부끄러운 비밀과 얄팍한 술수에 대해 아마 대부분의 독일 정치가들보다 더 속속들이 알고 있을지도 모른다.

외교전문을 보면 미국과 유럽의 관계가 그다지 좋지 않다는 사실도 확인할 수 있다. 독일 정치를 바라보는 미국의 시각은 항상 신중한 거리를 유지한다. 미국인들과 앙겔라 메르켈 독일 총리의 사이는 좀처럼 가까워지지 않으며, 메르켈 총리는 외교관들에게 늘 낯선 존재로 머문다. 또 베를린 주재 미국 외교관들은 귀도 베스터벨레 외무부장관에 대해 다른 어떤 독일 정치가와도 비교할 수 없을 정도로 비판적으로 생각하고 있었다.

2009년 독일 총선이 가까워지면서 그에 대한 미국의 우려는 더욱 커져갔다. 베스터벨레는 그해 봄에 독일외교정책협회(DGAP)에서 연설을 했는데 미래의 외무부장관으로서 첫 데뷔였다. 미국인들은 독일 공무원들에게 사전에 여러 가지를 문의하고 자민당 내부의 분위기도 파악하고 나서 마침내 베스터벨레를 미국 대사관으로 초청했다. 총선 9일 전인 2009년 9월 18일 머피 대사는 자신이 결론적으로 내린 평가를 워싱턴에 전문으로 보냈다.

베스터벨레의 DGAP 연설은 그의 생각을 엿볼 수 있게 해준다. 연설은 내용이 빈약했으며 베스터벨레가 독일의 이해관계를 국제무대에서 성공적으로 대변하기 위해서는 외교안보정책에 대해 좀 더 깊이 이해할 필요가 있음을 드러냈다. (…) 베스터벨레 자신의 말에 따르면 그는 외교정책에 특별한 관심을 가진 적이 한 번도 없었다고 한다. 자민당 소속 연방 하원의원 마리나 슈스터는 최근에 한 대사관 직원에게 외교정책은 베스터벨레의 '진짜 관심사'가 아니지만 이 직책이 지닌 높은 위상과 외무부장관이 연방총리의 대리라는 사실 때문에 아마 이 직책을 맡을 거라고 말했다. (…)

베를린의 저명한 외교정책 전문가가 우리 직원에게 말했듯이 그는 인물이 떨어지는 사람이며 외무부장관으로서 신뢰를 받기에 너무 기회주의적이라고 평가받고 있다. (…)

베스터벨레는 워싱턴에 대한 자신의 불만을 잘 감추지 못하기 때문에 야당 시절 미국의 고위 정치가나 베를린 주재 대사관이 모두 그에게 관심을 보이지 않았다. (…) 베스터벨레의 약간 모난 유머감각도 흥미롭다. 그는 우리에게 클린턴 장관의 팔꿈치 부상에 대해 안부를 물으며 호의를 표시하고는 곧이어 대사관이 자신의 안부 인사를 잘 전했는지 장관에게 직접 물어보겠다는 농담을 했다.

이 보고서는 별로 낙관적이지 않은 전망으로 끝을 맺는다.

베스터벨레가 외무부장관이 된다면 우리와 '친한' 친구가 되고 싶어 하면서도 또 한편으로 미국과 미국 외교정책의 목표들에 회의적인 인물과의 '힘든 사랑(tough love)'을 각오해야 한다. 베스터벨레는 친구가 되려 하겠지만 독일의 결정적인 이해관계가 도마 위에 오르거나 이를 방어해야 할 때는 우리를 비판하는 데 주저하지 않을 것이다. 외무부장관이 되고 나면 그는 오랫동안 갈망하던 세간의 주목을 마침내 받게 될 테고, 그러면 미국에 대한 그의 신경과민도 어느 정도 사라질 것으로 보인다. 독일 대외정책의 엘리트 집단은 그를 계속 회의적으로 주시할 것이다.

머피 대사는 그에 대한 실망의 빛을 역력히 드러내며 "그는 겐셔가 아니다(He's no Genscher)"라는 말로 보고서를 마무리했다(한스 디트리히 겐셔는 역대 브란트 내각, 슈미트 내각, 콜 내각에서 장기간 내무부장관과 외무부장관을 역임했고 통일 독일의 초대 외무부장관을 지낸 인물이다—옮긴이).

머피 대사는 이런 평가를 그 후에도 여러 차례 반복했다. 독일 총선이 있기 며칠 전에 작성된 보고서에서는 베스터벨레가 '수수께끼' 같은 인물이며, "아직까지는 외교정책의 주요 인물로 입지를 굳힐 능력이 없다"고 썼다. 보고서는 다음과 같이 계속 이어졌다. "그는 특히 정치적으로 비중 있는 인물들로부터 직접 도전을 받으면 공격적으로 변하고 다른 사람의 의견에 대해 부정적으로 발언한다.'"(우리의 당면 과제는) 미국에 대해 모순적인 관계를 지닌 것이 분명한 이 사람을 어떻게 대하느냐 하는 것이다. 베스터벨레는 예측할 수 없는 '와일드 카드(wild card)'다. 쉽게 흥분하는 성격 때문에 그는 메르켈 총리와 의견이 일치하지 않을 때 뒤로 물러서기 어려울 것이다. 그러므로 그가 외무부장관이 되면 총리실과 외무부 사이에 불화가 심해질 가능성이 있다." 총선이 끝나고 몇 달이 지난 뒤에도 머피의 이런 시각에는 큰 변화가 없었다. 2010년 2월 5일자 보고서에는 베스터벨레의 부하직원들이 "우리와 나눈 사적인 대화에서 여전히 그가 무엇을 근거로 자신의 정치 방향을 결정하는지 의아해하고 있다"고 적혀 있었다.

    미국은 국제무대에서 독일을 대표하는 최고위급 인물에 대한 관계 설정에 분명히 어려움을 느끼고 있었고, 이것은 그렇지 않아도 민감한 시기를 보내던 양국의 정치 관계에도 부담이 되었다. 미국의 시각에서 볼 때 독일과 같은 나라가 제2차 세계대전 뒤에 했던 역할은 이제 변했다. 유럽은 더 이상 그렇게 중요한 지역이 아니다.

    미국은 21세기의 세계 권력으로서 미국의 위치를 흔드는 강국은 중국이라고 본다. 워싱턴에서는 세계질서가 양대 강국이 노선을 정하는 G2 체제로 가게 될 가능성이 논의되고 있다. 독일을 포함한 유럽 국가들은 이런 세계질서에서는 부차적 역할밖에 수행하지 못한다. 게다가 오바마 대통령이 유럽에 대해 정서적인 유대감을 느끼지 못하는 것도 상황을 어렵게 만들고 있다. 그의 시선은 대서양보다 오히려 태평양을 향해 있다. 유럽 정치가들에 대한 그의 관계는 실무적인 차원에 머물고 냉랭하다.

미국 정부는 이런 양국의 거리를 감지하고 있었으며 내부에서도 이 문제는 반복적으로 거론되고 있었다. 2009년 4월 메르켈은 바덴바덴에서 오바마와 만날 예정이었다. 이 회동을 위해 존 쾨니히 당시 주독 대사는 메르켈의 사이코그램(psychogram)을 오바마를 위한 자료로 준비했다. 여기서 쾨니히 대사는 '메르켈은 방법론적이고 합리적이며 실용적'이라고 분석했다. 그리고 압박을 받으면 "고집스럽게 버티지만, 위험을 피하는 스타일이고 별로 창의적이지 않다"고 평가하며 총선 때까지는 메르켈이 '매우 조심스러운 동맹자'가 될 것이라고 예측했다.

미국인들은 국제 외교를 보는 메르켈의 시각이 국내 정치를 위해 어떤 이득을 끌어낼 수 있을지를 기준으로 삼고 있다고 여겼다. 외교전문에 나타난 메르켈은 "공격적인 정치 논쟁에 뛰어드는 것을 싫어하는 것으로 유명하다. 그녀는 뒤로 빠져 있다가 권력관계가 분명해지면 그때 전면에 나서 논쟁을 자신이 원하는 방향으로 이끌어가려 한다." 미국 외교관들은 내부적으로 그녀를 "앙겔라 '테플론(Teflon)' 메르켈"이라고 부른다고 한다. 매끄러운 테플론 프라이팬처럼 그녀에게서는 많은 것들이 미끄러져 내리기 때문이다.

하지만 미국인들에게는 기사당 소속의 칼-테오도르 추 구텐베르크 장관이 있었다. 그는 메르켈과는 정반대의 인물이며 미국의 기대주였다. 그는 '외교정책 전문가이며 미국과 유럽의 관계를 적극 지지하며 미국이 잘 아는 친한 친구'였다.

구텐베르크와 미국 외교관들의 관계는 긴밀하다. 그들은 정기적으로 만나 대화를 나누며, 구텐베르크 장관은 미국인들과 친구처럼 스스럼없이 지낸다. 따라서 그의 발언도 언제나 솔직하다. 그는 2008년 12월 메르켈이 "경제문제에서 관철 능력이 충분치 못하다"며 불만을 토로했다.

그는 동료 장관인 베스터벨레에 대해서도 비판적 발언을 서슴지 않았다. 2010년 2월 3일 그와 머피 대사 사이에 있었던 대화 기록은 이를 잘 보여준다. 두 사람은 독일군의 아프가니스탄 파병 규모가 논의되었던 런던의 아프가니스탄 국제회의가 끝난 뒤에 만났다. 독일 연방 정부는 850명의 추가 파병만 약속했는데, 미국은 더 많은 인원의 파병을 원했다. 구텐베르크는 베스터벨레 때문에 계획이 틀어졌다고 불평했다. "구텐베르크는 대사에게 기대에 못 미치는 규모의 독일군 추가 파병에 대해 설명하면서, 베스터벨레가 연정 협상 때 밝힌 추가 파병에 대한 기본 입장은 '단 한 명의 병사도 더 보낼 수 없다'는 것이었다고 말했다. 그는 이런 상황에서는 추가 파병에 관한 합의 자체에 도달하는 것도 쉽지 않은 일이라고 했다."

머피는 이 회동을 끝마친 뒤에 힐러리 클린턴에게 이런 내용의 전문을 보냈다. "아프간 파병 규모를 현저히 끌어올리려던 독일 정부에게 가장 큰 장애물은 야당인 사민당이 아니라 베스터벨레 외무부장관이었다."

물론 구텐베르크 쪽에서만 베스터벨레를 부정적으로 생각하는 것은 아니었다. 자민당 지도부 역시 구텐베르크를 좋지 않게 보았다. 머피 대사의 보고서에는 이렇게 적혀 있다. "구텐베르크 장관은 추가 파병에 관한 연정 협상 결과를 그와 베스터벨레 두 사람 중 누구의 '승리'로 봐야 하는지에 대해 공개적인 논평을 피하겠다고 말한 반면, 자민당의 국방부 정책 담당 대변인 엘케 호프는 추가 파병에 대한 베스터벨레의 강경노선에는 부분적으로 '구텐베르크에게 한 방 먹이려는' 동기도 있다고 우리 대사관 직원에게 밝혔다. 호프 대변인의 설명에 따르면 구텐베르크가 지난가을 캐나다와 미국을 방문했을 때 행한 연설에서 독일이 파병 규모를 현저히 늘릴 거라고 말한 것은 오만한 태도였다. 만약 그가 먼저 국회의원들에게 상황을 설명하고 '일의 정치적 진행 방식을 좀 더 존중'했더라면 파병 규모의 상한선은 더 올라갈 수도 있었다."

이런 방식으로 외교전문은 매일매일 미국으로 전송되었다. 이런 외교전문들은 미국 외교정책의 원료로서 직접성과 미완의 매력이 있다. 그것들은 기본적으로 정치의 근간을 설명해주고 있다. 또 본국에서 재외공관들로 전달되는 지침들에서는 독—미 관계에 사용되는 권력정치의 다양한 방법들도 엿볼 수 있다. 이것은 특히 부시 행정부 시절에 독일 내무부장관을 지낸 볼프강 쇼이블레에게 해당된다. 당시 미국 정부에게 쇼이블레는 구텐베르크 다음으로 중요한 인물이었다. "독일의 장관들 중에 볼프강 쇼이블레만큼 안보 문제에서 양국의 긴밀한 협력을 위해 집중적이고 공개적으로 애쓰는 사람은 없다." 2008년에 윌리엄 팀켄 주독 미국 대사가 쇼이블레 장관을 칭찬하며 한 말이다.

부시 행정부는 쇼이블레를 자신들의 목표 달성을 위한 유럽 내 대변인으로 여겼다. 미국은 테러와의 전쟁에 관련된 자료를 교환하는 문제에서 유럽 국가들이 지나치게 고집을 피운다고 생각했다. 2006년 7월에 작성된 한 보고서에는 이렇게 적혀 있다. "독일 주재 대사관은 독일 정부기관 대표들과의 정보 교환을 추진하기 위해 수개월간 노력했으나 아직까지 성과가 없다. 하지만 현재 진행되고 있는 상황과 곧 있을 최고위선과의 접촉은 이 문제를 진척시키는 데 도움이 될 것으로 보인다." 미국은 예정된 쇼이블레의 미국 방문을 계기로 '독일의 입장에 변화를 줄 수 있을 것'으로 내다보고 있었다. 미국은 쇼이블레가 '굳게 닫힌 문을 부수고 새로운 길을 찾아서 미국과의 협력 관계를 돈독히 다지는 일'에 도움이 되리라는 걸 알고 있었다.

미국 정부는 독일의 가장 긴밀한 동맹국 중 하나다. 그러나 독일 정부는 친한 친구에게 얼마만큼의 재량권을 주어야 할지 결정해야 한다. 정당한 외교적 이해관계와 첩보 수준의 정보원 운용 사이의 거리는 그다지 멀지 않다. 러시아나 중국의 외교관들이 등장해서 정부 여당이나 참모 진영이나 정부 부처에서 일하는 독일 직원들에게 말을 걸어온다면 이는 방첩활동이 필요한 경우가 될 수 있다. 이것은 대사관 측도 잘 알기 때문에 공개적인 외교 접촉과 비밀리에 움직이는 정보원들을 엄격히 구분한다. 외교전문에 사용된 언어만 보아도 차이를 확인할 수 있다. 특별히 소중한 정보원들은 익명으로 처리되거나 '보호 요망'이라는 표시가 추가된다.

외교전문 공개에 참여한 언론사들은 이름이나 민감한 내용이 들어 있는 부분들을 신중히 다루었다. 특히 독재국가에서 활동하는 미국 정보원들의 이름이나 신원을 노출시킬 수 있는 주변사항에 대해서는 더욱 주의를 기울였다. 각 언론사 편집국은 이 작업만 전문으로 담당하는 인원을 따로 두었고, 확실치 않은 경우에는 아예 이름을 지웠다. 이렇게 작업된 문서들은 합의된 대로 특별히 마련된 '위키리크스 지면'에 실렸다. 위키리크스는 언론사의 편집 과정에서 변경된 내용들을 적잖이 그대로 받아들이기도 했지만, 그럼에도 불구하고 많은 부분에서 언론사보다 공개 수위가 높았다. 이때 둘의 차이는 분명히 드러난다.

2010년 12월 초 위키리크스는 전 세계의 위험 지역과 중요한 인프라 시설이 열거된 외교전문을 공개했는데, 미국의 입장에서 이것은 특별히 보호할 가치가 있는 정보였다. 2009년 2월에 작성된 '국가 인프라 시설 보호방안'에는 아프리카의 지뢰, 호주의 해저케이블, 중국의 수력터빈, 일본의 항만, 오스트리아의 제약회사, 독일의 지멘스와 BASF 지사들, 쥘트 섬 근처의 대서양 해저케이블 등이 기록되어 있다. 〈슈피겔〉은 자료분석 작업을 거쳐 이 외교전문도 대략적인 윤곽만 보도하기로 결정했다. 있는 그대로 공개하기에는 내용이 너무 민감하다고 판단했기 때문이다. 하지만 위키리크스는 모두 다 공개하여 여론의 거센 비판을 받았다. 이 문제를 거론하자 어산지는 이렇게 대답했다. "저는 전혀 다르게 생각합니다. 가령 미국이 스웨덴의 어느 요오드 공장 근처에 특별한 보호조치를 취한 사실이 알려지면 그곳에 거주하는 사람들은 최소한 그 이유라도 알게 됩니다."7

위키리크스가 외교전문을 조금씩 공개할 때마다 전 세계는 엄청난 반응을 보였다. 퇴임을 앞둔 브라질의 룰라 대통령은 어산지가 발생시킨 피해는 외교전문을 작성한 사람들이 초래한 피해보다 훨씬 적다며 자신은 '어산지와 연대'한다고 공개적으로 밝혔다. 우고 차베스 베네수엘라 대통령은 외교전문 공개를 자신을 위한 선전으로 이용했다. 그는 힐러리 클린턴의 사임을 촉구하며 '양키가 전 세계에 있는 그들의 대사관에서 벌이는 지저분한 전쟁'을 맹비난했다. 블라디미르 푸틴은 자신을 '알파독'이나 '배트맨'(메드베데프는 '로빈')으로 묘사한 것에 몹시 화를 냈고 자신에 대한 미국인들의 '비방'을 비난했다. 볼리비아의 통치자들도 자신들에 대한 묘사에 언짢아했다. 볼리비아의 부통령은 '모욕적'인

일이라면서도 볼리비아와 관련된 모든 외교전문을 원문 그대로 자신의 웹사이트에 공개했다. 리비아의 국가원수 무아마르 가다피는 외교전문들이 미국의 '위선'을 드러냈다고 긍정적으로 평가했다. 아마도 가다피는 그가 항상 풍만한 금발의 우크라이나 간호사들을 대동하고 다니기를 좋아한다거나 바다 위로 비행하는 것을 비이성적일 정도로 무서워한다고 조롱한 거만한 보고서들을 미처 못 보고 지나쳤거나 그냥 대수롭지 않게 넘긴 모양이다. 반면 케냐 정부는 자국을 '부패의 늪'이라고 표현한 외교전문에 대해 '놀랍고 충격적'이라는 반응을 보였다. 에콰도르 정부는 줄리언 어산지에게 상황이 어려워지면 아무런 조건 없이 은신처를 제공하겠다고 제안했다. 하지만 라파엘 코레아 대통령은 외무부차관의 이런 제안을 나중에 다시 철회했다. 오스트리아 녹색당도 '정치적 망명'을 제안했다.

 어산지는 실제로 이런 제안에 응해야 하는 상황이 올 수도 있음을 예감하고 있었다. 그만큼 이 외교전문 공개는 전에는 물론이고 앞으로도 아마 절대 일어나지 않을 엄청난 사건이었다. 자료 공개 직전에 나눈 대화에서 그는 "우리에게는 위키리크스가 자료 공개 이후에도 살아남을 수 있는 계획이 필요하다"고 말하기도 했다. 그는 이미 '부수적 살인'으로 미국 정부를 자극하고 아프가니스탄과 이라크의 전쟁 관련 자료로 미국에게 도전장을 던진 바 있다. 그러나 이번에는 달랐다. 외교전문 공개는 미국 정부로서는 결코 용납할 수 없는 것이었다.

 미국의 강력한 반응이 예상되었고, 실제로 그런 일이 일어난다.

8장

제국의 반격

WikiLeaks

표현의 자유를
쟁취하기 위한 투쟁

"최초의 진짜 정보전쟁이 시작되었다.
전쟁터는 위키리크스이고 당신들은 전투병력이다."
_록그룹 '그레이트풀 데드'의 작사가로 유명한 미국 인권운동가 존 페리 발로우

미국 버지니아 주 콴티코에 있는 미 해병들의 영원한 고향을 단지 '해군기지'라고 부르는 것은 너무 부족하다. 1917년 포토맥 해안에 설립된 이 기지는 면적이 260제곱킬로미터나 되는 작은 도시나 다름없는 곳이다. 무려 모나코 왕국의 여덟 배에 달하는 크기다. 콴티코에는 해군기지 외에 FBI와 DEA(마약단속국)의 사무실과 교도소도 있다.

브래들리 매닝은 2010년 여름부터 이곳의 독방에 수감되어 있다. 그의 수감생활은 아침 5시의 기상 신호와 함께 시작된다. 그는 특별 관찰 대상이므로 매일 23시간을 독방에서 보낸다. 독방에는 개인 사물을 갖고 들어갈 수 없으며 쿠션도 없다. 책과 잡지 한 권씩만 허용되는데, 그마저 취침 전에 다시 수거해간다. TV 시청은 일주일에 1~3시간 정도

만 허용되고, 독방 내에서는 어떠한 형태의 체조도 금지이며, 아침 5시부터 저녁 8시 사이에는 잠을 자서도 안 된다.

주말이나 휴일에 그를 면회하러 찾아가서 엄청나게 오랜 시간이 걸리는 보안검사를 통과하고 나면 그의 모습보다 먼저 그의 소리를 듣게 된다. 그가 CCTV가 설치된 유리 박스 형태의 면회실로 걸어올 때 나는 쨍그랑거리는 쇳소리다. 매닝은 그렇게 사슬에 묶인 채 면회를 해야 한다. 심지어 그 변호사조차도 유리벽을 사이에 두고 그를 만난다.

매주 머리를 삭발해야 하는 이 젊은이는 대부분의 시간을 독서로 보낸다. 그의 변호사가 과학잡지 〈사이언티픽 아메리칸〉을 정기적으로 넣어주고 있다. 2010년 11월부터 매닝은 세상을 떠난 스웨덴 저널리스트 스티그 라르손의 3부작 소설을 읽기 시작했다. 소설의 여주인공 리스베트 살란데르는 해커다. 그녀는 자유자재로 컴퓨터망을 돌아다니며 흥미로운 정보들을 탐색한다. 소설 속 여주인공의 모험은 이 콴티코의 수감자에게 매우 익숙할 것이다. 단 하나의 차이라면 살란데르의 이야기는 해피엔딩이다.

지난 몇 달 동안 매닝에게는 아드리안 라모와 채팅을 할 때 그 자신이 우려했던 바로 그 일이 일어났다. 그의 사진이 전 세계에 알려진 것이다. 군복을 입고 저격용 소총을 든 채 미소 짓고 있는 발그스레하고 통통한 볼의 청년은 적어도 외교전문이 공개된 이후로는 미국 역사상 최대의 기밀누설자가 되었다. 매닝은 세계를 양극으로 갈라놓았다. 인터넷에서는 영웅으로 칭송받았고 미국에서는 많은 사람들에게 증오의 대상이 되었다.

'부수적 살인' 비디오가 공개되고 난 뒤 미군은 그해 여름에 이미 매닝의 혐의 사실을 발표했다. 그의 '사건기록부'에는 총 8건의 법률 위반과 4건의 군 내부규정 위반이 기록되어 있다.[1] 군 대변인의 말에 따르면 이 경우 최고 52년의 징역형까지 가능하다고 한다. 그러나 많은 보수파 사람들은 그것도 너무 적다고 말한다. 전직 아칸소 주지사이자 공화당 대통령 후보인 마이크 허커비와 공화당 의원 마이크 로저스는 매닝의 처형을 요구했다. 허커비는 "이런 반역죄에 대해 처형이 아닌 다른 형벌들은 모두 너무 약하다"며 입에 거품을 물었다.[2] 매닝은 명백히 일벌백계의 표본이 되고 있다. 혹시나 다른 사람들이 매닝을 모방하지 않도록 확실히 겁을 주려는 것이다.

브래들리 매닝을 구하려고 발 벗고 나선 사내는 워싱턴 델레스 공항에서 우리와 만나는 데 동의했다. 데이비드 쿰스 변호사는 머리를 바짝 깎고 옷깃에 작은 성조기를 꽂은 세로줄무늬의 검은색 양복 차림이었다. 그는 14년간 군법무관으로 재직했다. 그의 인터넷 사이트에는 군복 차림으로 이런저런 임무를 수행하고 있는 사진들이 올라와 있다. 2009년 4월에 전역한 뒤로는 예비역 장교로서 군인들 변호를 전문적으로 맡고 있다. 그의 웹사이트에는 "나 역시 당신들과 똑같은 군인이다"라는 글이 있다.[3] 그를 발견하고 변호를 의뢰한 사람은 매닝의 이모였다. 이번 일은 지금까지 쿰스가 맡은 중 가장 큰 사건이다. 워싱턴에서는 그에게 변호를 맡긴 것을 실수라고 생각하는 사람들이 많다. 그 방면에 경험이 많은 사람들은 유명한 인권변호사가 훨씬 더 나을 것이라고 말한다. 쿰스도 이런 말들이 나도는 것을 알고 있었다. 그리고 때로는 대수롭지 않다는 평가를 받는 것이 유리할 수 있다는 사실도 알고 있었다.

쿰스는 군의 내부고발자들에 관해 많은 자료를 읽었다. 그중에서 그는 특히 한 사건을 아주 중요하게 생각한다며 자세히 설명했다. 2005년 11월 29일에 있었던 이라크전에 대한 기자회견에서 도널드 럼스펠트 당시 국방부장관은 자신들에게 이라크 당국자들의 고문 행위를 고발할 의무는 있지만 적극적으로 말릴 의무는 없다고 말했다. 그러자 그 자리에 있던 피터 페이스 장군이 "비인간적 행동을 보면 개입하여 그것을 중단시키는 것은 모든 미군의 의무"라며 럼스펠드의 말을 반박했다. 많은 논란을 불러일으킨 이 논쟁은 높은 도덕성을 지닌 미국과 부도덕한 미국 간의 싸움이기도 했다. 쿰스는 위키리크스가 공개한 이라크 전쟁일지를 통해 미군이 이라크인에 대한 고문을 묵인한 사실이 입증되었다고 생각했다. 쿰스는 또 매닝이 페이스 장군의 발언처럼 자료 공개에 대한 일종의 도덕적 의무를 느꼈을 가능성도 중요하게 보고 있었다.

매닝 사건의 수사를 담당한 미국인들은 이것이 세기의 사건이라는 사실을 일찌감치 알아차렸다. 그들은 매닝을 체포한 이후에 즉시 (워싱턴의 표현을 따르자면) '공격적인 수사'를 시작했다. 군정보국, 법무부, FBI, CIA, NSA 등의 치안기관들은 자신들이 사건 수사에 참여하고 있다는 사실을 공식적으로 확인해주었다.

7월 초 웨일즈의 하버포드웨스트에 있는 한 주택의 초인종이 예고도 없이 울려댔다. 브래들리 매닝의 어머니가 현관문을 열어보니 사복 차림의 세 사람이 서 있었다. 그들은 그녀의 아들 문제로 왔다고 말했다. 매닝의 어머니를 찾아온 사람 중 한 명은 그 지역 관할 경찰서의 앨리슨 토마스 형사였고, 나머지 둘은 FBI에서 온 사람들이었다. 그들은 브래들리의 방에 관심을 보이며 그곳에 있는 컴퓨터를 마지막으로 사용한 때가 언제인지 물었다. 하지만 수사관들은 매닝의 어머니가 그들의 방문을 감당하지 못한다는 사실을 곧 알아차렸다. 4년 전에 심한 뇌졸중을 앓았던 쉰여섯 살의 어머니는 그들과 말하는 것조차 힘들어했다. 수사관들이 집 안으로 들어서고 잠시 후에 전화벨이 울렸다. 브래들리의 이모 샤론 스테이플스였다. 그녀는 당시에 우연히 전화를 했는데, 흥분한 언니가 "그들이 여기에 있어, 그들이 여기에 있어"라고 말했다고 기억했다.[4]

샤론은 언니에게 앨리슨 토마스를 바꾸어달라고 했다. 샤론의 전 남편도 경찰관이었기 때문에 샤론은 그를 알고 있었다. 그녀는 토마스 형사에게 언니의 상태가 좋지 않으니 최대한 빨리 조사를 끝내고 집에서 나가달라고 부탁했다. 토마스는 브래들리의 방을 모두 조사하고 나면 곧바로 집에서 나가겠다고 약속했다. 매닝의 어머니는 아들이 군에 간 이후로 컴퓨터를 한 번도 사용하지 않았다고 말했다.

수사관들이 웨일즈까지 찾아간 것은 그리 놀라운 일이 아니었다. 매닝이 구속되고 불과 며칠 만에 FBI 직원들은 오클라호마의 아버지와 누이를 찾아가서 조사를 벌였고, 타일러 퀸킨스와 보스턴의 친구들도 마찬가지로 직접 방문을 받거나 매닝 사건과 관련하여 FBI나 군정보국 관계자와 만날 용의가 있는지 묻는 전화를 받아야 했다.

수사관들의 질문은 어디서나 거의 비슷했다. 매닝이 군대에서 하는 일에 대해 이야기한 적이 있는가? 그가 정치적 발언을 한 적이 있는가? 해커운동에 대해서는 어떻게 생각하던가? 위키리크스에 대해 이야기하거나 그곳에 아는 사람이 있다고 했나? 위키리크스 사람들이 그에게 지침을 내리거나, 요청이나 도움을 청한다는 말을 한 적이 있는가? 대부분 배후의 인물로 지목되는 어산지와 위키리크스를 겨냥한 질문들이었다. 어산지가 매닝을 부추겼다는 증거만 확보하면 어산지도 공모자로 기소가 가능하고 실형을 선고할 수 있었다.

FBI는 매닝이 2010년 1월 마지막으로 고향을 방문했을 때 데이터 일부를 직접 건네주었을 가능성도 의심하고 있었다. 군 수사관들은 매닝의 주변 인물들 중 그가 마지막 휴가 때 만났던 보스턴의 한 컴퓨터 전문가를 조사한 뒤 그를 포섭하여 정보원으로 삼으려고 했던 것 같다. 그들은 그에게 위키리크스에 침투하여 소식을 전해주는 대가로 돈을 제안했다고 한다. 하지만 컴퓨터 전문가는 "그 제안을 거절했으며, 그런 식의 정보 놀이에는 엮이고 싶지 않았다"고 말했다.5

FBI로부터 조사를 받은 젊은이들 중에는 데이비드 하우스도 있었다. 1987년생으로 매닝과 동갑인 그는 매닝이 잠시 고향을 방문했던 2010년 1월에 매닝과 만난 사실이 있었기 때문이다. 하우스는 전 세계가 알아주는 유명 공과대학인 MIT에서 소프트웨어를 개발하는 일을 했다. 그는 국가의 검열에 반대하고 투명한 '열린 정부(Open Government)'를 구현하기 위한 활동에도 열심이었다. 이런 활동을 위해서 그는 보스턴뿐만 아니라 다른 지역 해커들과도 활발히 교류하고 있었다. 사실 정치적 동기에서 활동하는 핵티비스트의 세계는 그다지 크지 않았다.

하우스는 이 드라마의 두 주인공인 매닝과 아드리안 라모를 모두 알고 있었다. 하우스는 자신이 어느 편에 서야 하는지 확실히 알고 있었다. 그는 매닝이 수감되어 있는 콴티코도 여러 차례 방문했다. 2010년 말에 찾아갔을 때 매닝은 육체와 정신의 상태가 모두 점점 나빠지고 있었으며, 고립된 생활과 지적 활동 및 신체적 활동의 결핍으로 인한 증상들이 완연했다고 한다. 하우스는 매닝이 눈 주위에 다크서클이 깊이 파이고 눈에 띄게 허약해져 있었으며, 이제는 대화에 집중하는 것조차 힘든 지경이라며 '비인간적인' 수감 조건을 비난했다. 하우스는 매닝을 지지하는 연대운동의 핵심 멤버 중 한 사람이다. 매닝 지지자 네트워크는 "전쟁범죄를 밝히는 행위는 범죄가 아니다"라는 슬로건을 내걸고 그의 변호를 위한 돈을 모금하기 시작했다. 이 네트워크의 자문단에는 대니얼 엘즈버그와 미국 영화감독 마이클 무어도 있다. 매닝이 구속된 이후로 미국의 여러 도시에서 매닝을 지지하는 시위가 몇 달째 계속 벌어지고 있었고, '브래들리 구하기(savebradley)'란 단체의 페이스북 사이트에는 지지자들의 수가 2010년 말 현재 1만 8000명을 넘어섰다.

데이비드 하우스의 예를 보면 2010년 한 해 동안 미 당국이 받은 압박이 얼마나 컸는지를 잘 알 수 있다. 하우스가 11월 초 멕시코에서 휴가를 보내고 시카고 공항에 도착했을 때 자신들을 국토안전부 직원이라고 소개한 두 명의 남자가 그를 따로 마련된 취조실로 데려갔다. 그들은 하우스가 매닝 지지자 네트워크에서 하고 있는 활동과 다른 매닝 지지자들과의 관계, 위키리크스에 대한 견해, 교도소로 매닝을 방문한 일 등에 대해서 물었다. 그러고는 그의 노트북, 디지털카메라, 핸드폰, USB 스틱을 압수했다.

이런 수사 방식의 첫 희생자는 제이콥 아펠바움이었다. 2010년 7월 그는 뉴욕에서 열린 해커 국제회의 '넥스트 호프(Next Hope)'에 원래 계획된 줄리언 어산지를 대신하여 깜짝 게스트로 출연했다(Hope는 'Hackers on Planet Earth', 즉 '지구의 해커들'의 약자다). 여기서 아펠바움은 열정적인 연설을 통해 위키리크스의 이념을 선전했다.

강연에서 아펠바움은 자신을 위키리크스 활동가라고 밝혔다. 물론 얼마나 깊이 관여하고 있는지 그 자리에서 말하지는 않았지만 이미 자신의 신변 안전을 걱정해야 하는 처지였다. 강연이 끝난 직후 아펠바움은 그와 똑같은 검은색 후드티 차림의 남자가 청중의 시선을 유도하는 동안 조용히 무대 뒤로 사라져 공항으로 향했다. 그리고 몇 시간 뒤에 그는 베를린행 비행기에 몸을 실었다. 베를린에 도착하여 가진 인터뷰에서 그는 '위키리크스 직원'으로 자신을 소개했고 '우리'의 정보원에 대해 이야기했다.[6] 아펠바움은 당시 베를린의 친구들에게 고향으로 돌아갈 일이 걱정이라고 말했다. 그럴 만했다. 아프간 전쟁일지가 공개되고 나흘 뒤인 7월 29일에 실제로 걱정하던 일이 터졌기 때문이다.

아펠바움은 그날 비행기를 타고 뉴어크(Newark)로 갔다가 다시 라스베이거스로 이동하여 다음 해커회의인 '데프콘(DefCon)'에서 강연을 할 예정이었다. 하지만 그는 제때에 회의장에 나타날 수 없었다. 비행기가 착륙한 뒤 아펠바움은 미처 세관을 통과하기도 전에 공항 안에 따로 마련된 방으로 끌려갔다. 그는 가지고 있던 전자기기를 모두 압수당했다. 그에게는 노트북 외에도 세 대의 휴대전화가 있었는데 모두 빼앗겨야 했다. 관리들은 그의 지갑에 있던 각종 영수증을 복사하고 전자기기에 걸어놓은 암호도 다 밝히도록 요구했다. 아펠바움은 물론 그들의 요구를 거절했다.[7] 그는 위키리크스와 매닝에 관해 세 시간도 넘게 조사를 받고 나서 겨우 풀려났다. 하지만 핸드폰은 돌려받지 못하고 노트북만 다시 가져갈 수 있었다. 그것도 전문가들이 노트북에 하드디스크가 없다는 사실을 확인했기 때문에 가능했다. 그는 변호사와 함께 라스베이거스 회의장에 뒤늦게 도착해서 예정된 강연을 했다. 강연이 끝나자 다시 두 명의 FBI 직원이 그에게 다가왔다. 아펠바움은 묵비권을 행사하겠다고 말했다. 이런 일련의 과정에서 국가권력이 보내는 메시지는 분명했다. 지금부터는 모든 활동가들을 감시하겠다는 것이다.

11월 중순에 같은 일이 다시 되풀이되었다. 해커들 사이에서 막시 말린스파이크(Moxie Marlinspike)라는 가명으로 널리 알려진 컴퓨터 보안 전문가가 도미니크공화국에서 뉴욕 공항으로 입국할 때였다. 그는 위키리크스와의 관계를 묻는 세 명의 관리에게 자신은 그 조직과 아무 관계가 없으며 오히려 비판적으로 생각한다고 대답했다. 물론 그는 아펠바움과 친분이 있었고, 그의 연락처가 아펠바움의 핸드폰에 저장되어 있었다. 게다가 아펠바움은 '넥스트 호프' 회의에서 위키리크스에 관한 강연을 할 때 그의 이름을 거론하기까지 했다. 말린스파이크는 자신이 그 때문에 체포되어 조사를 받는 거라고 확신했다. 당국은 그의 전자기기도 모두 조사했다.[8]

하지만 말린스파이크, 하우스, 아펠바움은 모두 문제의 가장자리에 있는 인물들이다. 하지만 그들을 통해서 보안당국은 점점 더 핵심에 접근해가고 있었다. 바로 줄리언 어산지였다.

2010년 9월 말 스톡홀름을 출발하여 베를린으로 향하는 SK2679 직항 비행기에 평상시와 다른 점은 하나도 없어 보였다. 탑승은 계획대로 17시 05분에 시작되었다. 비행기를 이용할 때 늘 그랬듯이 이번에도 어산지는 마지막 순간에 공항에서 직접 항공권을 구매하고 현금으로 지불했다. 그렇게 해야 아무런 전자 흔적을 남기지 않을 수 있기 때문이었다.

탑승권에는 '줄리언 폴 어산지'라고 적혀 있었다. 그는 은색 알루미늄 트렁크를 화물로 부치고 비행기에 올랐다. 좌석은 8b였다. 한 시간이 조금 지나 비행기는 베를린 테겔공항에 도착했다. 어산지는 짐 찾는 곳으로 갔다. 잠시 후 그는 트렁크를 기다리는 마지막 승객이 되었다. 그러나 SK 847 249라는 짐표가 붙은 그의 트렁크는 끝내 나오지 않았다.

조사해보니 트렁크는 스톡홀름에서 비행기에 실리지도 않았다. 더 이상한 일은 며칠이 넘게 기다려도 그의 트렁크가 나타나지 않았다는 것이다. 제대로 된 짐표를 받았는데도 가방은 없었다. 공항에 알아보니 그런 일은 거의 불가능하다고 했다. 화물의 99퍼센트 이상은 늦어도 며칠 뒤에는 나타난다고 했다. 그러나 어산지의 트렁크와 함께 위키리크스 자료들이 담긴 암호화된 컴퓨터 3대는 영영 사라지고 말았다.

공항에서 심문을 당하고, 컴퓨터와 핸드폰이 압수되고, 트렁크가 사라지는 사건들을 겪으면서 어산지는 당국의 추적에 대한 자신의 우려가 충분히 타당한 것이었음을 확인했다. 이제 그에게는 자신과 동료들을 피해망상증 환자라고 비난하는 사람들에게 맞설 충분한 근거가 생겼다. 어산지는 2007년 케냐에 살 때 집 안에 어른거렸던 이상한 그림자나 호주의 여자친구가 목격한 이상한 차량에 대한 이야기를 자주 했다. 음모의 세계에서 나오는 이야기들이지만 모두가 아니 땐 굴뚝에서

피어오르는 연기는 아니었다.

외교전문이 공개된 이후로는 어산지가 쫓기는 인물이란 사실에 더 이상 의심의 여지는 없었다. 미국은 그와 그의 네 살짜리 웹사이트를 공식적으로 국가의 적으로 선언했다. 이제 합법적·불법적 수단이 모두 동원된 싸움이 시작된 것이다. 이것은 단지 위키리크스와 미국 정부의 차원에만 머무는 싸움이 아니다. 이것은 이미 오래전에 매닝과 국가기밀 유출의 차원을 넘어서 위키리크스와 표현의 자유 그리고 인터넷 주권의 미래가 달린 문제로 발전하고 있었다. 이것은 많은 새로운 가능성들을 제시하는 싸움이자 고전적 국민국가의 권력을 뒤흔드는 인프라를 둘러싼 21세기의 거대한 싸움이었다.

미국은 이전의 폭로 때와 달리 이번에는 위키리크스를 산산조각 내기로 결심한 듯 보였다. 아날로그 세상과 디지털 세상, 현실 정치와 인터넷 속 도전자들 사이에 한 판 싸움이 벌어지고 있었다. 인터넷, 형법, 정치무대, 시장권력 등 싸움터는 많다. 때로는 신체와 생명에 대한 직접적인 위협도 감수해야 한다. 싸움은 줄리언 어산지라는 한 인물에 초점이 맞추어져 있다. 미국의 에릭 홀더 법무부장관은 모든 수단을 다 동원하여 그와 싸우고자 했다.

2010년 12월 홀더 장관은 "우리는 현재 적극적이고 지속적으로 수사를 하고 있으며, 말로만 과장되게 위협하는 게 아니다"라고 밝혔다. 또 어산지를 직접 겨냥하여 이렇게 말했다. "우리의 법체계에 빈틈이 있다면 반드시 찾아내어 메울 것이다. 이번 문제에서 그 누구도 국적이나 체류지를 근거로 우리의 수사를 피해갈 수는 없다."[9] 홀더 장관은 이런 식의 위협을 통해서 적어도 앞으로는 위키리크스와 같은 폭로가 이루어지지 못하도록 만들고 싶어 했다. 실제로 미국 상원의원 세 명은 위키리크스 같은 비밀 정보제공 서비스를 '초국가적 위협'으로 규정하고, 미국 치안당국에 적극적인 개입의 가능성을 열어주는 '유출방지(Anti-Leak)' 법안을 발의했다. 호주 정부도 어산지에 대한 수사를 검토하고 있다. 로버트 맥크릴랜드 검찰총장은 어산지의 여권을 몰수하는 방안을 검토 중이라고 밝히고, 어산지는 호주에서 더 이상 환영받지 못하는 인물이라고 말했다. 그리고 현재 그에게 여권소지를 허용하는 단 한 가지 이유는 그의 움직임을 더 잘 감시하기 위해서이며 "우리는 미국의 형사소추기관에 가능한 모든 지원을 제공할 것"이라고 했다.

하지만 위키리크스에 대한 법률적 소추 문제는 그렇게 간단하지 않다. 권력분립이 실현되고 사법부가 독립되어 있는 민주주의 국가에서 단지 정치적인 문제로 누군가를 지속적으로 감옥에 가두기는 불가능하기 때문이다. 법률적 상황을 검토해보면 어산지가 호주의 실정법을 위반한 사실은 단 한 차례도 없다. 그에게 '불법적 활동'을 한다고 말했던 줄리아 길러드 호주 총리는 따라서 자신의 발언을 취소해야 한다.[10]

미국 정부에게도 상황은 매우 까다롭다. 워싱턴의 연방하원에서 열린 공청회 때 다수의 법률 전문가들은 위키리크스를 간첩 혐의로 기소할 수 있는 가능성에 대해 회의적으로 답했다. 검찰부총장을 지낸 바 있는 케네스 와인스타인의 해석에 따르면 "위키리크스가 그들의 정보공개활동 때문에 방첩법에 의해 처벌될 수 있다면 국가방위와 관련된 정보를 정기적으로 공개하는 모든 언론사들이 처벌받지 않을 법적·논리적인 근거도 사라진다."[11]

반면 미국의 우익 보수 세력은 어산지를 오사마 빈 라덴과 비교하며 전 세계가 그의 추적에 참여할 것을 촉구했다. 차기 공화당 대통령 후보 중 한 명으로 손꼽히는 뉴트 깅그리치는 줄리언 어산지를 '적군'으로 규정할 것을 요구했다. 깅그리치는 "정보전쟁은 엄연히 전쟁이다" "줄리언 어산지는 전쟁을 하고 있다" "줄리언 어산지는 테러리스트다" 등의 비난을 쏟아냈다.12 평론가 찰스 크로서머는 〈워싱턴포스트〉에 기고한 글에서 어산지를 전쟁의 파괴공작원에 비유하기도 했다. "프랭크 루스벨트 대통령은 독일 파괴공작원들을 군사법정에 세워 처형시켰다. 어산지는 처형된 독일 파괴공작원 여섯 명이 일으킨 피해를 모두 합친 것보다 더 큰 피해를 미국에 가져왔다."13

미국에서 이런 식의 주장들은 아주 잘 먹힌다. 좀 더 자유주의적 성향의 〈뉴욕타임스〉 독자들조차도 독자란을 통해 감정적으로 외교전문 공개에 반대했다. 신중하지 못한 사람들은 공개적으로 어산지의 처형을 요구했고, 보수파 웹사이트인 townhall.com에서는 'CIA가 진즉에 어산지를 살해해야 했던 5가지 이유' 따위를 떠벌였다.14

이런 예에서 알 수 있듯이 이제 어산지에 대한 탄압은 그전까지와는 전혀 다른 강도를 띠게 되었다. 그리고 그것은 정치적·법률적 차원에만 머물지 않았다.

이번에는 위키리크스의 웹사이트도 공격의 표적이 되었다. 과거에도 wikileaks.org 사이트를 공격하려는 시도가 있었지만 지금까지 위키리크스의 이 '출생 주소'는 모든 공격을 무사히 넘겨왔다. 그러나 이번 외교전문 공개 때는 살아남기 힘들었다.

공격은 2010년 11월 29일 외교전문 공개를 몇 시간 앞두고 시작되었다. 분산 서비스 거부 공격인 일명 '도스(Distributed Denial of Service,

DDOS)'에 의한 물량 공세로 위키리크스 사이트는 더 이상 접속이 불가능하게 되었다.

해커들 은어로 '제스터(The Jester)', 즉 왕의 어릿광대를 뜻하는 'th3j35t3r'이라는 이름을 사용하는 미지의 인물이 트위터를 통해 도스 공격을 자인했다. 이 사람은 자신의 '고백 트윗'에 위키리크스는 군인들의 생명과 국제관계를 위협에 빠뜨린다고 썼다. 스스로를 미국의 전직 엘리트 병사라고 말하는 '제스터'는 지금까지 주로 이슬람 사이트 공격으로 세간의 주목을 받아왔다. 이 남자는 트위터에 "위키리크스 탱고다운(Tango down)"이라는 말도 남겼는데 탱고다운은 군대용어로 사살을 뜻한다.15

공격은 시간이 갈수록 줄어들지 않고, 오히려 더욱 거세졌다. 2차 공격의 규모에 놀란 위키리크스 팀은 '초당 10기가바이트가 넘는' 격렬한 공격을 당하고 있다고 트위터에 썼다. 조직의 네트워크 전문가들은 첫 번째 공격보다 5배나 높아진 공격의 강도와 노련한 수법으로 볼 때 군이나 정보당국이 직접 나섰을 것으로 추측했다. 그러나 미국의 사이버 보안 전문가들은 공격자들이 '애국적인 해커들'이라고 주장했다. 전직 NSA 직원은 정부는 군이 이런 식의 공격을 할 필요가 없다며 "그들(위키리크스)은 이사를 가게 될 것"이라고 말했다.16

실제로 그런 일이 벌어졌다. 위키리크스 팀은 미국의 대규모 온라인 거래업체인 아마존에서 추가로 서버를 임대해서 쓰고 있었다. 아마존은 서적과 DVD만 판매하는 것이 아니라 전 세계에 퍼져 있는 그들의 서버망을 제3자에게 임대하여 접속이 몰릴 때의 과부하를 처리할 수 있도록 하는 서비스도 제공하고 있었다. 위키리크스는 이라크전 자료 공개 때에도 아마존에서 추가 용량의 서버를 임대했었다.

그러나 이번에는 웹사이트 이사로도 오래 버티지 못했다. 무소속의 조 리버만 상원의원이 웹서비스를 마비시키는 도스 공격보다 더 효율적인 방법이 있다는 걸 증명해 보였기 때문이다. 바로 정치적 압력이었다.

위키리크스가 아마존에 피난처를 구했다는 소식이 돌기 시작하자 리버만 의원은 아마존에 전화를 걸어 여러 가지 질문들을 했는데, 그 중 하나가 "그 사이트를 인터넷에서 내릴 계획이 있는가?"라는 물음이었다.

위키리크스가 내려지기까지는 그때부터 24시간도 채 걸리지 않았다. 아마존은 서버 임대를 철회했다. 플러그를 뽑아버린 것이다. 리버만은 그것으로 만족하지 않았다. 그는 다른 모든 기업들도 더 이상 위키리크스와 협력하지 말라고 요청했다. 아마존은 자신들이 "옳은 결정을 내렸다"고 말하고 다만 이런 결정을 '더 빨리 내렸더라면' 좋았을 것이라고 덧붙였다. 상원의 국토안보위 위원장인 리버만은 "책임 있는 기업은 미국 기업이든 외국 기업이든 위키리크스가 도둑질한 자료의 확산을 지지해서는 안 될 것"이라고 말했다. 그는 위키리크스의 공개를 '불법적이고 무분별하며 무지막지한' 행동이라고 했다.[17]

세계 최대의 온라인 거래업체인 아마존의 결정과 상원의원의 공개적 호소는 도미노 효과를 불러일으켰다. 이제 위키리크스에 대한 탄압은 법적·기술적·정치적 차원에서 경제적 차원으로까지 옮겨갔다. 자유시장주의에서 사업 관계의 거부는 기술적 태업이나 법률적 강제만큼이나 파괴적이다.

네트워크 서비스 업체들의 경제적 보이콧은 인터넷에 근본적인 문제를 초래했다. 그것은 서비스 공급자들에게 데이터의 내용이나 출처에 무관하게 데이터를 운송해야 한다고 규정하고 있는 네트워크 중립성을 침해하는 일이었다. 토마스 드 메지에르 독일 내무부장관은 위키리크스와 같은 조직에 대한 이런 보이콧은 네트워크 중립성을 침해할 소지가 있을 뿐만 아니라 표현의 자유도 해친다고 비판했다. 그는 "이것이 미국 정부의 압력에 의한 것이라면 더욱 옳지 않다고 본다"고 말했다.[18]

불과 며칠 사이에 아마존 그룹 소속의 다른 서비스 공급자들도 위키리크스와의 협력을 중단한다고 밝혔다. 위키리크스의 메인 주소인 wikileaks.org에 대해 '도메인 네임 서비스(DNS)'를 제공했던 EveryDNS가 가장 큰 피해를 안겨주었다. 사실 EveryDNS가 한 일이라고는 외우기 쉬운 알파벳 조합으로 되어 있는 wikileaks.org의 인터넷 왕래를 외우기 어려운 원래의 인터넷 프로토콜 주소(IP 주소)인 http://213.251.145.96으로 돌려놓는 데 지나지 않았다. EveryDNS는 이메일을 통해 서비스 중지를 통보했고, wikileaks.org 주소로는 더 이상 위키리크스의 웹사이트에 들어갈 수 없게 되었다. 이제 위키리크스는 사서함과 트위터 계정을 제외하면 유일하게 조직의 탄생 때부터 사용해온 주소를 잃어버렸다. EveryDNS는 위키리크스 사이트에 대한 사이버 공격을 이유로 제시하며, 자신들에게는 약 50만 개의 다른 인터넷 사이트들에 대한 책임도 있기 때문에 자사의 인프라를 안전하게 보호해야 한다고 설명했다.[19] 결국 위키리크스에 대한 서비스는 나중에 다른 DNS 서비스 공급자가 맡게 되었다.

각별히 민감한 측면을 노린 또 다른 공격도 있었다. 이번에는 비영리 프로젝트인 위키리크스의 자금조달 경로가 표적이 되었다. 위키리크스는 다양한 온라인 지불 서비스를 통해 들어오는 기부금에 의지해서 운영되고 있었다.

첫 스타트는 영국의 금융서비스 업체 '머니부커스(Moneybookers)'가 끊었다. 이 업체는 이미 2010년 4월에 이메일로 위키리크스 계좌가 즉각적으로 정지되었음을 통보했다. 위키리크스가 '호주 정부의 블랙리스트'에 올라 있고 미국의 '감시'를 받고 있다는 이유였다. 어산지는 이를 자신의 조직에 '금융전쟁'이 벌어졌다고 말했다.[20]

하지만 그것은 경고사격에 불과했다. 최초의 외교전문 공개 이후 며칠 만에 연달아 일이 터졌다. 경매사이트 이베이의 자회사인 지불서비스업체 페이팔(PayPal)이 먼저 협력 해지를 통보했다. '이용 조건의 침해'가 이유였다.[21] 그 다음에는 스위스 우체국의 자회사인 포스트파이낸스(Postfinance)가 줄리언 어산지의 계좌를 해지했다고 통보했다. 계좌를 개설할 때 가짜 제네바 주소를 기재했다는 이유다.[22] 위키리크스 측은 그 주소가 한 변호사의 것이며 계좌에는 어산지의 개인 재산 3만 1000유로가 들어 있다고 설명했다.

그러나 그것으로 끝이 아니었다. 신용카드 회사인 마스터카드와 비자 역시 더 이상 위키리크스로 들어가는 돈의 송금업무를 할 수 없다며 중단을 선언했다. 우리가 여러 차례 문의해보았지만 마스터카드와 비자는 이 조처에 대해 분명한 근거를 설명해주지 않았다. 특히 지금까지 유죄판결을 받은 적이 한 번도 없는 위키리크스에 대해 그들이 무죄추정주의를 적용하지 않는 이유와 불법활동을 문제 삼겠다면 유엔에서의 간첩 활동이라는 명백한 불법행위를 지시한 힐러리 클린턴의 계좌도 정지해야 하는 것 아니냐는 물음에 두 회사는 아무 대답도

하지 않았다.²³ 대답을 할 수 없는 것인지, 아니면 그럴 마음이 없는 것인지 도무지 알 수가 없었다. 토르스텐 클라인 독일 마스터카드 홍보 담당자는 아동 포르노나 온라인 도박과 같은 경우는 법정판결이 나기 전이라도 종종 이런 조치를 취한다고 설명하면서 위키리크스에 관한 논란을 예의주시하겠다고 말했다.²⁴ 그러면서 이것은 미국 정부로부터 어떠한 영향도 받지 않은 순전히 '기업적 결정'이라고 덧붙였다. 물론 전혀 설득력 없는 설명이었다. 그런데 파리에서 열린 어느 회의에 참석한 한 페이팔 매니저의 입에서 지금까지의 모든 핑계들을 의심스럽게 만드는 말이 튀어나왔다. 오사마 베디어라는 이름의 페이팔 간부가 회의장에서 "미 국무부가 우리에게 그것이 불법적 활동이라고 말해주었다"고 공개적으로 밝힌 것이다.²⁵ 익명을 요구한 또 다른 금융서비스 업체 사람도 미 행정부가 자사와 접촉했으며 압력을 행사했노라고 확인해주었다.

이제 남은 자금조달원은 독일 헤센 주 북부의 국스하겐(Guxhagen)에 있는 비영리 단체 '와우 홀란드 재단'뿐이었다. 재단이 밝힌 바에 의하면 2010년 한 해 동안 약 100만 유로의 기부금이 그곳으로 들어왔다.²⁶ 위키리크스의 기부금을 관리하는 이 재단은 변호사를 통해 페이팔이 동결한 약 1만 1000유로를 지불하도록 요구할 수도 있다.²⁷ 페이팔 역시 더 이상 위키리크스의 '불법활동'을 직접 언급하지 않고 그냥 혐의가 있다고만 말하고 있다. 그러나 계정은 여전히 정지된 상태다. 페이팔 계정은 지지자들이 위키리크스에 기부금을 보낼 때 가장 많이 사용하던 계정이었다.

멜버른대학 캠퍼스에 있는 검은색 사서함 4080도 예외는 아니었다.

이것은 위키리크스를 아날로그 세계로 이어주는 통로였다. 2010년 12월 4일 호주 우체국은 캠퍼스 지점을 폐쇄하겠다고 발표했다. 사용하는 사람이 별로 없다는 게 그 이유였다. 국내외 기관으로부터 어떤 요청이 있었느냐는 질문에 호주 우체국 대변인은 답변을 회피했다.[28]

미국 정부가 위키리크스와 그 활동을 탄압하려 한다는 마지막 증거는 백악관이 내린 지시였다. 백악관은 2010년 12월초부터 미국 정부 부처 및 기관의 직원들에게 그들의 컴퓨터를 통해 위키리크스나 참여 언론사의 웹사이트로 들어가서 공개된 외교전문을 보는 것을 금지시켰다. 미국 국내법에 따르면 그 문서들은 여전히 기밀로 분류되기 때문에 다운로드할 수 없다는 것이 이유였다. 1800년에 설립된 이래로 자유분방한 지식 교류의 상징이었던 유구한 전통의 하원 도서관과 여러 정부 부처들은 모두 한꺼번에 위키리크스에 대한 접근을 완전히 차단해버렸다. 또 많은 대학들은 학생들에게 앞으로의 경력에 피해를 입고 싶지 않다면 논문을 쓸 때 외교전문을 인용하지 말도록 당부했다. 미 공군은 한발 더 나아가서, 위키리크스는 물론이고 공개에 직접 참여한 모든 언론사들의 웹사이트 방문을 금지시켰다. 가령 미 공군의 컴퓨터에서 www.spiegel.de를 치면 'Access denied'라는 접근 거부 표시만 뜬다.[29]

외교전문 공개 이전에는 중국 같은 권위주의적인 국가들만이 자국민의 위키리크스 접근을 차단했었다. 그런데 다른 곳도 아니고 소위 '자유의 나라(Land of free)' 미국에서, 신나치를 비롯하여 모든 이단적 단체들이 웹사이트 차단을 두려워할 필요 없이 인터넷을 그들의 선전수단으로 합법적으로 남용할 수 있는 이 나라에서 자기들의 정부 직원들이 작성한 외교전문을 공개했다는 이유로 관련 사이트에 대한 출입을 아예 막아버린 것이다. 그것도 편집 과정을 거쳐 한껏 수위를 낮춰서 공개한 것인데 말이다. 이와 비슷한 일은 지금까지 한 번도 없었다.

히피 밴드인 '그레이트풀 데드(Grateful dead)'의 전 작사가이자 디지털 인권운동 '전자프런티어재단'의 공동설립자이고 '사이버 공간 독립선언문'의 작성자인 존 페리 발로우는 수많은 인터넷유저들의 생각을 트위터에 다음과 같이 명쾌하게 표현했다. "최초의 진짜 정보전쟁이 시작되었다. 전쟁터는 위키리크스이고 당신들은 전투병력이다."[30]

'전쟁'이라는 말은 조금 과격한 표현이다. 서로 대치하는 국가가 있는 것은 아니고 그냥 인터넷에서 발생한 사이버 봉기이고 디지털 소요다. 하지만 실제 전쟁처럼 양측은 군대와 지지자들을 갖고 있다. 위키리크스에 대한 탄압이 정점에 달했다면 어산지와 위키리크스에 대한 국제 연대의 물결도 정점에 달했다. 페이스북과 트위터에는 지지자와 팔로어 숫자가 가파르게 치솟았다. 와우 홀랜드 재단은 '지금까지 한 번도 없었던 형태의 엄청난 기부금'이 몰린다고 말했다.[31] 위키리크스 탄압에 가담한 기업들은 날카로운 적들을 만들게 되었다. 일례로 대니얼 엘즈버그는 아마존의 고객센터와 제프 베조스 회장에게 보낸 공개서한에서 "나는 아마존에서 새 책과 중고 책을 사는 데 매월 100달러 이상을 지출했지만, 이제는 끝이다. 나는 아마존의 비겁함과 비굴함에 구역질이 난다"고 말하고 사람들에게 아마존 불매운동을 호소했다.[32] 다른 기업들도 계약 해지와 밀려드는 불매운동 구호에 맞서야 했다. 거의 대부분의 기업들이 EveryDNS처럼 자사 홈페이지에 자신들의 행동에 대해 구차한 해명의 글을 올려야 했다. 하원도서관 역시 자신의 결정을 변명하고 합리화시키는 글을 블로그에 올렸다.[33]

어산지의 입장에서 이 시기에는 불매운동 구호보다 실질적인 도움이 더 절실했다. 위키리크스는 비상사태에 대한 대비책을 마련하고 몇 개의 도메인명을 확보했다. 그들은 "위키리크스를 인터넷에서 제명시키지 못하게 하려면 당신들의 도움이 필요합니다"라는 호소문과 함께 적극적인 자원봉사자 모집에도 나섰다. 또 '매스미러링 위키리크스(Mass-Mirroring WikiLeaks)'라는 캠페인을 벌여 인터넷에 연결된 모든 유닉스 서버 운영자들에게 위키리크스 콘텐츠를 다운받아 달라고 호소했다. 전문용어로 '콘텐츠 미러링'이라고 부르는 작업이었다. 이 캠페인은 여러 나라의 해적당들로부터 지지를 받으며 엄청난 성공을 거두었다. 불과 며칠 만에 1200개 이상의 '미러 서버'가 생겨났다. 콘텐츠 자체에 대한 관심도 대단했다. 스위스 해적당이 운영하는 wikileaks.ch 서버 한 곳에서만 이 시기에 초당 약 3000명의 방문객을 위키리크스 IP 주소에 연결시켜 주었다.

위키리크스에 대한 공격에는 똑같이 공격적으로 반격해야 한다고 주장하는 강성 인터넷 활동가들도 적지 않았다. 이런 부류들의 싸움은 〈스타워즈〉 영화에서 따온 듯한 희한한 이름의 무기들을 가지고서 치러졌다. 'Hive Mind' 'LIOC(Low Ion Orbit Cannon)' 등은 일반 컴퓨터를 전투용 컴퓨터로 바꾸어 인터넷 서버에 대한 공격을 가능하게 해주는 작은 프로그램들이다. 대표적인 단체인 '아노니머스(Anonymous)'의 활동가들은 이런 '광선포(ion orbit cannon)'를 장착하고서 위키리크스를 적대시한 자들에게 서비스 거부 공격을 퍼부었다. 그들은 이를 '보복작

이라 부르며 해적선 그림을 로고로 삼았다. '아노니머스'는 인터넷 포털 '4Chan'을 모태로 성장했으며, 이 단체의 멤버들은 원래 위키리크스와는 무관했지만 이 같은 집단공격으로 그들의 연대의식을 증명해 보이려 했다.

먼저 스위스 포스트파이낸스 사이트가, 그리고 곧이어 mastercard.com이 공격을 받았다. 공격자들의 커뮤니케이션은 인터넷에서 라이브로 중계되었다. 주동자 중 한 사람이 "target: www.visa.com :: fire fire fire!!!"라고 썼더니 불과 몇 분 만에 벌써 visa.com은 다운되고 말았다.

스웨덴 검찰청 사이트, 세라 페일린의 개인 홈페이지와 신용카드 계정 등도 위키리크스 지지자들에 의해 디지털 집중포격을 받았다. '아노니머스'는 성명을 통해 이렇게 밝혔다. "우리는 당신들의 개인정보나 신용카드 번호를 훔치려는 것이 아니다. 우리는 마스터카드, 비자, 페이팔, 아마존의 주요 인프라를 공격하지도 않을 것이다. 우리의 현재 목표는 이 기업들이 위키리크스를 무력화시키기 위해 사용한 방법들에 사람들이 주목하게 만드는 것이다."[34]

이것은 1970~80년대에 극좌파들이 벌이던 소요와 가두시위의 디지털 버전이자 사이버 공간의 분노한 활동가들이 내리는 상징적인 '처벌'이었다. 어떤 지속적인 영향력을 기대하기는 힘든 활동이었다. 하지만 여기에는 새로운 디지털 전투 규칙이 표현되고 있었다. 2007년 4월 말 에스토니아 정부와 여러 은행과 언론사들의 서버는 대대적인 서비스 거부 공격을 받았다. 집중포격은 2주나 계속되었다. 에스토니아 정부가 소비에트 전사 기념비를 탈린에서 없앤 다음 공격이 시작되었기 때문에 사람들은 쉽게 러시아 국수주의자들을 의심했다. 이 사건은 강력한 사이버 소요로 역사에 기록되었고, 나토는 심지어 회원국 에스토니아를 방어해야 하는지 여부까지 심각하게 고민했다. 그러나 이 사건도 에스토니아 국경을 넘지는 못했었다. 반면 위키리크스에 대한 공격과, 이에 대한 지지자들의 대응공격은 여러 나라에서 동시다발적으로 벌어지고 있었다. 역대 최고 규모의 인터넷 국제 봉기였다.

위키리크스 사건은 인터넷에서 출판과 표현의 자유를 쟁취하기 위한 싸움이기도 했다. 여기서는 두 세계가 대립하고 있다. 한편에는 정부, 형사소추기관, 기업 등이 지닌 기존의 권력구조가 있고, 또 한편에는 자신들을 디지털 엘리트이자 아방가르드라고 생각하는 활동가 집단이 있다. 그들은 네트워크 세계에 대한 전통적 권력의 요구를 인정하지 않았다. 그들은 위키리크스의 경우처럼 도전을 받았다고 느끼면 즉각 투쟁에 나섰고, 필요하면 불법적인 방법도 마다하지 않았다. 위키리크스를 둘러싼 전투는 네트워크에서 누가 발언권을 갖고 누가 통제력을 손에 넣는가 하는 문제이기도 했다. 네트워크가 공공의 자유로운 인프라라는 것은 그냥 느낌에 불과하다는 사실을 이 싸움은 잘 보여주었다. 네트워크는 대부분 기업과 그들의 사업 조건에 의해 지배되고 있다. 이 대립은 또한 '네트워크 중립성'이라는 미래의 주제에 대한 폭넓은 논의가 진즉에 이루어졌어야 했다는 걸 보여주었다.

이런 태풍의 중심에는 모든 사건의 배후 인물이자 태풍의 직접적인 원인으로 작용한 인물이 있었다. 셰익스피어의 드라마에서처럼 이제 이야기는 새로운 정점을 향해 치달았다. 줄리언 어산지를 위협하는 화는 도처에 있었다. 단지 어떤 방향에서 오는 것이 가장 먼저 그에게 닿을지만이 문제였다. 첫 번째 화는 스웨덴에서 찾아왔다.

위키리크스가 외교전문을 공개하기 시작하고 이틀 뒤에 인터폴이 1971년 7월 3일 호주 퀸스랜드 출생의 줄리언 폴 어산지에 대해 188개국에 수배령을 내렸다는 소식이 전해졌다. 관련 제보는 이제 가까운 경찰서 아무 곳에나 하면 되었다.[35]

하지만 어산지도 그동안 손을 놓고 있었던 것은 아니다. 런던에서 이라크 문건에 관한 기자회견을 하던 10월에 이미 그의 곁에는 대단히 우아하게 차려입은 젊은 여성이 늘 함께 있었다. 유명한 언론 변호사인 마크 스티븐슨과 함께 런던의 로펌 파이너스 스티븐스 이노센트(Finers Stephens Innocent)에서 일하는 변호사 제니퍼 로빈슨이었다. 어산지에게 그녀는 걸어다니는 법률비용보험이나 마찬가지였다. 그녀의 가방에는 자신의 의뢰인이 체포될 경우 즉시 이의제기를 할 수 있도록 여러 가지 서류들이 갖추어져 있었다.

인터폴이 어산지를 중범죄자 취급을 하며 웹사이트에 수배 명령을 올리고 수배 전단지를 배포하는 등 수색 작업에 나서자 마크 스티븐슨은 너무 화가 나서 정신을 차리기도 어려울 지경이 되었다. 스티븐슨은 단단한 체격의 곱슬머리 남자로 기이한 무늬의 넥타이를 즐겨 맸다. 그의 둥그스름한 얼굴은 흥분하면 금방 붉어지는데, 이번에는 아주 새빨개졌다. 그는 30년 동안 부당한 정권에 맞서 의뢰인들을 변호해왔지만 이런 일은 난생처음이라고 했다.

스웨덴의 수사당국이 어산지를 조사하기 위해 그에 대한 전격적인 체포 명령을 내린 것부터가 말도 안 되는 일이었다. 그의 성추행과 성폭행 혐의가 도대체 어디에 근거한 것인지는 그의 변호사들조차도 오랫동안 알 수가 없었다. 어산지는 스웨덴에 6주일가량 체류하던 2010년 9월에 이미 조사에 응하겠다고 했지만 당시에 수사당국은 그의 조사에 별 관심을 보이지 않았다. 어산지에 대한 심문을 런던이나 스코틀랜드 야드에 있는 스웨덴 대사관에서 실시하자는 스티븐스의 제안도 담당 여검사에 의해 거부당했다.

일명 '케이블 게이트(cable gate)'로 불리는 외교전문 폭로사건을 둘러싼 정치적 지진은 전 세계를 뒤흔들었다. 워싱턴이 광분하여 위키리크스에 공격을 가하고, 이에 해커들이 반격에 나서는 동안 어산지는 런던의 북동쪽에 있는 한 주택에 피신하고 있었다. 그곳은 '프런트라인 클럽'의 설립자 보언 스미스가 노포크 주에 소유하고 있는 저택 엘링엄 홀(Ellingham Hall)이었다. 스미스는 영국 대령의 아들로 그 자신도 대위였으며 나중에 종군기자로 유명해졌다. 그는 어산지와 위키리크스의 일을 높이 평가했다.

18세기에 지어진 그레고리안 양식의 이 저택은 위키리크스가 그때까지 사용했던 임시본부 중 단연 가장 고상한 건물이었다. 스미스는 대지 약 250헥타르에 일종의 유기농 농장을 만들고 그 안에 방이 10개 딸린 집을 지었다. 정원에는 아이들 4명이 한꺼번에 올라가서 뛰어놀 수 있는 거대한 트램펄린도 있었다.

방문객이 찾아오면 저택의 규모에 걸맞게 따로 마련된 응접실에서 맞을 수 있었다. 벽에 걸린 초상화 속 영국 귀족들은 이제 컴퓨터, 메모리카드, 스마트폰 등으로 무장한 사이버 조직의 지휘본부를 내려다보고 있었다. 엘링엄 홀에서 어산지는 거의 잠을 자지 못했다. 그는 "우리의 인프라를 파괴하려는 시도에 맞서 밤새도록 싸워야 했다"고 썼다.36

2010년 12월 초 런던의 상황은 급박하게 돌아가고 있었다. 매일 새로운 외교전문이 공개되고 국제적인 지명수배가 내려졌다. 변호사들은 어산지가 영국에 체류한다고 공식적으로 확인해주었다. 그런데 며칠이 지나도 아무 일도 일어나지 않았다. 발부된 국제 체포영장에 형식상의 오류가 있었기 때문이다. 스웨덴의 사법부로서는 또 한 번 망신을 당한 셈이다.37 니콜라우스 성인 축일인 12월 6일 오후에야 겨우 새로 만들어진 체포영장이 런던에 도착했다. 이제 어산지의 체포는 시간문제였다. 마크 스티븐스와 제니퍼 로빈슨은 런던경찰청 관계자와 이튿날 아침으로 체포 시간을 합의하는 협상을 벌였다. 어산지는 그날 저녁 친구들과 지지자들에 둘러싸여 정확히 21시 4분 전까지 온라인에 있었다. 세계 각지에서 그를 지지하는 글들이 쏟아져 들어왔다. 위키리크스 초창기 시절의 한 동지는 그에게 '사랑과 평화(Love and Peace)'의 인사를 전했다. 그런 다음 위키리크스 창설자는 인터넷에서 모습을 감추었다.

다음 날 아침 어산지는 자신의 변호사와 몇몇 측근들과 함께 런던 북부의 켄티시타운(Kentish Town) 경찰서로 갔다. 차 안에서 그는 컴퓨터로 공식 입장에 대한 글을 썼지만 완성하지는 못했다. 경찰관들은 신분을 확인하고 스웨덴 검찰의 혐의사항을 읽어준 뒤 그를 체포했다. 어산지는 지문과 DNA 샘플의 채취와 사진 촬영을 거부했다. 약간의 저항은 있어야 했다.

법원은 이제 어산지의 보석 신청에 대해 결정을 내려야 했다. 지지자들은 트위터와 페이스북을 통해 웨스트민스터 치안법원 앞에서 시위를 벌이자고 촉구했다.

법원과 판사는 큰 혼잡을 예상하지도 못했고, 이 특별한 사건에 대비해 철저히 준비한 것 같지도 않았다. 법정은 너무 작았다. 사진기자들과 카메라팀들은 자리를 확보하기 위해 몸싸움을 벌여야 했다. 그런 데다가 유명인들까지 방청석에 모습을 나타내기 시작했다. 크리켓 스타 임란 칸의 전 부인이자 영국 상류사회의 유명인사인 제미마 칸과 영화감독 켄 로치, 베테랑 기자 존 필거 등이 차례로 법정에 들어섰다.

어산지는 검정색 리무진을 타고 법원 후문으로 들어왔다. 그는 옅은 미소를 띤 채 법정에 들어섰고 윙크를 하며 매우 태연한 모습을 보였다. 주소를 묻는 질문을 받자 그는 이렇게 말했다. "통신용인가요, 아니면 다른 용도의 주소 말씀인가요?" 먼저 그는 호주 사서함 주소를 말하려다 입을 다물고 종이에 뭔가를 적었다. 멜버른 북부의 파크빌에 있는 주소였다. 그는 자신의 신상에 관해 간단한 진술을 하고 나서 내내 침묵했다. 스웨덴으로 신병을 인도할 가능성과 관련된 질문 때만 이의를 제기한다고 분명하게 대답했다.

스웨덴 검찰을 대신하여 참석한 두 피해 여성의 변호사 옘마 린드필드가 기소장을 낭독했다. 기소장에 따르면 어산지는 8월 14일 안나에게 콘돔을 사용하지 않은 섹스를 강요했고, 8월 18일에 그녀에게 한 차례 더 신체적 강요를 했다. 또 소피아는 그가 8월 17일 합의 하에 성관계를 가진 뒤 잠을 자던 도중에 콘돔을 사용하지 않은 상태로 자신을 성폭행했다고 주장했다. 법정이 린드필드 변호사에게 증거를 제시할 수 있는가 묻자 린드필드는 유럽의 인도 절차에 따르면 스웨덴 검찰은 증거 제시의 의무가 없다고 대답했다.

어산지의 보석 석방 문제에 대해서는 예기치 않았던 진술이 있었다. 어산지의 변호사가 법정에서 제미마 칸과 켄 로치를 비롯한 몇몇 사람들이 어산지의 보석금으로 각각 2만 파운드씩을 내기로 해서 총 18만 파운드가 준비되어 있다고 발언한 것이다.

그럼에도 불구하고 리들 판사가 어산지의 '유랑민 같은 생활방식' 등을 이유로 그의 석방을 유보할 '실질적 근거들'이 있다고 판결하자 방청석에서 웅성거리는 소리가 들렸다. 어산지는 생애 처음으로 쇠창살에 갇히는 신세가 되었다. 법정 앞에서는 수십 명의 지지자들이 "우리는 당신을 사랑합니다. 줄리언"을 연신 외쳐댔다. 그중에는 어산지의 가면을 쓴 사람들도 있었고, "미국이 짖으면 스웨덴은 꼬리를 흔든다" 등의 구호가 적힌 피켓을 든 사람들도 있었다.

인터넷의 자유 투사 어산지는 수감자가 되어 법정을 나왔다. 판사는 절대 정치적인 재판이 아니라는 사실을 강조하기 위해 애쓰다가 "여기서 중요한 것은 위키피디아가 아니다"라고 말실수까지 했다.

대부분의 유럽 국가에서는 2010년 말까지 제시된 증거들만으로는 체포영장을 발부하기조차 어려운 상황이었다. 이 사건을 담당한 스웨덴의 여성 검사들이 모두 다른 해석을 내린 사실만 보아도 이 사건을 대하는 시각이 매우 상이할 수 있음을 알 수 있다. 그런데도 어산지는 기소 없이 구금되었다. 두 여성이 제기한 혐의로 어산지를 심문하기 위해 그의 자국 인도를 추진하는 스웨덴 검찰의 뜻이 영국 법정에서 그대로 반영된 것이다. 영국 판사의 이런 결정에는 어산지가 10월 14일에 예정된 조사에 출두하지 않은 것도 영향을 미친 것 같았다.

비록 당국의 이상한 태도로 인해 교도소에 수감되는 처지가 되었지만, 어산지에게 이 판결은 도움이 되는 측면도 있었다. 지난 몇 개월 동안 공공연히 거리를 두었던 많은 내부비판자들도 연대를 과시하기 시작했다. 그중 한 사람인 헤르베르 스노라손은 "어산지를 미국으로 인도할 생각은 꿈도 꾸지 말라"고 썼다. 비르기타 욘스도티르도 트위터에 "우리는 그가 미국으로 인도되지 않도록 확실히 해둘 필요가 있다"고 썼다.[38]

어산지는 아주 조그만 창이 붙어 있는 흰색 교도소 버스를 타고 법정을 떠났다. 버스기사는 그를 런던 최대의 교도소가 있는 원즈워스(Wandsworth)로 데려갔다. 어산지는 그곳에서 9일을 보내게 된다. 그는 지하의 독방에 배정되었고 회색 수감복을 입었다. 그는 무엇보다도 먼저 컴퓨터를 사용할 수 있는지 알고 싶어 했다. 평생을 컴퓨터와 인터넷 안에서 보낸 사람에게 컴퓨터가 없는 시간은 황량한 박탈의 시간이 될 것이다.

일주일 후에 법원은 어산지를 조건부 보석으로 석방하기로 결정했다. 그러나 영국 검찰은 스웨덴 경찰의 요청에 따라 항소했다. 이틀간 고민한 끝에 판사들은 항소를 기각하고 그의 조건부 석방을 확정 지었다. 그의 지지자들은 법원에 총 28만 5000유로의 보석금을 예치했다. 어산지는 전자발찌를 차고 몇 사람의 보증인을 내세우고 매일 경찰에 연락해야 했다. 보증인 중에는 노벨상 수상자, 작가, 전직 장관도 한 사람씩 있었다. 보언 스미스는 자신의 엘링엄 홀을 어산지의 거처로 공식적으로 제안했다.

어산지가 다시 자유의 몸이 되던 시간에 런던에서는 때마침 눈이 내리기 시작했다. 호주에서 날아온 어산지의 어머니 크리스틴은 아들을 품에 안을 순간이 너무나 기다려진다고 말했다. 어산지는 석방된 뒤에 지지자들에게 짧게 감사의 마음을 전했다. "빅토리아식 교도소의 지하 독방에서 지내는 동안 저는 저보다 더 어려운 상황에 있는 전 세계의 모든 독방 수감자들을 생각하는 시간을 가졌습니다. 그들 역시 여러분의 관심과 지지를 필요로 하는 사람들입니다."

그가 직접 이름을 거론하지는 않았지만 누구를 염두에 두고서 한 말인지는 분명했다. 어산지는 버지니아 주 콴티코의 극도로 엄격한 수감 조건 속에서 2010년 크리스마스를 맞아야 하는 브래들리 매닝을 생각하고 있었다.

9장

팽팽한 긴장

대중매체, 정치 그리고 위키리크스

"투명성은 책임감을 불러오고
시민들에게 그들의 정부가 하는 일에 대한 정보를 제공합니다.
_ 버락 오바마가 백악관 웹사이트에 올린 글

비밀 외교전문의 공개와 더불어 위키리크스는 정부의 시각에서 볼 때 완전히 금지된 선을 넘어섰다. 그 경계선 너머에는 정치체제의 핵심부가 자리 잡고 있다. 미국 정부에게 비밀 외교는 그들의 권력정치를 펼치는 중요한 수단이다. 이것의 공개가 체제 자체에 대한 공격을 의미한다는 것은 비단 오바마 정부만의 생각은 아니다. 어산지는 권력의 문제를 제기했고 체제는 받아들이지 않았다.

 이 같은 근본적인 대립이 단지 미국 정부만 겨냥한 것은 아니며 반미적 성격을 띤 것도 아니다. 그것은 원칙의 문제였다. 위키리크스의 공개정책은 민주적 정부에 대해서가 아니라 잠정적으로 모든 국가, 모든 억압적 정권에 대한 도전이다. 많은 정부들이 위키리크스를 국가의

적으로 보고 있다. 이 시각에서 보자면 어산지와 그의 협력자들은 무정부주의자들인 셈이다.

베를린의 정치학자 헤르프리트 뮌클러는 이런 원칙적인 갈등을 '비밀' 개념을 가지고서 논했다. 그는 비밀의 유지를 현대 국가가 성립하기 위한 근본 요소로 이해했다. "비밀은 (…) 단지 정치가들이 시민을 기만하는 수단만이 아니며 정치제도의 특징이기도 하다."1 "국가의 성공 역사는 정치 비밀의 성공적인 독점화와 결정적으로 결합되어 있다."2 그러나 '권력국가에서 법칙국가에로의 전환'이 이루어진 이후로는 '법률의 규제와 법정의 판단이 가능한 책임 있는 방식의 비밀 보호와 공개'도 여기에 기여한다. 뮌클러는 위키리크스나 다른 누군가가 이 문제를 더 잘 풀어나가리라고 생각하지 않는다. 다시 말해 국가의 모든 비밀을 까발리겠다고 나서는 것은 국가 자체를 파괴하고 그 대신 자기 자신을 비밀의 파수꾼으로 내세우려는 시도일 뿐이라는 것이다.

정치 평론가들 중에는 뮌클러와 비슷하게 생각하는 사람들이 많다. 독일의 유력 일간지 〈쥐트도이체차이퉁〉의 쿠르트 키스터 편집장은 '총체성을 지나 전체주의로 흐르는 대중의 세계관'을 지적했다.3 그에 따르면 어산지는 '오웰과는 정반대의 세계에 대한 자신의 꿈을 실현하려고' 시도하고 있으며, 그 세계에서 "국가는 모든 통제권을 소유하는 게 아니라 오히려 그것을 완전히 잃어버린다. 이런 총체적 공공성이 지배하는 체제 안에서 이에 복종하지 않는 자는 사회에 해로운 존재가 된다."

간단히 말해 많은 언론들이 보이는 거부반응의 핵심은 그들이 체제의 안정성이 깨질까 두렵기 때문에 행정부를 편드는 것이라고 요약될 수 있다. 여기서 재미있는 점은 이것이 민주주의 사회에서 대중매체가

해야 하는 역할에 부합하지 않는다는 사실이다. 견제와 균형의 체제에서 공공의 역할은 체제의 일부를 이룬다. 대중매체는 통치자들의 행위가 그들이 공표한 목표와 기준에 일치하는지 여부를 점검한다. 문제가 있을 경우 체제는 이를 공개적으로 밝히고 바로잡아서 더 나은 균형을 찾는다. 이런 의미에서 대중매체는 체제의 정화작용을 담당하는 조정자이다. 그들은 이상적인 차원에서 정치 행위를 논의와 이해가 가능한 것으로 만든다. 그들은 반사회적 행태들을 찾아내어 사회가 스스로를 치유할 수 있게 만든다. 이는 민주주의가 성립하기 위해 없어서는 안 될 역할이다.

국가의 편에 서서 비밀 공개에 반대 입장을 보이는 언론의 반응은 어산지 개인에 대한 반감 외에 위키리크스 폭로의 엄청난 범위와도 많은 관계가 있다. 체제의 정치적 핵심부에 대한 공격은 거의 대부분의 언론에 암묵적인 금기사항이다. 개혁을 하자는 것이지 혁명을 하자는 게 아니다. 그래서 많은 이들이 군보고서는 물론이고 특히 외교전문의 폭로에 불편해하는 것이다. 그들은 (정말 무언가를 원한다면 혁명이 아니라) 개혁을 원하기 때문에 자신들이 혁명활동의 도구로 이용당하고 있다고 느낀다.

이것은 위키리크스에 대한 많은 논평들에서 느낄 수 있는 딜레마로 이어진다. 정치부 기자들에게는 요즘 공개되고 있는 것과 같은 문서들을 자신도 입수할 수 있기를 바라는 간절한 소망도 있기 때문이다. 예를 들어 2009년 여름에 작성된 힐러리 클린턴의 사인이 있는 기밀 외교전문은 모든 편집국의 구미를 당기기에 충분했다. 미국이 유엔을 얼마나 조직적으로 염탐하고 있는지를 똑똑히 보여주는 이 정부 보고서의 공개는 저널리즘의 기준에도 전혀 어긋나지 않았다.

위키리크스의 정보 공개가 남다른 점은 무엇보다도 폭로된 사건들의 양적 규모에 있다. 자료의 엄청난 양은 그들의 발표에 이제껏 경험하지 못한 어떤 무게감을 부여해주었다. 한두 건도 아니고 무려 25만 건이 넘는다. 쓸데없고 하찮은 내용들을 다 걸러낸다고 해도 적어도 몇천 건의 자료에는 여전히 놀랍고 주목할 만한 내용들이 있다. 어떤 것은 유엔에서 미국 외교관들이 보인 파렴치한 행동을 담고 있고, 어떤 것은 다른 나라들에서 벌어지는 지저분한 일들을 담고 있다. 부정부패에 대한 것이든, 이란 원전시설 공격을 지시하는 아랍 지도층에 대한 것이든 이 문서들 하나하나는 모두 신문 1면과 사설에 실리기에 충분한 가치를 지닌다.

정부의 내부를 조사하는 감사위원회에서도 이런 비밀문건들을 확보하기 위한 경쟁이 벌어진다. 그들의 발표와 뒤이어 벌어지는 논쟁은 견제와 균형으로 이루어진 체제의 일부다. 그것이 아무리 정부에 고통스러운 일이더라도 마찬가지다. 정부 감사위원회의 발표는 위키리크스가 지금 하고 있는 행동과 근본적으로 다르지 않다. 그리고 어떤 저널리스트도 이런 발표를 문제 삼지는 않는다.

위키리크스의 경우는 단지 폭로의 정황이 기자와 언론매체들의 익숙한 관행에 부합하지 않을 뿐이다. 그러다 보니 오히려 역반응이 나타났다. 언론상을 수상한 한스 라이엔데커 기자는 세상에는 알려져서는 안 되는 비밀도 있다는 식의 논리를 펼치고,[4] 〈타게스슈피겔〉의 발행인 게르트 아펜젤러는 아직 원본이 공개되기도 전에 이미 '전혀 새로울 것 없는' 자료라는 논평을 내놓았다. 그는 위키리크스의 정보 공개가 아무에게도 도움이 안 되고 오히려 많은 사람들에게 해만 끼친다고 말한다.[5] 놀라울 정도의 외면과 무시는 그렇다고 치더라도 문서를 제대로 읽어보지도 않고 그런 판단을 내리는 것은 명백한 잘못이다. 당연히 그 자료들엔 새로운 것이 많다. 개별적인 폭로들의 내용 외에도 그렇게 '풍부한 원본 자료들은, 설사 그중 일부가 단순한 일상을 묘사하는 데 그치는 것이더라도 질적으로 대단히 훌륭한 이해'를 키워준다고 영국의 역사가 가튼 애시(Garton Ash)는 말한다. 그는 학자의 관점에서 위키리크스의 폭로는 '시대정신의 향연'이라고 했다.[6]

위키리크스 폭로에 비판적인 논평들에는 체제의 핵심부를 건드리는 공격에 가담하고 있다는 불편한 감정이 표현되어 있다. 〈쥐트도이체차이퉁〉 국제정치부의 슈테판 코르넬리우스 부장은 매우 심각하고 진지한 어조로 어산지는 '테라바이트 규모로 신처럼 행세'하고 있다고 말했다. 그는 "결국 컴퓨터에서 그런 엄청난 정보들이 흘러나오지 않는 것이 최선이었다"고 결론지었다.[7]

비판자들은 위키리크스의 정보 공개가 민주주의를 위험에 빠뜨린다고 말한다. 하지만 그 반대로 중간 계층의 일부가 권력에 협력하는 것이 오히려 위험할 수 있다. 본래 상호 견제 역할을 해야 하는 두 엘리트 집단이 서로 손을 맞잡는다는 인상이 강해질수록 그런 체제의 적법성과 영향력에 대한 의구심은 커질 수밖에 없다. 즉 그들의 담합은 견제와 균형의 체제에 대한 신뢰를 파괴한다. 일부 매체들이 그들의 견제 역할을 제대로 수행할 의사가 없어 보이는 탓인데, 언론이 이처럼 제 기능을 못 하는 것은 비밀문서의 공개보다 훨씬 더 민주주의에 위험하다.

"대중매체와 정부는 하는 역할이 서로 다르며, 그럼으로써 결국 민주주의를 강화시키게 된다"고 퓰리처상을 두 차례나 수상한 〈워싱턴포스트〉의 다나 프리스트 기자는 말한다.[8] 그는 정보 공개로 정보원의 신변에 위험이 발생할 수 있다면 이름을 밝히지 않고 끝까지 보호하는 것이 책임 있는 자세라고 했다. 하지만 "그로써 정치가의 치부가 드러나는 문제라면 정보 공개를 유보할 이유가 전혀 될 수 없으며 이번 경우도 그렇다"고 주장했다.

"이번 자료 유출 스캔들이 정말 우려스러운 것은 대중매체와 정치권 전체에서 나타나고 있는 굴종의 제스처들"이라고 야콥 아우크슈타인은 비판한다.[9] "위키리크스 자료들을 우선적으로 국가적 또는 (더욱 나쁘게) 서구적 안보의 관점에서 보는 기자는 자기 자신을, 그리고 그와 함께 언론의 자유를 잠재운다." 미국의 시사지 〈애틀랜틱〉의 칼럼니스트 데이비드 새뮤얼스도 아우크슈타인과 같은 생각이다. 그는 '많은 언론인들이 위키리크스에 대해 보이는 충격적이고 터무니없는 반응'은 심지어 오바마 정부를 인권단체처럼 보이게 만든다고 꼬집었다.[10]

언론의 첫 번째 책임은 진실에 대한 것이다. 좋은 저널리즘은 보이도록 허락된 것이 아니라 있는 그대로의 것을 보여야 한다. 〈슈피겔〉의 설립자 루돌프 아우크슈타인은 언론은 국가기관들이 부당하게 감추는 것을 기사로 내보낼 수 있어야 한다고 말했다. 중요한 것은 사회에 필요한 정보를 캐내고 전달해서 사회가 자신의 실존적인 문제들을 고민할 수 있게 하는 것이다. 이런 의미에서 "공공성에는 좋고 나쁜 것이 없으며 제한도 있을 수 없다"고 〈슈피겔〉의 토마스 다른슈테트 기자는 말한다.[11]

미국은 놀라울 정도로 열린사회다. 하지만 지난 수십 년간 미국의 대외정책은 이를 의심스럽게 만드는 많은 일들을 벌여왔다. 일례로 우리는 2003년 2월 5일에 콜린 파월 당시 미 국무부장관이 유엔 안보리에 출석하여 이라크에 대량학살무기가 존재한다는 증거를 전 세계에 공개하던 일을 똑똑히 기억하고 있다. 이때 미국이 제시한 증거들은 나중에 조작된 것으로 밝혀졌다. 하지만 이 거짓 증거들은 미국이 이라크를 침공하는 근거로 사용되었다.[12]

요즘 공공의 관심은 이란을 상대로 곧 전쟁이 벌어질지, 이란 핵무기 프로그램에 대한 증거는 있는지 여부에 쏠리고 있다. 이 전쟁은 단순히 국지전에 그치지 않고, 아랍권 못지않게 유럽에도 큰 충격을 가져올 글로벌 차원의 파급효과를 가져올 수 있다. 그렇기 때문에 사람들은 미국 정부가 대이란 전쟁의 가능성과 관련하여 무대 뒤에서 어떤 준비를 하고 있으며 아랍의 다른 지배 세력들이 미국의 공격을 이끌어내기 위해 어떤 노력을 기울이고 있는지 알 권리가 있다.

조지 부시가 촉구한 '대테러 전쟁'도 비슷한 예다. 미국 정부는 이 '전쟁'을 위해 자신들이 사용한 고문, 납치, 비밀감금 등의 수단들을 사람들에게 조직적으로 감추고 은폐했다. 위키리크스가 공개한 비밀 외교전문들 중에는 독일 연방정부에 대한 미국 외교부의 압력을 보여주는 문건이 있다. 여기서 미국은 레바논계 독일인 칼리드 엘–마스리를 강제 연행한 CIA 요원에 대한 독일 측의 수사 중지를 요구하고 있다. 이런 사실을 공개하여 대중에게 알리는 것은 엄연한 진상 규명의 행위에 속한다. 이 자료는 '안보와 반테러에 대한 생각이 미국 외교정책의 모든 차원을 관통하고 있음'을 잘 보여준다고 티모시 가튼 애쉬는 평가했다.[13]

미국 정부를 비롯한 세계의 모든 정부들에게 그와 같은 활동을 비밀에 부칠 권리가 있다면, 글로벌 대중에게는 그런 일에 대해 최대한 많이 알 똑같은 권리가 있다. 여기서 통치행위의 최대한 많은 부분을 노출시키지 않으려는 정부의 요구와 그것의 최대한 많은 부분을 알고자 하는 공공의 요구는 자연스러운 긴장관계를 형성한다. 이때 언론은 정부가 아니라 독자와 청중에 대해 일차적으로 책임을 져야 한다. 독일의 주요 일간지 〈타게스차이퉁〉의 편집장 이네스 폴은 이 문제를 "외교는 우리가 맡은 일이 아니다"라는 말로 명쾌하게 요약했다.[14] 외교관들을 그들의 당혹스럽고 파렴치한 행동이 초래한 상황으로부터 보호하는 것은 언론이 할 일이 아니다. 이런 의미에서 워싱턴에서 유출된 이 자료들을 분석하여 보도하는 일은 비단 저널리즘에 대해서만이 아니라 민주주의에 대한 의무에 속한다. 위키리크스를 비판하는 저널리스트들이 러시아나 중국 정부의 외교정책을 투명하게 만들어주는 어떤 비밀전문들이 모스크바나 베이징에서 유출되었을 때도 과연 똑같은 논조를 계속 유지할지 상상해보는 것은 정말 흥미로운 일이다. 추측건대 비판이 상당히 유순해지지 않을까 싶다.

국가기밀의 폭로가 정부와 그들이 하는 일에 피해를 줄 수도 있다. 어쩌면 그로 인한 손실을 만회하는 데 상당한 시간이 걸릴 수도 있다. 하지만 중장기적인 시각에서 그것은 정치를 새롭게 조정하고 정화하는 과정으로 이어진다. 국가기밀의 폭로는 민주주의를 오히려 더 강화시킨다. 이는 위키리크스가 보여주는 것과 같은 열정적이고 종종 극단으로까지 치닫는 비판에도 해당되는 말이다.

유엔인권헌장 제19조는 이 점을 잘 확인시켜 준다. "모든 인간은 의

견의 자유와 표현의 자유를 누릴 권리를 갖는다. 이 권리는 간섭받지 않고 의견을 가질 자유와, 모든 매체를 통해서 국경과 무관하게 정보와 사상을 추구하고 받고 전달할 자유를 포함한다."

유엔인권헌장이 채택되던 1948년은 아직 아날로그 세계였고 인터넷은 상상할 수도 없었지만 인권헌장의 내용은 놀라울 정도로 정확히 핵심을 찌르고 있다. 미국 수정헌법 제1조와 독일 기본법 제5조도 이 권리를 보장하고 있다. 이것은 모든 민주주의의 기본적 구성요소이며, 이 같은 표현의 자유가 위키리크스에도 적용된다는 점은 의심의 여지가 없다.[15]

위키리크스를 고전적 저널리즘과 구분 짓는 결정적인 차이는 입수되는 모든 종류의 문서를 공개할 권리를 주장하는 그들의 태도다. 좋은 저널리즘은 사회적으로 중요한 사건을 기술하고 문제의 근원을 파헤치려고 노력한다. 호기심을 위한 호기심과는 무관하다. 정보를 공개하는 것은 그것이 의미가 있고 무언가에 도움이 되기 때문이며, 또한 그렇기에 정보를 분류하고 근거를 묻고 보완하려 한다.

반면 위키리크스는 자신들에게 도착한 자료는 설령 그것이 단순히 신뢰성을 테스트하기 위한 것일지라도 모두 공개하기로 약속했다. 이런 의미에서 해커 윤리학을 둘러싼 이론적 논쟁에서 위키리크스 조직은 사적 데이터의 보호받을 권리를 강조한 와우 홀란드의 보완적 논리보다는 스티븐 레비의 원칙적인 철학을 더욱 충실히 따르고 있는 셈이다. 이런 무차별적이고 일관적인 공개 태도와 이를 관철시키는 어산지의 철저함은 위키리크스가 비판받는 두 가지 핵심 요인 중 하나를 이른다. 사실 항상 투명성을 강조해온 스티븐 애프터굿 같은 사람은 원래 위키리크스의 편에 섰어야 하지만, 바로 이런 이유 때문에 이 조직과 거리를 두고 있다.

애프터굿은 미국 정치의 심장부에서 활동하고 있다. 그는 백악관과 국회의사당에서 몇 블록밖에 떨어지지 않은 곳에 있는 워싱턴DC의 전형적인 고층 오피스빌딩 7층에 거주한다. 그 건물에는 정부기관, 변호사 사무실, 로비 조직, 싱크탱크 등 워싱턴의 내로라하는 이름들이 즐비하게 자리 잡고 있다. 화창한 가을날이었지만 그는 창문 블라인드를 모두 내리고 있었다. 오래되어 보이는 참나무 책상 위에는 검은색 델 데스크탑 컴퓨터가 놓여 있고, 책장 선반은 수백 권의 책 무게를 떠받치느라 아래로 휘어져 있다. 책들 중에는 '국가기밀' 'CIA' 'NSA' 같은 제목들이 자주 눈에 띄었다.

애프터굿은 검은색 곱슬머리 사이로 희끗희끗 흰머리가 보이는 마른 몸매의 남자다. 그는 '미국과학자연맹(Federation of American Scientist, FAS)'이란 조직에서 일한다고 했지만, 구체적으로 자신이 하는 일에 대해서는 애매하게 빙빙 돌려서 말했다. 위키리크스처럼 정부 문서들을 전문적으로 다루는 일인 듯했으며, 아무튼 벌써 20년 동안 같은 일을 해오고 있었다. 그의 명함에는 "정부 기밀 프로젝트 디렉터"라고 적혀 있다. 그는 이메일 뉴스레터인 〈시크러시 뉴스(Secrecy News)〉를 발행하고 있으며, 위키리크스가 데이터베이스 전체를 인터넷에 올리기 전까지는 다른 누구보다도 많은 미국 정부의 기밀문서들을 공개해왔다. 그는 여전히 이 소명에 충실한 삶을 살고 있다. 취미를 물으니 이런 대답이 돌아왔다. "미국 대통령들이 내린 명령들을 모으는 게 제 취미입니다."[16]

애프터굿은 그의 전 FAS 동료 존 파이크(globalsecurity.org), 존 영(cryptone.org) 등과 더불어 줄리언 어산지에게 2010년에 국제적 명성을 가져다준 아이디어의 선구자다. 다른 두 동료와 마찬가지로 애프터굿은 워싱턴의 시각에서 이 호주 사람을 아주 비판적으로, 아주 눈여겨서, 그리고 아주 오랫동안 지켜보고 있다.

애프터굿은 전문교육을 받은 비행기 엔지니어다. 그는 자신의 이 전문 영역에서도 새로운 소명을 발견했다. "1991년에 핵미사일 추진체에 관한 코드명 팀버 윈드(Timber Wind)라는 비밀문서를 입수했습니다. 그때까지 전 이 분야에서 벌어지는 모든 일을 알고 있다고 생각했는데 이 문서를 보니 완전히 새로운 눈이 열리더군요." 1991년 4월 3일 〈뉴욕 타임스〉는 비밀 군비증강 프로젝트를 타이틀 기사로 공개했고, 당국은 이 '정보 유출' 사건에 대해 공식적인 조사를 실시했다. 그리고 1년 만에 '팀버 윈드' 프로젝트는 공식적으로 중단되었다. 이때부터 애프터굿은 체계적으로 미국 정부의 비밀들을 파헤쳐 공개하기 시작했다.

애프터굿은 줄리언 어산지가 2006년 말에 도움을 요청했던 사람들 중 하나다. 어산지는 그에게 위키리크스의 고문단 일원이 되어달라고 부탁했다. 하지만 애프터굿은 어산지의 제안을 거절했다. 두 가지 이유 때문이라고 했다. 우선 그 자신이 기밀 정부 문건들에 온통 관심을 쏟고 있었다. "그것은 대중에게 무언가 해명할 것이 있는 정부에게서 해명을 이끌어내는 일입니다. 저는 이런 '비인가 공개'를 신뢰하며 또 여기에 정부의 행위를 바로잡는 잠재력이 있다고 믿습니다." 하지만 그는 위키리크스의 방식은 공개 범위가 너무 넓어서 자칫 위험할 수도 있다고 말한다. "저는 위키리크스처럼 익명의 대량 폭로는 곧 명예훼

손, 오용, 기만 등으로 변질될 위험이 있다고 봅니다."

애프터굿의 두 번째 거절 이유는 사생활 보호의 문제였다. 그는 공식적인 문서로만 제한을 두지 않는 폭로 플랫폼은 실명을 거론함으로써 생겨나는 문제점과 비용에 주목해야 하며, 이를 공개로부터 발생하는 효용과 신뢰할 만하고 납득할 만하고 책임 있는 방식으로 비교할 수 있는 메커니즘을 찾아야 한다고 지적했다. "이것이 제가 보기에 위키리크스가 근본적으로 잘못된 점입니다. 그들은 자신들의 행동에 대해 아무런 책임을 지지 않아요. 하지만 공개된 말과 문서는 반드시 어떤 결과를 초래합니다. 이건 장난이 아니에요."

처음 2년 동안 애프터굿은 비밀 정보를 다루는 그의 작은 시장에 새롭게 등장한 경쟁자를 어느 정도는 긍정적인 충격으로 받아들였다. "2008년과 2009년에 그들은 상당히 긍정적이고 생산적인 시기를 보냈습니다. 아주 많은 정보를 공개했고 박자도 잘 맞았죠. 정말 구하기 힘든 좋은 자료들이 많았습니다." 애프터굿은 위키리크스의 성과를 인정하면서 일례로 비인가 공개에 대처하는 문제에 관한 미국 방첩대의 특별 지시를 언급했다. 그런데 재미있게도 이 문건마저 위키리크스에 의해 공개되었다. "아주 훌륭하고 성과도 많은 작업이었습니다. 정말 놀라웠죠. 그 문건들은 여기서 몇 블록밖에 안 떨어진 곳에서 작성된 것들인데 그것들이 위키리크스에서 발표된 겁니다."

이런 긍정적인 인식은 물론 곧 바뀌었다. 그는 어산지에 대해, 그의 결정 방식과 '점점 더 바람이 들고 자화자찬이 심해지는' 공개적 행동에 대해 언짢은 감정을 토로하기 시작했다. 그는 어산지가 자신에 대한 비판이 점점 거세지고 있는데도 트위터에 단편적인 말 몇 마디 올리는 식으로만 반응하는 것은 충분치 못하다고 지적했다. "그 사람에게는 그런 플랫폼을 책임 있게 운영하기 위해 무엇이 필요한지에 대해 감이 부족합니다."

2010년 여름 애프터굿은 마침내 분통을 터뜨렸다. 바그다드 비디오 이후에, 하지만 아직 아프간 자료들은 공개되기 전 시점에 그는 자신의 블로그에 위키리크스에 대한 생각을 가감 없이 드러냈다. 그는 어산지와 그의 동료들을 '정보 반달리즘'이라고 표현했다. 이 단어는 곧 다른 비판자들에게로 확산된다. 애프터굿의 경고는 위키리크스를 '열린 사회의 적들'로 보아야 한다는 말에서 절정에 이른다.17 그는 이 웹사이트가 개인들과 개별 조직들의 사적인 영역을 아무런 뚜렷한 도덕적 근거도 없이 제멋대로 계속 침해하고 있다고 지적했다. 그는 모르몬교, 프리메이슨, 미국 대학생 단체인 알파시그마타우(Alpha Sigma Tau) 등의 '비밀의 식'을 공개한 사실을 예로 들면서, 위키리크스는 이들 조직이 저지른 그 어떤 잘못도 제시하지 않은 채 그냥 자신들에게 그럴 능력이 있다는 이유로 함부로 남의 비밀을 공개했다고 비난했다.

워싱턴의 사무실에서 애프터굿이 쏟아낸 비판은 여기서 그치지 않는다. 그에 따르면 위키리크스는 검열, 부정부패, 비도덕적 정치행위에 대한 투쟁을 천명하고 있지만 "실제로 이 조건을 충족시키는 정보 공개는 극히 일부에 불과하다." 게다가 위키리크스가 법망을 빠져나가는 효과적인 통로들을 찾아낸 탓에 정작 자기 정보가 공개된 당사자들은 민주적 사회에서 허용하는 방식으로 자신을 방어할 기회조차 가질 수 없다. 무엇보다도 바로 이 이유 때문에 애프터굿은 자신이 위키리크스를 열린 사회의 적들로까지 여기게 되었다고 설명했다.

줄리언 어산지는 애프터굿이 블로그에 올린 논평을 당일로 즉시 읽었다. 그는 이미 그 전부터 이 미국인의 비판에 화가 나 있었지만 그때까지는 아직 공개적으로 반박한 적이 없었다. 하지만 이번에는 곧바로 "이 독한 비난은 잘못된 것이고 위험하며 혼란을 부채질한다"는 말로 시작되는 댓글을 달았다. 그는 애프터굿의 행동을 다음과 같이 설명했다. "그는 비밀 폭로운동에서 자신이 우리와 대중의 관심을 끌기 위한 경쟁을 벌이고 있다고 생각한다. 참으로 유감스러운 일이다. 우리는 애프터굿을 경쟁자로 여기지 않으며 그를 비판한 적도 없다."

2010년 7월 중순 런던의 어느 덥고 화창한 날, 우리는 줄리언 어산지와 핌리코 거리의 카페에서 만났다. 그는 지난밤에도 한잠도 자지 못했다고 했다. 그의 변호사가 미국 군정보국이 그와 만나기를 원한다고 알려왔기 때문이다. 그럼에도 불구하고 어산지는 우리에게 많은 시간을 할애했다. 〈슈피겔〉 사진기자를 위해서는 여행가방을 뒤져 세 가지 다른 의상도 준비해왔다. 처음에는 구겨진 노르웨이 기자협회 T셔츠를 입고 컴퓨터광의 모습을 연출했다. 그 다음은 꼭 달라붙는 가죽 재킷에 지퍼를 거의 허리띠까지 내린 차림으로 바꿨다. 마지막으로는 검정색 양복과 흰색 셔츠를 입고 빨간 넥타이를 맸다. 그는 이런 모습으로 전 세계 〈슈피겔〉 독자들과 만났다. 사진 속의 어산지는 마치 팝스타처럼 보였다. 그는 이제 유명인사다. 거리에서는 알아보고 말을 걸어오는 사람들이 있고, 그는 그들에게 사인을 해준다.

런던의 카페에서 어산지는 자신이 펼치는 폭로운동의 범위와 경계에 대한 물음을 놓고 골똘히 생각에 잠겼다. 스티븐 애프터굿이 비판한 것처럼 위키리크스는 개인의 사생활 영역을 함부로 다루고 있는 게 사실일까?

어산지는 반격을 펼쳤다. 애프터굿은 권력의 중심부와 너무 가깝다고 했다. 그래서는 정보의 자유를 위해 싸우는 독립적인 해방전사가 될 수 없다고 보았다. 어산지는 애프터굿의 공격이나 크립톰 설립자 존 영의 거듭되는 비방을 모두 노쇠한 옛 우두머리들의 시샘에 지나지 않는 것으로 치부했다. 많은 사람들이 위키리크스를 단지 값진 정보들을 공개하는 사이트로만 여기지 않고 인터넷 폭로 사이트 콘셉트 자체가 그곳에서 처음 시작된 것으로 믿고 있는 것에 불만이 많지만 이에 대한 마땅한 대응 방법을 찾을 수 없기 때문이라는 것이다.

베를린 유대인 공동체의 명단을 공개할 수 있겠느냐는 우리의 물음에 어산지는 "그것이 우리 기준에 부합된다면 그렇게 하겠다"고 대답했다. 정치적·윤리적·역사적 중요성을 모두 고려하여 마련된 자신들의 기준에 따라 위키리크스는 정보입수 과정에서 이미 정보제공자에게 여러 가지 질문을 던진다고 한다. 하지만 종교는 개인적인 문제가 아닌가? 그리고 극우파들이 공개된 정보를 악용한다면 어찌할 것인가?

어산지는 실제로 더 어렵고 덜 어려운 문제가 있음을 인정했다. 하지만 공동체의 명단이 세상에 알려지기를 바라는 사람이 위키리크스가 아니라 정보원이라는 사실은 중요한 의미를 갖는다고 말했다. 그 정보원은 정보를 공개한다는 위키리크스 플랫폼의 약속을 믿고 정보를 제공한 것이므로 개인적으로 마음에 더 들고 덜 들고를 떠나서 공개가 이루어져야 한다는 게 그의 생각이었다. "우리는 정치적으로 중립이며 확실치 않을 때는 항상 공개할 것입니다."

그 밖에도 위험이 너무 과장되었으며 '피해 최소화 절차'도 작동하고 있다고 어산지는 말한다. 어산지가 비판자들을 상대로 즐겨 언급하는 이 '피해 최소화' 개념도 비교적 새롭다. 이런 절차를 도입한 것은 위키리크스와 어산지가 정보 공개에 의해 문제가 초래될 수도 있음을 인정하고 있다는 걸 보여준다. 이는 위키리크스 조직에는 좋은 학습 기회이지만 그들의 기본 약속을 뒤흔드는 것이기 때문에 어산지로서는 쉽지 않은 결정이었다고 한다. 위키리크스는 정보제공자들에게 원본 자료를 변경시키지 않고 그대로 인터넷에 올리겠다고 굳게 약속했기 때문이다.

위키리크스는 대중매체와 변증법적인 관계 속에 끊임없이 변화하는 조직이다. 위키리크스는 저널리즘을 바꾸어놓았지만 반대로 저널리즘 역시 위키리크스를 변화시켰다.

어산지는 기자들 욕하기를 좋아한다. 위키리크스는 일종의 미디어 비평 프로젝트이기도 하다. 기자들이 어떤 방식으로 일하는지는 일선에서 활동하다 사망하는 기자들의 숫자가 얼마나 적은지만 보아도 알 수 있다고 어산지는 말한다. 지난 한 해 동안 기자 활동 중에 체포되거나 사망한 미국 기자의 수가 얼마나 될까? 어처구니 없을 정도로 적다는 게 어산지의 답변이다. "서양 기자들은 그들의 일을 충분히 진지하게 받아들이지 않습니다." 이라크와 아프가니스탄 같은 곳에서 위험한 사건 현장에 직접 투입되는 기자들은 대부분 프리랜서로 일하는 지역 통신원들이다. 서양의 소위 스타 기자들은 뒤에서 박수와 상만 받아 챙긴다.

이라크 전쟁일지가 공개된 뒤에 스페인 일간지 〈엘파이스〉와 가진 인터뷰에서 어산지는 "국제적 매체들은 정말 엉망"이라고 말했다. 저널리즘의 현 상황을 대할 때 그는 비록 스물다섯 살 때부터 언론활동을 해오고 있지만 저널리스트라고 불리는 것에 '오히려 모욕감'을 느낀다고 했다. "제 결론은 국제 매체들의 환경이 너무 나쁘고 왜곡되어 있어서 차라리 그것들이 없는 편이 우리에게 더 낫다는 생각입니다." 이 말은 심각하게 받아들일 수도 있지만 반드시 그래야 할 필요는 없다. 어산지의 미디어 비평은 어떤 부분은 정당하지만 또 많은 부분은 자의적이고 오만하다.

언론매체와 어산지의 관계에는 또한 기능적인 측면도 있다. 어산지는 자신의 이미지를 연출하기를 즐긴다. 그는 화려한 등장을 좋아하고 사진기자를 위해 기꺼이 의상을 세 번씩 갈아입는다. 그는 자신의 성공이 상당 부분 기성 매체 덕분이란 걸 안다.

어산지는 위키리크스가 기성 매체들과 그들의 자원을 포기할 수 없다는 사실도 잘 알고 있다. 초창기의 경험은 이를 그에게 명확히 가르쳐주었다. 그가 정보 공개에 얼마나 많은 시간과 수고를 들였든 상관없이 초기의 위키리크스 특종들은 대부분 광범위한 대중에 알려지지 않았다. 그중 많은 것들은 아예 완전히 무관심 속에 묻혔다. 위키리크스의 자료들은 기성 매체들의 눈에 띄고 난 뒤에야 비로소 독점기사로 팔려나가거나 "인터넷에 자료들이 올라와 있다"고 대중에게 널리 알려질 수 있었다.

최근의 폭로들은 위키리크스의 한계가 어디까지인지, 아니면 반대로 이 모델에 어떤 가능성이 있는지를 잘 보여주고 있다. 바그다드에서 벌어진 아파치 헬기의 치명적인 충격 같은 개별적인 스캔들의 경우 위키리크스는 원재료를 있는 그대로 기록으로 남기는 작업 외에 그것을 가공하는 일도 할 수 있었다. '부수적 살인' 비디오는 고전적 저널리즘의 작업에 속한다. 이를 위해 위키리크스는 두 명의 기자를 바그다드로 특파하여 사건의 배경을 조사하게 했다. 아프간 보고서 때는 기성 매체들로부터 어떤 항의나 이의제기를 받지 않은 채 원본 자료를 있는 그대로 공개할 수 있었다. 또 외교전문을 공개할 때는 공개할 자료들의 내용적 준비 과정을 전문적 경험과 기술이 풍부한 거대 국제언론의 기자들에게 거의 전적으로 위임했다. 위키리크스가 이런 결정을 내린 데는 기존 언론사의 도움 없이는 그와 같은 폭로를 제대로 하는 것이 불가능하다는 인식이 깔려 있었다. 그렇기 때문에 미국 군사외교문건의 이번 공개와 그 활용은 탐사저널리즘의 부활을 의미하기도 한다. 어산지가 차라리 없는 편이 더 낫겠다고 말한 저널리즘이 위키리크스에 의해 되살아난 셈이다.

    기존의 언론제도와 이런 식으로 밀접하게 얽히는 것은 위키리크스가 본래 목표한 바는 아니었다. 애당초 어산지가 추구한 것은 인터넷을 통한 '크라우드소싱(Crowdsourcing)'이었다. 자료를 입수하여 평가하고 분석하는 수많은 인터넷 유저들의 지식과 힘을 활용하자는 것이었다. 그런데 이런 목표는 제대로 작동하지 않았다. 2008년 위키리크스 자원봉사자들에게 보낸 자세한 메일에서 이미 어산지는 인터넷 블로거들보다 대형 매체들과 협력하는 것이 자신에게 더 쉽고 편하다고 말했다. 그는 팔루자 전투에 대한 비밀 보고서를 예로 들면서 위키리크스가 '수천 명'의 블로거들에게 자료를 보냈지만 이에 대한 글을 쓴 것은 위키리크스 자신과 기성 매체들의 전문기자들뿐이었다고 말했다. "다른 사람들은 모두 '오려 붙이기(cut and paste)'로 만족했습니다."[18]

어산지는 실망의 기색이 역력한 표정으로 블로거들의 문제는 정보제공자가 없다는 게 아니라고 지적했다. 그들은 새로운 진실을 드러내는 일에는 별로 관심이 없으며, 그날그날의 현안들에 대해 어떤 입장을 취하는 걸로 만족한다는 것이다. 애당초 어산지는 정보원이 대중매체에 자기 정보를 제공하고 그 처리를 일임하는 전통적인 2단계(two step) 방식을 혁명적으로 뜯어 고치기를 원했다. 그는 인터넷 집단지능의 지원을 받아 기성 매체의 자리를 위키리크스로 대체하기를 원했다. 그런데 결과는 정보원에서 위키리크스를 거쳐 매체로 가는 3단계(three step) 방식이 되었다. 거의 모든 중요한 폭로사건들이 언론사를 통해서 평가와 준비 작업이 이루어지는 세 번째 단계를 거쳤다. 여기서 새로운 점은 정보의 전달이 아니라, 기밀문건을 전달받고 공개하는 위키리크스의 기술적 가능성뿐이다.

현재 위키리크스는 고전적인 언론매체와 인터넷 플랫폼이 자웅동체로 결합된 형국이다. 당국의 검열이 어려운 인터넷 플랫폼의 사용은 디지털 혁명 없이는 불가능했을 것이다. 세계 곳곳으로 확산된 인터넷은 기존 매체들의 생산수단을 극단적으로 가격을 낮추고 민주화시켰다. 300달러짜리 노트북 달랑 하나만 가진 인터넷 활동가가 그동안 펼친 언론활동은 다수의 신문사 발행인들보다 훨씬 더 많은 영향력을 발휘한 것이 사실이다. 이렇게 볼 때 비밀 정보들을 공개하는 검열 불가능한 플랫폼의 아이디어는 정치적 권력분립의 보완 역할을 하는 국민국가의 경계를 벗어난 다섯 번째 권력으로 자리매김할 가능성도 있다.

위키리크스와 같은 조직들이 많아진다면 말이다. 초국가적인 조직구조, 국가적 타협의 최대한 배제, 국내법 적용의 포괄적 면제 등 그 단초들은 이미 눈에 띄고 있다. 저널리즘의 변화를 가져올 매체 전반에 관한 이론적 논쟁은 이제부터 시작이다.

권위적 정권에서 이런 플랫폼들은 민주주의에서 자유 언론이 하는 것과 같은 역할을 떠맡을 수 있다. 물론 위키리크스는 아직 그렇게 되려면 한참 멀었다. 하지만 위키리크스가 비밀 정보들의 항구 노릇을 하는 전 세계적인 '브랜드네임'이 된 이후로 적어도 이 방향으로 계속 발전하여 정말로 최초의 국제적 정보 플랫폼으로 발돋움할 가능성은 갖게 되었다. 위키리크스의 인터넷 사이트와 사이버 문서 보관소가 완전히 제 기능을 갖춘 2010년 가을에는 이미 100개 이상의 나라들에서 각종 정보 자료들이 이곳으로 쏟아져 들어오고 있다. 이는 국제적 규모를 자랑하는 매체들조차도 부러워하는 수준이다. 사실 그들의 활동은 대부분 자신들의 언어권을 크게 넘어서지 못하기 때문이다.

원본 자료들을 원활히 제공받기 위해서는 가급적 그 나라 언어로 된 국제 인터넷 주소가 반드시 필요하다. 그러려면 위키리크스는 중국 고위층에서 작성된 문서의 진위를 검사하고 페르시아어나 아랍어로 된 자료들을 분석할 인적자원과 재정자원을 충분히 확보하고 있어야 하지만 이것 역시 아직 요원한 일이다.

이런 문제들이 해결된다 하더라도 위키리크스는 고전적인 의미의 매체는 아닐 것이다. 그보다는 차라리 비밀 자료들을 열람할 수 있는 공공 문서 보관소에 더 가깝다. 어산지가 고향 호주에서 위키리크스를 도서관으로 등록한 것도 단순한 우연은 아니다. 위키리크스는 막대한 양의 1차 자료를 제공하고 있다. 이 자료들을 이용하려면 많은 관심과 열정과 시간이 필요하다. 예를 들어 어산지가 자주 언급하는 과학적 저널리즘의 이상은 기사의 모든 출처와 원본 자료를 독자에게 함께 제공하는 것이다. 이런 의미에서 위키리크스는 적어도 습득 지점이 어디인지는 밝히고 있다. 본질적인 내용과 문맥과 배경은 이용자들이 스스로 추론해야 한다. 하지만 기성 매체의 저널리스트들은 독자들에게 이를 허락하지 않는다. 자기가 보기에 위키리크스는 일종의 시민단체나 로비집단 같다고 〈뉴욕타임스〉의 편집장 빌 켈러는 말한다.[19]

위키리크스가 지금까지의 요구를 포기하고 앞으로는 고전적 저널리즘에 더 가깝게 활동할지, 즉 원본 자료들을 가공하여 발표하게 될지 어쩐지는 아직 뭐라고 단언할 수 없다. 하지만 이 조직이 "눈에 띄게 변하고 있다"고 켈러는 말한다. 위키리크스가 '투명성을 절대적 가치로서 거의 무정부주의적 시각으로 바라보던 데에서' 벗어나 이제 '자신을 미디어 조직으로 정의하는' 집단으로 바뀌고 있다는 것이다.[20]

위키리크스가 현명하게 기성 매체들과의 협력을 결정한 일은 뜻밖의 긍정적인 충격이었다고 애프터굿은 말했다. "위키리크스, 〈뉴욕타임스〉〈슈피겔〉〈가디언〉이 공동으로 아프간 자료를 공개한 것은 향후 수십 년간 저널리즘이 나가야 할 길을 보여주었다"고 주간신문 〈디 차이트〉는 썼다.[21] "모든 위기들이 지역과 국경을 넘어 서로 맞물려서 작용하는 요즘 시대에 단일 신문이나 단일 방송국을 통해 자국 독자와 시청자들만을 대상으로 취재하고 보도하는 것만으로는 더 이상 충분치 못하다."

위키리크스가 앞으로 어떤 역할을 할 수 있고 하게 될지는 아무도 확실하게 말할 수 없다. '위키리크스가 초창기에 주로 독재 정부들의 불법 행위를 폭로한 것'은 아이러니한 일이라고 〈가디언〉 편집장 앨런 러스브리저는 지적했다. 그것은 차라리 태만으로 비난받을 만한 행동이었다는 것이다. "제가 보기에는 그것이 주로 개발도상국 정부들이었고 그런 폭로가 어차피 별로 문제될 것이 없었기 때문에 당시에 아무도 특별히 주의를 기울이지 않았던 것 같습니다. 그러나 이제 그들은 세계 최강국을 상대하고 있습니다. 그리고 이 과정에서 위키리크스는 자신들이 정보 통제의 유혹에 빠지지 않고 대단히 창의적으로 분산화 기술을 사용할 수 있음을 증명해 보였습니다. 이것이 어떤 결과로 이어질지를 지금 말하기는 너무 빠릅니다."22 이 조직이 2010년에 중단한 정보 발송 시스템을 다시 지속적으로 활성화시키기까지 얼마나 오래 걸릴지가 문제다. 그때가 되어야 새로 들어오는 정보들의 품질이 그 전까지의 폭로 자료들에 비견될 수 있는 수준인지 여부가 드러날 것이다.

위키리크스 조직은 엄청난 잠재력과 아울러 커다란 문제점을 지니고 있다. 이 둘에는 똑같은 이름이 붙는다. 바로 줄리언 어산지다. 이 호주 사람의 마니아적 에너지와 지적 호기심이 없었다면, 공공의 피뢰침 역할을 하겠다는 그의 의지와 카리스마가 없었다면 위키리크스는 존재하지 않았을 것이다. 하지만 어산지는 위키리크스에 민주적 구조를 부여할 시기를 놓쳤다. 어쩌면 원하지 않았을 수도 있다. 네덜란드 출신의 게르트 로빙크와 파트리케 리멘스가 위키리크스의 문제점으로 지적한 바와 같이 어산지는 마치 창업자가 도무지 경영에서 손을 떼려 하지 않는 '중소기업'처럼 이 조직을 운영하고 있다. 두 사람은 이 집단을 "전형적인 1인 조직"이라고 말한다.23 어산지는 때로는 기이하고 때로는 권위적인 사회행동을 줄곧 유지해왔다. 초기에는 이를 인습에 얽매이지 않은 신선한 태도로 받아들였던 많은 사람들이 지금은 그에게 등을 돌리고 그를 공격하는 빌미로 삼고 있다. 여기에는 옛 동료들과의 불화뿐만 아니라 그의 문제 많은 사생활도 한몫을 한다. 스웨덴에서 성폭행 혐의를 받았던 여름에 그는 2006년에 이어 또다시 아이를 임신시켰다. "저는 난잡한 사람이 아니에요. 단지 여자들을 정말 너무 좋아할 뿐입니다." 2010년 12월 영국에서 보석으로 풀려날 때 어산지가 한 말이다.

위키리크스는 현재 세계에서 가장 영향력 있는 시민운동으로 손꼽힌다. 하지만 조직은 여전히 말솜씨 좋은 리더의 지휘에 따라 고속도로 확장공사 반대집회나 계획하는 지역단체 수준을 크게 벗어나지 못하고 있다. 차라리 주말농장 동호회가 더 민주적으로 운영된다. 어산지 개인에 대한 의존성과 비공식적 구조는 과연 여기서 모든 결정이 합리적이고 납득할 수 있는 기준에 따라 내려질 수 있을지를 의심케 한다. 고문단 같은 제도는 선전효과만 있고 아무런 실질적 회합이나 연례보고도 없고 예산도 없다.

재정관리 방식은 늘 어산지에 대한 비난을 심지어 내부에서도 불러일으킨다. 매닝의 지원자들은 어산지가 공식적인 약속에도 불구하고 오랜 시간 연대활동에 필요한 돈을 내주지 않는다고 비난하고 있다. 적어도 2010년 말부터는 위키리크스가 직원들에게 지불하는 돈의 액수를 파악할 수 있다. 여섯 명의 활동가들은 와우 홀란드 재단이 관리하는 기부금으로 월급을 받는다. 액수는 그린피스 활동가들에게 지급되는 돈과 비슷한 수준이다. 어산지는 6만 6000유로의 연봉을 받는다.

2010년에 재단은 총 38만 유로를 위키리크스에 지불했다.

어산지가 회장을 맡든 대표이사를 맡든 조직은 투명한 구조로 운영되는 것이 좋다. 이것은 위키리크스가 앞으로 어떤 거창한 폭로를 계획하고 있든 상관없이 아주 중요한 과제다. 어산지가 그럴 마음이 있는지, 또 그의 동료들이 그에게 그렇게 하도록 설득할 힘이 있는지 모두 의심스럽다.

줄리언 어산지는 편안한 삶을 살아갈 수도 있었다. 비슷한 나이의 많은 사람들이 그보다 능력이 훨씬 떨어지는데도 상업적인 인터넷 창업회사를 세워 많은 돈을 벌고 있다. 이런 사람들의 풀장 딸린 집과 자동차를 볼 때 그도 가끔씩은 이런 문제를 생각할지 궁금하다. 왜 그는 지금과 같은 삶을 결정했을까? 다른 사람들에 대한, 그리고 무엇보다도 자기 자신에 대한 그의 철저하고 가차 없는 행동은 어디서 나오는 걸까?

"하지만 멋진 공공 수영장도 있습니다." 런던에서 우리와 인터뷰할 때 어산지는 개인 풀장이 전혀 아쉽지 않다며 그답지 않게 살짝 미소를 지었다. "우리는 누구나 단 한 번밖에 살지 못합니다. 그래서 우리의 시간을 무언가 의미 있고 만족스러운 일에 써야 해요. 위키리크스는 제게 바로 그런 일입니다."

:: 에필로그

위키리크스와 민주주의의 미래

"그것은 제게 산 정상에 오르는 일과 같아요.
우리는 지금 베이스캠프에 있습니다."

_ 줄리언 어산지

스파이물의 고전으로 손꼽히는 영화 〈콘돌(Three Days of the Condor)〉에서 로버트 레드포드는 '콘돌'이라는 암호명의 CIA 요원 조지프 터너를 연기했다. 콘돌은 원래 평온한 직업을 가진 남자로 정보기관을 위해 서적들을 분석해주고 있었다. 그러던 어느 날 그가 점심식사를 끝내고 다시 사무실로 돌아와 보니 그의 동료 여섯 사람이 모두 죽어 있었다. 살해당한 것이다. 콘돌은 젊은 여자 한 사람을 인질로 데리고 도피한 뒤 그녀와 함께 사건의 실마리를 풀어나간다. 문제는 CIA 내부에 있었다. 콘돌은 자신의 분석업무를 수행하는 과정에서 원유시장을 뒤에서 조작하고 있는 정보국의 어두운 진실에 너무 가까이 접근했고, 그래서 그의 사악한 보스는 콘돌과 그가 일하는 부서 전체를 제거하기로 결심했던 것이다.

영화의 마지막 장면에서 터너와 CIA 부국장 히긴스는 뉴욕 거리를 가로질러 한 건물 앞에 멈추어 선다. 〈뉴욕타임스〉 본사가 있는 곳이다.

"그들은 이제 모든 걸 알고 있어요, 전부 다!" 터너는 유명한 현판이 내걸린 건물 전면을 바라보며 말했다.

"뭐라고? 자넨 무슨 짓을 한 거야?" 히긴스가 놀라며 물었다.

터너 　제가 그들에게 이야기해주었죠. 당신들은 당신들의 게임을 하고, 저는 그들에게 이야기를 해준 겁니다. (…)

히긴스 　이봐 터너, 그들이 그것을 기사로 낼지 자네가 어떻게 알지?

터너 　그들은 그렇게 할 겁니다.

히긴스 　그걸 자네가 어떻게 알아?

요즘이라면 터너 같은 내부고발자가 어떻게 행동할까? 예전에 '펜타곤 페이퍼'를 〈뉴욕타임스〉와 나중에 〈워싱턴포스트〉에 제공했던 대니얼 엘즈버그는 당시 한 달이 넘게 기다리고 나서야 베트남전쟁에 대한 거짓 없는 분석 자료가 신문에 실리는 것을 볼 수 있었다. 두 신문은 규칙에 매달렸다. 그들은 정부를 상대로 사실 확인에 들어갔고, 정부는 모든 법적 수단을 다 동원해서 자료의 공개를 막으려 시도했다. 요즘이었다면 엘즈버그는 문서를 곧바로 인터넷에 올렸을 것이다. 물론 위키리크스의 경우를 보면 이것이 그리 간단한 일만은 아닌 걸 알 수 있다. 위키리크스가 2010년 초 이전에 공개한 많은 자료들처럼 단지 익명의 '쓰레기'에 불과한 정보들은 금방 소리 소문 없이 묻히고 만다.

줄리언 어산지 자신은 지금껏 수많은 언론들이 잘못 주장해온 것처럼 내부고발자는 아니다. 그는 다른 사람들이 제공한 자료를 공개한다. 이것은 큰 차이다. 예전에는 그도 직접 해킹을 했지만 지금은 누군가가 슬쩍 빼돌린 정보들이 자발적으로 그에게 제공되고 있다.

그가 위키리크스와 함께 혜성처럼 떠오를 수 있었던 데는 이를 가장 바라지 않았을 사람들, 즉 서방 정부들과 특히 워싱턴의 미국 정부도 간접적으로 책임이 있다. 그들은 2001년 9월 11일 이후 꾸준히 사생활 보호권을 약화시키고 감시의 가능성을 넓혀왔다. 안보정책은 이들 정부의 많은 분야에서 관철되어 그들의 행동을 불투명성의 베일로 가렸다. 오늘날의 정부들은 그 어느 때보다 더 음모적이 되었다. 그들은 점점 더 많은 국가기밀들을 만들어내고 엄청난 비용을 들여 그것들을 보호하고 있다.

이 같은 발전 양상이 민주주의에 득이 될 리 없다. 정부는 불확실한 사안을 다룰 때 최대한 조금만 비밀로 보호하고 최대한 많은 정치행위들을 공개해야 한다. 국가적 비밀이 늘어날수록 투명성의 요구도 더 높아진다. 위키리크스와 같은 아이디어는 이제 시대의 요청으로 보인다.

대선 당시 버락 오바마와 그의 참모진은 내부고발자에 대해 온건한 견해를 표했다. "정부의 낭비와 속임수와 권력남용을 알리는 최고의 정보원은 이를 소리쳐 말할 용기가 있는 그 정부의 내부 직원일 때가 많다"고 오바마는 당시에 자신의 웹사이트 change.gov에서 말했다. "이런 용기 있고 애국적인 행동은 종종 생명을 구할 수 있으며 납세자들의 돈을 절약하는 데도 도움을 준다. 그러므로 이는 고무할 일이지 억압할 일이 아니다." 상원의원 시절 오바마는 정보제공자 보호를 위한 법안을 지지했고, 시카고에서 변호사로 일할 때는 직접 내부고발자의 변호를 맡기도 했다. 그래서 "내부고발자들은 이제 백악관 집무실에 그들의 친구를 갖게 되었다"는 희망찬 메시지가 〈워싱턴포스트〉의 타이틀을 장식하기도 했다.[1] 물론 심한 착각이었다.

백악관에 입성한 이후로 오바마는 수많은 전임자들이 그랬듯 이 문제에 대한 시각을 180도 바꾼다. 내부고발자에 대한 그의 새롭고 가혹한 태도를 보여주는 사례들은 무척 많다. "오바마 정부는 언론에 비인가 정보를 건네는 행위에 대해 부시 정부 때보다 더 공격적"이라며 〈뉴욕타임스〉는 놀라움을 표시했다.[2]

이런 이미지는 2010년의 폭로에 대한 반응과도 일치한다. 정보제공 용의자는 감옥에 들어앉았고, 정보를 사람들이 볼 수 있게 만든 조직은 탄압을 당하고 있다. 미국 정부는 더 이상 구멍이 뚫리지 않도록 철저한 단속에 나섰다. 2010년 12월 펜타곤은 USB스틱이나 CD 드라이버 등 컴퓨터에 연결되는 모든 교환수단을 금지하여 이를 통해 SiPRNet 같은 보안 네트워크의 자료들이 복사되어 외부로 유출될 가능성을 차단했다. 오바마 대통령은 또 특임자를 임명하여 더 이상의 자료 유출을 막고 '필요한 구조개혁'을 실행하게 했다.

미국의 정치적 반응은 현 정부가 위키리크스의 폭로를 하나의 기회로 인식할 수도 있으리라는 추측을 전혀 허용하지 않는다. 그렇다면 과연 다음 중 어느 것이 전 세계에 대한 미국의 공식적 위상에 더 큰 해가 되는지 묻지 않을 수 없다. 적절하게 잘 분석된 정부 문건들의 공개인가, 아니면 지금과 같은 미국 정부의 공식 반응과 대기업들의 위키리크스 반대 캠페인인가?

위키리크스의 폭로에 대응하는 과정에서 미국 정부는 모방 범죄의 가능성을 차단하기 위해서 스파이 행위와 국가반역에 대한 법적·정치적 정의를 지나치게 확장시키게 될 것으로 예상된다. 또 다른 위키리크스들이 생겨나서는 곤란하기 때문이다. 미국 정부는 또 인터넷을 더욱 강력하게 규제하려고 노력함으로써 인터넷상의 자유를 제약하게 될 것이다.

위키리크스 같은 단체들은 앞으로도 계속 존재할 것이다. 새로운 활동가들을 통해서 혹은 옛 위키리크스 관계자들을 통해서 많은 새로운 조직들이 설립될 것이다. 중국 인권운동가들은 '거번먼트리크스(Government Leaks)'라는 이름의 사이트를 구축 중이다. 그들은 트위터를 통해 사람들에게 중국 정부기관과 관청들의 자료들을 그곳에 공개하도록 촉구하고 있다. 다니엘 돔샤이트-베르크는 다른 위키리크스 비판자들과 함께 분산화 기술을 사용하는 openleaks.org라는 이름의 대안 사이트를 만들고 있다. "결국 수천의 위키리크스들이 생겨날 것"이라고 그는 〈슈피겔〉과의 인터뷰에서 말했다. 발칸리크스(BalkanLeaks), 인도리크스(IndoLeaks), 브뤼셀스리크스(BrusselsLeaks), 트레이드리크스(TradeLeaks) 등 지역적으로 또는 내용적으로 특화된 수많은 대안들이 이미 그에 앞서 출발했다. 물론 너무 과장된 반응을 보이는 측면도 있지만, 흥분은 곧 진정될 것이다. 비밀 정보들을 폭로하는 작업은 몹시 힘들고 고통스러운 일이지 너도나도 뛰어드는 대중사업이 아니다. 아마도 결국에는 효과적으로 작동하는 또 다른 형태의 새로운 정보유통 방식이 자리 잡을 것으로 보인다. 그래도 이미 오래전부터 사람들의 마음속에 자리 잡고 있던 아이디어를 전 세계에 알리고 기술적으로 전문화시킨 공로는 계속 위키리크스의 몫으로 남을 것이다.

위키리크스와 관련하여 마지막으로 언급하고 싶은 점은 새로운 커뮤니케이션 채널들의 우월함에 대해 지나치게 후한 점수를 매기는 다소 들뜬 분위기에 관한 것이다. 사실 정보들을 위한 접점으로서의 역할은 애당초 문제가 아니었다. 그런 역할은 기성 매체들의 형식에서도 얼마든지 찾아볼 수 있다. 새로운 플랫폼들과 비교해서도 기성 매체들은 이미 수십 년 전부터 사건의 진상을 규명하고 정리하고 다양한 주장들을 위한 토론의 장을 마련하고 의제를 설정하는 등 제 역량을 충분히 발휘해왔다. 또 정보 출처와 관련해서도 아무도 자세한 내용을 알 수 없었다. 위키리크스가 자신들의 특징적 장점으로 선전하는 안전한 정보원 보호는, 가령 〈슈피겔〉은 1947년에 처음 설립될 때부터 확실하게 보장하고 있다. 아이러니하게도 정작 어산지 자신은 정보를 전달하는 가장 확실한 수단 중 하나로 CD나 USB를 익명 우편으로 보내는 방법을 꼽고 있다. 차라리 카페에서 밀담을 나누는 방식이 더 나을 것 같다. 결국 중요한 것은 인터넷과 '대중매체'의 대립이 아니라 정보의 내용을 어떻게 다룰 것이냐 하는 문제다. 위키리크스는 정보원들이 기존의 매체에서는 더 이상 좋은 대접을 받지 못한다고 느끼는 데서도 정보전달자로서 자신의 존재 이유를 찾을 수 있다.

위키리크스가 천명한 극단적인 투명성의 요구는 물론 완전히 관철되지 못할 것이다. 대중의 관심에 한계가 있어야 하는 이유는 충분하다. 바로 '인격권' 때문이다. 어산지 자신의 예는 이를 더없이 잘 보여준다. 위키리크스는 벨기에 아동 성추행 소송사건에 대한 재판기록을 공개하는 데 아무런 문제도 느끼지 않았다. 하지만 어산지의 스웨덴 사건에 대한 재판기록이 언론에 등장하자 거센 비난을 쏟아냈다. 위키리크스 스토리를 통해서 어떤 정보가 공공의 관심거리가 되고 사생활 보호는 어디서부터 시작되어야 하는지를 명확히 구별할 수 있게 된다면 그것만으로도 상당한 소득일 것이다.

줄리언 어산지와 위키리크스는 앞으로 어떻게 될까? 외교전문의 폭로 이후 위키리크스에는 역사화의 단계가 시작되었다. 어산지는 자기 자신과 자신의 아이디어에 대한 책을 쓰고 있고, 돔샤이트-베르크는 어산지와의 결산을 준비하고 있다.

이 조직의 미래는 줄리언 어산지의 미래와 밀접하게 결합되어 있다. 스웨덴의 성폭행 혐의에 유죄판결이 내려지더라도 그 때문에 위키리크스가 와해되는 일은 없을 테지만 심한 타격을 받을 것은 분명하다. 그가 미국으로 압송된다면 이미 상당한 수준으로 성장한 연대의 물결이 더한층 거세게 일 것이다. 어산지가 글로벌 차원의 인물로 발전할 가능성은 적지 않다. 그러면 세계 여론은 그를 지지하는 쪽과 반대하는 쪽으로 갈라지게 될 것이다. 그는 이런 명성을 원하고 있다. 영국에서 석방된 뒤 그는 교도소에서 검은 복장의 교도관이 자신에게 플래카드를 보여준 이야기를 했다. 플래카드에는 이런 글이 적혀 있었다고 한다. "나의 세계에는 오직 두 명의 영웅이 있다. 마틴 루터 킹과 당신이다." 어산지는 세상의 절반이 자신에 대해 그렇게 생각할 거라고 말했다. 자기 자신에 대한 과대망상이 너무 심해지는 것은 어산지와 그의 프로젝트에 결코 도움이 안 된다. 게다가 그는 아직 많은 계획이 있다. "그것은 제게 산 정상에 오르는 일과 같아요. 우리는 지금 베이스캠프에 있습니다."

2010년도 거의 다 지난 어느 저녁, 우리는 프런트라인 클럽에 모여 앉았다. 런던은 짙은 안개 속에 있고 히스로 공항은 일시적으로 폐쇄되었다. 크리스틴 흐라픈손이 아이슬란드에서 방금 도착했다. 조금 늦었다. 'La Quadratur du Net'의 프랑스인 인터넷 활동가 한 사람과 위키리크스 대변인 사라 해리슨도 합석했다. 자리에는 웃음이 넘쳤다. 느긋한 분위기다.

바의 종업원들이 의자를 정리하기 시작했다. 벌써 새벽 한 시. 다른 손님들은 대부분 떠났지만 어산지는 그 시간쯤에 늘 그렇듯이 정신이 말짱하다. 그는 앞일을 생각 중이다. 잠시 멜랑콜리한 분위기가 흘렀다. 그는 정치적 압박이 너무 심해질 경우 피난처로 쿠바를 염두에 두고 있었다. 이것이 역사의 아이러니란 걸 그도 잘 알고 있다. 이 세상에 투명성과 정보의 해방을 선사하겠다며 위키리크스와 같은 조직을 설립한 사람이 하필이면 언론과 표현의 자유가 다른 어느 곳보다 심하게 짓밟히고 있는 나라로 가서 숨으려는 것이다. 늘 그랬듯이 이번에도 그는 국면을 타개할 무언가 기발한 생각을 해낼 것이다. 아바나에서 비밀 경로로 인터넷에 접속한 다음 트위터를 통해서 말이다. 하지만 그것은 어차피 절망의 행위일 수밖에 없다.

"위키리크스는 매우 안정된 조직입니다. 우리를 제거하기란 그리 간단한 일이 아니에요." 어산지는 생각에 잠겨 스카치를 홀짝이며 말했다. "하지만 저를 개인적으로 배제시키는 건 어렵지 않아요. 그게 우리의 가장 큰 문제입니다."

:: 감사의 글

지난 몇 개월간 〈슈피겔〉은 대규모 팀을 구성하여 위키리크스 자료를 작업했다. 〈슈피겔〉 국제부 총괄 국장 한스 호잉은 특유의 놀라운 침착성을 발휘하며 스트레스가 극심했던 시기에도 흔들리지 않는 모습을 보여주었다. 베른하르트 잔트, 클레멘스 회게스, 브리타 잔트베르크, 수잔네 쾰블, 줄리아네 폰 미텔슈태트, 마티아스 게바우어, 랄프 노이키르히, 얀 프리트만, 그레고어 페터 슈미츠, 마티유 폰 로르 등을 위시한 많은 〈슈피겔〉 직원들이 자료에 매달려 대단히 훌륭한 기사들을 써주었다. 특히 워싱턴까지 날아가서 브래들리 매닝의 변호사 데이비드 쿰스와 매닝의 지지자 데이비드 하우스를 만나 인터뷰를 한 존 괴츠에게 감사의 말을 전한다.

하우케 얀센, 베르톨트 홍거, 슈테판 슈토르츠, 라이너 짐, 에카르트 타이헤르트, 헨닝 빈델브란트 등은 수개월에 걸쳐 우리의 작업을 지원해준 오직 〈슈피겔〉에서만 만날 수 있는 훌륭한 다큐멘터리스트들이나. 이들의 작업이 얼마나 중요했는지는 아무리 강조해도 지나침이 없을 것이다. 이 책의 전쟁일지와 외교전문에 관한 부분에서는 커버스토리와 전체 〈슈피겔〉 팀의 작업이 많은 도움이 되었으며, 이에 대해 진심으로 감사한다.

이 책은 우리의 편집국장인 게오르크 마스콜로와 마티아스 밀러 폰 블루멘크론이 없었다면 세상의 빛을 보지 못했을 것이다. 두 사람은 우리가 사건의 현장을 찾아다니는 무수히 많은 출장을 다닐 수 있도록 배려해주었을 뿐만 아니라 매우 열정적으로 위키리크스 및 타 언론사들과의 국제 협력을 추진해주었다. 이 프로젝트의 코디네이션을 맡았던 게오르크 마스콜로와는 몇 주일 동안 가족보다도 더 많은 시간을 함께 보내기도 했다. 위키리크스 자료의 작업을 위해 우리는 모두 평소에 거의 경험해본 적이 없는 대단히 강도 높은 작업을 했다. 함부르크의 〈슈피겔〉 본사 사장의 배후지원은 말로 표현할 수 없을 정도로 소중했다.

우리의 〈슈피겔〉 동료 미하엘 존트하이머는 초기에 우리를 도와주었고, 〈슈테른(Stern)〉의 마틴 크노베는 자신이 이 주제를 다룬 경험을 살려 좋은 아이디어를 제공해주었다. 아그네스 존탁은 스웨덴어에 대한 지식으로 우리를 도와주었고, 아그네쉬카 뎁스카는 번역을, 이나 벨하우젠과 바바라 나우만은 교정을 맡아주었다. 우리의 〈슈피겔 온라인〉 동료 프랑크 파탈롱과 크리스티안 슈퇴커, 콘라트 리슈카는 우리의 주제에 관한 최신 온라인 뉴스의 흐름을 파악할 수 있도록 정보를 제공해주었다. 하이너 울리히, 옌스 라둬, 세바스티안 라울프, 옌스 쿠피와 동료들은 전자책을 만드는 작업을 맡아주었다. 앙겔리카 메테와 안트예 발라슈는 출판사와의 작업을 담당했고, 프랑크 호르니히는 우리가 과도한 업무로 힘들어할 때 여러 차례 도움을 주었다. 너무나 멋진 팀 작업이었다. 진심으로 감사한다. 이보다 더 좋은 팀과 더 좋은 일자리는 상상하기 힘들다.

외국 동료들과의 작업은 우리에게 많은 힘이 되었다. 그들은 우리가 〈가디언〉과 〈뉴욕타임스〉를 방문했을 때 스스럼없이 맞아주었고, 몇 달간 동료애를 발휘하며 우리와 함께 작업하고 도와주었다. 전례를 찾아보기 힘든 이런 협력을 통해 우리는 많은 것을 배웠다. 특히 기자라는 직업세계에는 온통 이기주의적인 알파 동물들만 우글거린다는 평판이 널리 퍼져 있지만, 실제로는 그렇게 나쁘지 않다는 사실을 배울 수 있었다. 이 자리를 빌려서 〈가디언〉의 앨런 러스브리저, 데이비드 리, 닉 데이비스, 이언 카츠에게 감사드린다. 만약 유엔에서 능력 있는 중재자를 찾고 있다면 이언 카츠야말로 유엔 평화협상의 중재자로 더할 나위 없이 적합한 인물이다. 〈뉴욕타임스〉와의 협력에서는 특히 빌 켈러, 에릭 슈미트, 이언 피셔, 앤디 레런에게 감사한다. 앤디 레런은 뉴욕 8번가에 있는 자신의 작은 사무실에서 탁월한 자료분석 작업을 수행해준 모범적인 동료다. 외교전문 작업 때 합류하여 5개 국제 언론사의 공조가 문제없이 훌륭하게 이루어질 수 있다는 사실을 보여준 〈르몽드〉의 레미 우르당과 〈엘파이스〉의 하비에르 모레노, 빈센트 히메네즈에게도 고마움을 전한다. 이들은 바젤 기차역 가판대가 글로벌 시간 일정을 몇 시간 동안 엉망으로 만들었을 때 특히 차분하고 여유롭게 대처했다.

자신에 관한 정보를 제공하지 않으려는 데 많은 에너지를 쓰는 어떤 조직을 취재할 때 인터뷰에 응하는 내부자를 찾기란 쉬운 일이 아니다.

게다가 당사자들이 감시를 당한다고 느끼거나 실제로 감시당하고 있는 경우에는 더욱 그렇다. 우리의 인터뷰 상대자들 가운데는 위치 추적 때문에 핸드폰을 소지하지 말 것을 끝까지 고집한 사람들도 있었고, 배터리를 빼는 것으로 해결된 사람들도 있었다. 또 대화 중에 끊임없이 주위를 살피고, 카메라를 든 사람이 옆 테이블에 앉을 때마다 다른 카페로 자리를 옮기던 사람도 있었다. 또 자신의 모습을 노출시키지 않기 위해 얼굴과 노트북 모니터를 재킷과 스웨터로 가리고 작업하는 위키리크스 활동가도 보았다. 그들 대부분은 실명을 거론하지 말 것을 요구했다. 호주, 아이슬란드, 스웨덴, 미국, 프랑스 등 국적을 불문하고 인터뷰에 응한 모든 위키리크스 활동가들에게 특별히 감사한다. 또 대니얼 매튜스와 쉴렛 드레이퍼스는 우리가 위키리크스 설립 당시를 좀 더 잘 이해할 수 있도록 도와주었다.

또 2010년 봄에 함께 식사를 한 이후로 믿음직한 대화 상대가 되어준 다니엘 돔샤이트-베르크에게도 감사한다. 그가 추진하는 새로운 프로젝트 openleaks.org가 성공하기를 바란다. 우리의 미숙한 기술적 질문들에 인내심을 갖고 일일이 대답해준 앤디 뮐러-마군에게 우리는 큰 빚을 졌다. 앤디는 지난 20년간 독일인으로는 가장 활발하게 카오스컴퓨터클럽에서 활동하며 디지털 활동과 인권이 만나는 지점에서 이루어지는 논쟁들에도 적극적으로 참여하고 있다. 그가 하는 일에 존경의 마음을 표시한다. 슈테판 그룬트만도 위키리크스라는 현상을 좀 더 잘 이해하는 데 도움을 주었다.

〈슈피겔〉 편집부의 카렌 구다스는 기록적인 시간 동안 최고의 역량을 발휘하면서 위키리크스 바이러스에 기꺼이 감염되어 주었다. 주말과 야간에까지 작업을 해준 구다스에게 진심으로 감사드린다. 위키리크스가 아직 본격적으로 주목받지 못하고 줄리언 어산지라는 이름이 인터넷에서 일부에게만 알려져 있던 시절에 이미 이 프로젝트에 기꺼이 뛰어든 DVA 출판사의 토마스 라트노브와 율리아 호프만에게도 감사드린다. 위키리크스를 바라보는 시각과 우리가 조사하면서 범했던 모든 가능한 오류들은 물론 전적으로 우리의 책임이다.

   우리의 가족들이 없었다면 이 책은 세상에 나오지 못했을 것이다. 위키리크스는 조직에 몸담고 있는 사람들에게만 시간과 에너지를 요구하지 않는다. 위키리크스와 집중적으로 관계하는 사람들은 누구나 엄청난 시간과 에너지를 소비해야 한다. 지난 몇 개월 동안 우리는 아내와 아이들에게 너무 많은 것을 요구했으며, 그런 사실을 잘 알고 있다. 그들의 사랑과 지원이 없었다면 이 책은 존재하지도 않았을 것이다. 그런 의미에서 그들은 정말 위대하다.

:: 주석

1장

1 www.wikileaks.org
2 Selbstdarstellung von WikiLeaks, 5. Januar 2007
3 Munkler, Herfried: Die Macht und ihr Geheimnis, Suddeutsche Zeitung, 27. August 2010
4 Priest, Dana: Top Secret America, Tagesspiegel, 10. September 2010
5 Hayden, Michael: WikiLeaks disclosures are a "tragedy", CNN, 30. Juli 2010
6 Thiessen, Marc: WikiLeaks must be stopped, Washington Post, 3. August 2010
7 Schmitz, Gregor Peter: Washington macht gegen WikiLeaks mobil, SPIEGEL Online, 30. Juli 2010
8 Horvath, Michael D.: WikiLeaks.org - An Online Reference to Foreign Intelligence Services, Insurgents, or Terrorist Groups?, Army Counterintelligence Center, 18. Marz 2008, einsehbar unter wikileaks.org
9 WikiLeaks: U.S. Intelligence planned to destroy WikiLeaks, wikileaks.org, 15. Marz 2010
10 Rove, Karl: Interview auf Fox News, 7. August 2010
11 Hayden, Michael: WikiLeaks disclosures are a "tragedy", CNN, 30. Juli 2010
12 Barrowclough, Nikki: Keeper of Secrets, The Age, 22. Mai 2010
13 Bennett, Paul, Shamir, Israel: Assange Besieged, Counterpunch, 14. September 2010
14 The New Statesman: The 50 people who matter, 27. September 2010
15 Am Ende entschied sich die Time-Redaktion entgegen ihrem Leser-Votum, Zuckerberg zum Mann des Jahres 2010 zu kuren.
16 Osterkorn, Thomas: Datenpirat mit kaltem Intellekt, Stern, 9. Dezember 2010
17 Ankenbrand, Hendrik: Der Getriebene, Frankfurter Allgemeine Sonntagszeitung, 12. Dezember 2010
18 Kister, Kurt: Totale Offentlichkeit, Suddeutsche Zeitung, 5. Dezember 2010
19 Rieger, Frank: Das Zeitalter der Geheimnisse ist vorbei, Frankfurter Allgemeine

Zeitung, 15. Dezember 2010

20 Assange, Julian: "Wir mussen sie stoppen", DER SPIEGEL, 26. Juli 2010

2장

1 Nikki Barrowclough, Keeper of Secrets, The Age, 22. Mai 2010

2 N.N., Julian Assanges Mother recalls Magnetic, www.magnetictimes.com.au, 7. August 2010

3 Raffi Khatchadourian, No Secrets. Julian Assange's Mission for total Transparency, New Yorker, 7. Juni 2010

4 Strutton, Andrew, Rogue website author local lad, Townsville Bulletin, 29. Juli 2010

5 Gesprach mit Julian Assange am 16. November 2010

6 Davis, Mark: The Whistleblower, SBS-Dateline (TV-Magazinbeitrag), Transkript unter http://www.sbs.com.au

7 Gesprach mit Julian Assange am 16. November 2010

8 Khatchadourian, Raffi : a.a.O.

9 Dreyfus, Suelette: Underground, 1997

10 Gesprach mit Julian Assange am 16. November 2010

11 Gesprach mit Julian Assange am 5. Dezember 2010. Den Autoren war es nicht moglich, die Angaben zu uberprufen.

12 상동.

13 Dreyfus, Suelette: Underground, 1997

14 상동.

15 SPIEGEL-Interview mit Julian Assange, London, 14. Juli 2010

16 Davis, Mark, a.a.O.

17 Fowler, Andrew: Truth or Dare, ABC.net.au, TV-Beitrag, ausgestrahlt am 22.6. 2010

18 Dreyfus, Suelette a.a.O.

19 Davis, Mark a.a.O.

20 Dreyfus, Suelette a.a.O.

21 Fowler, Andrew a.a.O.

22 N.N., Two facing 57 computer charges Telecom security breached, The Advertiser, 6. Mai 1995

23 Fowler, Andrew a.a.O.

24 Richard Guilliatt, Searching for Assange, The Australian Magazine, 30. Mai 2009

25 Fowler, Andrew, a.a.O.

26 Davis, Mark , a.a.O.

27 Lobez, Susanna, Children and the Law, Part 2, ABC (Interview-Transkript), unter: www.abc.net.au/

28 Gesprach mit Julian Assange am 16. November 2010

29 Khatchadourian, Raffi , a.a.O.

30 Gesprach mit Julian Assange am 16. November 2010

31 SPIEGEL-Gesprach mit Julian Assange am 6. Juli 2010

32 Besuch der Autoren bei Zimmermann in Boulder im April 1995

33 Assange, Julian, Mail vom 27. Marz 1998

34 Assange, Julian, Mail vom 26. November 1996

35 Gesprach mit Julian Assange am 16. November 2010

36 Assange, Julian, Mail vom 24. Dezember 1995

37 Assange, Julian, Mail vom 14. Januar 1996

38 Assange, Julian, Mail vom 18. September 1996

39 Assange, Julian, Mail vom 22. Oktober 2001

40 Assange, Julian, Mail vom 30. Dezember 1995

41 Gesprach mit Julian Assange am 16. November 2010

42 AFP: Australia suports Malaysias preventive law to combat terrorism, 30. Mai 2002

3장

1 Assange, Julian, E-Mail vom 9. Dezember 2006 an Daniel Ellsberg

2 Assange, Julian: E-Mail vom 3.10.2006

3 WikiLeaks, E-Mail vom 4. Januar 2007

4 WikiLeaks, E-Mail vom 16. Dezember 2006

5 Mathews, Daniel: Guantanamo Rally Remarks, 6. Marz 2008

6 Mathews, Daniel: Guantanamo Rally Remarks, 6. Marz 2008

7 Gesprach mit Julian Assange am 16. November 2010

8 Gesprach mit Julian Assange am 16. November 2010

9 Assange, Julian, E-Mail vom 9. Dezember 2006

10 WikiLeaks, E-Mail vom 13. Dezember 2006

11 Gesprach mit Julian Assange am 28. November 2010

12 Ng, Eileen: Wikipedia Co-Founder: WikiLeaks Was Irresponsible, Abc vom 28. September 2010

13 Ng, Eileen: Wikipedia Co-Founder: WikiLeaks Was Irresponsible, Abc vom 28. September 2010

14 Ellsberg, Daniel, E-Mail vom 8. Januar 2007

15 Gilmore, John, E-Mail vom 7. Januar 2007

16 Eine ausfuhrliche Begrundung von Aftergood findet sich in Kapitel 6

17 WikiLeaks, E-Mail vom 7. Januar 2007 an John Young

18 WikiLeaks, E-Mail vom 7. Januar 2007 an John Young

19 Rosenbach, Marcel, Stark, Holger et al: Prinzip Sandkorn, DER SPIEGEL 35/2007

20 Khatchadourian, Raffi : No Secrets, The New Yorker, 7. Juni 2010

21 WikiLeaks, E-Mail vom 20. Oktober 2006

22 WikiLeaks, E-Mail vom 22. Dezember 2006

23 Gesprach mit Ben Laurie am 8. November 2010

24 상동.

25 E-Mail an Konrad Lischka von Spiegel Online vom 26. August 2010
26 E-Mail an Konrad Lischka von Spiegel Online vom 25. August 2010
27 상동.
28 WikiLeaks, E-Mail vom 7. Januar 2007
29 Young, John, E-Mail vom 7. Januar 2007
30 상동.
31 Unter www.cryptome.org fi nden sich bis heute ein Teil der hier zitierten E-Mails
32 Assange, Julian, E-Mail vom 9. Dezember 2006
33 SPIEGEL-Gesprach mit Julian Assange in London am 6. Juli 2010
34 상동.
35 상동.
36 Rice, Xan: Two Kenyan rights activists shot dead, The Guardian, 6. Marz 2009
37 Suddeutsche Zeitung, 19. Juli 2010
38 SPIEGEL-Gesprach mit Julian Assange in London am 6. Juli 2010
39 Anfang August 2010 gewahrte PRQ einem Reporter von The Associated Press Zugang zu dem Serverpark. Ende November 2010 wechselte Wiki–Leaks zu einem anderen schwedischen Provider
40 FoxNews: WikiLeaks Website Not Protected by Swedish Law, Legal Analysts Say, 6. August 20120
41 Gesprach mit Gavin McFayden am 2. September 2010 in London
42 Netzpolitik-Podcast (102): "Inside WikiLeaks" mit Daniel Domscheit–Berg, netzpolitik.org, 30. September 2010
43 SPIEGEL-Interview mit Julian Assange in London, 6. Juli 2010
44 WikiLeaks.org, 19. April 2009
45 Gesprach mit Julian Assange am 16. November 2010
46 Balzli, Beat, Stark, Holger: Karibisches Leck, DER SPIEGEL vom 3.3.2008
47 United States District Court Northern District of California San Francisco Division:

Order Granting Permanent Injunction, 15. Februar 2008
48 Pressemitteilung von Julius Bar vom 28. Februar 2008
49 Koltun, Joshua: Statement fur Daniel Mathews fur das Gericht, 29. Februar 2008
50 United States District Court Northern District of California San Francisco Division: Order Denying Motion for Preliminary Injunction; Dossolving permanent Injunction: and setting Briefing and hearing Schedule, 29. Februar 2008
51 Julius Bar: Note of dismissal, 5. Marz 2008
52 Der Name geht auf eine Klage der Schauspielerin Barbara Streisand zuruck, die einen Fotografen und eine Webseite 2003 verklagt hatte, weil ein Foto ihres Anwesens darauf abgebildet war. Erst durch ihre Klage wurde bekannt, dass es sich um ihr Haus handelte, weil sich das Bild in Windeseile im Netz verbreitete.
53 SPIEGEL-Interview mit Julian Assange in London am 6. Juli 2010
54 Netzpolitik Podcast (102): "Inside WikiLeaks" mit Daniel Domscheit-Berg, netzpolitik.org, 30. September 2010
55 상동.
56 상동.
57 Mey, Stefan: Leak-o-nomy: Die Okonomie hinter WikiLeaks, http://stefanmey.wordpress.com, 1. Januar 2010
58 Zetter, Kim: Cash flows in, drops out, Wired, 14. Juli 2010
59 SPIEGEL-Interview mit Julian Assange in London am 6. Juli 2010
60 Morell, Geoff: Pressekonferenz am 5. August 2010 im Pentagon
61 Gesprach mit Julian Assange am 28. September 2010 in Berlin
62 상동.
63 Assange, Julian: E-Mails vom 5. und 6. Juni 2007, dokumentiert auf www.cryptome.org
64 Domscheit-Berg, Daniel: Der gute Verrat, Freitag, 14. Oktober 2010
65 Mick, Jason: WikiLeaks' Anit-UDS-Crusade, Daily Tech, 26. Juli 2010

66 WikiLeaks, E-Mail vom 13. Dezember 2006
67 상동.
68 WikiLeaks, E-Mail vom 29. Dezember 2006

4장

1 WikiLeaks-Twitterfeed, 8. Januar 2010
2 Mey, Stefan: Leak-o-nomy: Die Okonomie hinter WikiLeaks, stefanmey.wordpress.com, 1. Januar 2010
3 Interview mit Birgitta Jonsdottir, TheAlexJonesChannel via Youtube.com, 13. Januar 2010
4 Army Counterintelligence Center: WikiLeaks.org – An Online Reference to Foreign Intelligence Services, Insurgents, or Terrorist Groups?, 2008, abrufbar unter WikiLeaks.org
5 WikiLeaks-Twitterfeed, 21. Februar 2010
6 Interview mit DemocracyNow.org, a.a.O.
7 Interview mit TheAlexJonesChannel, a.a.O.
8 Partlow, Joshua; Finkel, David: U.S., Shiite Fighters Clash in Baghdad, The Washington Post, 13. Juli 2007
9 Das Videomaterial findet sich in einer geschnittenen und einer ungeschnittenen Originalfassung unter collateralmurder.org sowie u.a. auch auf youtube.com.
10 Interview mit DemocracyNow.org, a.a.O.
11 Khatchadourian, Raffi : No Secrets, The New Yorker, 7. Juni 2010
12 WikiLeaks-Twitterfeed, 24. Marz 2010
13 Mail von Julian Assange, 26. Marz 2010
14 Hendler, Clint: Thin Ice. The man behind WikiLeaks has some allegations, Columbia Journalism Review, cjr.org, 1. April 2010
15 WikiLeaks-Twitterfeed, 28. Marz 2010

16 Das Material der beiden Islander fi ndet sich in Beitragsform u.a. unter DemocracyNow.org: Families of Victims of 2007 US Helicopter Killing React to Leaked Video und unter collateralmurder.org

17 Interview mit Julian Assange, TheAlyonaShow via Youtube.com, 5 April 2010

18 Blog-Eintrag, abrufbar unter http://rop.gonggri.jp

19 ABCNews: Gates on WikiLeaks Video: "Not Helpful" but "Should not Have Lasting Consequences", abcnews.com, 11. April 2010

20 Fox News-Interview mit Julian Assange, 6. April 2010

21 Interview mit Julian Assange, colbertnation.com, 12. April 2010

22 SPIEGEL-Interview mit Julian Assange in London, 6. Juli 2010

23 Der Brief ist im Internet unter lettertoiraq.com abzurufen

24 Whelan, Andy/Churcher, Sharon: FBI question WikiLeaks mother at Welsh home: Agents interrogate "distressed" woman, then search her son's bedroom, Mail on Sunday, 1. August 2010

25 Gesprach unseres Kollegen John Goetz mit Mannings Anwalt David Coombs am 19. November 2010 in Washington

26 상동.

27 Thomson, Ginger: Early Struggles of Soldier Charged in Leak Case, New York Times, 8. August 2010

28 Nicks, Denver: Private Manning And The Making Of WikiLeaks, Thislandpress.com, 23. September 2010

29 Fantz, Ashley: Soldier suspected of Wiki leak: "I've been isolated", Cnn.com, 14. August 2010

30 Gesprach unseres Kollegen John Goetz mit Mannings Anwalt David Coombs am 19. November 2010 in Washington

31 Knobbe, Martin: Dieses Milchgesicht blamiert Amerika, Stern, 2. Dezember 2010

32 상동.

33 Thomson, Ginger, a.a.O.
34 Nakashima, Ellen: Messages from alleged leaker Bradley Manning portray him as despondent soldier, Washington Post, 10. Juni 2010
35 Poulsen, Kevin/Zetter, Kim: WikiLeaks Suspect's YouTube Videos Raised Red Flag in 2008, Wired, 29. Juli 2010
36 Hier zitiert nach: Nicks, Denver, a.a.O.
37 Hier zitiert nach: Blake, Heidi et. al.: Bradley Manning, suspected source of WikiLeaks documents, raged on his Facebook page, Daily Telegraph, 30. Juli 2010
38 Die (jeweils von den Redaktionen bearbeiteten und gekurzten) Chatlogs sind unter www.wired.com sowie unter boingboing.net abrufbar.
39 Die folgenden Schilderungen und Zitate Mannings stammen aus den oben erwahnten Chatlogs.
40 Manning meint hier offenbar den New York Times-Beitrag "2 Iraqi Journalists Killed as U.S. Forces Clash With Militias" vom 13. Juli 2007
41 Kahn, Jennifer: The Homeless Hacker v. The New York Times, Wired, 12. April 2004
42 Singel, Ryan: WikiLeaks Forced to Leaks its own Secret Info, Wired, 18. Februar 2009
43 Interview mit Adrian Lamo, 24. Juli 2010
44 상동.
45 Poulsen, Kevin/Zetter, Kim: Suspected WikiLeaks Source Describes Crisis of Conscience Leading to Leaks, Wired, 10. Juni 2010
46 Interview mit Adrian Lamo, 24. Juli 2010
47 Greenberg, Andy: Stealthy Government Contractor Monitors U.S. Internet Providers, Worked With WikiLeaks Informant, www.forbes.com, 1. August 2010
48 상동.
49 Dishneau, David: Former Agent Alerted Authorities in WikiLeaks Case, Associated

Press, 4. August 2010

50 Lamos Auftritt bei der Next Hope 2010 ist unter anderem bei youtube.com abrufbar.

51 Stanton, Sam: Famous hacker suddenly fi nds himself infamous, in some quarters, The Sacramento Bee, 13. Juni 2010

52 Poulsen, Kevin/Zetter, Kim: U.S. Intelligence Analyst Arrested in WikiLeaks Video Probe, Wired, 6. Juni 2010

5장

1 Der Auftritt in Oslo ist unter youtube.com abrufbar

2 Barrowclough, Nikki: The secret life of WikiLeaks founder Julian Assange, The Age, 22. Mai 2010

3 Ein Video uber die Veranstaltung ist unter boingboing.net abrufbar, 13. Juni 2010

4 Treffen zwischen den Autoren und Domscheit-Berg Ende Juni 2010 im Berliner SPIEGEL-Buro am Pariser Platz

5 Gemeinsames Abendessen am 6. Juli 2010 in London

6 Vgl. Protokoll eines Krieges, DER SPIEGEL, 26. Juli 2010

7 N.N.: Coalition, Afghan forces return fi re in Nangarhar, 12. Juni 2007, abrufbar unter: www.news.soc.mil

8 White House Press Briefi ng, 26. Juli 2010, Transkript abrufbar unter www.whitehouse.gov

9 Montopoli, Brian: Obama: Nothing New in WikiLeaks Documents, cbsnews.com, 27. Juli 2010

10 Die wesentlichen Inhalte und Zitate der Pressekonferenz am 29. Juli 2010 sind unter www.defense.gov abrufbar

11 Shenon, Philip: The General Gunning for WikiLeaks, thedailybeast.com, 12. September 2010

12 Thiessen, Marc: WikiLeaks must be stopped, Washington Post, 3. August 2010
13 N.N.: Liz Cheney calls on Obama to shut down WikiLeaks, Fox News, 1. August 2010
14 Goldberg, Jonah: All Quiet on the Black-Ops front, National Review.com, 29. Oktober 2010
15 N.N.: Opposition fordert die Wahrheit uber Afghanistan-Krieg, Zeit.de, 28. Juli 2010
16 N.N.: Man named by WikiLeaks ≫war logs" already dead, The Times, 29. Juli 2010
17 상동.
18 Hier zitiert nach Winnett, Robert: WikiLeaks Afghanistan: Taliban "hunting down informants", Daily Telegraph, 30. Juli 2010
19 Hier zitiert nach: Partlow, Joshua/Jaffe, Greg: Karzai calls WikiLeaks disclosures "shocking" and dangerous to Afghan informants, Washington Post, 29. Juli 2010
20 Julian Assange im Interview mit DemocracyNow.org, 3. August 2010; die Angaben von Assange sind hier nicht ganz korrekt: Mullen diente zunächst als Kommandeur der Seestreitkrafte, bis er im Oktober 2007 Vorsitzender der Joint Chiefs of Staff wurde.
21 Whitlock, Craig/Miller, Greg: U.S. covert paramilitary presence in Afghanistan much larger than thought, Washington Post, 22. September 2010
22 Vgl. Jurkowitz, Mark: WikiLeaks Puts Afghanistan Back on Media Agenda, pewresearch.org, 3. August 2010
23 Poulsen, Kevin: Pentagon Demands WikiLeaks "Return" All Classified Documents, Wired.com, 5. August 2010
24 Brief von Robert Gates an Carl Levin, 16. August 2010
25 WikiLeaks-Twitterfeed, 14. August 2010

6장

1 Davies, Nick: Ten Days in Sweden: The full allegations against Julian Assange, The Guardian, 18. Dezember 2010
2 상동.
3 상동.
4 WikiLeaks-Twitterfeed, 21. August 2010
5 Brannstrom, Leif/Olander, Micke: Darfor drojer Julian Assange-utredningen, Expressen, 3. September 2010
6 Aufgrund der zahlreichen Nachfragen internationaler Medien zum Fall Assange stellt die schwedische Staatanwaltschaft ihre Mitteilungen unter www.aklagare.se/In-English/ auch englisch online
7 Hier zitiert nach Burns, John F.: Sweden to question Founder of WikiLeaks, The New York Times, 25. August 2010
8 wikileaks.org, 21. August 2010
9 Al-Dschasira Telefon-Interview mit Julian Assange, 22. August 2010
10 N.N., Mail von Mitte August 2010
11 Murray, Craig: Julian Assange Gets The Bog Standard Smear Technique, www.craigmurray.org.uk, 25. August 2010
12 Whalen, Jeanne: Rights Groups Join Criticism of WikiLeaks, Wall Street Journal, 9. August 2010
13 WikiLeaks-Twitterfeed, 9. August 2010
14 Netzpolitik-Podcast (102). "InsideWikiLeaks" mit Daniel Domscheit-Berg
15 Hosenball, Mark: The War within WikiLeaks, Newsweek.com, 4. September 2010
16 Gesprach mit Julian Assange vom 26. August 2010
17 Poulsen, Kevin/Zetter, Kim: Unpublished Iraq War Logs Trigger Internal WikiLeaks Revolt, Wired.com, 27. September 2010
18 Shenon, Philip: Civil War at WikiLeaks, thedailybeast.com, 3. September 2010

19 상동.

20 Miller, Luke: Iceland-Australia relations freeze over WikiLeaks sex case, crikey.com.au, 8. September 2010

21 SPIEGEL-Interview mit Daniel Domscheit-Berg, "Mir bleibt nur der Ruckzug", 27. September 2010

22 Klopp, Tina: WikiLeaks sollte das Rampenlicht meiden, www.zeit.de, 25. Oktober 2010

23 Zitiert nach Poulsen, Kevin/Zetter, Kim: Unpublished Iraq War Logs Trigger Internal WikiLeaks Revolt, Wired.com, 27. September 2010

24 @Anarchodin-Twitterfeed (Herbert Snorrason), 25. September 2010

25 ulian Assange aus London zugeschaltet bei "Larry King Live", CNN, 26. Oktober 2010

26 Interview mit Hamit Dardagan, 4. Oktober 2010

27 Vgl. Die Irak-Protokolle, DER SPIEGEL, 25. Oktober 2010

28 Vgl. Rosenbach, Marcel: Hollenfeuer aus dem Himmel, SPIEGEL Online, 24. Oktober 2010

29 E-Mail von Geoff Morell an den SPIEGEL vom 22. Oktober 2010

30 Amnesty International: USA must investigate detainee abuse claims in WikiLeaks files, Erklarung vom 21. Oktober 2010

31 Tagliches Pressebriefi ng der Vereinten Nationen, 27. Oktober 2010

7장

1 Murphy, Philip: Ich entschuldige mich nicht, DER SPIEGEL, 29. November 2010

2 Gesprach mit Julian Assange am 29. Oktober 2010

3 Burns, John: WikiLeaks-Founder on the Run, Trailed by Notoriety, New York Times, 24. Oktober 2010

4 Calderone, Michael: The Guardian gave State Dept. cables to the NY Times, The

Cutline, 28. November 2010

5 Hoffmann, Christiane: "Diese Dokumente sind nicht authentisch", Interview mit Esfandiar Rabim-Masbai, Frankfurter Allgemeine Sonntagszeitung, 5. Dezember 2010

6 Press Briefi ng des State Departement, 30. November 2010

7 Gesprach mit Julian Assange am 6. Dezember 2010

8장

1 Das Originaldokument ist unter anderem unter fas.org abrufbar.

2 Zitiert nach thedailybeast.com, 1. Dezember 2010

3 Zu fi nden unter: armycourtmartialdefense.com

4 Whelan, Andy/Churcher, Susan: FBI question WikiLeaks mother at Welsh home: Agents interrogate "distressed" woman, then search her son's bedroom, Mail on Sunday, 1. August 2010

5 Nakashima, Ellen: Witness says WikiLeaks investigators sought to limit disclosure, Washington Post, 31. Juli 2010

6 Jardin, Xeni: WikiLeaks: Q&A with Jacob Appelbaum on "The Afghan War Diaries", boingboing.net, 26. Juli 2010

7 Rosenbach, Marcel: US-Behorden setzen WikiLeaks-Aktivisten unter Druck, SPIEGEL online, 1. August 2010

8 Mills, Elinor: Security researcher: I keep getting detained by feds, news.cnet.com, 18. November 2010

9 Agence France Press, hier zitiert nach rawstory.com, 29. November 2010

10 Grattan, Michelle: No laws broken, police tell PM, Syndey Morning Herald, 18. Dezember 2010

11 Schafer, Matthew: Witnesses Tell House Judiciary Committee: "Don't Overreact to Wikileaks", Lippmann Would Roll, 17. Dezember 2010

12 Abrufbar unter video.foxbusiness.com, 5. Dezember 2010

13 Krauthammer, Charles: Throw the WikiBook on them, Washington Post, 3. Dezember 2010

14 Hawkins, John: 5 Reasons The CIA Should Have Already Killed Julian Assange, townhall.com

15 @th3j35t3r (The Jester) Twitterfeed, 28. November 2010

16 Nakashima, Ellen: Experts suspect "patriotic" hacker behind attacks on WikiLeaks site, Washington Post, 30. November 2010

17 Abrufbar unter lieberman.senate.gov, 2. Dezember 2010

18 Rosenbach, Marcel, Stark, Holger: Ich stehe fur den starken Staat, SPIEGEL-Gesprach mit Thomas de Maiziere, DER SPIEGEL, 20. Dezember 2010

19 Presseerklarung abrufbar unter www.everydns.com/news, 2. Dezember 2010

20 Interview mit Julian Assange am 28. September in Berlin

21 thepaypalblog, 3. Dezember 2010

22 postfi nance.ch, 6. Dezember 2010

23 E-Mail der Autoren an MasterCard und Visa vom 9. Dezember, Antworten vom 10. Dezember 2010

24 Gesprach mit Thorsten Klein am 10. Dezember 2010

25 Hier zitiert nach: Bosker, Bianca: PayPal admits State Department Pressure Caused it to block WikiLeaks, huffi ngtonpost.com, 8. Dezember 2010

26 Gesprach mit Wau-Holland-Vorstandsmitglied Hendrik Fulda am 10. Dezember 2010

27 Briefwechsel zwischen dem Stiftungsanwalt Johannes Eisenberg und PayPal Deutschland am 1., 8. und 9. Dezember 2010

28 Flitton, Daniel: World leaders would love the key to this Melbourne PObox ... but WikiLeaks won't have it for much longer, theage.com.au, 7. Dezember 2010

29 Ante, Spencer E./Barnes, Julian E.: Air Force blocks Media Sites, The Wall Street

Journal, 14. Dezember 2010

30 jpbarow-Twitterfeed, 3. Dezember 2010

31 wauland.de, 7. Dezember 2010

32 Ellsberg, Daniel: Open Letter to Amazon.com, ellsberg.net, 3. Dezember 2010

33 Raymond, Matt: Why the Library of Congress Is Blocking WikiLeaks, blogs.loc.gov, 3. Dezember 2010

34 Miller, Judith: Assange distances WikiLeaks from Cyber attacks, Fox News, 10. Dezember 2010

35 Aufgerufen unter http://www.interpol.int, 8. Dezember 2010

36 Chat mit Julian Assange am 3. Dezember 2010

37 N.N.: WikiLeaksFounder Assange faces new Warrant, bbc.co.uk, . Dezember 2010

38 Twitterfeeds von @anarchodin (Snorrason) und @Brigittaj (Jonsdottir), 7. Dezember 2010

9장

1 Munkler, Herfried: Die Macht und ihr Geheimnis, Suddeutsche Zeitung, 27. August 2010

2 Munkler, Herfried: Vom Nutzen des Geheimnisses, DER SPIEGEL, 6. Dezember 2010

3 Kister, Kurt: Totale Offentlichkeit, Suddeutsche Zeitung, 5. Dezember 2010

4 Deutschlandfunk, 1. Dezember 2010

5 Appenzeller, Gerd: Nutzt nichts, schadet vielen, Tagesspiegel, 29. November 2010

6 Garton Ash, Timothy: Im offentlichen Interesse, DER SPIEGEL, 6. Dezember 2010

7 Kornelius, Stefan: Zuviel Wahrheit, Suddeutsche Zeitung, 30. November 2010

8 Priest, Dana: E-Mail an die Autoren vom 1. Dezember 2010

9 Augstein, Jakob: Wir Untertanen, Freitag, 2. Dezember 2010

10 Samuels, David: The shameful attacks on Julian Assange, The Atlantic(online), 3.

Dezember 2010

11 Darnstadt, Thomas: Verrat als Burgerpflicht, DER SPIEGEL, 13. Dezember 2010
12 Follath, Erich et. al: Ihr tragt eine Mitschuld, DER SPIEGEL, 22. Marz 2008
13 Garton Ash, Timothy: Im offentlichen Interesse, DER SPIEGEL, 6. Dezember 2010
14 Pohl, Ines: Diplomatie ist nicht unser Job, die tageszeitung, 30. November 2010
15 Mitte Dezember 2010 veroffentlichten mehrere große deutsche Medien und der Deutsche Journalistenverein einen entsprechenden Appell, den inzwischen weit mehr als 10 000 Menschen unterzeichnet haben.
16 Besuch der Autoren bei Aftergood in seinem Buro in Washington D.C., 23. Oktober 2010
17 Aftergood, Steven: Wikileaks Fails "Due Diligence" Review, fas.org, 28. Juni 2010
18 E-Mail von Julian Assange an WikiLeaks-Unterstutzer, 12. Marz 2008
19 E-Mail an die Autoren vom 13. Dezember 2010
20 상동.
21 Bohm, Andrea: Ans Licht gebracht, Die Zeit, 29. Juli 2010
22 Rusbridger, Alan: E-Mail an die Autoren vom 6. Dezember 2010
23 Lovings, Geert/Riemens, Patrice: Ten Theses on WikiLeaks, August 2010

에필로그

1 Davidson, Joe: Whistleblowers may have a friend in the Oval Office, The Washington Post, 11. Dezember 2008
2 Shane, Scott: Obama takes a hard line against Leaks to press, The New York Times, 11. Juni 2010

KI신서 3138

위키리크스

1판 1쇄 발행 2011년 2월 1일
1판 4쇄 발행 2011년 3월 15일

지은이 마르셀 로젠바흐 · 홀거 슈타르크 **옮긴이** 박규호
펴낸이 김영곤 **펴낸곳** (주)북이십일 21세기북스
출판콘텐츠사업부문장 정성진 **출판개발본부장** 김성수 **경제경영팀장** 류혜정
기획 · 편집 최진 **해외기획** 김준수 조민정
마케팅영업본부장 최창규 **마케팅** 김보미 김현유 강서영 **영업** 이경희 우세웅 박민형
출판등록 2000년 5월 6일 제10-1965호
주소 (우 413-756) 경기도 파주시 교하읍 문발리 파주출판단지 518-3
대표전화 031-955-2100 **팩스** 031-955-2151 **이메일** book21@book21.co.kr
홈페이지 www.book21.com **트위터** @21cbook **블로그** b.book21.com

ISBN 978-89-509-2894-0 13300
책값은 뒤표지에 있습니다.

이 책 내용의 일부 또는 전부를 재사용하려면 반드시 (주)북이십일의 동의를 얻어야 합니다.
잘못 만들어진 책은 구입하신 서점에서 교환해 드립니다.